目录 CONTENTS

第一章　项目采购概述

第二章　项目的采购范围和形式

第三章　项目招标

第四章　项目投标

基础设施项目采购及招投标实务指引

Law and Practice of Infrastructure Project Procurement

林 立◎著

中国法制出版社
CHINA LEGAL PUBLISHING HOUSE

自序

PREFACE

大型基础设施项目的融资、建设与招标投标密切相关，按照中国现行的法律法规，项目采购是否严格按照法定程序不仅涉及采购行为本身的合法性，并且还直接影响到后续签订工程建设项目合同的效力，并最终对合同双方的权利、义务产生实体上的影响和冲击。因此，对于项目采购活动的双方主体而言，遵守项目采购程序是合法进行基础设施项目的融资、建设的重要前提之一。尤其是最近几年，国务院、财政部和发改委等大力推广 PPP 模式在基础设施和公用事业领域的运用，项目投融资和工程建设在全国范围内如火如荼地进行。在这种形势下，对于 PPP 模式涉及的相关政府采购、工程招标投标合法、合规性也越来越受到政府、投资人、施工承包人、工程设计人等各项目参与主体的重视。

在中国现有的法律环境和体系下，政府采购和工程建设项目招标投标相互独立、并行适用，这在没有采用 PPP 模式进行基础设施项目的融资、建设之前，两者的适用很少存在交叉和冲突。然而，由于目前中国的大多数 PPP 模式都涉及政府资金的使用和基础设施项目的工程建设，这就使得在 PPP 模式下就必然要兼顾政府采购体系和工程建设项目招标投标体系，而现有的法律、行政法规等规定的不完善，各部委和地方政府的规章制度缺少统筹协调，从而导致了法律适用的矛盾和冲突，并且给 PPP 的实践带来了阻碍。

招标投标是目前基础设施领域融资和建设采购的主要方式，2000 年颁布施行的《招标投标法》对中国工程建设项目的实践产生了深远的影响。然而，实践中对于该法的适用存在理解上的误区，导致扩大化和泛招标的后果。这些都对正常的交易带来了负面的效果，实际上并没有达到提高交易效率、降低交易成本的目的，相反，不公平竞争者利用招标投标的规则进行恶性竞争，频频以低价扰乱市场秩序的行为层出不穷。

而关于工程项目二次招标也一直是实践中的难题和焦点，在大力推广PPP模式的大趋势下，对于强制招标项目的规定越来越多地反映了《政府采购法》《招标投标法》等立法与PPP实践的不和谐。为此，政府主管部门也在尝试突破立法的局限。比如，财政部在2016年10月11日发布的《关于在公共服务领域深入推进政府和社会资本合作工作的通知》中就提出，对于涉及工程建设、设备采购或服务外包的PPP项目，已经依据政府采购法选定社会资本合作方的，合作方依法能够自行建设、生产或者提供服务的，合作方可以不再进行招标。而住建部也早在2014年7月的《关于推进建筑业发展和改革的若干意见》中就提出要区分国有资金和非国有资金在招标投标审批，对于非国有资金项目，放开招标投标管制。国务院和发改委也在2018年先后对必须招标的工程项目给出了明确的批复和新的标准。

基础设施和PPP项目采购立法的不完善和冲突导致实践中采购参与各方的争议，有争议则必然需要提供相应的权利救济途径和方式。目前，对于PPP和基础设施建设项目采购过程中的争议，除了招标采购人的解决外，还可求助于行政机关的投诉处理。而法院在处理相应的招标投标争议以及后续工程合同履行过程中发生相关争议时，通常还会回溯到招标投标采购过程中的程序规则和实体条件方面的事项，以便确定相关合同的成立、效力等基本事实。如果在招标投标阶段存在违法、违规等情形，轻者承担损害赔偿责任，重者将导致合同无效，更有甚者，招标人和投标人将受到相应的司法制裁。

在体例安排上，本书按照法律规定的招标投标所涉及的招标、投标、评标、定标等主要流程分类撰写，并针对实务中各环节的程序和实体法律问题进行归纳和分析，既有理论阐述，也有很强的实务操作指导意义。当然，限于本书篇幅，本书也仅选取了实务中的常见法律问题以供读者探讨，并不能涵盖PPP和基础设施项目采购所涉及的全部问题。

此外，由于基础设施招标投标和政府采购的法律体系和内容纷繁复杂，实践中又有各种不同的行为表现方式，限于时间和写作水平，以及法律的发展和实践的多变性，笔者凭借自己对相关法律法规的理解和实践，以一己之力独自完成此书，难免会有观点的错误，以及结构和内容上的疏漏，也敬请各位读者朋友批评指正（笔者联系方式：linpancg@163.com）。

最后，需要特别说明的是，本书中的所有观点仅代表作者个人观点和理解，并不代表任何机构（本人所在律师事务所或本人所属的专业机构等）对相关问题的看法和意见。本书中的观点和建议也不构成法律意见的全部或部分。

第五章　项目采购标准

第六章　项目采购的评审和定标

第七章　PPP 和特许经营权采购

第八章 外商投资项目的采购

第九章 项目采购中的特殊问题

第十章　项目采购的司法审查和救济

1

CHAPTER

第一章

项目采购概述

在中国的基础设施PPP项目和工程建设领域以及相配套的法律体系和框架中，招标投标占据着非常重要的地位。招标投标与合同有着非常密切的关系，尤其是在涉及依法必须进行招标投标的项目中，如何理解和适用招标投标相关法律法规的规定，更是关乎合同的成立、效力、合同双方的实体权利义务以及权利救济等诸多争议和问题。

在法律实践当中，经常会遇到适用招标投标法律规定引起的争议，较为常见的就涉及《中华人民共和国招标投标法》（以下简称《招标投标法》）第3条关于必须招投标的工程项目范围的规定，第32条关于串通招投标的规定，第43条不得在中标前进行实质性谈判的规定，第46条有关“阴阳合同”或“黑白合同”的规定，第48条关于非法转包和违法分包的规定等。

此外，与一般的民事行为和民事活动不同，在建设领域，行政监督起着举足轻重的作用，主体资质、合同的成立和效力、工期、质量和安全甚至是价款的结算等无一不受行政管理的影响。仅就招标投标一项，从立法、行政和司法的不同角度都有众多的规定。而其中行政监督是主要的方式，其具体表现形式即是由国务院各部委、各地方立法机关和地方政府部门制定施行的各类行政规章、地方法规、政府规章以及其他规范性法律文件。这些庞杂的法律、法规和规章的规定影响、制约招标投标的整个程序，同时也可以在招标人和投标人的权利遭受侵害时提供相应的救济。

第一节 招标投标制度的历史沿革

1981年，深圳国贸大厦施工首次采用招投标的方法选择施工企业，使得该项目节省投资人民币964.4万元，缩短工期6个月。自此以后，工程招标制度逐步在全国推行，经历了1981~1984年的试点阶段、1984~1994年的推行阶段、1994~2000 年的完善阶段、2000 年开始的新发展阶段及 2017 年后的改革阶段。

中国最早关于招标投标的规定是国务院原城乡建设环境保护部（现“住房和城乡建设部”，简称住建部）在 1983 年制定实施的《建筑安装工程招标投标试行办法》，开启了工程建设领域招标投标制度的先河。紧接着，国家计委（现“发展和改革委员会”）和城乡建设环境保护部又在 1984 年联合发布了《建设工程招标投标暂行规定》。[①]1992 年，原建设部（现住建部）又颁布了《工程建设施工招标投标管理办法》，进一步对工程施工招投标作了规定。随后，国家计委也于 1997 年制定了《国家基本建设大中型项目实行招标投标的暂行规定》。但是，上述规定都只是政府部门制定的行政规章，在中国的立法体系、层级和法律效力上都相对较低。

为了统一和规范工程建设领域的招标投标活动，《招标投标法》于 2000 年 1 月 1 日开始正式施行，并成为规范和调整工程建设领域招标投标活动的准绳和最基本的法律规定。随后不久，为了进一步落实和执行《招标投标法》的相关内容，国家计委制定了《工程建设项目招标范围和规模标准规定》（即“计委 3 号令”）[②]，并联合相关部委相继颁发了一系列的行政规章，针对工程建设项目中涉及的勘察设计、工程施工和材料设备的招标投标采购分别制定了不同的规定。同时，也对相关工程项目招标投标的各个环节和相关程序等内容进行了更为详细的规定。

《招标投标法》的颁布，对于工程建设领域的质量控制、规范市场、防止腐败等方面起到了极其重要的作用。但是，由于工程建设领域的特殊性，以及行业的不断发展，《招标投标法》的不足之处和弊端也不断显现出来，而实务中对于《招标投标法》的相关内容也提出了诸多不同的理解和观点，导致适用法律上的难点和争议。比如关于招标投标的范围，招投标相关行政规章和地方性规定种类繁多，缺少统一和协调；《招标投标法》过度的行政干预对工程领域发展的阻碍；《招标投标法》的一些规定过于原则或者缺乏可操

① 现已失效。

② 现已失效。

作性，容易引起当事人之间的争议和司法适用的困境等，基于上述原因，工程实务领域要求对《招标投标法》进行立法修改的呼声也越来越高。

2011 年 11 月 30 日，在《招标投标法》实施 12 年之后，国务院终于通过和颁布了《中华人民共和国招标投标法实施条例》(以下简称《招标投票法实施条例》)。该条例的实施对于促进招标投标规则的完善和统一，增强招标投标法律制度可操作性具有重要的作用，为规范和保障工程建设项目的招标投标提供了更为科学的依据和制度保障。

而随着 PPP 的推广和新一轮基础设施建设的热潮，有关 PPP 项目的招标投标也变得越来越重要，而同时，《招标投标法》和《中华人民共和国政府采购法》(以下简称《政府采购法》) 之间对 PPP 项目以及与 PPP 项目有关的工程建设项目的采购产生了理解上的误区和适用上的冲突，也亟待立法和司法的解决和改进。

第二节　招标投标法的立法介绍

严格来讲，中国的《招标投标法》的立法本意之一在于保障工程建设项目的质量。选择技术强、信誉好、质量保障体系可靠的投标人中标，对于保证采购项目的质量是十分重要的，而质量的重要性甚至在合同无效的情况下决定着施工承包人能否获得相应的工程价款。从实践角度看，一些本应进行招标采购的项目不进行招标投标或者不按规定的规则和程序进行招标投标，是导致其发生严重质量事故的一项重要原因。

截至目前，中国境内大多数的工程项目都采用招标投标的方式，尤其是公开招标的方式进行。通过依法进行招标投标，按照公开、公平、公正的原则，在项目投标竞争者中选择在报价、技术和质量保障等方面具优势的承包商、供应商作为中标者，不仅对于私人资本投资建设项目的经济效益有着重要的作用，并且对于节约和合理使用国有建设资金，包括由我国政府统借统还，或者由财政提供还款担保的国际组织或外国政府的贷款，具有重要意义。

一、《招标投标法》的立法目的

从立法最基本的功能上来看，《招标投标法》的目的在于依法规范招标投标活动，维护市场竞争秩序，促进招标投标市场健康发展。该法开宗明义地提出是为了规范招标投标活动，保护国家利益、社会公共利益和招标投标活动当事人的合法权益，提高经济效益，保证项目质量。

同时，将大型基础设施、公用事业等关系社会公共利益、公众安全的建设项目，不论其资金来源，都纳入强制招标的范围，以充分运用招标投标制度的竞争作用，确保这类与公众利益直接有关的建设项目的质量，也体现了《招标投标法》保护社会公共利益的立法宗旨。而在涉及国有资金、政府预算资金、地方公共资金的使用时，通过《招标投标法》等法律法规的规定，也可以实现有效地保障财政资金和其他国有资金的节约和合理使用的目的。

除上所述，制定和实施《招标投标法》等法律规范还有以下几个目的：

（1）招标投标法律规范的制定使整个招标投标活动有了法律保障，有助于推行工程建设领域的交易的规范化运作。

（2）招标投标法律规范的制定和实施为投标人创造了有利的公平竞争的市场环境。

（3）通过制定招标投标法律规范，有利于保障国有资金和其他公共资金的合理、有效和节约使用，杜绝腐败，防止国有资产的流失。

（4）在招标投标活动中，各方当事人的合法权益者受到法律的保护，针对实践中存在的一些侵犯招标投标活动中当事人合法权利的主要问题，招标投标对招标投标各方当事人应当享有的基本权利作了规定。

二、招标投标采购制度的作用

采用招标投标方式进行采购可以提高经济效益。对国家投资、融资建设的生产经营性项目实行招标投标制度，有利于节省投资，缩短工期，保护质量，从而有利于提高投资效益以及项目建成后的经济效益。

采用招标投标等公开竞争方式采购 PPP 项目以及工程勘察、设计、施工、监理以及货物的供应，其作用主要表现在：

（1）招标方通过对各投标竞争者的报价和其他条件进行综合比较，从中选择报价低、技术力量强、质量保障体系可靠、具有良好信誉的供应商、承包商作为中标者，与其签订采购合同，有利于节省和合理使用采购资金，保证采购项目的质量。

（2）招标投标活动要求依照法定程序公开进行，有利于堵住采购活动中行贿受贿等腐败和不正当竞争行为的“黑洞”。

（3）有利于创造公平竞争的市场环境，促进企业间的公平竞争。采用招标投标的交易方式，对于供应商、承包商来说，只能通过在质量、价格、售后服务等方面展开竞争，以尽可能充分满足招标方的要求，取得商业机会，体现了在商机面前人人平等的原则。

不可否认，招标投标采购制度并不是万能药，其实施过程中的弊端也饱受诟病。并且根据招标投标的实践，公然违背招标投标法律法规规定的行为也时常发生，因此，一方面，招标投标的各参与主体需要严格执行法律法规的规定，行政机关应制止违法行为，另一方面，司法机关也需要通过对由于违法违规行为遭受损害的一方给予适当的司法补救来实现和彰显公平、公正在招标投标领域的价值。

三、招标投标对合同的影响

在目前的建筑市场管理体系中，招标投标对合同的影响是巨大的，这不仅体现在合同的成立和生效、合同的法律效力等问题上，而且还涉及合同的具体履行层面。从制定《招标投标法》以及相应的配套法规、规章的初衷来说，招标投标对规范工程建设项目的公平、公开竞争，保障工程质量和安全等方面发挥了巨大的作用。

但是，经过十多年的法律适用的实践，不得不承认的是，过多的招标投标的强制性规定，在某种程度上限制了正常的市场竞争体制。依照目前的招标投标规定，承包人是不能对招标文件，包括工程合同提出异议的，一旦有异议，即有可能被认为是废标，或者不能中标。而有些招标人会在编制的工程合同条件中，加入诸多不合理甚至是苛刻的条件，使得承包人面临着要么不中标，要么接受苛刻条件的尴尬境地。同样，投标人之间的不正当竞争也层出不穷。

虽然，行政监管机构会对招标文件和合同文件进行事前事后的备案管理，但是，这种管理一方面有行政干预民事行为之嫌，与行政管理职能转变的趋势相悖；另一方面，这种行政管理也并不能从根本上实现承发包双方在民事合同法律关系中的自由意志，包括合同双方对合同条件的协商谈判。另外，事实证明，工程建设领域的虚假招投标现象有目共睹，如果仅是从质量把控的角度或是防治腐败的角度考虑加强招标投标，未必是最好的方法。笔者理解，结合实践来看，事前的各种禁止性和限制性的措施并没有从根本上解决质量、虚假招投标、阴阳合同等问题。或许换一种思路，加强事中的监督和事后的惩处，实行国有和私人项目二元化的项目采购制度，可以对工程建设市场和行业的维护和发展起到一定的作用。

第三节 招标投标法律体系

在目前的法律框架下，有关 PPP 项目和工程建设采购招投标的法律规定主要是法律、行政法规，以及国务院各个不同的行业主管机关、地方人大机关和地方政府制定的法规、规章等规定，上述机关制定的相关法律法规针对招标投标采购的不同类别和不同程序阶段都有非常详细和明确的规定，涉及招标投标的方方面面，对于保障招标投标程序的正常进行，保护招标投标各主体的权益具有重要意义。

一、立法权限

由于招标投标法律体系涉及的内容庞杂，立法主体丰富。依据《立法法》等现行法律规范的规定，法律、条例、规章的制定主体和立法权限都有非常明确的分工。在现有法律框架下，拥有立法权的机关仅限于设区的市级以上的人大、人大常委会和政府机关。国务院及其部委拥有立法权，而地方政府的部门则没有立法权限。

但也需要特别说明的是，虽然上述机关享有立法权，但是其制定和颁布的文件并不完全都是立法文件。根据现行相关法律法规的规定，从立法文件的表现形式上来看，行政法规的名称一般称为“条例”，也可以称为“规定”“办法”等。国务院根据全国人民代表大会及其常务委员会的授权决定制定的行政法规，称“暂行条例”或者“暂行规定”，并且需要经国务院总理签署“国务院令”之后公布实施。而国务院各部门和地方人民政府制定的规章一般称为“规定”“办法”，但不得称为“条例”。行政规章由本部门首长签署命令公布，部门联合规章由联合制定的部门首长共同署名公布。地方规章则由省长、自治区主席、市长签署命令予以公布。

二、立法冲突的解决

由于按照目前的立法体制，拥有立法权的主体存在多样性，而中央和地方的立法也可能产生不一致的地方。因此，为了正确适用法律规范，避免出现法律规范适用之间的不一致和冲突，《中华人民共和国立法法》（以下简称《立法法》）进一步对立法冲突的解决方式进行了明确规定[①]。

实务中还需要注意的是，除了上述正式的《立法法》意义上的法律、法规和规章之外，还有更多的涉及招标投标和工程建设的规范性文件，比如某些部委或地方行政主管部门发布的规定、办法、通知、意见等各类文件。对于此类文件，工程项目招投标的参与主体在招投标阶段以及签署、履行合同的过程中也应当加以注意，避免因为违反此类文件规定阻碍招标投标的正常进行，或者导致行政法上的不利后果，从而影响双方的实体民事权

---

① 即：（1）法律的效力高于行政法规、地方性法规、规章；（2）行政法规的效力高于地方性法规、规章；（3）地方性法规的效力高于本级和下级地方政府规章；（4）省、自治区的人民政府制定的规章的效力高于本行政区域内的设区的市的人民政府制定的规章；（5）部门规章之间、部门规章与地方政府规章之间具有同等效力，在各自的权限范围内施行。

除了上述情况涉及的立法冲突和解决之外，如果是地方人大制定的地方性法规和国务院部委规章之间出现不一致的时候，则由有关机关依照下列规则和权限作出裁决：（1）同一机关制定的新的一般规定与旧的特别规定不一致时，由制定机关裁决；（2）地方性法规与部门规章之间对同一事项的规定不一致，不能确定如何适用时，由国务院提出意见，国务院认为应当适用地方性法规的，应当决定在该地方适用地方性法规的规定；认为应当适用部门规章的，应当提请全国人民代表大会常务委员会裁决；（3）部门规章之间、部门规章与地方政府规章之间对同一事项的规定不一致时，由国务院裁决；（4）根据授权制定的法规与法律规定不一致，不能确定如何适用时，由全国人民代表大会常务委员会裁决。

利义务。同样，最高人民法院和地方各级人民法院针对具体适用法律问题的司法解释和司法指导意见，对于预防风险和解决争议也具有至关重要的作用。

三、中国有关招投标采购的法律框架

在现行的法律体系中，规范招标投标活动、解决招标投标争议，以及因招标投标引起的工程法律争议的法律依据主要包括法律、行政法规、行政规章和最高人民法院司法解释，这其中包括“三法、三条例、二解释”。三法即《招标投标法》《中华人民共和国建筑法》(以下简称《建筑法》)和《中华人民共和国合同法》(以下简称《合同法》)；三条例是指《招标投标法实施条例》《建设工程质量管理条例》《建设工程勘察设计管理条例》；二解释即最高人民法院的《关于审理建设工程施工合同纠纷案件适用法律若干问题的解释》及《关于审理建设工程施工合同纠纷案件适用法律若干问题的解释（二）》。

除了上述法律、行政法规和司法解释之外，国务院以及包括发改委、住建部在内的各部委颁布的行政规章、各省级人大和人大常委会制定的地方性法规、地方规章，以及其他政府主管部门制定颁布的规范性法律文件、最高人民法院和地方法院颁布的司法指导意见也都是招投标主体从事招标投标活动应当遵守和考虑的规范性法律文件。

（一）中央招标投标法律规范

中央机关制定的调整PPP和工程建设项目招标投标活动的法律规范除了前述三法三条例外，还有《必须招标的工程项目规定》《必须招标的基础设施和公用事业项目范围规定》《基础设施和公用事业特许经营管理办法》《政府购买服务管理办法》等综合性的规范，也包括针对特殊行业和招标投标不同内容的规范，具体涵盖如下规定：

（1）在实务中，工程建设项目基于不同的性质和类型分别由不同的行政主管部门监管。不同行业建设工程项目的招投标，除了遵循《招标投标法》的规定之外，相关的行政主管部门还制定了适用于各类工程项目招投标的相关规定。

（2）建设项目涉及勘察、设计、施工、监理、工程设备和材料货物采购等内容，针对不同的工程建设内容，相关的部委规章均作了相应的规定予以调整。

（3）建设工程的整个招标投标采购过程包括前期立项、招标、投标、评标、中标、签约等几个环节，针对工程项目招标投标不同环节，政府主管机关也制定了一系列的规定。

（4）PPP 项目招标投标与工程建设项目的招标投标既有联系又有区别，就目前而言，涉及 PPP 项目的特殊规定主要是《政府和社会资本合作项目政府采购管理办法》《政府采购竞争性磋商采购方式管理暂行办法》《政府采购非招标采购方式管理办法》《政府采购货物和服务招标投标管理办法》等。

（二）地方招标投标法律规范

根据《立法法》的规定，省、自治区、直辖市和设区市的人大、人大常委会和地方政府可以根据本区域具体情况和实际需要，制定关于招标投标采购的法律规范。《招标投标法》施行之后，绝大多数省级行政区都制定了适用于当地的招投标法律规范，其具体的方式包括：

（1）由省级人大常委会颁布制定招标投标地方性法规，其中采用这一立法方式的包括北京市、天津市、云南省、贵州省、江苏省、浙江省、重庆市、福建省、甘肃省、山东省等省市。

（2）与上述不同的是，一些省级人大通过制定“实施《招标投标法》办法”的方式规范招标投标活动，比如江西省、广东省、青海省、广西壮族自治区、安徽省、河南省、河北省、江西省、陕西省、内蒙古自治区、湖南省等。

（3）其他地方性规章和其他类型的招标投标规定。比如《上海市建设工程招标投标管理办法》《辽宁省建设工程招标投标条例》《山西省工程建设项目招标投标条例》《四川省国家投资工程建设项目招标投标条例》《深圳经济特区建设工程施工招标投标条例》等。

（4）地方机关针对 PPP 项目招标投标也制定了相应的法规、规章，比如《北京市城市基础设施特许经营者招标投标程序性规定》《江苏省城市市政公用事业特许经营招标投标制度》《福建省城市污水、垃圾处理特许经营项目业主招标投标办法》等。

总体来说，根据项目所处地点的不同，招标人和投标人在组织和参加招标投标活动时，有必要提前了解项目所在地人大及政府主管机关制定的相关法规和规章，以避免因违规影响到招标投标活动进行以及合同的签署、履行。

四、招投标采购的合法性要求

虽然按照《合同法》及最高人民法院合同法相关司法解释的规定，违反法律和行政法规强制性的效力性规定的合同，依法无效，但不会因为违反地方性法规、自治条例、行政规章、地方规章而无效。不过，这并不意味着招投标当事人可以无视法律和行政法规之外的规定。《合同法》明确规定，当事人订立、履行合同，应当遵守法律、行政法规，尊重社会公德，不得扰乱社会经济秩序，损害社会公共利益。《民法通则》也规定了民事活动必须遵守法律，法律没有规定的，应当遵守国家政策。因此，招标投标活动必须符合法律法规，遵守行政机关的规定。

同时，对于建设项目领域必须进行招标投标采购的项目，是否遵守项目所在地有权机关制定的地方性法规、自治条例、行政规章、地方规章还可能对项目的正常实施造成制约和影响，甚至将影响到工程项目和合同的履行，特别是一些政府投资项目，如果招标投标存在不合法、不合规的情形，则有可能导致停止拨付项目资金、责令停工等后果。

五、司法指导意见

因招标投标发生争议，法院应当提供相应的司法救济。法院在审理案件过程中，首先应当依据合同的约定，除此之外，一般来说，在实践中的民事裁判依据主要包括下列三类：

第一类是法律和行政法规，这是最为核心的裁判依据。法律法规的体系和内容纷繁复杂，法院在审理时的选择和取舍至关重要，并且民事纠纷和行政纠纷所依据的法律法规的范围也会有所不同。

第二类是最高人民法院的司法解释。司法解释也是法院审理案件时的重要依据，包括最高人民法院关于合同法的系列司法解释和施工合同司法解释，特别是后者，吸纳了几年来中国民法、合同法、民事诉讼法等领域的理念与国际接轨的积极成果，对固有的一些传统理念进行了突破，成为招标投标和工程建设领域审理合同、侵权纠纷案件的主要依据。

第三类是最高人民法院和地方法院颁布的司法文件，前者主要是最高人民法院针对审判实务工作中发布的除司法解释以外的其他文件，比如针对下级法院的司法审判问题的批复、民事审判会谈纪要、指导案例等；后者则是指各地高级人民法院和中级人民法院制定的审理案件的指导性意见，这对于地处法院管辖范围内的项目尤为重要。另外，仲裁机构也会制定处理工程纠纷的规则，成为解决工程合同纠纷的重要参考。

第四节　招标投标的基本原则

项目公开采购制度的根本宗旨在于公平、公开、公正地保障交易和竞争，离开这一宗旨，招标投标就失去了意义。《招标投标法》开宗明义规定，招标投标活动应当遵循公开、公平、公正和诚实信用的原则。《世界银行贷款项目国内竞争性招标采购指南》规定："本指南的原则是充分竞争，程序公开，机会均等，公平一律地对待所有投标人，并根据事先公布的标准将合同授予最低评标价的投标人。"联合国贸易法委员会采购示范法在立法宗旨中也明确了："促进供应商和承包商为供应拟采购的货物、工程或服务进行竞争，规定给予所有供应商和承包商以公平和平等的待遇，促使采购过程诚实、公平，提高公众对采购过程的信任。"可见，不论是中国的招标投标，还是国际项目的招标投标都重视公平竞争的重要性。

一、公平、公开和公正

公平、公开、公正是招标投标的首要原则。这一原则除了《招标投标法》，《合同法》第 271 条也规定，建设工程的招标投标活动，应当依照有关法律的规定公开、公平、公正进行。

采用招标投标方式的项目采购都应当依法公开和披露相关项目信息，以便所有潜在的投标人能够知悉和评估参与项目的风险并据以合理报价。而公平则既要求投标人之间公平参与竞争，也要求招标人与投标人之间的公平交易，同时也意味着招标人和评标委员会公平、公正对待每一个投标人。

公平是市场交易行为的基本准则，对于招标人和投标人之间的公平交易在以往的理论和实践中往往被忽视。笔者认为，如果招标投标程序缺乏公平性，则可以考虑适用显失公平规则予以补救。显失公平规则具体是指“一方当事人利用优势或者利用对方没有经验，致使双方的权利义务明显违反公平、等价有偿原则的情况”。它虽然不是一项独立的法律原则，但却是公平原则的具体体现，也是规范民事行为的一项重要制度。显失公平的民事行为往往是当事人双方的权利和义务极不对等，造成经济利益上的不平衡。

（一）显失公平的法理依据

设置显失公平制度，其主要目的在于保证合同双方能够在完全自愿、平等的基础上进行交易，督促人们遵循诚实信用原则订立和履行合同，同时也赋予交易中因合同条件显失公平而遭受损害的一方以变更或撤销合同的请求权，以维护交易的公正性。显失公平制度的构建并不是对合同自由的否定，而是对不能体现当事人真实意思的情形加以限制，以最大限度地体现真正的实质意义上的合同自由和意思自治。而如何在确保契约自由与维护合同正义之间寻求一种平衡，既保证合同正义，又维护合同自由，在契约自由体制下维护契约正义，则正是契约自由原则正确适用的关键。

（二）显失公平的构成要件

现行的法律法规并没有规定显失公平的具体构成要件，理论上讲，显失公平的构成要件主要包含以下几个要点：

（1）显失公平一般适用于具有对价关系的有偿合同。有偿合同存在各方的权利义务的分配，才会出现由于显失公平行为而导致利益失衡的情形。

（2）显失公平行为导致的后果是双方当事人之间的权利义务关系严重背离公平原则，双方的利益严重失衡，而非一般的利益不均。

（3）造成显失公平的原因是一方当事人主观上故意利用自己的优势或利用对方没有经验，这是显失公平的主观构成要件。

（4）显失公平的利益受损方屈服了对方的优势地位，或者是缺乏经验，或者是过于轻率而被人利用从而接受了对方的条件。

（5）受损方当事人接受显失公平的合同条件并非出于其真实的意愿。这是行为相对方的主观要件。

在司法实践中则认为适用显示公平规则“一是要考察合同对一方当事人是否明显不公平。判定行为是否显失公平应以民事行为成立时的市场行情为标准来判断，而不能以民事行为实现时的市场行情为标准；二是要考察合同订立中一方是否故意利用其优势或者对方轻率、没有经验。所谓利用优势，是指一方利用其在经济上或其他方面的优势地位，使对方难以拒绝对其明显不利的合同条件；所谓没有经验，是指欠缺一般生活经验或者交易经验。显失公平的合同中，利益受损的一方往往因为无经验，或对合同的相关内容缺乏正确认识的能力，或者因为某种急迫的情况，并非出于真正的自愿而接受了对方提出的合同条件”。[①]

（三）显失公平的处理

按照《合同法》的规定，显失公平的合同，当事人一方有权请求人民法院或者仲裁机构予以变更或者撤销，至于是请求变更还是请求撤销合同，当事人享有选择权。如果当事人申请变更的，法院或者仲裁机构不应予以撤销。法律规定显失公平的民事行为应予变更或撤销，不仅是公平原则的体现，而且也切实保障了公平原则的实现。同时，对于当事人享有的选择权也是合同意思自治原则的体现，裁决机构应当予以尊重。

按照现有的法律制度，实践中行政监管机关对工程合同的干预相对较多，相反，司法机关或者仲裁机构对于工程合同的矫正则相对较薄弱。笔者认为，过多的行政干预不利于市场的正常发展，而缺少司法矫正也将导致工程合同各方权利义务失去衡平。因此，一方面需要减少行政监督机关过度介入民事活动，另一方面，司法机关应当起到平衡利益，维护公平的基本作用。

---

① 李杰，天津市高级人民法院，《天津开发区家园房地产营销有限公司与天津森得瑞房地产经营有限公司特许经营合同纠纷上诉案评析》。

二、竞争原则

采用招标投标方式进行交易活动的显著特征之一是将竞争机制引入了交易过程。提倡竞争就意味着反对垄断，《招标投标法》及其实施条例也开宗明义地对此作出了保护性规定。对于招标投标的竞争原则，主要体现在以下几个方面：

（1）依法必须进行招标的项目，其招标投标活动不受地区或者部门的限制，避免行业垄断和地方保护主义。

（2）任何单位和个人不得违法限制或者排斥本地区、本系统以外的法人或者其他组织参加投标。

（3）不论是否属于强制招标的项目，任何单位和个人，包括国家工作人员，不得以任何方式非法干涉招标投标活动。

（4）招标人不得限定或指定特定的专利、商标、品牌、原产地或供应商。

（5）投标人在投标文件有关技术方案和要求中也不得指定与工程建设项目有关的重要设备、材料的生产供应者，或者含有倾向或者排斥特定生产供应者的内容。

不仅是工程建设领域的行业主管部门明确了招标人不得限制投标人参与公平竞争的行为，其他行政主管机关，比如工商行政管理部门对于招标人、投标人的不正当竞争行为也是行政监管的重点。招标投标活动中的不正当竞争行为主要是指投标者串通投标以抬高标价或者压低标价，或者投标者和招标者相互勾结，以排挤竞争对手的公平竞争的行为。

三、禁止歧视原则

公平和公正对待所有潜在的投标人也是招标投标制度的基础，这一原则也意味着不得歧视投标人。根据《招标投标法》的规定，属于歧视待遇的情形包括：

（1）招标人以不合理的条件限制或者排斥潜在投标人，其具体的表现形式包括：

①就同一招标项目向潜在投标人或者投标人提供有差别的项目信息；

②设定的资格、技术、商务条件与招标项目的具体特点和实际需要不相适应或者与合同履行无关；

③依法必须进行招标的项目以特定行政区域或者特定行业的业绩、奖项作为加分条件或者中标条件；

④对潜在投标人或者投标人采取不同的资格审查或者评标标准；

⑤限定或者指定特定的专利、商标、品牌、原产地或者供应商；

⑥依法必须进行招标的项目非法限定潜在投标人或者投标人的所有制形式或者组织形式；

⑦以其他不合理条件限制、排斥潜在投标人或者投标人。比如招标人要求投标人以高资质承包低类别工程、设置不合理的标段划分或工期要求。

（2）对潜在投标人实行歧视待遇：是指招标人不以公正的态度对待潜在投标人，实行区别对待，故意规定或者设置促使其偏向的潜在投标人中标的有利条件；

（3）强制要求投标人组成联合体共同投标：投标人之间的联合投标应当是出于自愿，实践中，招标人有时为了使自己所属的单位获得项目，便强制投标人共同联合投标，这是不允许的；

（4）限制投标人之间竞争的：这主要指违反《招标投标法》规定的招标投标活动的基本原则的行为。

除此之外，在招标投标的实务中，招标人、招标代理机构也应当注意根据项目特征的情况，提前了解不同行业主管部门对于禁止歧视的特别规定。

四、诚实信用原则

诚实信用原则是一切民事活动的基本准则，被奉为帝王条款。《民法通则》和《民法总则》都明确规定，民事活动应当遵循自愿、公平、等价有偿、诚实信用的原则。公平、公正、禁止歧视等原则都可以看作诚实信用原则的具体表现。对于违背诚实信用原则的行为，比如投标人或者其他利害关系人捏造事实、伪造材料或者以非法手段取得证明材料进行投诉，给他人造成损失的，应当依法承担赔偿责任。

（一）诚实信用原则的内涵

确立诚实信用原则对于指导交易主体的行为，确立合同双方“以善意方式行使权利、履行义务，在进行民事活动时遵循基本的交易道德，以及禁止当事人滥用权利，行使权利不得超出正当界限”[①]方面具有重要的作用。而且，在司法实践中，运用诚信原则可以“弥补法律漏洞，维持当事人之间的利益以及当事人利益与社会利益之间的平衡”。[②]

《合同法》规定，当事人行使权利、履行义务应当遵循诚实信用原则。诚实信用原则贯穿民事活动的全过程，如缔约过失责任即是诚实信用原则的表现形式。缔约过失责任制度是指一方当事人在订立合同过程中，因自己的过失而给对方当事人造成损失时所应承担的责任。

现行《合同法》规定了两类情形的缔约过失责任：一类是当事人在订立合同过程中，假借订立合同，恶意进行磋商；故意隐瞒与订立合同有关的重要事实或者提供虚假情况；或者具有其他违背诚实信用原则的行为，而给对方造成损失的，要承担损害赔偿责任。另一类是当事人泄露或者不正当使用在签订合同过程中所知悉的商业秘密而给对方造成损失的，要承担损害赔偿责任。

对于上述两种缺乏诚信的行为，尤其是在招标投标等订立合同过程中的恶意磋商或者隐瞒事实或影响对方作出决策的不利信息，在实践中也经常遇到，比如在工程项目的招标投标过程中，利用一方掌握的信息和情况，不组织现场踏勘、将招标文件中可能的风险和错误全部转嫁到另一方等。对于此类行为，作为合同相对方，一方面需要认真核实相关信息和资料，另一方面，对于此类行为的后果和责任承担，笔者认为，在发生争议时，司法机关和仲裁机构有必要倾向于不利于提供信息的一方，以维护民事行为的诚实信用原则。

---

① 杨立新：《民法总则》，法律出版社 2013 年版，第 65 页。

② 杨立新：《民法总则》，法律出版社 2013 年版，第 65 页。

（二）排除性条款的适用

在招标投标活动中，招标人在招标文件中会使用排除性条款，对于此类条款，投标人应当予以足够的重视。排除性条款或称限制性条款的特点在于其内容主要是限制或者排除合同相对方的权利。比如，在某些招标文件和合同文件中，双方约定一方放弃或者限制向另一方索赔的主张和权利。对于如何认定此类排除性条款的法律效力也是实务中经常遇到的争议。

与格式条款的法律效力和救济方式不同，一般情况下，工程合同的诸多条款并非严格意义上的格式条款，因此，《合同法》以及最高人民法院关于合同法的司法解释中关于格式条款的规定是否适用于工程合同，理论上和实践中都有不同的观点。一般来讲，按照契约自由这一合同法的基本原则，当事人可以自行约定合同条款；但同时，合同的约定也应当遵循诚实信用和公平的原则。所以，对于工程合同中的此类排除或者限制对方权利的条款的处理，可能更多的还需要取决于具体的客观事实以及仲裁员和法官的裁量权。

招标投标的目的在于充分地、公平地竞争，这种关系不应仅限于投标人之间，同样也约束招标人和投标人之间的关系，也就是说，招标人和投标人也应当建立诚信和公平的关系，对于不正当地利用招标人的优势地位限制对方权利或者排除责任的条款，实践中需要法院、仲裁机构给予适当的司法指引。

第五节　遵守程序性规定

程序化是招标投标的主要特点和内容，程序正义或程序正当性也是招标投标采购的核心要素。招标人和投标人、招标代理机构、评标委员会，以及招投标采购的主管机构都应当严格遵循招标投标相关法律法规规定的程序。

一、招标投标的关键程序

招标投标由招标人和投标人的一系列活动组成，其中关键性的程序和流程主要包括招标人发布招标公告、招标代理机构发售招标文件、投标人递交投标文件、招标人开标、评标委员会评标、提交评标报告确定中标人或推荐中标候选人、定标、公示中标结果、签发中标通知书、签署合同、返还投标保证等，而在这些程序中又会包含若干具体步骤和环节需要遵守，比如招标过程中的资格审查、对招标文件和投标文件的澄清、修改等，PPP 项目招标的物有所值评价等前置程序等内容。

在竞争激烈的项目招标投标实践中，招标人、投标人、招标代理机构、评标专家在程序上的任何一个瑕疵，比如开标时没有邀请所有的投标人参加、擅自更改开标时间或地点、在招标文件设置的方法和标准之外评标，都有可能被不同的投标人质疑和投诉，甚至引发诉讼，可能导致招标、投标无效的后果，同时也会面临政府机关的行政处罚。

招标投标的流程和程序规定不仅是程序性的合规要求，制约着招标投标能否顺利、正常的推进，而且也影响着招标人和投标人的实体权利义务，其影响力甚至可以延续至工程竣工验收之后。

二、招标投标期限规定

与遵守招标投标程序性规定相应的重要内容就是时限规定。招标投标法律规范对各个程序环节都有相应的时限规定，不仅涉及招标人、投标人，也涉及包括招标代理机构、评标委员会及其成员、行政主管机关在内的其他招标投标参与主体，因而对所有的参与主体都有一定的约束力。

根据招标投标法律法规的规定，相关的时限主要集中在以下几个方面：

（1）招标人应遵守的时限要求，包括招标公告的期限、出售资格预审文件和招标文件的期限、对投标人异议的处理期限、收到评标报告后 15 天内确定中标人、对招标文件澄清和修改的期限、退还投标保证的期限等。

（2）投标人应遵守的时限要求，具体包括在投标截止日前提交投标文件、在投标截止日前补充、修改或者撤回投标文件、获得合理编制投标文件的期限、在中标之后 30 天内签署合同、投标人质疑和投诉的期限等。

（3）评标委员会应遵守的时限要求，包括在评标开始前主动回避、及时要求投标人对投标文件进行澄清、及时处理评标过程中的问题、在投标有效期结束日 30 个工作日内完成评标和定标等。

（4）行政主管机关应遵守的时限要求，包括对招标人有关招标范围、方式、组织形式的审批或核准、限期作为受理或者不受理招标投标投诉的决定、限期作出投诉处理决定等。

第六节　电子招标投标

电子招标投标活动是指以数据电文形式，依托电子招标投标系统完成的全部或者部分招标投标交易、公共服务和行政监督活动。《招标投标法》第 5 条规定，国家鼓励利用信息网络进行电子招标投标。为此，发改委联合建设部、铁道部、交通部、信息产业部、水利部、中国民用航空总局等八个部委制定和颁布了《电子招标投标办法》并自 2013 年 5 月 1 日起正式施行，该办法对于电子招标投标所涉及的交易平台，电子招标，电子投标，电子开标、评标和中标，信息共享与公共服务，监督管理，法律责任等进行了详细的规定。

一、电子招标投标的属性

根据《合同法》第 10 条的规定，当事人订立合同，有书面形式、口头形式和其他形式。第 11 条对合同的"书面形式"进行了界定，即指合同书、信件和数据电文（包括电报、电传、传真、电子数据交换和电子邮件）等可以有形地表现所载内容的形式。此外，《中华人民共和国电子签名法》（以下简称《电子签名法》）第 3 条也明确规定，民事活动中的合同或者其他文件、单证等文书，当事人可以约定使用或者不使用电子签名、数据电文。当事人约定使用电子签名、数据电文的文书，不得仅因为其采用电子签名、数据电文的形式而否定其法律效力。由此可见，在电子招标投标过程中的数据电文形式与纸质形式的招标投标活动具有同等法律效力。电子招投标是对以往的纸质化招投标方式的改革。对此，《电子招标投标办法》也给出了明确的规定，即"数据电文形式与纸质形式的招标投标活动具有同等法律效力"。电子招标投标某些环节需要同时使用纸质文件的，应当在招标文件中明确约定；当纸质文件与数据电文不一致时，除招标文件特别约定外，以数据电文为准。电子招标投标与通常的招标投标既有相同点又有区别，从形式上看，对于投标文件的提交，投标人应当在投标截止时间前完成传输递交，并可以补充、修改或者撤回投标文件。如未在投标截止时间前完成投标文件传输的，视为撤回投标文件；在投标截止时间后送达的投标文件，电子招标投标交易平台应当拒收。

电子招标投标交易平台对于收到的投标文件，应当即时向投标人发出确认回执通知，并妥善保存投标文件。在投标截止时间前，除投标人补充、修改或者撤回投标文件外，任何单位和个人不得解密、提取投标文件。

采用电子招标投标的，实行在线开标。如因投标人原因造成投标文件未解密的，视为撤销其投标文件；因投标人之外的原因造成投标文件未解密的，视为撤回其投标文件，投标人有权要求责任方赔偿因此遭受的直接损失。部分投标文件未解密的，其他投标文件的开标可以继续进行。

二、电子招标投标的管理

《电子招标投标办法》第4条规定，国务院发展改革部门负责指导协调全国电子招标投标活动，各级地方人民政府发展改革部门负责指导协调本行政区域内电子招标投标活动。

此外，鉴于中国工程建设领域实行行业分管的特点，各级人民政府发展改革、工业和信息化、住房城乡建设、交通运输、铁道、水利、商务等部门都会涉及相关的，按照规定的职责分工，对电子招标投标活动实施监督，依法查处电子招标投标活动中的违法行为。

在采用电子招标投标的工程项目中，对交易平台运营机构的管理是重中之重。这就要求交易平台运营机构不得以任何手段限制或者排斥潜在投标人，不得泄露依法应当保密的信息，不得弄虚作假、串通投标或者为弄虚作假、串通投标提供便利。在投标截止时间前，电子招标投标交易平台运营机构不得向招标人或者其委托的招标代理机构以外的任何单位和个人泄露下载资格预审文件、招标文件的潜在投标人名称、数量以及可能影响公平竞争的其他信息。

从对招标人、投标人以及招标投标程序的管理的角度出发，按照规定，招标人或者其委托的招标代理机构应当在资格预审公告、招标公告或者投标邀请书中载明潜在投标人访问电子招标投标交易平台的网络地址和方法；依法必须进行公开招标项目的上述相关公告应当在电子招标投标交易平台和国家指定的招标公告媒介同步发布。投标人或者其他利害关系人依法对资格预审文件、招标文件、开标和评标结果提出异议，以及招标人答复，也都应当通过电子招标投标交易平台进行。

三、实践中的注意事项

对于电子招标投标方式，招标人和投标人除了需要解决技术问题外，可能还会面临如纸质招标投标相同的问题。比如，电子招标投标方式采用的是以数据电文形式签署合同，因而对工程合同的审查更趋于实质性审查。笔者曾处理过一个工程施工项目的电子招标投标，电子招标投标交易平台对合同条款的审查相当严格。

同样，电子招标投标也应当遵守不得限制、排斥或者歧视投标人的行为，招标人或者电子招标投标系统运营机构存在以下情形的，即视为限制或者排斥潜在投标人：

（1）利用技术手段对享有相同权限的市场主体提供有差别的信息；

（2）拒绝或者限制社会公众、市场主体免费注册并获取依法必须公开的招标投标信息；

（3）违规设置注册登记、投标报名等前置条件；

（4）故意与各类需要分离开发并符合技术规范规定的工具软件不兼容对接；

（5）故意对递交或者解密投标文件设置障碍。

此外，尽管《电子招标投标办法》规定电子招标投标交易平台运营机构不得以技术和数据接口配套为由，要求潜在投标人购买指定的工具软件，但是实际上还是会存在工具软件，如工程量清单不兼容导致投标人不得不购买与之配套的软件工具的现象。在这点上，政府或者招标投标交易平台中心有必要尽可能地采用通用的软件，避免由此造成不公平竞争和行业垄断现象。

第七节　行政监督管理

如前文所述，与一般的民事行为和民事活动不同，在 PPP 和基础设施建设领域的招标投标活动中，行政监督管理起着举足轻重的作用，项目的立项、招标投标方式和组织形式的审批、招标投标的程序、招投标违法行为的认定，甚至是关于招标投标项目合同的履行等都会受到行政管理的影响。行政监督的内容则主要体现和反映在各部委、各地方立法机关和政府部门制定施行的部门规章、地方法规、政府规章以及其他规范性法律文件中。

而根据《合同法》的规定，当事人订立、履行合同，应当遵守法律、行政法规。但是《合同法》的此条规定并没有提及当事人是否同样需要遵守部门规章、地方性法规和地方政府规章。按照一般的逻辑和通常的理解，似乎意味着合同双方当事人可以不用尊重除了法律和行政法规之外的法律规范。但是，笔者认为，虽然说决定合同的效力的依据只能是法律和行政法规，但是，由于建设项目的特殊性以及 PPP 合同、工程合同的特点，业主、投资人、承包人、监理工程师、设计师、供应商等参与工程的主体都同样应当遵守除法律、行政法规之外的法规、规章的约定。至于是否还需要遵循和依据除此之外的规范性法律文件的规定，则取决于项目建设的特殊性和合同主体的约定。

一、政府主管部门的职能分工

由于基础设施项目涉及不同的行业领域，这就要求政府主管部门对招标投标活动分工负责和协调配合，对评标委员会成员的确定方式、评标专家的抽取和评标活动进行监督。这也是目前诸多的招标投标规章由多部委联合颁布的原因之一。《招标投标法》以及《招标投标法实施条例》对政府各部门的职能作了明确的划分，具体分为：

（1）国务院发展改革部门指导和协调全国招标投标工作，对国家重大建设项目的工程招标投标活动实施监督检查，会同相关部门制定招标投标相关法规、规章及文件；

（2）国务院工业和信息化、住房城乡建设、交通运输、铁道、水利、商务等部门，按照规定的职责分工对有关招标投标活动实施监督；

（3）财政部门依法对实行招标投标的政府采购工程建设项目的预算执行情况和政府采购政策执行情况实施监督；

（4）监察机关依法对与招标投标活动有关的监察对象实施监察；

（5）县级以上地方政府各部门的职能分工按照前述原则执行，其中发展改革部门作为建设项目的审批部门，负责审批必须进行招标的项目可行性研究报告，核准项目的招标方式及招标范围。

按照目前中国的行政管理体制，国家发展改革委员会在基础设施项目的立项、审批、招标投标等方面占着主导的地位，而建设、商务、财政等行业主管部门负责对招标投标过程中的违法行为进行监督执法，住建部及地方各级建设行政主管部门负责各类建设项目招标代理机构的资质管理。在大型的基础设施 PPP 项目中，根据最新的国务院常务会议决定，由财政部负责公共服务领域的 PPP 项目，发改委则侧重能源、交通运输、水利、环境保护、农业、林业以及重大市政工程共七大传统基础设施领域的 PPP 项目。

总体来讲，在基础设施项目的招标投标中，国务院各部委以及地方各级政府行业主管部门都应当严格按照国务院规定的职责分工，加强和改进招投标行政监督工作。

二、行政监管的内容

按照目前现行的法律、法规的规定，政府机关对于招标投标采购的监督管理相对比较严格，包括事前、事中和事后监督三个阶段，涉及招标投标的诸多方面的内容。具体来讲包括：

（1）对招标范围、招标组织形式、招标方式的核准与备案；

（2）招标代理机构资格的认定；

（3）对招标项目现实条件的监督；

（4）重大建设项目稽查制度；

（5）对工程建设项目有形市场的监管；

（6）招标投标信息的公示制度，包括招标公告、中标公告、违法行为公告；

（7）招标文件、投标文件、中标合同的备案审查；

（8）招标投标的投诉处理制度；

（9）诚信档案和黑名单制度；

（10）对招标投标违法行为的行政处罚。

虽然，政府行政机关对招标投标实行近乎全天候的监管，对于惩治违法违规行为有重要的保障作用，但是，一方面行政监管仍然无法避免招标投标过程中的违法行为；另一方面，行政机关的不合理的过度监管也一直被理论界和实务界所诟病。

由于政府行政机构对工程建设项目招标投标的监管过于严苛，实际上在一定程度上影响了正常的交易。因此，各地方也发布了地方法规对招标投标行为进行规范和变通。比如，在强制招标范围方面，《上海建筑市场管理条例》就规定全部或者部分使用国有资金投资或者国家融资，以及使用国际组织或者外国政府贷款、援助资金之外的建设工程，可以不进行招标发包，但国家另有规定的除外。但是，也应当注意到，根据《合同法》及其司法解释的规定，合同效力的认定应当依据法律和行政法规的规定。因此，实践中就有可能出现虽然符合地方或者行政审批的规定，但不符合法定的招标投标程序，从而导致合同无效的后果。

三、强制适用标准化招标文件

为了规范政府投资项目的招标投标活动，提高资格预审文件和招标文件的编制质量，国家发展和改革委员会、财政部、原建设部、原铁道部、原交通部、原信息产业部、水利部、民航总局、原广播电影电视总局先后于 2007 年、2012 年、2017 年联合发布了一系列的标准招标文件，涉及勘察、设计、监理、施工等方面，并强调在政府投资项目中推广使用这些标准化招标文件，国务院有关行业部门和地方政府的有关行业主管部门可以选择若干政府投资项目进行上述标准文件的试点。

另外，《招标投标法实施条例》第 15 条也特别规定，依法必须进行招标的项目的资格预审公告和招标公告，应当在国务院发展改革部门依法指定的媒介发布。编制依法必须进行招标的项目的资格预审文件和招标文件，应当使用国务院发展改革部门会同有关行政监督部门制定的标准文本。

而对于标准化招标文件的使用，主管部门也进行了如下限制性规定：

（1）合同专用条款可对合同通用条款进行补充、细化，除非是通用条款已经明确了专用条款可以作出不同约定的情况外，补充、细化的内容不得与通用条款的内容相抵触；

（2）申请人须知前附表和投标人须知前附表用于进一步明确申请人须知和投标人须知中的未尽事宜，其内容不得与申请人须知和投标人须知正文部分相抵触；

（3）资格审查办法前附表和评标办法前附表用于明确资格审查和评标的方法、因素、标准和程序，招标人可以在前附表中根据项目特点详细列明全部审查和评标的因素和标准，没有列明的则不得作为审查和评标的依据；

（4）招标人可以根据项目特点编写合同专用条款，但是专用条款的内容不得违反法律、行政法规的强制性规定，并应当遵守自愿、平等、诚实信用的原则。

四、项目采购交易平台

在中国基础设施建设项目招标投标领域，设区的市级以上地方人民政府可以建立统一规范的招标投标交易场所。国内建设工程招标投标有形市场一般由各地方、各行业的政府主管部门组建，其名称尚未统一，诸如“××× 建设工程招标投标中心、××× 建设工程承发包中心、××× 建设工程招标投标服务中心”等，比较而言，使用得最多、较规范的名称为“建设工程交易中心”。

建设工程交易中心，即有形建筑市场，是经政府主管部门批准，为建设工程交易包括招标投标活动提供服务的场所。为使分散的、私下的工程承发包转变成统一监管下的公开透明的集中交易，国务院办公厅 2002 年下发《国务院办公厅转发建设部、国家计委、监察部关于健全和规范有形建筑市场若干意见的通知》，推进了各类建设工程交易平台的设立。但由于建设工程交易中心的法律地位至今未能明确，加上受部门分类管理体制的制约，目前一些专业工程并没有进入建设工程交易中心，部分地区针对房建和市政工程、交通工程、铁路工程等领域各自建立了工程交易招标投标平台。

住房和城乡建设部也曾于2008年开始着手组织起草《建设工程交易中心管理办法》，拟将所有类型的工程招标投标都统一到建设工程交易中心。截至目前，部分省市，比如北京、上海、重庆、甘肃、广州等已经制定颁布了相关的交易中心管理地方性法规和规章，分别将房屋建筑、市政基础设施、铁路、公路、水利、民航、港口等相关工程的招标投标纳入当地的工程建设交易平台统一进行管理。

五、招标投标违法行为的认定

对违法行为的认定也是行政监督管理的重要工作内容。纵观招标投标法律法规的相关规定，招标人、投标人、招标代理机构、评标委员会，甚至是行政主管机关都会涉及违反招标投标法律法规的行为。并且，更为重要的是，这些违法行为的认定不仅是司法机关处理相关的招标投标争议和合同争议等民事纠纷的重要参考依据，也是处理因招标投标引起的行政诉讼的重要依据。

（一）招标人的违法行为

招标人是整个建设项目招标投标的发起者。相对来讲，实务中对招标人的行政监管更趋向于通过前期的审核、批准等手续进行事前的监督和管理。

根据现行的相关规定和实践，招标人的违法行为主要集中体现在以下一些情形中：

（1）对拟招标项目进行肢解发包。招标人对工程项目可以划分合理的标段，但是对于技术上紧密相连、不可分割的单位工程不得分割标段。

（2）将工程施工项目发包给不具有相应资质的单位或个人。工程建设项目实行市场准入和资质等级制度，《建筑法》《建设工程质量管理条例》等法律法规也明文禁止发包人将工程发包给不具有相应资质的单位或者个人。这一禁止性规定适用于工程设计、施工承包、专业工程分包和劳务分包。如果发包人将工程施工项目发包给不具有相应资质的单位或个人，那么各方签署的工程合同依法将被认定为无效合同。

（3）设置不合理的招投标条件，限制、排斥潜在投标人或者投标人。这种行为包括限定或者排除特定地区、行业系统的单位；或者含有倾向或者排斥潜在投标人的内容；或者设定的资格、技术、商务条件与招标项目的具体特点和实际需要不相适应或者与合同履行无关；以特定行政区域或者特定行业的业绩、奖项作为加分条件或者中标条件；限定或者指定特定的专利、商标、品牌、原产地或者供应商等。

（4）未履行法定程序，应当招标未招标或应当申请直接发包未申请或申请未核准。

（5）将依法必须进行招标的项目化整为零或者以其他方式规避招标。

（6）违法指定分包人。招标人指定分包人的行为破坏了正常的工程合同关系和项目管理秩序，给工程质量、安全都带来了隐患和不稳定因素，现行招投标法律规范也一再强调禁止招标人指定分包人。

（7）在招标文件之外提出额外条件作为中标或者签署合同的前提，或者于投标时签署与招投标文件实质性背离的合同文件。

（8）在招标人评标委员会确定或者推荐的中标候选人之外选择中标人。

（二）招标代理机构的违法行为

招标代理机构是接受招标人的委托承担组织招投标、编制招标文件、选聘评标专家等活动的机关，是招标人的代理人。实务中，由于招标代理机构的特殊身份，比较容易获得较为详细的招标信息，因此，法律法规规定招标代理机构不得泄露应当保密的与招标投标活动有关的情况和资料的，或者与招标人、投标人串通损害国家利益、社会公共利益或者他人合法权益。这些违法行为主要包括：

（1）在所代理的招标项目中投标、代理投标；

（2）向该项目投标人提供咨询的；

（3）接受委托编制标底的中介机构参加受托编制标底项目的投标；

（4）为该项目的投标人编制投标文件、提供咨询的。

此外，招标代理机构以营利为目的违规出售招标文件也是较为常见的违法行为，对此，行政机关也将给予相应的处罚。

（三）投标人的违法行为

相对于招标人，行政机关对投标人的监管力度和方式都更为强大。事实上，行政机关对投标人违法行为的处罚也要比对招标人的处罚更为严厉。法律法规规定以及实务中常见的违法行为主要有：

（1）投标人之间或者投标人与招标人之间串通招投标；

（2）中标人非法转包和违法分包工程项目；

（3）中标后不在规定期限内签署中标合同，或者与招标人签署与中标合同实质性背离的合同；

（4）在强制招标项目的招标投标过程中与招标人进行实质性谈判；

（5）投标人以他人名义、借用资质等行为骗取中标的；

（6）投标人捏造事实或者伪造证明材料或者使用非法手段获取证明材料进行投诉。

需要注意的是，投标人基于上述违法行为获取中标，如果在合同履行过程中发生争议的则仍然面临合同被认定为无效的法律风险，并且还可能因此被处以罚款等行政处罚，并可能被列入失信名单，影响参与其他项目招标投标的机会。

（四）评标委员会的违法行为

在整个招标投标过程中，评标委员会有着独特的作用和地位。评标委员会的最终评定将直接关系到招标投标的成败，决定了投标人能否中标，招标人能否选择适合招标项目的合格中标人。为保障评标工作的公平、公正，评标委员会不得有下列违法行为：

（1）依法回避而不回避；

（2）采用招标文件确定的评标方法和标准之外进行评标；

（3）在评标过程中有腐败行为；

（4）向招标人征询中标人的意向或者接受任何单位或个人明示、暗示提出的倾向或者排斥特定投标人的要求；

（5）暗示或者诱导投标人做出澄清、说明或者接受投标人主动提出的澄清、说明。

评标委员会的上述行为不仅构成了违法行为，要受到相应的行政处罚，比如取消评标委员会成员的评标专家资格，禁止一定期限内参加必须招标项目的评标，并且，其评标结论也会被认定为无效。

（五）PPP 项目采购中的违法事项

在适用政府采购法律体系的 PPP 项目中，由于法律适用的不同，招标投标的参与主体除了应当注意避免出现前述涉及的违法行为之外，如果在 PPP 项目采购中出现违法违规行为的，则应当依照《政府采购法》的有关规定追究相应的责任。

不论是大型基础设施 PPP 采购，还是工程建设项目招标投标，两者的原则是一致的，都应当遵守公平、公开、禁止歧视和诚实信用原则。而《招标投标法》等法律法规所规定的合法、合规要求也同样适用于政府采购的 PPP 项目中。政府采购活动参与主体的违法行为包括：

（1）招标人违法采用其他方式采购应当公开招标的项目或者以不合理的条件对供应商实行差别待遇或者歧视待遇的或者在招标采购过程中与投标人进行协商谈判的；

（2）投标人提供虚假材料谋取中标、成交的或者与采购人、其他供应商或者采购代理机构恶意串通；

（3）政府采购代理机构在采购过程中接受贿赂或者获取其他不正当利益的或者开标前泄露标底等。

此外，在政府采购中，采购人应当优先考虑采购本国货物、工程和服务。但是有下列特殊情形之一的除外：

（1）需要采购的货物、工程或者服务在中国境内无法获取或者无法以合理的商业条件获取的；

（2）为在中国境外使用而进行采购的；

（3）其他法律、行政法规另有规定的。

需要说明的是，这里的工程是指建设工程，包括建筑物和构筑物的新建、改建、扩建、装修、拆除、修缮等；这里的货物包括原材料、燃料、设备、产品等，主要是指构成工程建设项目不可分割的组成部分，且为实现工程基本功能所必需的设备、材料等；在 PPP 项目中，这里的服务包括了政府向社会公众提供的公共服务和工程建设项目相关的专业服务，因此，涉及 PPP 模式的基础设施和公用事业等项目也纳入政府采购系统统一管理，也应避免出现违法违规情形，并需要注意与工程建设项目招标投标的衔接。

在政府采购 PPP 项目中，采购人和供应商之间的权利义务应当按照平等、自愿的原则在合同中约定，如果招标人或者投标人违反政府采购法律法规的规定，造成交易对方或者其他第三人损失的，应当依法承担民事赔偿责任。

六、招标投标违法行为的处罚和补救

招标投标行政监管的另一特点是对相关违法违规行为的行政处罚，这也是招标投标活动与一般的民事活动的主要区别。对招标投标的违法行为进行处罚，甚至是追加刑事责任，在一定程度上能够起到规范招标投标制度的作用。但是，从另一角度来看，行政处罚是行政监管的手段和措施，在招标人或者投标人等主体因违法行为导致其他参与主体遭受损害时的救济也是不容忽视的重要内容。

（一）行政处罚的种类设定

对招标投标违法违规行为的处罚有着严格的限定，其依据主要来源于《中华人民共和国行政处罚法》（以下简称《行政处罚法》）第 8 条规定的警告、罚款、没收违法所得或没收非法财物、责令停产停业、暂扣或者吊销许可证或暂扣或者吊销执照、行政拘留，以及法律、行政法规规定的其他行政处罚。

行政机关的处罚权的设置权限应当遵守下列规则：

（1）法律可以设定各种行政处罚。

（2）行政法规可以设定除限制人身自由以外的行政处罚，以及在法律规定的行政处罚的行为、种类和幅度的范围内作出进一步的具体规定。

（3）地方性法规可以设定除限制人身自由、吊销企业营业执照以外的行政处罚，以及在法律、行政法规规定的行政处罚的行为、种类和幅度的范围内作出具体的规定。

（4）国务院部、委员会制定的规章可以在法律、行政法规规定的给予行政处罚的行为、种类和幅度的范围内作出具体规定。尚未制定法律、行政法规的，可以设定警告或者一定数量罚款的行政处罚。罚款的限额则由国务院规定。

（5）省、自治区、直辖市人民政府和省、自治区人民政府所在地的市人民政府以及经国务院批准的设区的市人民政府制定的规章可以在法律、法规规定的给予行政处罚的行为、种类和幅度的范围内作出具体规定。尚未制定法律、法规的，可以设定警告或者一定数量罚款的行政处罚。罚款的限额由省、自治区、直辖市人民代表大会常务委员会规定。

（6）除上述规定外，其他规范性文件不得设定行政处罚。

（二）招标投标行政处罚类型

在招标投标活动中，行政监管机关对违法行为处以相应的行政处罚同样应当遵守上述行政处罚权限的设定规则。《政府采购法》和《招标投标法》及其实施条例都针对不同的招标投标违法行为分别规定了不同的行政处罚，这其中最为主要和常见的就是数额不等的罚款，其他处罚还包括：

（1）警告。比如依法必须进行招标的项目，招标人违反本法规定，与投标人就投标价格、投标方案等实质性内容进行谈判的，给予警告。

（2）责令改正违法行为。比如招标人与中标人不按照招标文件和中标人的投标文件订立合同。

（3）没收非法所得。比如评标委员会成员收受投标人的财物或者其他好处的，没收收受的财物。

（4）取消投标资格。比如投标人伪造、变造资格、资质证书或者其他许可证件骗取中标的，取消其 1 年至 3 年内参加依法必须进行招标的项目的投标资格。

（5）行政处分。比如依法必须进行招标的项目的招标人不按照规定组建评标委员会，对招标人直接负责的主管人员和其他直接责任人员依法给予处分。

（6）对于政府投资的必须招标的项目，招标人不进行招标的，或将必须进行招标的项目化整为零或者以其他任何方式规避招标的，可以暂停项目执行或者暂停资金拨付。

但是，由于招标投标法律法规的种类和体系纷繁复杂，除了《政府采购法》和《招标投标法》及实施条例外，大量的地方性法规、部门规章和地方行政规章，以及其他法律规范都会涉及行政处罚的内容，因此，招标人和投标人有必要了解和注意各相关法律规范的规定。

（三）刑事责任

尽管PPP和工程建设项目的招投标采购主要是用来规范民事主体的行为，并兼顾对行政主管机关的权力制约和限制，但也并不妨碍对招投标采购活动中的违法犯罪行为的制裁。在招标投标领域，主要可能涉及的刑事犯罪包括以下几类：

（1）串通招标罪；

（2）行贿罪；

（3）招标工作人员受贿罪，包括国家工作人员和非国家工作人员；

（4）招标投标行政监管机关工作人员的渎职犯罪。

刑事犯罪并不是本书重点阐述的内容，不过参与招标投标的招标人、投标人、招标代理机构、评标委员会成员，以及政府行政机关工作人员都有必要认清违法行为后果的严重性。

（四）对招标投标违法行为的救济

现行的招投标法律法规等注重的是行政监管的效果，对各类违法行为的认定和处罚作出了非常详细具体的规定，实践中也取得了较好的成效。但是，不得不承认，行政处罚的目的在于惩罚，而对于因违法行为而实际遭受损害的一方的民事权益保护则并不是行政法规的关注点，因此所给予的保护也相对较弱。

正如前文所述，从整体上来看，现行的招标投标相关规定对招标人和投标人的惩罚尺度和保护力度并不平衡。比如没收投标保证金、招标人单方决定延长投标期限、招标过程中修改招标文件、可以随时终止招标投标程序等规定，而投标人在招标投标过程中处于相对被动的地位，尤其是在提交投标文件后。如果由于招标人或者招标代理机构或者评标委员会的违法行为，或者是相互串通，损害投标人的利益，或导致合格的承包人失去了投标或中标的机会，如何予以救济，目前暂无具体的规定，所以仍然是法律难题之一。

值得庆幸的是，根据《工程建设项目施工招标投标办法》的规定，招标人不履行与中标人订立的合同的，应当双倍返还中标人的履约保证金；给中标人造成的损失超过返还的履约保证金的，还应当对超过部分予以赔偿；没有提交履约保证金的，应当对中标人的损失承担赔偿责任。从这一点上来看，至少在投标保证金方面，住建部给了招标人和投标人平等的保护。

第八节　质疑和投诉处理

质疑和投诉是工程招投标、政府采购中的两项重要救济措施。为了确保招标投标活动的公开、公平和有序竞争，投标人和其他利害关系人对于招标投标过程中出现的违法、违规行为，或者认为招标投标活动不符合本法有关规定的，有权向招标人提出异议或者依法向有关行政监督部门投诉。除了《招标投标法》及其实施条例的相关规定外，在中国国家发展和改革委员会、建设部、铁道部、交通部、信息产业部、水利部、中国民用航空总局联合制定颁布的《工程建设项目招标投标活动投诉处理办法》中也进一步专门规定了对招标投标的质疑、投诉的处理内容。

至于 PPP 项目中涉及的政府采购，以及进口机电产品招标投标的投诉，则还需要分别由作为行政主管机关的财政部和商务部依据相关的法律规范进行处理和解决，其中财政部制定的《政府采购质疑和投诉办法》是处理相关政府采购质疑和投诉的主要依据。

一、投诉处理的一般规则

根据《招标投标法》的规定，针对工程建设项目招标投标活动中存在的违法违规行为的投诉，应当遵照下列一般规则进行：

（1）招标投标的投诉人可以是投标人、潜在投标人以及其他利害关系人。这里的其他利害关系人主要是指投标人之外的，与招标投标项目或者招标活动有直接或者间接利益关系的法人、其他组织和个人。

（2）投诉的事项是招标投标活动存在不符合法律、行政法规规定的情形。包括前文所涉及的各种违法违规行为，不仅限于招标人与投标人之间。

（3）可以自知道或者应当知道违法事项之日起 10 日内提出。

（4）投诉应当有明确的请求和必要的证明材料，具体内容包括投诉人的名称、地址及有效联系方式，被投诉人的名称、地址及有效联系方式，投诉事项的基本事实，相关请求及主张，有效线索和相关证明材料。

（5）投诉应当依法向有关行政监督部门提出。根据规定，各级发展改革、建设、水利、交通、铁道、民航、信息产业（通信、电子）等招标投标活动行政监督部门，依照国务院和地方各级人民政府规定的职责分工，受理投诉并依法作出处理决定。

另外，投诉的主体也并不仅限于投标人，按照法律规定招标人也同样可以提出投诉，只不过在实践中，招标人在招标投标过程中占有较大主动权，未必需要通过投诉就能解决相关的问题，而投标人因为处于相对被动的地位，需要借助于行政机关的力量维护权益。

二、招标投诉的前置处理

一般情况下，对于招标投标活动中的不合规行为，投标人或者利害关系人可以向招标人提出，也可以直接向有关行政监管机关提出。但是，对于某些特殊事项，投诉的处理需要先由招标人自行处理，并作为正式投诉的前置程序，即投标人的质疑和异议机制。如果异议和质疑可能影响中标结果的，则应当暂停签署合同，如果已经签署合同的，则应当中止履行合同。

（一）投标人的异议制度

在工程建设项目的招标投标过程中，投标人在向行政监管机关提出正式投诉前，对于一些特殊事项如有不同意见，应当先行向招标人提出异议，以解决相关的纷争，并且招标人处理异议的期间不计算在投诉的时限内。这些特殊事项具体包括：

（1）潜在投标人或者其他利害关系人对资格预审文件有异议的，应当在提交资格预审申请文件截止时间 2 日前提出；对招标文件有异议的，应当在投标截止时间 10 日前提出。招标人应当自收到异议之日起 3 日内做出答复；做出答复前，应当暂停招标投标活动。

（2）投标人对开标有异议的，应当在开标现场提出，招标人应当当场做出答复，并制作记录。

（3）投标人或者其他利害关系人对依法必须进行招标的项目的评标结果有异议的，应当在中标候选人公示期间提出。招标人应当自收到异议之日起 3 日内做出答复；做出答复前，应当暂停招标投标活动。

如果是在采用电子招标投标方式的项目中，投标人或者其他利害关系人认为电子招标投标活动不符合有关规定的，则需要通过相关行政监督平台进行投诉。

（二）政府采购中的质疑

在政府采购项目，包括采用 PPP 模式采购的项目中，也有与之相类似的质疑制度，作为投诉的前置程序。通常情况下，项目招标采购人负责质疑的答复，而政府主管部门则主要负责投诉的处理。质疑制度的具体内容主要包括以下几个方面：

（1）供应商对政府采购活动事项有疑问的，可以向采购人提出询问，采购人应当及时做出答复，但答复的内容不得涉及商业秘密。

（2）供应商认为采购文件、采购过程和中标、成交结果使自己的权益受到损害的，可以在知道或者应知其权益受到损害之日起 7 个工作日内，以书面形式向采购人提出质疑。这里所称的供应商应知其权益受到损害之日，具体是指：

①对可以质疑的采购文件提出质疑的，为收到采购文件之日或者采购文件公告期限届满之日；

②对采购过程提出质疑的，为各采购程序环节结束之日；

③对中标或者成交结果提出质疑的，为中标结果公告期限届满之日；

④采购文件也可以要求供应商在法定质疑期内一次性提出针对同一采购程序环节的质疑。

（3）对于有权提起质疑程序的供应商，应当是参与所质疑项目采购活动的供应商；潜在供应商已依法获取其可质疑的采购文件的，可以对该文件提出质疑；对采购文件提出质疑的，应当在获取采购文件或者采购文件公告期限届满之日起 7 个工作日内提出。

（4）采购人应当在收到供应商的书面质疑后 7 个工作日内做出答复，并以书面形式通知质疑供应商和其他有关供应商，但答复的内容不得涉及商业秘密；而且，采购人、采购代理机构不得拒收质疑函。

（5）在委托采购代理机构的项目中，供应商可以向采购代理机构提出询问或者质疑，由采购代理机构在委托授权范围内的事项做出答复；如果供应商提出的询问或者质疑超出采购人对采购代理机构委托授权范围的，采购代理机构应当告知供应商向采购人提出。

采购人收到询问和质疑后，应当分别在 3 个和 7 个工作日内予以答复，供应商如果对答复意见不满意，或者采购人、采购代理机构逾期不予答复的，供应商有权在答复期限届满后 15 个工作日内向同级行政监管部门提出投诉。经认定供应商质疑不成立，或者成立但未对中标、成交结果构成影响的，继续开展采购活动。

尤其需要注意的是，认为供应商质疑成立且影响或者可能影响中标、成交结果的，针对质疑对象的不同，采购人、采购代理机构应分别予以处理：

（1）对采购文件提出的质疑，依法通过澄清或者修改可以继续开展采购活动的，澄清或者修改采购文件后继续开展采购活动；否则应当修改采购文件后重新开展采购活动。

（2）对采购过程、中标或者成交结果提出的质疑，合格供应商符合法定数量时，可以从合格的中标或者成交候选人中另行确定中标、成交供应商的，应当依法另行确定中标、成交供应商；否则应当重新开展采购活动。

同时，如果质疑事项可能影响中标、成交结果的，采购人还应当暂停签订合同，已经签订合同的，应当中止合同履行；如果供应商对评审过程、中标或者成交结果提出质疑的，采购人、采购代理机构可以组织原评标委员会、竞争性谈判小组、询价小组或者竞争性磋商小组协助答复质疑。供应商如果对答复意见不满意，或者采购人、采购代理机构逾期不予答复的，供应商有权在答复期限届满后 15 个工作日内向同级行政监管部门提出投诉。

上述这些规定也从另一角度要求采购人在招标采购文件中对涉及质疑等问题作出更为适当的解决方案。

（三）进口机电产品招标投标的异议

在目前中国的招标投标采购法律体系下，进口机电产品的招标投标有其自成体系的规则和制度。在 PPP 项目、单纯的工程建设项目中，如果涉及进口机电产品的招标投标，招标人和投标人还应当关注商务部制定的相关规定，比如：

（1）招标文件不得设立歧视性条款或不合理的要求排斥潜在的投标人，如果投标人认为已经公开发售的招标文件含有歧视性条款或不合理的要求，有权向相应的主管部门提出异议。但投标人应当在规定时间内一次性全部提出，并将书面质疑及有关证明材料一并递交主管部门。

（2）投标人或者其他利害关系人对依法必须进行招标的项目的评标结果有异议的，应当于公示期内向招标人或招标机构提出。招标人或招标机构应当在收到异议之日起 3 日内做出答复，并将答复内容上传招标网；在做出答复前，应当暂停招标投标活动。

由于机电产品的招标投标涉及境外的产品，参与招标投标的也多为境外企业，因此，投标人提交的投诉材料是外文的，投诉人应当同时提供其中文译本，并以中文译本为准，并保证其提出投诉内容及相应证明材料的真实性及来源的合法性。

三、行政主管机关对投诉的处理

投标人或利害关系人在向招标人提出质疑和异议而未获得满意的答复后，即可依法向政府行政主管机关提出投诉，以寻求行政救济。有关招标投标投诉的受理机关包括国家发展和改革委员会、住建部、交通运输部、工信部、水利部、财政部、商务部，以及地方各相关的行政监管部门。

上述行政机关按照分工配合的原则处理对招标投标活动的投诉，各相关行政主管部门按照职责分工受理相应的投诉，投诉人就同一事项向两个以上有权受理的行政监督部门投诉的，由最先收到投诉的行政监督部门负责处理。对国家重大建设项目（含工业项目）招标投标活动的投诉，由国家发展改革委受理并依法作出处理决定。对国家重大建设项目招标投标活动的投诉，有关行业行政监督部门已经受理的，应当通报国家发展改革委，国家发展改革委不再受理。

（一）投诉处理的条件

对于招投标采购的投诉应当符合法定的条件。比如在政府采购项目中，提出投诉的主体应当是投标人或者与投标项目有利害关系的人，如果是以联合体形式参加政府采购活动的，其投诉应当由组成联合体的所有供应商共同提出。

此外，投诉人提起投诉时还应当符合下列条件：

（1）提起投诉前已依法进行质疑；

（2）投诉书内容符合本办法的规定；

（3）在投诉有效期限内提起投诉；

（4）同一投诉事项未经财政部门投诉处理；

（5）财政部规定的其他条件，如供应商投诉的事项不得超出已质疑事项的范围，但基于质疑答复内容提出的投诉事项除外。

（二）投诉处理的程序

行政监管机关在收到投诉资料后，应当在 5 日内进行审查，并根据不同的情形分别作出如下决定：

（1）对于不符合投诉处理条件的，决定不予受理，并将不予受理的理由书面告知投诉人；

（2）对符合投诉受理条件，但不属于本部门受理的投诉，书面告知投诉人向其他行政监督部门提出投诉；

（3）对于符合投诉处理条件并决定受理的，收到投诉书之日即为正式受理。

在正式受理投诉之后，即开始计算投诉受理的审查期限。行政监督部门自受理投诉之日起 30 个工作日内作出书面处理决定；如果需要检验、检测、鉴定、专家评审的，其所需时间不计算在内。情况复杂，不能在规定期限内作出处理决定的，经本部门负责人批准，可以适当延长，并告知投诉人和被投诉人。

在政府采购项目中，监督管理部门应当在收到投诉后30个工作日内，对投诉事项作出处理决定，并以书面形式通知投诉人和与投诉事项有关的当事人；监督管理部门在处理投诉事项期间，可以视具体情况书面通知采购人暂停采购活动，但暂停时间最长不得超过30日；被投诉人收到通知后应当立即暂停采购活动，在法定的暂停期限结束前或者财政部门发出恢复采购活动通知前，不得继续进行该项采购活动。

（三）投诉不予受理的情形

在进行上述是否受理投诉的审查时，一般以书面审查为形式审查，即只要不存在不予受理的特定情形，而投标人或者其他利害关系人认为招标投标活动不符合法律、行政法规及本办法规定的，都可以依法提出投诉。但投诉不得超出已质疑事项的范围。

具体来看，只有属于以下情形的投诉，行政监管机关才可以决定不予受理：

（1）投诉人不是所投诉招标投标活动的参与者，或者与投诉项目无任何利害关系；

（2）投诉事项不具体，且未提供有效线索，难以查证的；

（3）投诉书未署具投诉人真实姓名、签字和有效联系方式的；以法人名义投诉的，投诉书未经法定代表人签字并加盖公章的；

（4）超过投诉时效的；

（5）已经作出处理决定，并且投诉人没有提出新的证据；

（6）投诉事项已进入行政复议或者行政诉讼程序的。

作为招标投标各方权利救济的最后途径，如果投诉人认为行政监管机关不予受理投诉的决定损害其合法权益，或者政府采购监督管理部门逾期未作处理的，则有权依法提起行政复议、行政诉讼作为终局的解决方案。

（四）投诉相关的特殊事项

在处理招标投标投诉相关的争议时，还应当注意以下一些特殊的事项和规则：

（1）投诉的时限规定。投诉有着明确的时限限制，如果超过时限，行政监管机关有权决定不予受理投诉。其中：

①投标人或者其他利害关系人认为招标投标活动不符合法律、行政法规规定的，可以自知道或者应当知道之日起 10 日内投诉。

②在政府采购的项目中，供应商可以在采购人或采购代理机构的质疑答复期满后 15 个工作日内提出投诉。

③在进口机电产品招标投标中，投标人或者其他利害关系人认为招标投标活动不符合法律、行政法规及《机电产品国际招标投标实施办法（试行）》规定的，可以自知道或者应当知道之日起 10 日内向相应主管部门投诉。

（2）撤回投诉。撤回投诉与提出投诉一样都是当事人的权利，如果投诉人撤回投诉，由行政监督部门视以下情况，决定是否准予撤回：

①已经查实有明显违法行为的，应当不准撤回，并继续调查直至作出处理决定；

②撤回投诉不损害国家利益、社会公共利益或者其他当事人合法权益的，应当准予撤回，投诉处理过程终止。投诉人不得以同一事实和理由再提出投诉。

投诉人在撤回投诉时还应注意，撤回申请应在投诉处理决定作出前提出，并应当以书面形式提出并说明理由。

（3）投诉的处理方式。行政监督部门受理投诉后，应当调取、查阅有关文件，调查、核实有关情况；对情况复杂、涉及面广的重大投诉事项，有权受理投诉的行政监督部门可以会同其他有关的行政监督部门进行联合调查，共同研究后由受理部门作出处理决定。政府采购项目中，财政部门处理投诉事项采用书面审查的方式，必要时可以进行调查取证或者组织质证。在投诉处理过程中，行政监督部门应当听取被投诉人的陈述和申辩，必要时可通知投诉人和被投诉人进行质证。必要时，行政监督部门可以责令暂停招标投标活动。

（五）投诉的处理结果

经过上述一系列的程序和工作，受理投诉的行政监管机关通过对工程建设项目招投标的投诉事项进行审查之后，应当根据不同的调查结果作出相应的处理决定：

（1）投诉缺乏事实根据或者法律依据的，驳回投诉；

（2）投诉情况属实，招标投标活动确实存在违法行为的，相关法律法规、规章做出处罚。

与上述工程建设项目招标投诉的处理相类似，在进口机电产品招标投标的投诉处理中，主管部门可以作出以下三类决定：

（1）投诉内容未经查实前，投诉人撤回投诉的，终止投诉处理；

（2）投诉缺乏事实根据或者法律依据的，以及投诉人捏造事实、伪造材料或者以非法手段取得证明材料进行投诉的，驳回投诉；

（3）投诉情况属实，招标投标活动确实存在不符合法律、行政法规和本办法规定的，依法作出招标无效、投标无效、中标无效、修改资格预审文件或者招标文件等决定。

在评标结果投诉处理过程中，发现招标文件重要商务或技术条款（参数）出现内容错误、前后矛盾或与国家相关法律法规不一致的情形，影响评标结果公正性的，当次招标无效，主管部门将在招标网上予以公布。

而在政府采购项目的投诉过程中，法律法规对投诉结果的处理则更为详细和复杂，通常情况下，财政主管机关根据调查结果作出如下处理决定：

（1）投诉存在以下情形之一的，财政部门应当依法驳回投诉：

①受理后发现投诉不符合法定受理条件；

②投诉事项缺乏事实依据，投诉事项不成立；

③投诉人捏造事实或者提供虚假材料；

④投诉人以非法手段取得证明材料。证据来源的合法性存在明显疑问，投诉人无法证明其取得方式合法的，视为以非法手段取得证明材料。

（2）经认定成立的针对采购文件的投诉事项，如果不影响采购结果的，继续开展采购活动；如果影响或者可能影响采购结果的，财政部门按照下列情况处理：

①未确定中标或者成交供应商的，责令重新开展采购活动；

②已确定中标或者成交供应商但尚未签订政府采购合同的，认定中标或者成交结果无效，责令重新开展采购活动；

③政府采购合同已经签订但尚未履行的，撤销合同，责令重新开展采购活动；

④政府采购合同已经履行，给他人造成损失的，相关当事人可依法提起诉讼，由责任人承担赔偿责任。

（3）经认定成立的针对采购过程或者采购结果的投诉事项，若不影响采购结果的，继续开展采购活动；若影响或者可能影响采购结果的，财政部门按照下列情况处理：

①未确定中标或者成交供应商的，责令重新开展采购活动。

②已确定中标或者成交供应商但尚未签订政府采购合同的，认定中标或者成交结果无效。合格供应商符合法定数量时，可以从合格的中标或者成交候选人中另行确定中标或者成交供应商的，应当要求采购人依法另行确定中标、成交供应商；否则责令重新开展采购活动。

③政府采购合同已经签订但尚未履行的，撤销合同。合格供应商符合法定数量时，可以从合格的中标或者成交候选人中另行确定中标或者成交供应商的，应当要求采购人依法另行确定中标、成交供应商；否则责令重新开展采购活动。

④政府采购合同已经履行，给他人造成损失的，相关当事人可依法提起诉讼，由责任人承担赔偿责任。

⑤投诉人对废标行为提起的投诉事项成立的，财政部门应当认定废标行为无效。

在收到行政主管机关的投诉处理决定后，招标人和投诉人等当事人不服对行政监督部门的投诉处理决定，或者行政监督部门逾期未作处理决定的，则可以依法申请行政复议或者向法院提起行政诉讼。

四、虚假投诉的法律后果

提出异议、质疑和投诉都是投标人和其他利害关系人的合法权利，现行法律规范都作了详细的规定和保护。比如，招标人不按照规定对异议作出答复，继续进行招标投标活动的，由有关行政监督部门责令改正，拒不改正或者不能改正并影响中标结果的，应当依法重新招标或评标。

同时，法律也规定投标人或者其他利害关系人投诉人不得以投诉为名排挤竞争对手，不得进行虚假、恶意投诉，阻碍招标投标活动的正常进行，也不得捏造事实、伪造材料或者以非法手段取得证明材料进行投诉，否则行政监督部门应当予以驳回，并给予警告；情节严重的，可以并处一万元以下罚款，若给他人造成损失的，依法承担赔偿责任。

因此，对招标投标过程中的违法违规行为的投诉应当本着合法、合理的原则提出，否则就构成不正当竞争行为，不仅要承担民事赔偿责任，还要接受行政处罚。

另外，为了进一步规范采购和投诉行为，制止不正当竞争行为，《政府采购质疑和投诉办法》还规定不良行为记录制度，即将投诉人在全国范围1年内三次以上查无实据的投诉，以及捏造事实、提供虚假材料、以非法手段取得证明材料等虚假、恶意投诉行为，由财政部门列入不良行为记录名单，并对后者处以禁止1~3年之内参加政府采购活动的处罚。

2

CHAPTER

第二章

项目的采购范围和形式

关于招标投标采购的项目性质和标准范围是工程领域实务当中最具争议的焦点之一，也是招标人和投标人时刻应该注意和需要防范的法律风险之一。首先，其首要的原因在于现行的招标投标法律规范的相关规定过于原则和笼统，实践中容易混淆和产生不同的理解。

其次，除了人大、国务院立法之外，中央政府各部委，以及各地方立法机关、政府机关也都制定了相应的招标投标地方性法规和地方规章，对招标投标活动进行规范，但是，这些法律规范性文件种类繁多，对于招标投标的项目性质和标准范围等提出不同的规定和要求，导致了中央和地方规定之间存在较多的矛盾和冲突之处，进而给项目招标的相关理解、实务操作和运用带来不确定性。

最后，关于招投标采购项目性质和标准范围的不同认定可能影响招标投标行为的效力，导致招标无效、中标无效等后果，导致最后授予的合同也归于无效，而各地的法院对于招标投标项目的范围和标准也有不同的理解，没有确定统一的标准。

由此可见，准确地理解和界定招标项目范围和标准既是合法进行招标投标的前提条件，同时也是避免和解决最终的合同效力的终极问题。

第一节 公私一元制招标及改革

在中国现有的法律制度和环境下，工程建设项目的采购以招标为原则，以非招标为补充，招标中又以公开招标为原则，以邀请招标为例外。

结合之前的招标投标制度可以发现有两大特点，其一是招标项目范围广泛，几乎涵盖了所有工程建设领域的施工、服务和货物，其范围在实务中也被不断地扩大化；其二就是采用公私一元制的招标投标招制度，也就是说，只要是在规模范围和标准内的工程项目都严格地受到招标投标法律规范的制约，必须严格按照公开招标（特殊情况的邀请招标）的方式采购勘察、设计、施工、监理以及工程货物，而不论该项目属于政府投资项目，还是属于私人投资项目或者外商投资项目，否则就有可能因为违反法律和行政法规的强制性规定而导致合同无效的法律后果。

众所周知，对于以招标方式等公开竞争方式进行的采购，能够保证投标人之间的充分和有效的竞争，有利于招标人以相对较低的价格获得更好的服务或者货物。但是，一味地以招标方式，尤其是以公开招标方式采购工程建设项目所需的勘察、设计、施工和工程货物也在无形中增加了工程项目的各种成本，包括金钱成本和时间成本，以及在投标人之间产生不正当的低价竞争的后果，而这些不利因素最终都会直接或间接地影响到项目建设本身，并可能增加工程争议的概率。从一方面考虑，诚然，对于政府投资的 PPP 和基础设施建设项目，由于其资金来源于纳税人，其用途也在于为社会提供公共服务，公正、公开地选择合适的投标人应该是其首要的考虑因素，因此，采用公开招标方式进行采购是最好的选择。然而，就私人投资项目以及外商投资的项目而言，如果仍然坚持以公开招标为原则和首要选择，则有可能会与效率和效益产生一定程度的冲突，造成不必要的成本增加。

同时，公私不分的一元制招标投标制度本身还是存在不同程度的弊端，在大力推广 PPP 模式的形势下，对于强制招标项目的规定也越来越多地反映了《政府采购法》《招标投标法》等立法与 PPP 实践的不和谐，在实践中也给发展和推进工程市场的有序健康发展，以及 PPP 项目的大力推广带来了消极的制约作用。

因此，近几年，实务界和理论界对于公私一元制招标制度进行改革的呼声高涨。笔者也认为区分不同的项目资金来源，区别对待国有投资项目和私有资金、外资，改变单纯的一元制招标制度，允许私有资金和外资自行选择招标或者非招标，减少不必要的行政监管，或许可以有效解决实践当中行政机关“长臂管辖”以及虚假招投标行为盛行的现象。

为满足实践的需求，政府主管部门也在尝试突破立法的局限。比如，在工程建设领域，住建部在《关于推进建筑业发展和改革的若干意见（建市

〔2014〕92号)》中提出要区分国有资金和非国有资金的招标投标审批。调整非国有资金投资项目发包方式，试行非国有资金投资项目建设单位自主决定是否进行招标发包，是否进入有形市场开展工程交易活动，并由建设单位对选择的设计、施工等单位承担相应的责任。国务院在《关于促进建筑业持续健康发展的意见》中也提到，要缩小并严格界定必须招标的工程建设项目范围，放宽有关标准，防止实行招标“一刀切”，其中对于民间投资的房屋建筑工程，考虑可由建设单位自主决定发包方式。这些政策为公私分立招标投标提供了行政管理上的政策指导。

而在PPP领域，财政部在2016年10月11日发布的《关于在公共服务领域深入推进政府和社会资本合作工作的通知》中就提出，对于涉及工程建设、设备采购或服务外包的PPP项目，已经依据政府采购法选定社会资本合作方的，合作方依法能够自行建设、生产或者提供服务的，合作方可以不再进行招标。

不过，应当注意到，虽然这些政府行政主管机关的指导意见在一定程度上厘清了实践中存在的由于立法不清晰造成的工程项目招标投标在实践操作上的难题。然而，也不得不承认，尽管相关的行政、立法和司法三机关为规范招标投标活动提供了相应的指导。但是，住建部、发改委的上述规定并不是法律、行政法规，甚至也不是《立法法》所称的行政部门规章，其中的有些内容甚至超越了行政权限，并且与现行的《招标投标法》《政府采购法》等法律、行政法规存在冲突，也与最高院相关司法解释中关于招标投标的范围、招标投标与合同效力的认定等存在一定的冲突，因此遭到法律界的批评。同样，如果因项目采购相关事宜发生争议，一旦涉及诉讼、仲裁，上述规定也并不能成为项目采购各方不进行招标投标采购的合法依据。

第二节　工程建设项目的界定

《招标投标法》第3条规定，在中国境内进行工程建设项目，包括项目的勘察、设计、施工、监理以及与工程建设有关的重要设备、材料的采购，必须进行招标。为了确定强制招标投标采购的工程建设项目的范围，有必要先对工程建设项目的内涵和外延进行阐述和分析。

一、工程建设项目的范围

根据上述《招标投标法》的规定，并结合《招标投标法实施条例》的规定，工程建设项目主要是指建设工程以及与工程建设有关的服务、货物 3 个类型。具体来讲：

（1）建设工程，包括了建筑物和构筑物的新建、改建、扩建项目；

（2）建设工程还包括与建筑物和构筑物相关的装修、拆除、修缮等工作；

（3）与工程建设有关的服务，是指为完成工程所需的勘察、设计、监理等服务；

（4）与工程建设有关的货物，是指构成工程不可分割的组成部分，且为实现工程基本功能所必需的设备、材料等。

二、建设工程的范围和种类

根据《建设工程质量管理条例》的规定，建设工程是指土木工程，以及房屋和市政建筑工程、线路管道和设备安装工程、装修工程。

由此可见，建设工程包括了建筑工程和土木工程，其中，土木工程包括了公路、民航、铁路、水利水电、港口码头、疏浚、矿山、机电、通信与广电、石油化工等工程。建筑工程主要是房屋建筑和市政工程。市政工程则包括市政道路、城市轨道交通、热力、燃气、电力、园林绿化、污水和垃圾处理等工程。

对于一些市政工程项目，实务中需要注意的是，如果该工程建设项目坐落在市政规划区内，其可能需要归入市政建筑的范畴，而如果是坐落在市政规划区之外，则可能被视为土木工程的范畴，两者的区别在于对口的政府监督管理部门的不同。因此，在工程项目立项、规划和招标的前期准备阶段，招标人和投标人都需要了解项目所在地政府相关职能部门的权限和分工，以便有针对性地做好相应的准备工作。

三、理解建设工程时的注意事项

在理解前文所述的建设工程的范围和类型时，招标投标的各方主体还应当注意以下两点：

（1）这里所指的建设工程既包括建筑物也包括构筑物，前者是指用建筑材料构筑的空间和实体，供人们在其内进行生产、生活或其他活动的房屋或场所，如居住建筑、工业建筑、农业建筑和园林建筑等。后者是指为某种使用目的而建造的、人们一般不直接在其内部进行生产和生活活动的工程实体或附属建筑设施，如垃圾房、水塔、烟囱、栈桥、堤坝、蓄水池、囤仓、水井、道路、桥梁、隧道等。

（2）这里的建设工程不仅包括新建项目，也包括改建和扩建项目，还包括工程相关的装修、拆除、修缮等内容。但若是与建筑物、构筑物的新建、改建、扩建没有关系的装修、拆除、修缮则不属于依法必须进行招标的项目。但是，《招标投标法》的这一表述仍然含混不清，在逻辑上存在不明确之处，也容易导致实务中的不同理解和混淆。事实上，工程建设领域的装修、拆除、修缮等工作都被列入招标投标的管辖范围。

四、工程分包项目的界定

按照目前中国住建部的相关规定，建设领域的分包工程包括专业分包工程和劳务分包两种类型。依据原建设部颁布的《专业承包企业资质等级标准（2010 年）》的规定，专业分包工程共分为 60 种，具体包括地基和基础工程、土石方工程、建筑装饰装修工程、消防设施工程、建筑幕墙工程、钢结构工程、电梯安装工程、建筑防水工程、防腐保温工程、机电设备安装工程、建筑智能化工程等。此外，预拌商品混凝土、混凝土预制构件、金属门窗工程、预应力工程、附着升降脚手架、高耸构筑物工程等也属于可以分包的专业工程序列。

按照原建设部颁布的《建筑业劳务分包企业资质标准（2001 年）》的规定，劳务分包包括木工作业、砌筑作业、抹灰作业、石制作、油漆作业、钢筋作业、混凝土作业、脚手架作业、模板作业、焊接作业、水暖电作业、钣金作业和架线作业，共计 13 种。

专业分包工程与一般的建设工程项目有关，如果不是在总承包工程项目中已经过招标投标，那就属于《招标投标法》规范和调整的项目范围。而劳务分包则不同，它并不属于《招标投标法》需要监管和调整的内容。

五、工程建设项目货物的范围

在工程建设领域中，并非所有的货物都与工程项目的建设有关。根据《招标投标法实施条例》的规定，与工程建设有关的重要材料、设备是指构成工程不可分割的组成部分，且为实现工程基本功能所必需的设备、材料。

但是《招标投标法》及其实施条例并没有规定具体的工程货物范围，这有赖于结合工程技术进行分析。参考一些地方规定①，可以发现：

（1）涉及施工质量的结构材料及重要的功能性材料、设备的具体范围：

①用于承重结构的钢筋、混凝土；

②用于承重墙体的砌筑砂浆、砖和混凝土小型砌块；

③ 防水材料；

④ 建筑外窗；

⑤ 外墙和屋面保温材料；

⑥钢结构工程用钢材及焊接材料；

⑦主体结构使用的预制构件。

（2）与工程有关的大型机械、周转性材料租赁和主要材料、设备采购的具体范围：

①大型机械：塔式起重机、升降机、施工外用电梯、混凝土搅拌机、汽车式起重机、挖掘机、装载机。

②周转性材料租赁：组合钢木模板、跳板、钢管扣件、顶托、碗扣脚手架、U 型销、自锁式模块脚手架、架子管扣件、活动脚手架、路桥桥墩支撑脚手架。

---

① 北京市建委《关于贯彻执行〈关于进一步规范北京市房屋建筑和市政基础设施工程施工发包承包活动的通知〉有关问题的通知》（2011 年）。

③主要建筑材料：钢材、钢筋、水泥、水泥商品构件、混凝土、木材、木制品、门窗、幕墙、铜铝、砖、石材、玻璃、玻璃制品、防水卷材、电线电缆、水暖材料、卫生洁具、水嘴、通风材料、开关、电线、管件、建筑陶瓷、建筑涂料、建筑防水材料、外墙和屋面保温材料。

④辅助材料和机具：安全网、测量仪器、变压器、电箱、电闸箱漏电保护器、布料机（杆）、地泵、220伏电压以外的电工工具、电动吊篮、发电机、高级泵、卷扬机漏电保护器。

⑤设备采购：电梯、配电设备（含电缆）、防火消防设备、锅炉暖通及空调设备、给排水设备、楼宇自动化设备等。包括单项合同估算价在30万元人民币以上的各种设备。

不过，在上述两项设备、材料中，虽然都属于与工程建设相关的材料、设备，但是否属于构成工程不可分割的组成部分，且为实现工程基本功能所必需的设备、材料，以及是否属于必须招标的材料、设备的范围，则仍然需要结合具体情况进行区分。

第三节　工程合同的界定

界定工程合同也是确定招标投标采购方式的重要考量依据。根据《合同法》第269条的规定，建设工程合同是指承包人进行工程建设，发包人支付价款的合同。建设工程合同包括工程勘察、设计、施工合同。不过《合同法》的这一条规定较为原则，并没有具体界定工程合同的本质特征，以及工程合同的内涵和外延的内容。

一、建设工程合同的种类

从具体内容来看，建设工程合同包括勘察合同、设计、施工合同，但是不包括监理服务合同、造价咨询服务合同、项目管理合同以及其他专业服务合同等。对于施工合同而言，则又具体包括涉及建设工程相关的新建、改建和扩建类的施工合同，也包括装饰装修合同、拆除工程合同等。根据《合同法》的上述规定，除了勘察、设计和施工三类合同之外，其余与工程建设相关的合同都不属于法律意义上的工程合同。

《合同法》第 287 条还进一步规定，本章（建设工程合同）没有规定的，适用承揽合同的有关规定。由此可见，从法律属性上看，建设工程合同兼有承揽合同的一般特性。因此，对于勘察、设计、施工类的工程合同，同时还可以适用承揽合同中的相关法律规定。

另外，尽管有上述特别详细的规定，在实践中对于造船合同是否应当属于施工合同却没有明确的规定，因而存在一定的争议。但结合《建筑法》《建设工程质量管理条例》等法律、行政法规的规定，造船合同并不在工程合同的范畴之内。

二、复合型的合同类型

中国《合同法》仅明确规定了 14 类民事合同，其中建设工程合同作为一个类型也仅涉及施工合同（包括总包和分包合同）、设计合同、勘察合同三种。至于工程实务中常见的监理合同、造价咨询合同、项目管理服务合同都可以归入委托合同的范畴。

但是，在工程建设领域，还有大量的不同类型的复合型合同，比如设计—建造合同、设计—施工—采购合同、设计 / 施工—管理合同、设计—施工—运营合同，以及其他诸如投资—建造合同、PPP 合同、BT 合同等，这些合同形式在工程实践中经常被招标人用于不同的项目采购。与英国法不同，中国《合同法》中并没有对这些复合型的合同形式作出明文的法律界定，其在合同法理论上被统称为“无名合同”。

根据《合同法》的规定，无名合同适用本法总则的规定，并可以参照合同法的分则或者其他全国人大及其常委会制定的法律中最相类似的规定。然而，尽管有上述原则性的规定，由于复合型的合同会同时涉及工程领域中两项或者两项以上不同性质的工作内容，实务中很难对其法律属性进行准确的界定。而对合同所作出的不同定性将导致不同的法律后果，比如在涉及合同无效的处理时，施工合同与设计、管理服务类合同就适用不同的司法处理原则。

有观点认为可以按照各项工作在合同中所占的金额或者比重来划分合同

的性质，但是，工程领域的合同金额与合同性质本身并不是完全等同的关系，若是以金额或者工作比重来确定合同性质，则忽略了工程合同自身的特有属性，也容易导致各方对争议处理和权利的救济产生不同的理解和混淆。因此，对于复合型的合同类型的定性和处理，有待司法机关对于工程惯例的理解和适用，也需要裁决机构根据项目实际情况进一步区别、分析和论证。

第四节　招标投标的范围

招标投标范围是确定工程建设项目是否应当采用招投标采购方式的关键和前提条件，同时也是落实后续招标投标的具体程序和步骤的重要条件。但是，就目前现行的法律法规的内容来看，其规定仍然存在不清晰和容易混淆的地方，造成了理解和实际运用的困难，也导致了招标投标的范围被人为扩大的现象。

一、强制招标投标的项目范围标准

依据现行的《招标投标法》第 3 条的规定，必须进行招标投标的施工建设项目应当同时满足项目范围和规模标准两个条件。

（一）公开招投标的项目范围

公开招投标的项目范围标准主要用于确定何种类型的工程建设项目需要列入必须招标投标的范围，具体来讲，根据国家发改委《必须招标的工程项目规定》（16 号令）的规定，主要包括以下几大类型：

（1）大型基础设施、公用事业等关系社会公共利益、公众安全的项目。这类项目必须招标的具体范围则由国家发改委会同国务院有关部门按照确有必要、严格限定的原则另行制定，报国务院批准[①]。

---

① 按照原 2000 年《工程建设项目招标范围和规模标准规定》（3 号令）的规定，凡是大型基础设施、公用事业等关系社会公共利益、公众安全的项目，不论其资金来源，只要金额达到标准，就必须进行招投标。

（2）全部或者部分使用国有资金投资或者国家融资的项目。这类项目又包括两种情形：

①使用预算资金 200 万元人民币以上，并且该资金占投资额 10% 以上的项目；

②使用国有企业事业单位资金，并且该资金占控股或者主导地位的项目。

（3）使用国际组织或者外国政府贷款、援助资金的项目。

（二）公开招标项目的规模标准

项目的规模标准主要用来解决属于前述范围规定的项目类型中，在何种金额标准上才需要进行招标投标采购的问题。目前，必须招标的项目具体分为四种情形[①]：

（1）施工单项合同估算价在 400 万元人民币以上的；

（2）重要设备、材料等货物的采购，单项合同估算价在 200 万元人民币以上的；

（3）勘察、设计、监理等服务的采购，单项合同估算价在 100 万元人民币以上的；

（4）同一项目中可以合并进行的勘察、设计、施工、监理以及与工程建设有关的重要设备、材料等的采购，合同估算价合计达到前款规定标准的。

上述 1~3 个规模标准是强制性的标准，在实务中仅以此标准就可以相对容易地判断出一个项目是否属于应当招标投标的范围，而对于合同估算价的合并计算这一评定标准，实务中比较容易被疏忽。招标人在确定工程建设项

---

① 中国发展和改革委原《工程建设项目招标范围和规模标准规定》（计委 3 号令）规定的必须招标的标准为：（1）施工单项合同估算价在 200 万元人民币以上的；（2）重要设备、材料等货物的采购，单项合同估算价在 100 万元人民币以上的；（3）勘察、设计、监理等服务的采购，单项合同估算价在 50 万元人民币以上的；（4）单项合同估算价低于第（1）、（2）、（3）项规定的标准，但项目总投资额在 3000 万元人民币以上的。尽管发改委的 16 号令提高了必须招标项目的规模标准，但是，综合 CPI 系数、固定资产投资价格指数等因素，长远来看，笔者认为现有的招标限额标准仍有较大的提升空间，并且以项目金额作为单一的衡量标准有失前瞻性，也容易导致实践中对合同进行不当的拆分以规避招标的行为。

目是否属于必须招标的项目范围时，应当予以注意，尤其是在拟采用工程总承包模式的项目中。

二、公开招标投标项目范围的具体类型

由于《招标投标法》第 3 条规定的必须公开招标的工程项目范围属于原则性规定，因此，原国家计委（现“国家发展改革委员会”）依照《招标投标法》的授权并经国务院批准专门制定了《工程建设项目招标范围和规模标准规定》（即 2000 年“计委 3 号令”，已失效），就具体的招标项目范围分别进行了详细的描述和规定。2018 年 3 月和 6 月，经国务院批准，国家发改委颁布了《必须招标的工程项目规定》（16 号令）、《必须招标的基础设施和公用事业项目范围规定》（843 号文），对是否强制招投标的工程项目规模和范围作出了新的规定。①

就国家发改委的上述规定的立法层级，最高人民法院曾在广西桂凯建筑工程有限公司与乐业县嘉乐房地产开发有限公司建设工程施工合同纠纷再审案件② 中指出，确定合同效力问题的依据是招投标法以及施工合同司法解释的有关规定。《工程建设项目招标范围和规模标准规定》中关于必须招标工程范围的规定，并不直接涉及合同效力的判断问题，其只是界定了招投标法中涉及的关系社会公共利益、公众安全的公用事业项目的范围，而这种范围和规模标准是直接根据招投标法的授权而制定，并经国务院批准发布施行的，故该规定的法律地位等同于招投标法的规定，在被修改或者被更高层级的规范文件取代之前，法院在按照招投标法判断争议工程是否必须招标时应当适用。《工程建设项目招标范围和规模规定》失效后，司法实践中则将以《必须招标的工程项目规定》和《必须招标的基础设施和公用事业项目范围规定》作为工程项目是否招标的标准和依据。

---

① 相关的招标项目标准历史沿革和变化可参见：林立，《必须招标项目标准回顾和展望》，载《招标采购管理》2018 年第 7 期。

② 广西桂凯建筑工程有限公司与乐业县嘉乐房地产开发有限公司建设工程施工合同纠纷案，最高人民法院（2016）最高法民申 1285 号民事裁定书。

（一）大型基础设施、公用事业等关系社会公共利益、公众安全的项目①

（1）煤炭、石油、天然气、电力、新能源等能源基础设施项目；

（2）铁路、公路、管道、水运以及公共航空和AI级通用机场等交通运输基础设施项目；

（3）电信枢纽、通信信息网络等通信基础设施项目；

（4）防洪、灌溉、排涝、引（供）水等水利基础设施项目；

（5）城市轨道交通等城建项目。

与原计委3号令相比，新的必须招标工程项目规定涉及的基础设施和公用事业项目的范围和种类有着大幅度的缩小。原有的诸如邮政、滩涂治理、水土保持、水利枢纽、住宅、教科文卫体、生态环保等领域的项目，以及供水、供电、供气、供热等市政工程项目必须招标的规定，城市基础设施也仅保留了城市轨道交通项目。

新标准施行之后，必须招标的工程项目的数量有望降低，对于促进政府职能转变，减少行政监管有着重要的影响。同样，对于业主、承包商等项目主体选择适用招标方式确定中标人开辟了新途径。

另外，在理解上述规范中涉及的项目类型时，还需要根据相关行业的行政主管部门的规定，进一步明确和注意以下几点内容，包括：

（1）水运工程包括港口工程、航道整治、航道疏浚、航运枢纽、过船建筑物、修造船水工建筑物等及其附属建筑物和设施的新建、改建、扩建及其相关的装修、拆除、修缮等工程；

---

① 原计委3号令第2条规定的关系社会公共利益、公众安全的基础设施项目范围包括：（1）能源类项目，包括煤炭、石油、天然气、电力、新能源等；（2）交通运输类项目，包括铁路、公路、管道、水运、航空以及其他交通运输业等；（3）邮电通讯类项目，包括邮政、电信枢纽、通信、信息网络等；（4）水利项目，包括防洪、灌溉、排涝、引（供）水、滩涂治理、水土保持、水利枢纽等；（5）城市交通设施项目，包括道路、桥梁、地铁和轻轨交通；（6）其他城市基础设施项目，包括污水排放及处理、垃圾处理、地下管道、公共停车场等；（7）生态环境保护项目；（8）其他基础设施项目。

原计委3号令第3条规定的关系社会公共利益、公众安全的公用事业项目范围包括：（1）供水、供电、供气、供热等市政工程项目；（2）科技、教育、文化等项目；（3）体育、旅游等项目；（4）卫生、社会福利等项目；（5）商品住宅，包括经济适用住房等项目；（6）其他公用事业项目。

（2）通信工程包括通信设施或者通信网络的新建、改建、扩建、拆除等施工[①]。

上述所述的关系社会公共利益、公众安全的基础设施项目也没有完全包括所有的基础设施项目的类型，实践中还需要根据项目特性以及项目所在地政府主管部门进行认定。

在河南城建建设集团有限公司与雷盟（天津）实业有限公司建设工程施工合同纠纷申请再审案[②]中，最高人民法院指出，河南城建公司承建的是雷盟公司产业园1、6号楼工程，虽然诉争工程造价达到4388万元，但并不属于依法必须履行招投标程序的工程。因为根据《招标投标法》第3条第1款的规定，只有“大型基础设施、公用事业等关系社会公共利益、公众安全的项目，全部或者部分使用国有资金投资或者国家融资的项目，使用国际组织或者外国政府贷款、援助资金的项目”等重大项目类型才属于必须履行招投标程序的项目，同时这些项目还应当符合《工程建设项目招标范围和规模标准规定》第2条至第6条列明的项目范围。本案工程只是普通的企业产业园工程，既不属于《招标投标法》第3条第1款规定的项目类型，也没有在《工程建设项目招标范围和规模标准规定》第2条至第6条列明的项目范围之内。原审判决仅根据《工程建设项目招标范围和规模标准规定》第7条的规定，认为本案合同造价金额达到了该条规定的招投标的金额标准，就认定诉争工程必须进行招投标，双方的建设工程施工合同因没有进行招投标而无效，不符合《招标投标法》第3条第1款、《工程建设项目招标范围和规模标准规定》第2条至第6条的规定，属于适用法律不当，应当予以纠正。

在新的招投标标准颁布之后，部分地区的法院已经开始做出相应的变更，比如江苏省高院在《关于审理建设工程施工合同纠纷案件若干问题的解答》中就明确规定当事人以商品房未经招投标程序主张签订的建设工程

---

① 《通信工程建设项目招标投标管理办法》第2条。

② 河南城建建设集团有限公司与雷盟（天津）实业有限公司建设工程施工合同纠纷申请案，最高人民法院(2013)民申字第1425号民事裁定书。

施工合同无效的，除符合《招标投标法》第3条以及《必须招标的工程项目规定》（16号令）、《必须招标的基础设施和公用事业项目范围规定》（843号文）规定的必须招标的项目外，不予支持。

（二）使用国有资金投资的项目

使用国有资金投资的项目也属于必须招标的项目范围。国有资金，是指国家财政性资金（包括预算内资金和预算外资金），国家机关、国有企事业单位和社会团体的自有资金及借贷资金，具体包括：

（1）使用各级财政预算资金的项目；

（2）使用纳入财政管理的各种政府性专项建设基金的项目；

（3）使用国有企事业单位自有资金，并且该资金占控股或者主导地位的项目。

一般公共预算收入包括各项税收收入、行政事业性收费收入、国有资源（资产）有偿使用收入、转移性收入和其他收入。对于使用预算资金达到200万元标准的项目，只要国有资金投资或者国家融资资金占投资额10%以上就必须进行招标。

实务中还需要注意的是对国有企业的认定标准问题，目前，就现行的法律规范而言，对于何为“国有企业”本身就有不同的规定，比如，原国家工商总局和国家统计局认为“国有企业是指企业全部资产归国家所有，并按《中华人民共和国企业法人登记管理条例》规定登记注册的非公司制的经济组织，但不包括有限责任公司中的国有独资公司”。财政部认定国有企业的标准是“企业的所有者权益全部归国家所有，或者对国有股权超过50%的绝对控股企业”。国家发改委则认为“国有股权合计达到或超过50%的企业”就属于国有企业。而国资委对于国有企业的观点则是“政府部门、机构、事业单位出资设立的国有独资企业，或合计持股100%，或者持股超过50%，或者未超过50%但能够实际实施支配权的企业”。

由此可见，对于“国有企业”这一关键词的界定不清，后续将有可能导致在适用16号令时产生新的困惑。

（三）由国家进行融资的项目

国家融资的建设项目，是指使用国家通过对内发行政府债券或向外国政府及国际金融机构举借主权外债所筹资金进行的建设项目。这些以国家信用为担保筹集，由政府统一筹措、安排、使用、偿还的资金也视为国有资金。因此，对于此类项目，也必须进行招标。

这些由国家进行融资的项目范围主要包括：

（1）使用国家发行债券所筹资金的项目；

（2）使用国家对外借款或者担保所筹资金的项目；

（3）使用国家政策性贷款的项目；

（4）国家授权投资主体融资的项目；

（5）国家特许的融资项目。

实务当中，中央或者地方政府以 PPP 模式合作的项目、以特许经营权方式使用内资、外资（包括直接投资和间接投资方式）的基础设施和公用事业融资和建设项目也可以归入由国家进行融资的项目范围，应当依法进行招标投标。

（四）使用国际组织或者外国政府贷款、援助资金的项目

除了上述必须招标的项目范围之外，对于中国使用国际组织或者外国政府资金进行建设的基础设施等工程项目，也属于依法必须招标的项目范围。

具体来说则主要包括以下几类：

（1）使用世界银行、亚洲开发银行等国际组织贷款、援助资金的项目；

（2）使用外国政府及其机构贷款、援助资金的项目。

实务中，还有一种是广义的“国际商业贷款”，即由境内机构向中国境外的金融机构、企业、个人或者其他经济组织以及在中国境内的外资金融机构筹借的，以外国货币承担契约性偿还义务的款项。对于出口信贷、国际融资租赁、以外汇方式偿还的补偿贸易、境外机构和个人外汇存款（不包括在经批准经营离岸业务银行中的外汇存款）、项目融资、90 天以上的贸易项下融资以及其他形式的外汇贷款也视为国际商业贷款。

严格来讲，若按照《招标投标法》的规定，部分国际商业贷款的项目并未纳入必须招标的资金范围。在实践中，招标人和投标人仍然应当注意，基于中国相关招标投标法律规范从严管理的角度，尽管《招标投标法》没有明文规定，但是对于使用上述广义范畴内的国际商业贷款的项目仍然需要进行招标。

三、对"社会公共利益"和"公众安全"的理解

尽管有上述《招标投标法》《招标投标法实施条例》以及《必须招标的工程项目规定》《必须招标的基础设施和公用事业项目范围规定》关于必须招标投标的项目范围的具体规定，但是，实践中仍然存在操作的难度。其中最值得关注的是，实务中对于"关系社会公共利益、公众安全"的基础设施和公用事业项目的范围存在不同的理解，尤其是最后的兜底条款中的"其他基础设施项目""其他公用事业项目"，具体所包括的范围并不明确，对于实务当中哪些"关系社会公共利益、公众安全的其他基础设施项目和公用事业项目"应当归入必须进行招标投标的范围存在很大的解读和操作空间，导致实践中的规定和执行并不一致，各个地方的具体标准和尺度也各不相同。如粮食、棉花、石油等重要战略物资储备设施项目也可以归入涉及"社会公共利益"和"公众安全"的基础设施项目范围。

在浙江元生实业投资有限公司与龙元建设集团股份有限公司建设工程施工合同纠纷上诉案[①]中，原被告双方于2007年6月27日签订《建设工程施工合同》，约定由龙元公司承建衢州市西区五星级大酒店及精品商场工程土建、安装及室外附属工程，并签订《建设工程施工合同》一份，合同价款为2.5亿元。2007年8月，元生公司作为招标单位将衢州市五星级酒店及精品商场工程进行招标，该工程于2007年8月27日开标，龙元公司中标，但双方未按中标通知书签订书面合同。此后双方发生争议诉至法院。经二审法院审理认为，本案工程项目是由余某个人控股的民营企业投资建设的

---

① 浙江元生实业投资有限公司与龙元建设集团股份有限公司建设工程施工合同纠纷上诉案，浙江省高级人民法院（2009）浙民终字第27号。

酒店及商场，不是公用事业项目，不属于《中华人民共和国招标投标法》以及《工程建设项目招标范围和规模标准规定》所规定的必须进行招标的工程建设项目，因此双方未经招标投标签署的《建设工程施工合同》不违反法律、行政法规的强制性规定，应认定有效。

而在中国建筑股份有限公司与昆山市超华投资发展有限公司建设工程施工合同纠纷二审[①]中，最高人民法院认为，涉案“超华·欧尚购物中心”项目立项时为大卖场，工程完工后，一、二层实际已出租为大型超市使用，人流密集，工程质量直接关系公众人身、财产安全，属于上述规定中“关系社会公共利益、公众安全的公用事业项目的范围”，应认定属于必须招投标项目范围。

同样是涉及类似性质的工程项目，最高人民法院在中国建筑股份有限公司与昆山市超华投资发展有限公司建设工程施工合同纠纷[②]中认为，本案昆山超华商贸城二期工程“超华·欧尚”购物中心项目是超华公司以自有资金予以投资，项目本身属于商业用途，非属由政府投资管理提供公共服务、关系社会公共利益、公众安全的相关工程项目，不属于《招标投标法》第3条及《工程建设项目招标范围和规模标准规定》（原国家计委3号令）第3条所规定的强制招标投标范围。

四、地方政府对招标范围的规定

不论是招标人还是投标人都需要注意的是，工程建设项目的招标投标有着浓厚的行政管理色彩，并且，《工程建设项目招标范围和规模标准规定》本身也有不明确的地方，因此，对于是否需要强制招投标的项目，除了应当依据《工程建设项目招标范围和规模标准规定》之外，还需要注意项目所在地主管机关确定的招标项目范围和规模标准。在《必须招标的工程项目规定》

---

① 中国建筑股份有限公司与昆山市超华投资发展有限公司建设工程施工合同纠纷二审，最高人民法院（2014）民一终字第310号民事判决书。

② 中国建筑股份有限公司与昆山市超华投资发展有限公司建设工程施工合同纠纷二审案，最高人民法院（2014）民一终字第310号民事判决书。

《必须招标的基础设施和公用事业项目范围规定》实施之后，地方是否会出台相应的新标准、新规定则拭目以待。

如本书第1章所述，由于地方人大具有一定的立法权，可以根据本行政区域的具体情况和实际需要，在不同宪法、法律、行政法规抵触的前提下，制定地方性法规。而且，《工程建设项目招标范围和规模标准规定》也规定省级地方政府可以根据实际情况，规定本地区必须进行招标的具体范围和规模标准，但不得缩小必须招标的范围。因此，不同的地方人大或者政府会根据当地情况规定不同的项目范围、标准和要求。

比如，《青海省工程建设项目招标范围和规模标准规定》明确要求单项合同估算价低于规定标准，但项目总投资额在1000万元人民币以上的项目，也应当进行招标。《北京市工程建设项目招标范围和规模标准规定》将施工（含土建施工、设备安装、装饰装修等）单项合同估算价在200万元人民币以上或者建筑面积在2000平方米以上，单台重要设备估算价在30万元人民币以上，以及政府投资或者国家融资金额在100万元人民币以上的项目作为强制招标的范围。而根据《江苏省工程建设项目招标范围和规模标准规定》确定的标准，建筑面积在2000平方米以上的项目，以及总投资中使用财政预算资金、纳入财政管理的各种政府性专项建设基金或者行政事业性收费资金、国家融资的金额在100万元人民币以上的项目，都需要进行招标。同时，对于各单项合同也做了相应的调整，具体为：

（1）勘察、设计、监理等服务的采购，单项合同估算价在30万元人民币以上的；

（2）施工单项合同估算价在100万元人民币以上：

（3）建筑面积在2000平方米以上的；

（4）重要设备和材料等货物的采购，单项合同估算价在50万元以上的。

此外，就必须招标投标的项目范围，地方政府和立法机关也可能作出特别的规定。比如，《贵州省工程建设项目招标范围和规模标准规定》将住宅、酒店、写字楼、商场、办公楼等项目都归入必须招标的项目范围。《新疆维吾尔自治区工程建设项目招标范围和规模标准规定》将宾馆、饭店、商品交易场所等项目列入必须招标的项目范围。《北京市工程建设项目招标范围和规模标准规定》将园林、绿化等生态环境建设和保护项目、住宅、酒店、公寓、写字楼等项目、政法设施项目、防灾减灾项目都纳入招标的项目范围。《重庆市工程建设项目招标范围和规模标准规定》则是进一步明确规定自动化控制等邮电通信系统项目、公交站场、休闲广场、城市公园等城市设施项目，政府保障房项目，以及市政府确定进行招标的其他项目都应当依法通过招标投标方式进行采购。而《山西省工程建设项目招标范围和规模标准规定》规定的必须招标项目则还包括重要矿产资源的开发项目、消防、人防、噪音监控等基础设施项目。

司法实践对于招标项目的范围也有不同的理解，比如在延边汇鑫置业发展有限公司与吉林东奥工程有限公司装饰、装修工程施工合同纠纷上诉案[①]中，吉林省高级人民法院认为：涉案诉争工程系关系到公众安全的大型商业综合项目，属于法律规定必须进行招标的项目范围。而双方在未进行招、投标的前提下订立《施工合同》，违反了法律强制性规定，故东奥公司与汇鑫公司签订的《施工合同》无效。

此次国家发改委颁布的新规中删除了原计委3号令中关于“省、自治区、直辖市人民政府根据实际情况，可以规定本地区必须进行招标的具体范围和规模标准，但不得缩小本规定确定的必须进行招标的范围”的规定。由此可见，新标准实施之后，有望一改以往各省市地方政府另行制定招标投标规模和范围，扩大或者缩小必须招标的工程项目标准的做法。但是，各地人大或者人大常委会、人民政府已有的规定是否失效，以及是否会依据其立法权限对此作出相应的变通规定仍有待时间证明。

五、不同行业主管部门对招标范围的规定

在工程建设领域的招标投标监管中，不同的行业主管部门，比如住建部、交通运输部、水利部等，都具有相应的行政管理权利。因此，不同行业，包括地方行业主管部门对于工程建设项目招标投标范围和规模标准的规定也

---

① 延边汇鑫置业发展有限公司与吉林东奥工程有限公司装饰、装修工程施工合同纠纷上诉案，吉林省高级人民法院（2014）吉民一终字第88号民事判决书。

是实践当中需要注意的事项之一。比如,《重庆市水利工程招标投标管理暂行办法》规定符合下列范围并达到规模标准之一的水利工程必须进行招标[①]:

(1)具体范围包括:

①关系社会公共利益、公共安全的防洪、灌溉、水力发电、引(供)水、除险加固、水土保持、水资源保护、水污染治理等各类水利工程建设项目;

②使用国有资金投资或者国家融资的水利工程建设项目以及国有或国有控股企业参与投资的水利工程建设项目;

③使用国际组织或者外国政府贷款、援助资金的水利工程建设项目。

(2)具体的规模标准为:

①施工单项合同估算价在 100 万元人民币以上的;

②重要设备、材料等货物的采购,单项合同估算价在 100 万元人民币以上的;

③勘察设计、监理等服务的采购,单项合同估算价在 50 万元人民币以上的;

④单项合同估算价低于本项第 1、2、3 款规定的标准,但项目总投资额在 2000 万元人民币以上的;

⑤使用国家投资补助和贴息超过 200 万元以上的。

有鉴于不同地方、不同行业主管部门针对招标项目范围和规模的不同规定,招标人和投标人在确定是否采用招标投标方式进行工程建设项目的施工、勘察、设计以及材料设备等工程货物的采购时,非常有必要提前了解和掌握项目所在地立法机关和政府主管部门对于招标项目范围和规模标准的特殊规定。

第五节　其他专业服务的采购

由于工程建设项目的特殊性,除了发包人、设计人和承包人之外,其参

① 随着《必须招标的工程项目规定》的实施,这些行业规定涉及的招标投标标准也将进行一轮修改。

与主体还会涉及监理工程师、工程造价咨询师（或称工料测量师）、项目管理公司等专业服务机构。这些参与主体对工程项目的管理和合同的履行同样会产生不可忽略的影响，甚至关系到工程合同发包人和承包人双方的权利义务和责任分担。因此，对这些专业服务的采购也是招标人在项目前期需要考虑的因素之一，并且，招标人还要考虑在中国法律环境下各参与主体的合法性问题。

现行《招标投标法》第3条仅规定了勘察、设计、监理三类服务属于强制招标投标的管理范围，一般来讲，除上述三类专业服务之外的服务，招标人可以采用直接委托方式或者自愿采用招标投标程序选择其他专业服务的提供者。

一、项目管理公司的选聘

在中国的建设领域，尤其在一些大型或复杂的基础设施项目中，业主聘请项目管理公司为招标工程建设项目提供工期、造价、安全、质量等管理服务是比较常见的形式。实践中，项目业主和招标人需要注意项目管理公司与建设管理合同和管理承包合同之间的联系和区别，并注意在中国法律环境下使用后两种合同模式可能存在的法律风险。

（一）建设管理合同

采用建设管理合同形式，通常由业主和参与项目的所有专业机构，如设计师、工程师、测量师等，以及工程施工承包人签署合同，建立直接的合同法律关系。并且，业主通常还会再聘请一家项目管理公司担任项目管理人和咨询顾问的角色，用来协调设计和建设两项基本工作，并且还可能由项目管理人就工程管理涉及的工料测量、招投标、采购等内容与其他机构一起提供专业的服务。

依据现行法律法规的相关规定，一方面，业主与项目管理人之间是一种委托法律关系，项目管理人作为受委托人，它的管理和意见、建议等发生的后果均由委托人——业主承担，在业主没有专业的管理团队或者没有丰富的项目管理经验的情况下，项目管理人的专业能力对项目的进展至关重要。另一方面，项目管理人与设计师、工程师、测量师以及施工承包人之间都没有直接的合同关系，而是一种平等的、协调合作的关系。因此，除非另有书面的约定，对于工程建设中涉及的设计、施工等问题，最终均需由业主作出决定才能对工程合同的各方主体产生法律约束力。当然，从风险分配角度来看，这一合同模式的最大特点就是业主将承担由于错误决定而产生的风险和责任。

（二）管理承包合同

在管理承包合同框架下，业主在聘请设计师、工程师、测量师等专业机构的同时还会再聘请一个管理承包人，并由管理承包人与承担工程具体实施的施工承包人建立合同关系。与建设管理合同一样，业主选择管理承包合同的承包人看重的是承包人的管理能力，而不指望其对分包人的履约行为承担全部责任。

管理承包在国际工程中是被允许且较为常用的方式，但是，由于资质等级等市场准入的限制，依据中国现行的法律法规的规定，管理承包合同模式会有非法转包之嫌，因此，这种模式较难在中国法律环境下直接实现。而且，这种模式对项目管理公司本身的能力和实力都有极高的要求，因此，在国内的工程实践中较为少见。

在实践中，大多采用变通的方式，即由业主以聘请项目管理公司的形式，为工程建设进行全过程的项目管理服务，即采用前述项目管理合同形式。另外，在一些政府建设项目中，则采用代建制的方式进行，即由政府通过招标的方式，选择专业化的项目管理单位，负责项目的投资管理和建设组织实施工作，项目建成后交付使用单位的制度。这两者在本质上都属于委托代理关系，区别在于在建设管理过程中，政府委托的项目管理公司的地位和作用，以及与承包人的法律关系不同。

（三）项目管理公司资质和执业规范

根据原住建部《建设工程项目管理试行办法》的相关规定，项目管理公司应当具有工程勘察、设计、施工、监理、造价咨询、招标代理等一项或多项资质。为工程建设项目提供项目管理服务的公司不得有下列行为：

（1）与受委托工程项目的施工以及建筑材料、构配件和设备供应企业有隶属关系或者其他利害关系；

（2）在受委托工程项目中同时承担工程施工业务；

（3）将其承接的业务全部转让给他人或者将其承接的业务肢解以后分别转让给他人；

（4）以任何形式允许其他单位和个人以本企业名义承接工程项目管理业务；

（5）与有关单位串通，损害业主方利益，降低工程质量。

除了上述有关资质条件之外，更多的决定因素仍然是项目管理公司自身的经验、业绩和管理团队的能力。并且，根据目前《招标投标法》等法律法规的规定，项目业主选聘项目管理公司并不属于必须进行招标投标的范围，故而可以采用直接委托的方式。

二、工程造价咨询服务机构的选聘

在中国工程建设领域，工程造价咨询服务是参与项目比较重要的角色，是接受项目业主的委托，提供工程建设项目成本和造价管理、控制等服务的机构。从工作的角色和内容来看，中国的造价咨询工程师，与英国的“工料测量师”比较接近。

按照相关规定和实践，工程造价咨询机构提供的服务内容主要包括以下几种：

（1）建设项目建议书及可行性研究投资估算、项目经济评价报告的编制和审核；

（2）建设项目概预算的编制与审核，并配合设计方案比选、优化设计、限额设计等工作进行工程造价分析与控制；

（3）建设项目合同价款的确定，包括招标工程工程量清单和标底、投标报价的编制和审核；

（4）合同价款的签订与调整，包括工程变更、工程洽商和索赔费用的计算，以及工程款支付，工程结算及竣工结（决）算报告的编制与审核等；

（5）工程造价经济纠纷的鉴定和仲裁的咨询；

（6）提供工程造价信息服务等。

目前，工程造价咨询机构分为甲级和乙级两类。其中，甲级资质可以从事各类建设项目的造价咨询服务，为建设项目的组织实施提供全过程或者若干阶段的管理和服务。乙级资质可以从事工程造价在人民币 5000 万元以下的各类建设项目的工程造价咨询业务。

与项目管理公司的选聘一样，一个项目是否需要工程造价咨询机构取决于招标人自身是否具有相应的造价和成本管理团队和能力。同样，即使是决定聘请工程造价咨询机构提供相应的服务，项目业主也可以采用直接委托的方式，而不需要通过招标投标程序。但是，根据国务院的规定，对于北京市内的中央预算单位，若需要采购单项或批量金额在 20 万元以上的在京内执行的工程造价咨询服务的，则需要通过政府集中采购方式进行。

三、项目代建机构的选择

项目代建制是中国工程建设领域较为特殊的制度，它是指接受项目业主委托的专业工程项目管理单位或者其他机构，以建设单位的名义和身份与设计人、承包人、货物供应商等签署合同，并负责项目的组织实施，实现项目造价、质量、工期、安全等目标，建成后再移交给项目业主的工程建设模式。项目代建制度主要应用于政府投资项目，即使用纳入省本级政府预算管理资金以及间接融资资金、省本级政府管理的其他资金等进行的投资项目，以解决政府在工程建设项目中的民事主体身份以及自身项目管理能力不足的弊端。实行代建制的项目，只是在建设单位和发包人发生了变化，原有的建设程序和要求不变。

按照《招标投标法实施条例》第 2 条的规定，与工程建设有关的服务，是指为完成工程所需的勘察、设计、监理等服务。原《工程建设项目招标范围和规模标准规定》第 7 条也规定，工程建设项目，包括项目的勘察、设计、施工、监理以及与工程建设有关的重要设备、材料等的采购。但是，对于项目代建机构是否也属于与工程建设项目有关的服务，以及是否应当通过招标投标程序进行采购并无明文的规定。

对此，部分地方政府有更为明确的规定。比如，根据《重庆市工程建设项目招标范围和规模标准规定》的规定，使用各级财政预算内外资金和经有权机关批准收费筹集的资金达到1000万元人民币以上，以及1000万元人民币以下特别重要的政府公益性项目，采用建设管理代理制（代建制）进行建设的，代理业主的选择必须进行招标。《贵州省工程建设项目招标范围和规模标准规定》也明确了依法必须招标的项目，以工程总承包、工程项目管理（含政府投资工程项目代理建设管理）方式组织实施建设的，选择工程总承包或项目管理单位时应当招标。

另外，实务中应当特别注意的是司法实践对项目代建机构招标的定性。以宁波刹界岭高速公路有限公司与阿尔皮内建筑有限责任公司其他合同纠纷[①]案为例，2002年11月1日，刹界岭公司与阿尔皮内公司解除了总承包协议并签订了《总代建协议》。2004年12月1日，刹界岭公司又与阿尔皮内公司签订了《总代建协议的补充协议》，该补充协议约定对阿尔皮内公司的代建费进行变更。现双方因工程款问题提起诉讼，诉中就该代建协议的效力认定发生争议。

最高人民法院认为：案涉总代建协议及其补充协议是当事人的真实意思表示，但上述协议因违反中华人民共和国相关法律和行政法规的强制性规定，应当认定无效。由于案涉工程是必须进行招标投标的涉及社会公共利益和公众安全的大型基础设施建设项目，而总代建协议及其补充协议是与案涉工程有关的代建服务合同，必须经过招标投标程序才能签订。但是，案涉总代建协议及其补充协议的签订均未经过招标投标程序，根据上述法律、行政法规的规定并参照上述司法解释的规定，案涉总代建协议及其补充协议因违反法律、行政法规的强制性规定，应认定无效。

但是，也应当注意到，代建制与PPP、工程项目施工都有本质区别，在新标准出台之后，类似的项目是否仍然需要招标，未招标是否会导致合同无效，也有待进一步的论证。

---

① 宁波刹界岭高速公路有限公司与阿尔皮内建筑有限责任公司其他合同纠纷，最高人民法院(2013)民四终字第12号二审民事判决书。

第六节 PPP项目的招标范围

与工程建设项目的勘察、设计、施工以及重要设备、材料的采购不同，PPP项目是否采用招标取决于对PPP项目本身的招标规划，即投资—建设一体化采购，还是投资、建设两阶段采购。

目前，在中国境内推广的大部分PPP项目都是新建、改扩建、续建的基础设施项目，包括公路、铁路、机场、城市轨道等交通类基础设施，燃气、供电、供水、供热、污水及垃圾处理等市政公用设施，医疗、旅游、教育培训、健康养老等公共服务项目，以及水利、资源环境和生态保护等项目，各地与新型城镇化建设相关的新城区开发和旧城区改造等。这些PPP项目所涉及的与工程建设相关的勘察、设计、监理、施工以及货物采购，都应当遵守《招标投标法》第3条关于招标投标的相关规定。

但是，就上述PPP项目中所涉的社会投资人，以及特许经营权人的选择，现行的《招标投标法》《招标投标法实施条例》等法律规范并无明文规定。而根据《政府采购法》规定，各级国家机关、事业单位和团体组织，使用财政性资金采购依法制定的集中采购目录以内的或者采购限额标准以上的货物、工程和服务的，属于政府采购。在政府或者通过其授权机构单独采购PPP项目中的投资人，或者特许经营项目的特许权人时，可以归入《政府采购法》规定的采购服务，即采购除货物和工程以外的政府自身需要的服务和政府向社会公众提供的公共服务的范畴。

对于此类政府采购服务项目而言，根据《政府采购法》的相关规定，以及有关PPP的政策性指导文件的规定，政府以及其他授权机构PPP项目的采购机构只要采用竞争方式依法授予特许经营权就符合法定的条件，并不限定于招标投标方式。具体来说，PPP项目采购方式包括公开招标、邀请招标、竞争性谈判、竞争性磋商和单一来源采购。其中，公开招标应当作为政府采购的主要方式。

而根据《政府购买服务管理办法（暂行）》第2条的规定，政府购买服务是指通过发挥市场机制作用，把政府直接提供的一部分公共服务事项以及政府履职所需服务事项，按照一定的方式和程序，交由具备条件的社会力量和事业单位承担，并由政府根据合同约定向其支付费用。属于事务性管理服务的，应当引入竞争机制，通过政府购买服务方式提供。这也为政府以招标方式采购 PPP 提供了法律依据。

另外，地方主管机关也会对 PPP 项目、特许经营项目作出比较特殊的规定。比如,《北京市城市基础设施特许经营条例》规定通过招标等公平竞争方式确定特许经营权人;《湖北省孝感市 BT、BOT 项目融资建设管理试行办法》也规定，BT、BOT 项目融资实施方案经市政府批准后，项目业主应通过公开招标方式选择 BT、BOT 项目投资人；特殊建设项目，经市政府批准，可采用邀请招标或竞争性谈判后协议方式选择 BT、BOT 项目投资人。而《重庆市工程建设项目招标范围和规模标准规定》更是特别规定，总投资在 5000 万元人民币以上的项目，采用 BT（建设—移交）模式进行建设的,BT 投（融）资人的选择必须进行招标；政府特许经营项目，采用 BOT（建设—经营—移交）模式进行建设的，BOT 投资人的选择必须进行招标。对于上述地方特殊规定，招标人和投标人也应当提前了解和予以关注，以选择合适的采购方式。

第七节　公开招标

基础设施建设项目的采购可以分为招标和直接采购两种不同的方式，直接采购也就是直接发包或者议标，即由招标人和投标人直接协商确定；对于依法必须强制招标的项目，则可以分为公开招标和邀请招标两种方式。而按照《招标投标法》《政府采购法》等法律规范的规定和实践中的做法，项目招标采购以公开招标为主，邀请招标为例外。

一、公开招标的特点

公开招标，是指招标人以招标公告的方式邀请不特定的法人或者其他组织投标。在公开招标项目中，招标人应当以公告方式公开招标信息，任何认为符合招标文件要求和条件的潜在投标人都可以获取招标文件并参与投标，招标人和招标代理结构不得以任何理由拒绝向潜在的投标人出售招标文件，也不得违法限制潜在投标人参加投标。

公开招标最显著的特点是针对不特定的潜在投标人，其对象广泛，便于招标人一定程度上降低工程项目的造价，择优选择价格更低、工期和工程质量更有保障的投标人，这也决定了公开招标的竞争性是所有的采购方式中最强的一种。同时，公开招标的项目，对于遵守招标投标程序性的要求也更高。

然而，不可否认，公开招标也有其弊端。比如公开招标的时间长，投标人众多，相对而言招标人对于投标人的评审工作量增大，其所需的经济和时间成本也更高。特别是在项目前期准备不充分或者招标策划不到位的情况下，如果施工过程中需要涉及分包工程、货物采购的再招标时，则极容易导致影响工程正常进行，甚至是工期延误的情形，进而引发各方的争议。

二、公开招标的项目

以公开招标方式进行采购，首先必须是属于应当招标的工程建设项目；其次是这些项目不存在可以不公开招标或者可以不招标的特殊情形。

根据《招标投标法》第 3 条以及《必须招标的工程项目规定》《必须招标的基础设施和公用事业项目范围规定》确定的工程建设项目的施工和勘察、设计、监理服务以及重要的工程货物，招标人都应当首先考虑采用公开招标的方式进行采购。

实务中，还需要特别注意的是，《招标投标法条例》和《必须招标的工程项目规定》《必须招标的基础设施和公用事业项目范围规定》也明确规定，除特殊情况外，全部使用国有资金投资，或者国有资金占控股或者主导地位的依法必须进行招标的项目，应当公开招标。并且，除此之外，在工程勘察设计项目、工程施工项目的采购中，对属于国家重点建设项目，各省、自治区、直辖市人民政府确定的地方重点建设项目，也应当依法采用公开招标方式进行采购。

另外，地方政府颁布的地方规章也有类似的规定。比如，《江苏省工程建设项目招标范围和规模标准规定》也规定，依照本规定必须进行招标的项目中，省、市人民政府确定的地方重点建设项目、全部使用国有资金投资或者国家融资的项目、国有资金投资占控股或主导地位的项目，应当公开招标。

结合上述现行有效的法律、行政法规、规章的规定，公开招标仍然是原则性的主要采购方式。对于应当公开招标的工程建设项目，招标人不公开招标，行政主管部门有权责令招标人改正，可以并处1万至3万元的罚款；情节严重的，招标无效。

第八节 邀请招标投标

邀请招标，即是指招标人以投标邀请书的方式，而无须发布公告，邀请特定的潜在投标人参与项目投标。根据《招标投标法》第17条的规定，招标人应当向3个以上具备承担招标项目的能力、资信良好的特定的法人或者其他组织发出投标邀请书。

一、邀请招标的特点

采用邀请招标方式，由于被邀请参加竞争的投标者数量确定且有限（一般为3~5家），有利于招标人节省招标成本，提高采购的效率，与此对应，可供招标人选择的潜在投标人有限，投标人之间的竞争也相对有限。

此外，邀请招标还具有下列一些特点：

（1）招标人只向特定的潜在投标人发出投标邀请书，也只有接受邀请的人才有资格参加投标，其他人无权参加投标；

（2）邀请招标与公开招标一样，仍然具有公开性的特点；

（3）邀请招标所适用的招标程序和原则与公开招标相同，并无实质的区别。

对于采用邀请招标方式进行的工程采购项目，招标人可通过技术交流等方式先行对项目技术指标信息进行收集，在收集和评价技术信息和指标之后，再确定潜在的投标人并向其发出投标邀请书，邀请被选中的投标商提出详细的商务报价和技术方案。

二、邀请招标的项目

如前所述，公开招标是招标的原则，邀请招标是例外，邀请招标也是招标的一种法定形式，其招标投标的程序与公开招标一致。《招标投标法实施条例》对于可以采用邀请招标方式的工程建设项目作了明确的规定：即国有资金占控股或者主导地位的依法必须进行招标的项目，具有下列情形之一的，可以邀请招标：

（1）技术复杂、有特殊要求或者受自然环境限制，只有少量潜在投标人可供选择；

（2）采用公开招标方式的费用占项目合同金额的比例过大。此条件由项目审批、核准部门在审批、核准项目时作出认定；其他项目由招标人申请有关行政监督部门作出认定。

此外，根据《招标投标法》的规定，国家重点项目和地方重点项目不适宜公开招标的，经过批准后也可以进行邀请招标。

上述是邀请招标的原则规定，具体来看，对于适用邀请招标的项目还应当满足相应的实体条件和程序条件。

（一）邀请招标的实体条件

按照《招标投标法实施条例》和《工程建设项目施工招标投标办法》的规定，对于依法必须招标的项目，如果具有下列情形之一的，可以采用邀请招标方式确定工程合同的承包人：

（1）国有资金占控股或者主导地位的依法必须进行招标的项目

①技术复杂、有特殊要求或者受自然环境限制，只有少量潜在投标人可供选择；

②采用公开招标方式的费用占项目合同金额的比例过大。

（2）其他可以邀请招标投标的项目

①涉及国家安全、国家秘密或者抢险救灾，适宜招标但不宜公开招标的；

②属于利用扶贫资金实行以工代赈、需要使用农民工等特殊情况；

③受资源和环境条件限制，只有少数潜在投标人可供选择的；

④法律、法规规定不宜公开招标的。

当然，需要注意的是，邀请招标的使用有其严格的限制性，按照国家有关规定需要履行项目审批、核准手续的依法必须进行施工招标的工程建设项目，其招标范围、招标方式、招标组织形式应当报经项目审批部门审批、核准。因此，对于此类项目，如果采用邀请招标或者不进行招标投标的，则应当依法办理相应的审批、核准手续。

在肖某与临泉县人民政府建设工程施工合同纠纷案[①]中，临泉县人民政府（甲方）与盐城二建公司（乙方）在2010年3月签订《安徽省临泉中学工程项目建设协议书》，约定：临泉县人民政府建设临泉中学，甲方负责学校规划、图纸设计等，乙方负责全额垫资，按法定程序经公开招标，选择一级以上施工资质单位组织工程建设。9月，临泉县人民政府召开县政府第33次常务会议，形成会议纪要并载明：同意采取邀请招标的方式实施临泉中学建设工程。12月10日，盐城二建公司致函临泉县教育局（招标人），愿意以8680万元的投标总报价完成临泉中学建设项目一期工程。12月14日，临泉县教育局发出中标通知书，确定盐城二建公司为中标单位。2011年10月，临泉县人民政府第46次常务会议纪要再次明确，由盐城二建公司实施临泉中学项目建设工程，采取邀标方式进行。11月，双方签署《安徽省临泉中学工程项目建设协议书》，约定临泉中学项目建设于2010年12月14日完成一期工程建设招投标工作，乙方为中标单位，甲方同意由乙方继续实施临泉中学建设项目，临泉中学剩余工程招标仍按一期方式进行。盐城二建公司在乙方处加盖印章，肖春佑在“委托代理人”处签字。2012年3月20日，临泉县教育局（发包人）与盐城二建公司（承包人）签订《建设工程施工合同》，后双方发生争议。

就双方争议的盐城二建公司与临泉县教育局签订的《建设工程施工合同》是否有效的认定上。安徽省高级人民法院经二审审理后认为，《招标投标法》第3条规定大型基础设施、公共事业等关系社会公共利益、公众安全的项目以及全部或者部分使用国有资金投资或者国家融资的项目必须进行招标；《招标投标法实施条例》第8条也规定，国有资金占控股或者主导地位的必须进行招标的项目，应当公开招标。本案中，临泉县教育局并未

① 肖某与临泉县人民政府建设工程施工合同纠纷案，安徽省高级人民法院(2018)皖民终151号民事判决书。

对案涉工程公开招标，而是采用邀请招标的形式确定盐城二建公司为涉案工程的中标单位，违反了法律法规的强制性规定，中标无效。故盐城二建公司与临泉县教育局签订的《建设工程施工合同》无效。

但是，就邀请招标的效力问题也有不同的司法观点。在砂宝斯公司、中铁十九局建设工程施工合同纠纷再审审查与审判监督案[①]中，原被告双方采用招投标程序签署《尾矿及露天基建工程合同》。最高人民法院认为，根据原审查明的事实，本案双方就案涉工程项目经过招标、投标、中标等程序签订《尾矿及露天基建工程合同》，以邀请方式招标并不违反效力性强制性规定。砂宝斯公司向本院提交的中铁十九局《投标书》显示，对于案涉尾矿库工程价款，中铁十九局投标价为7880010元，与《尾矿及露天基建工程合同》约定的788万元基本一致，砂宝斯公司也未能提供中铁十九局施工范围与招标文件不一致的相应证据。砂宝斯公司主张《尾矿及露天基建工程合同》无效，理由均不能成立。案涉《尾矿及露天基建工程合同》系当事人真实意思表示，不违反法律、行政法规强制性规定，原审判决认定为有效，适用法律并无不当。

（二）邀请招标程序条件

按照《招标投标法》第17条的规定，招标人采用邀请招标方式的，应当向3个以上具备承担招标项目的能力、资信良好的特定的法人或者其他组织发出投标邀请书。

《招标投标法》第11条规定，国务院发展计划部门确定的国家重点项目和省、自治区、直辖市人民政府确定的地方重点项目不适宜公开招标的，经国务院发展计划部门或者省、自治区、直辖市人民政府批准，可以进行邀请招标。

具体来说，邀请招标项目的审批程序按照下列规定进行：

（1）国家重点建设项目的邀请招标，应当经国务院发展计划部门批准；

（2）地方重点建设项目的邀请招标，应当经各省、自治区、直辖市人民

---

① 漠河砂宝斯矿业有限公司、中铁十九局集团有限公司建设工程施工合同纠纷再审审查与审判监督案，最高人民法院(2018)最高法民申2048号民事裁定书。

政府批准；

（3）全部使用国有资金投资或者国有资金投资占控股或者主导地位的并需要审批的工程建设项目的邀请招标，由项目审批、核准部门在审批、核准项目时作出认定；其他项目由招标人申请有关行政监督部门作出认定。

（三）邀请招标的审批

在实践中如果采用邀请招标方式，还需要严格遵守相应的审批程序。根据《工程建设项目施工招标投标办法》的规定，对于按照国家有关规定需要履行项目审批、核准手续并且依法必须进行招标的工程施工项目，招标人必须在报送可行性研究报告时将招标范围、招标方式、招标组织形式等内容报经项目审批部门审批、核准。因此，对于此类项目，如果采用邀请招标或者不进行招标投标的，则应当提前决定适用的招标方式，并提前依法办理相应的审批、核准手续。

至于审批权限的安排，则分为两级：

（1）国家重点建设项目的邀请招标，应当经国务院发展计划部门批准；

（2）地方重点建设项目的邀请招标，应当经各省、自治区、直辖市人民政府批准。

另外，如果全部使用国有资金投资或者国有资金投资占控股或者主导地位的并需要审批的工程建设项目的邀请招标，应当经项目审批部门批准，但项目审批部门只审批立项的，由有关行政监督部门批准。

第九节　可以不招标的项目

工程建设项目采用招标（包括公开招标和邀请招标）采购方式是诸多的采购方式中的一种。除法律、行政法规有特别规定之外，某些项目也可以不进行招标。

一、不招标的项目范围

除了前述必须进行招标的项目，包括公开招标或者要求招标的项目，依据《招标投标法》以及《招标投标法实施条例》的规定，具有下列特殊情形时，则可以不进行招标：

（1）涉及国家安全、国家秘密、抢险救灾，不适宜进行招标的项目；

（2）属于利用扶贫资金实行以工代赈需要使用农民工等特殊情况，不适宜进行招标的项目；

（3）需要采用不可替代的专利或者专有技术；

（4）采购人依法能够自行建设、生产或者提供；

（5）已通过招标方式选定的特许经营项目投资人依法能够自行建设、生产或者提供；

（6）需要向原中标人采购工程、货物或者服务，否则将影响施工或者功能配套要求；

（7）国家规定的其他特殊情形。比如，已建成项目需要改、扩建或者技术改造，由其他单位进行设计影响项目功能配套性的勘察设计项目。

对于依法必须进行施工招标的项目，如果投标人少于三个的，招标人在分析招标失败的原因并采取相应措施并重新招标后，投标人仍少于三个的，属于必须审批、核准的工程建设项目，报经原审批部门审批、核准后可以不再进行招标；其他工程建设项目，招标人可自行决定不再进行招标。

另外，根据招标投标相关法律规范的规定，还有一些不需招标的特殊情形。比如，《工程建设项目招标范围和规模标准规定》就明确规定，建设项目的勘察、设计，采用特定专利或者专有技术的，或者其建立艺术造型有特殊要求的，经项目主管部门批准，可以不进行招标。对于学术性的项目方案设计竞赛或者不对某工程项目下一步设计工作的承接具有直接因果关系的"创意征集"等活动，不需要进行招标。与建筑物和构筑物的新建、改建、扩建无关的单独的装修、拆除、修缮不属于依法必须进行招标的项目，政府采购此类项目时，应当按照《政府采购法实施条例》第25条的规定，采用竞争性谈判或者单一来源方式进行采购。

而在一些地方性法规和地方规章中，还规定停建或者缓建后恢复建设的工程，且承包人未发生变更的，施工企业自建自用的工程，且该施工企业资质等级符合工程要求的；在建工程追加的附属小型工程（追加投资低于原投资总额的 10%）或者主体加层工程，且承包人未发生变更的；通过招标、竞争性谈判、竞争性磋商等竞争方式取得建设项目的建设单位，具有勘察、设计、施工资质并由其自行进行该项目勘察、设计、施工的，该项目的勘察、设计、施工，以及在建工程追加的附属小型工程或者主体加层工程，需由原中标人进行勘察、设计、施工、监理的，追加的全部附属小型工程在原项目审批范围内，造价累计不超过原中标价的 30% 且低于 1000 万元的，都可以免于再次招标。

还需要引起特别注意的是，在实务中，招标人应当避免任意划分标段，《工程建设项目施工招标投标办法》第 27 条规定，依法必须进行施工招标的项目的招标人不得利用划分标段规避招标，否则招标无效。施工招标项目需要划分标段、确定工期的，招标人应当合理划分标段、确定工期，并在招标文件中载明。对工程技术上紧密相连、不可分割的单位工程不得分割标段。

二、不进行招标的审批部门

对于工程建设项目是否可以不经过招标程序直接采购，则应当向项目审批部门申请和报告，并获得项目审批部门的审核批准。其中：

（1）国家重点建设项目的材料、设备，若不采用招标的，其项目审批部门为国务院发展改革部门，也即国家发展与改革委员会；

（2）地方重点建设项目的材料、设备的采购，如不采用招标方式的，则由省、自治区、直辖市人民政府审核批准；

（3）对于纳入政府采购管理范围内的设备采购项目，对于必须采取公开招标的若不采取公开招标，其项目审批部门为各级财政部门。

三、议标

对于非国有投资或资金，则可以采用公开招标或者邀请招标以外的方式。此外，对于一些特殊项目，还可以不进行招标投标。除此之外的项目，则可以由项目业主自行决定是否以招标投标方式进行施工采购。而议标，就是在非强制招标投标的项目中使用较多的一种采购方式。议标，简言之就是由招标人邀请若干投标人就项目承发包事宜，包括合同条件、价格等进行协商。议标介于直接发包和招标投标之间，可以说是非正式的招标投标活动。

但是，议标的工程建设项目必须是依法强制招标投标范围之外的工程，否则，就有可能属于规避招标投标的行为，影响工程合同的效力。

对招标文件的澄清，与实务中的清标、议标等不同，简单地从法律后果来看，前者是合法的招标投标活动，而后两者则根据具体的情形，有可能属于违法行为。

第十节　招标的组织形式

根据现行《招标投标法》等法律法规的规定，招标人进行招标，可以采用自行招标或者委托招标的形式，并对不同的招标组织形式规定了不同的条件和程序。

一、自行招标

自行招标即是招标活动的一种组织形式。根据《招标投标法》的规定，招标人具有编制招标文件和组织评标的能力的，可以自行办理招标事宜。

对于经国家发展和改革委员会审批，或经国家计划和发展委员会初审后经国务院批准的项目，如果招标人采用自行招标方式的，应当遵守《工程建设项目自行招标试行办法》的规定。

（一）招标人自行招标条件

招标人具有编制招标文件和组织评标能力，是指招标人具有与招标项目规模和复杂程度相适应的技术、经济等方面的专业人员。

根据《工程建设项目自行招标试行办法》的规定，招标人自行办理招标事宜的，应当具有编制招标文件和组织评标的能力，具体包括：

（1）具有项目法人资格（或者法人资格）；

（2）具有与招标项目规模和复杂程度相适应的工程技术、概预算、财务和工程管理等方面的专业技术力量；

（3）有从事同类工程建设项目招标的经验；

（4）拥有3名以上取得招标执业资格的专职招标业务人员；

（5）熟悉和掌握《招标投标法》及有关法规规章。

目前，中国已经出台了《招标采购专业技术人员职业水平评价暂行规定》和《招标师职业水平考试实施办法》等规定，对招标人员的资质进行管理和规范[①]。但是《招标投标法》对可自行招标的招标人只是要求具有编制招标文件和组织评标能力，并未明确规定其须具备何种资质。而对于委托招标代理机构时，接受招标委托的代理机构则应当拥有一定数量的取得招标职业资格的专业人员。

（二）自行招标的审批和备案

关于自行招标的审核问题，应当注意不同的规定对具体操作的影响。《招标投标法》第12条规定，对于依法必须进行招标的项目，如果招标人自行办理招标事宜的，应当向有关行政监督部门办理备案手续。而《工程建设项目自行招标试行办法》第6条、第7条则规定，国家发展和改革委员会将审查招标人报送的书面材料，对于招标人符合自行招标条件的，予以核准，招标人可以自行办理招标事宜。反之，则认定招标人不符合自行招标条件，在批复可行性研究报告时，要求招标人委托招标代理机构办理委托招标。

至于备案的程序和实体规定，现有的法规、规章并没有非常详细和明确的规定，因此，各行业和各地方的具体做法也存在差异。

在实务中，自行招标也有按照审批的方式进行。例如，根据《工程建设项目自行招标试行办法》第5条的规定，对于招标人自行招标的项目，项目法人或者组建中的项目法人应当在国家发展和改革委员会上报项目可行性研究报告的同时，一并报送符合该办法第4条所规定的书面材料。该等书面材料应当至少包括：

---

① 2016年6月，国务院印发《关于取消一批职业资格许可和认定事项的决定》，取消了招标师专业技术人员职业资格许可和认定事项。

（1）项目法人营业执照、法人证书或者项目法人组建文件；

（2）与招标项目相适应的专业技术力量情况；

（3）内设的招标机构或者专职招标业务人员的基本情况；

（4）拟使用的专家库情况；

（5）以往编制的同类工程建设项目招标文件和评标报告，以及招标业绩的证明材料；

（6）其他材料。

二、委托招标

委托招标是招标活动的另一种组织形式，也是目前实践中较为常见的招标组织形式。委托招标，即委托具有招标代理资质的机构从事招标投标的组织等活动。招标人有权自行决定是否采用委托招标的形式，任何单位和个人不得强制其委托招标代理机构办理招标事宜。

实践中，大多数强制招标投标的项目都采用委托招标的方式。其主要考虑因素在于招标人不具备自行招标所需的编制招标文件和组织评标的能力，或者虽具备自行招标的能力，但委托招标更有助于招标投标活动的组织和进行，如评标专家的选择和评标委员会的组成。委托第三方进行招标，一定程度上更能够体现招标投标活动的公正性和独立性。

委托招标，主要是委托招标代理机构进行招标。招标人有权自行选择招标代理机构，委托其办理招标事宜。通常，下列情况，招标人可能会选择以委托招标代理机构进行招标投标活动：

（1）招标人不具备自行招标所需的编制招标文件和组织评标的能力的；

（2）虽具备自行招标的能力，但委托招标更有助于项目建设的。

三、委托招标代理人的注意事项

在采用委托招标的情况下，通常是委托招标代理机构提供招标服务。对于招标人而言，首先，应当注意的是代理机构必须具备相应的资质条件；其次，应当注意的是招标人与代理机构的法律关系的处理。

（一）招标代理资质

原《工程建设项目招标代理机构资格认定办法》（已废止）第5条详细规定了工程招标代理机构的资格及其所能承担的业务范围：

（1）甲级工程招标代理机构，可以承担各类工程的招标代理业务；

（2）乙级工程招标代理机构，只能承担工程总投资1亿元人民币以下的工程招标代理业务；

（3）暂定级工程招标代理机构，只能承担工程总投资6000万元人民币以下的工程招标代理业务。

值得关注的是，《招标投标法》在2017年进行了修改，取消了招标代理资质的认定。但实践中对于具有相应招标代理资质的机构仍有一定的市场优势，部分项目业主在选择招标代理机构时仍然会考虑资质因素。原有的资质标准仍有一定的参考意义。而更为重要的是，从行业整体发展趋势来看，单纯的招标代理服务未来将会被目前提倡的全过程工程咨询服务所取代。

（二）中央投资项目招标代理资格

在中央投资项目中，招标代理机构的选择还要遵守特殊的规定。这里的中央投资项目是指使用了中央预算内投资、专项建设基金、统借国际金融组织和外国政府贷款以及其他中央财政性投资的固定资产投资项目。招标代理接受招标人的委托后，可以从事中央投资项目的项目业主招标、专业化项目管理单位招标、政府投资规划编制单位招标，以及项目的勘察、可行性研究、设计、设备、材料、施工、监理、保险等方面的招标代理业务。

中央投资项目招标代理资格分为甲级、乙级和预备级三类，各自能够承担的招标代理业务为：

（1）甲级招标代理机构可以从事所有中央投资项目的招标代理业务；

（2）乙级招标代理机构可以从事总投资5亿元人民币及以下中央投资项目的招标代理业务；

（3）预备级招标代理机构可以从事总投资2亿元人民币及以下中央投资项目的招标代理业务。

2017年，国家发改委发布通知，宣布自12月28日起，国家发改委不再开展“中央投资项目招标代理机构资格认定”相关工作，自此，意味着与此相关的资质也被取消。

（三）招标代理法律关系

依据《民法总则》和《合同法》的规定，招标人与代理机构之间属于委托代理关系，是代理人和被代理人的关系，从法律上讲，招标代理机构的行为后果由招标人承担。具体从实务的角度来看，招标代理实际上包括了三个方面的法律关系，除了招标人和投标人之间、招标人和招标代理机构之间的关系外，还涉及招标代理机构与投标人之间的关系。

这些不同的法律关系决定了各方的权利、义务的安排，以及责任归属的差异，具体包括：

（1）通过招标投标活动，最终确定的中标人应当与招标人签署合同，而不是与招标代理机构签订合同；

（2）招标人要对代理机构的行为负责，如果因为招标代理的过程造成投标人的损失，招标人也要承担连带责任；

（3）招标代理机构在从事代理过程中获得的收益应当归招标人所有，比如，投标保证金的利息收入。

（四）招标代理机构的职责

招标代理机构应当在招标人委托的范围内承担招标事宜。招标代理机构可以在其资格等级范围内承担下列招标事宜：

（1）拟订招标方案，编制和出售招标文件、资格预审文件；

（2）审查投标人资格；

（3）编制标底；

（4）组织投标人踏勘现场；

（5）组织开标、评标，协助招标人定标；

（6）草拟合同；

（7）招标人委托的其他事项。

《招标投标法实施条例》第 13 条规定，招标代理机构在其资格许可和招标人委托的范围内开展招标代理业务，任何单位和个人不得非法干涉。招标代理机构代理招标业务，应当遵守《招标投标法》和本条例关于招标人的规定，并且不得从事下列行为：

（1）招标代理机构不得在所代理的招标项目中投标或者代理投标，也不得为所代理的招标项目的投标人提供咨询；

（2）招标代理机构不得无权代理、越权代理，不得明知委托事项违法而进行代理；

（3）招标代理机构不得接受同一招标项目的投标代理和投标咨询业务；

（4）未经招标人同意，不得转让招标代理业务；

（5）招标代理机构不得涂改、出租、出借、转让资格证书。

在广西泰通咨询公司、融华公司与中航长城公司招标投标合同纠纷上诉案[①]中，泰通公司与融华公司于 2009 年 3 月 25 日签订了一份《建设工程招标委托代理合同书》，融华公司委托泰通公司代理工程施工招标。在泰通公司、融华公司发出的《邀请招标文件》的招标说明中，写明投标文件递交截止时间为 2009 年 6 月 18 日下午 17 时；定于 2009 年 6 月 19 日上午 10:30 在泰通公司的会议室进行开标。中航长城进行了投标。2009 年 6 月 23 日上午 9:30 泰通公司、融华公司在泰通公司的会议室进行了开标。7 月 23 日泰通公司、融华公司向中航长城公司发出《中标通知书》。

关于本案招标是否合法有效的问题，根据《中华人民共和国招标投标法》第 13 条、第 14 条的规定，从事工程建设项目招标代理业务的招标代理机构，应取得国务院或者省、自治区、直辖市人民政府的建设行政主管部门认定的招标代理资格。泰通公司与融华公司于 2009 年 3 月 25 日签订《建设工程招标委托代理合同书》至泰通公司、融华公司于 2009 年 7 月 23 日向中航长城公司发出《中标通知书》，泰通公司尚未取得工程招标代理资格，而招标代理人、招标人向中标人发出《中标通知书》之时应认定为本次招

① 广西泰通公路建筑工程招标咨询有限公司等与中航长城大地建工集团有限公司南宁二分公司招标投标合同纠纷上诉案，南宁市中级人民法院 (2012) 南市民二终字第 120 号民事判决书。

标结束之时，且泰通公司在招标过程中未按招标文件规定时间开标、无开标记录；鉴于泰通公司无工程招标代理资格而代理本次招标，且招标过程中存在诸多不规范的行为，本次招标应为无效行为。

为解决这一矛盾，在时隔18年之后的2018年，经国务院批准，国家发改委先后颁发了《必须招标的工程项目规定》和《必须招标的基础设施和公用事业项目范围规定》，放宽了非政府投资项目的招标标准。但是，上述规定仅限于规范工程建设项目的招标投标，而并未涉及PPP项目的招标。而且地方政府在具体处理政府和私人投资项目是否招标的认识上仍然会存在一定的偏差，不排除通过地方立法的形式对必须招标项目作出新的限制。因此，真正地改变公私一元制的招标投标现状不仅有赖于立法机关对现有法律、法规的修订，也有赖于行政机关、招投标活动的参与各方对于招标投标机制的本质、内在机理的充分认识。

CHAPTER 3

第三章 项目招标

招标是指由招标人以招标公告或投标邀请的方式，邀请潜在的投标人进行投标，并通过对各投标人所提出的价格、质量以及该投标人的技术水平、财务状况等因素进行综合比较，选择最能符合招标人要求的投标人为中标人，并与之最终签订合同的过程。

招标投标环节是衔接评标、定标以及后期工程合同的签署和履行的关键环节，不论是对招标人还是对投标人都应当引起足够的重视，提高招标投标活动的合法、效率以及保证工程合同的签署。

在招标环节和过程中，招标人有必要从实体和程序上确保招标活动以及招标文件的合法性，避免由于招标活动的瑕疵影响整个招标流程的进行，以及由此导致影响工程合同效力的不利后果。

第一节　招标的法律属性

招标是工程建设项目招标投标活动的首要环节和程序，对于招标行为本身的法律属性的界定关系到后续的投标行为的法律定性，也是关系工程合同成立和生效的重要条件和前提。而从现有法律法规的规定，以及合同成立的理论和实践来看，判断招标的法律属性还需要根据具体的不同情形进行区分。

一、招标法律属性的法律规定

根据《合同法》第 13 条的规定：“当事人订立合同，采取要约、承诺方式。”要约是希望和他人订立合同的意思表示，该意思表示的内容必须具体确定，并且表明经受要约人承诺后，要约人即受该意思表示约束。而承诺则是受要约人同意要约的意思表示，并不得对要约的实质性内容进行变更，而承诺生效之时即为合同成立之时。因此，法谚“契约即承诺”就是对上述有关合同成立理论和法律规定的最好印证。

工程合同也是合同的一种类型，自然也应当遵守《合同法》关于合同成立的规定，因此工程合同的成立同样也需要遵守要约和承诺的方式和程序，只是对于必须采用招标投标程序的工程建设项目，相关的合同要约和承诺的方式更为特殊。

同时，《合同法》也对要约邀请进行了规定，即要约邀请是希望他人向自己发出要约的意思表示，并进一步明确了招标公告属于要约邀请。

笔者认为，《合同法》所说的“招标公告属于要约邀请”应该包括发布招标公告这一行为，也包括了招标人在投标截止日之前的一系列活动。同时，按照相关规定，招标公告并应当载明招标人的名称和地址、招标项目的性质、数量、实施地点和时间、投标截止日期以及获取招标文件的办法等事项。而在实务当中，招标文件一般也都随招标公告予以发布，因此，就招标文件本身而言，也应当属于要约邀请的内容，构成要约邀请的重要组成部分。

综合上述法律规定的内容来看，按照一般的原则和通常的理解，招标人的招标行为属于要约邀请，投标人的投标行为即属于要约，而招标人对投标人的响应则是承诺，具体以中标通知书为主要载体。

二、要约构成要件对招标属性的影响

尽管有上述确定招标法律属性的基本原则和规定，笔者仍然认为有必要对要约的构成要件进行阐述和分析，以便正确界定招标行为的法律属性。

P.S. 阿蒂亚在其《合同法导论》中指出：要约，实际上是要约人做什么事或不做什么事的一种许诺，而这种许诺有效的条件是承诺人应接受这个要约，并对这个要约支付或答应支付它的对价[①]。因此，要约的构成主要包括两个基点：（1）愿意受拘束的明白表示；（2）必要价款的描述[②]。

按照我国《合同法》的规定，要约是希望和他人订立合同的意思表示，

---

① P.S. 阿蒂亚：《合同法导论》，赵旭东译，法律出版社 2002 年版，第 55 页。

② P.S. 阿蒂亚：《合同法导论》，赵旭东译，法律出版社 2002 年版，第 55 页。

该意思表示应当符合下列规定：（1）内容具体确定；（2）表明经受要约人承诺，要约人即收受该意思表示约束。要约在到达受要约人时开始生效。

在实务当中，将招标视为要约邀请还有一个重要原因和理由在于招标文件中的价款要素是不确定的，合同的价格需要根据投标人的投标报价才能确定。而根据《合同法》的规定，合同的内容一般应当包括当事人的名称或者姓名和住所、标的、数量、质量、价款或者报酬、履行期限、履行地点和方式、违约责任、解决争议的方法等。因此，在没有合同价格条款的情况下，招标文件作为要约不符合合同成立的一般条件。

但是，笔者注意到，按照《合同法》理论，合同的成立应当遵循意思自治的原则，当事人订立合同的内容和方式只要不违反法律法规的强制性规定，可以由当事人自由协商确定。《合同法》同样也允许当事人对合同的内容进行自由约定。并且，对于双方没有约定的内容，仍然可以通过法律的规定来确定。由此可见，要约的内容应当具体、确定但并不一定要求完整、全面。比如在司法实践中，当事人对合同是否成立存在争议，法院能够确定当事人名称或者姓名、标的和数量的，一般应当认定合同成立，而对合同欠缺的前款规定以外的其他内容，当事人达不成协议的，法院依照《合同法》的有关规定予以确定。因此，价格因素并非是唯一衡量要约的关键内容，而且，在工程项目的招标中，虽然招标文件没有明确的合同价款，但通常会有合同价款的计算方法，并且有相对确定的工作内容和工作量，这些都可以用来确定合同价款。

结合上述规定，笔者认为，一项具体的招标属于要约邀请还是要约，取决于其内容和意思表示，而不应单纯地以《合同法》规定的“招标公告属于要约邀请”这一规定来确定。换言之，如果在招标公告和招标文件中已有较为明确的交易内容，符合要约的构成要件，那么招标就应当属于要约，而非要约邀请。

三、不同采购方式下的招标法律性质

工程建设项目的招标投标活动及其相应的工程施工合同、设计合同和货物采购合同的招标与一般的非招标项目的合同成立相比还有其较为特殊的一面。如前所述，按照相关规定和一般的理论，招标属于要约邀请，但是，如果招标符合要约的构成要件，其内容具体明确，那么就应当以要约来对待。这说明招标内容对于其法律定性的重要影响。此外，除了意思表示的内容要件外，还需要特别注意的是，要约还必须符合由特定人作出这一构成要件。

正如本书第二章所述，工程建设项目的招标分为强制招标和非强制招标，即使是强制招标也有公开招标、邀请招标，以及应当招标而可以不采用招标方式进行的采购。对于这些不同的采购情形，在涉及合同成立的问题上，其招标行为具体属于要约还是要约邀请还可能会有所差异。

首先，在强制招标的项目中，招标人的公开招标行为及其招标文件针对的是不确定的多数人，而对于邀请招标的工程项目，招标人所邀请的潜在投标人一般是 3 人，不论是公开招标还是邀请招标，招标人都是确定的，从要约构成来看，符合要约应当由特定人作出的要件。

其次，在采用招标的工程建设项目中，按照招标投标法律规范的相关规定，招标文件应当明确评标的办法和标准，比如最低价中标，投标人的投标文件应当实质性响应招标文件的要求。那么，在这种情况下，如果投标人的投标文件响应了招标文件的内容，那么，招标文件构成要约也并非绝无可能。

最后，如果说强制招投标项目的招标在属于要约还是要约邀请这一法律问题上尚有可以探讨的地方，对于非必须强制招投标的工程建设项目，其招标行为是否也必然属于要约邀请则存在不同的理解。

总体上来看，按照通常的理解，招标行为属于要约邀请，而在一些特殊的情况下，如果招标符合要约的构成要件，那么也应当认定为要约。

第二节 工程项目招标的条件

招标人进行招标，应当符合相应的前提条件。从最基本的条件来看，招标人应当有进行招标项目的相应资金或者资金来源已经落实，并应当在招标文件中如实载明。如本书前文所述，工程设计、施工和货物是工程建设领域最常见的招标投标采购对象，按照有关招标投标法律规范的规定，针对这三类不同的采购项目不同，其依法进行招标的条件也有所差异。

一、项目招标人的确定

项目招标人是组织和确定项目招标投标采购的主要主体。一般来说，任何需要采购特点项目的主体都可以作为招标人，包括政府、国有企业、私人资本、外资。但是，在某些特定的行业或者领域，或者采用特定的采购方式时，招标主体的确定有其特殊的规则。

（一）工程建设项目的招标人

按照目前现有的法律法规的规定，工程建设项目的招标人是依照本法规定提出招标项目、进行招标的法人或者其他非法人组织。根据《民法总则》的规定，非法人组织是不具有法人资格，但能够以自己的名义从事民事活动的组织，包括个人独资企业、合伙企业等。①

在房地产建设领域，房地产开发企业进行房屋开发和建设，应当首先申请核定企业资质等级，如果未取得房地产开发资质等级证书的企业，不得从事房地产开发经营业务。也就是说，在房屋工程建设项目中，招标人应当具有法定的资质。

除房地产开发企业作为招标人受到其资质和项目规模的限制外，其他的交通、能源等基础设施项目、商业项目、工业建设项目均尚无明确的涉及招标人特定资质的要求。

（二）PPP 和特许经营项目的招标人

与一般的工程建设项目的采购招标人不同，PPP 项目和特许经营项目的招标人则有着较为特殊的一面。

在 PPP 项目和特殊经营项目中，作为采购人的招标主体通常是政府或其授权的特殊组织或机构，通常可以包括各级国家机关、事业单位和团体组织。根据《市政公用事业特许经营管理办法》的规定，直辖市、市、县人民政府市政公用事业主管部门依据人民政府的授权，负责本行政区域内的市政公用

① 《民法总则》第 102 条。

事业特许经营的具体实施。

结合上述规定及相关实践，在市政公用事业特许经营项目的招标中，招标人可以是以下主体：

（1）政府和政府部门，这是主要的招标主体；

（2）政府组建的城市基础建设投资公司，实践中也有项目以政府组建的城市基础建设投资公司代行政府招标主体的责任，但需要政府的授权才能实施。

另外，《基础设施和公用事业特许经营管理办法》也规定，县级以上人民政府有关行业主管部门或政府授权部门可以根据经济社会发展需求，以及有关法人和其他组织提出的特许经营项目建议等，提出特许经营项目实施方案。从上述规定可知，严格来讲，采用 PPP 模式进行采购的招标人比特许经营项目的招标主体更为广泛。

二、工程设计招标的条件

工程设计环节的招标对于后续工程施工和工程设备、材料等货物的招标具有重要的影响，在一定程度上，设计招标确定后所采用的设计思路和方案将直接决定着工程建设项目施工的方案及其实施，以及施工所需要使用的设备、材料等货物，因此，从某种意义上可以说，设计招标的好坏直接关系到整个项目的执行。

工程建设项目的设计可以包括概念设计、方案设计、初步 / 扩初 / 深化设计和施工图设计等。就目前中国政府行政主管部门对工程设计的监管制度来看，需要进行招标投标采购的主要是施工图设计，其原因在于施工图设计关系到工程建设的结构质量、安全等关键因素，因此必须实行更为严格的市场准入、事前预防和从严管理。

根据现行规定，依法必须进行设计招标的工程建设项目，招标人进行招标时应当具备下列条件：

（1）按照国家有关规定需要履行项目审批手续的，已履行审批手续，取得批准；

（2）设计所需要资金已经落实；

（3）设计基础资料已经收集完成，主要是现场状况、地下管线图、项目总体规划图、地质勘查报告等；

（4）法律、法规规定的其他条件。

在房屋建筑项目的工程设计招标中，除了施工图设计应当符合上述规定的条件外，根据规定，建筑工程方案设计招标也同样应当具备上述条件方可进行招标。

并且，考虑到工程方案设计分为建筑工程中的概念性方案设计和实施性方案设计两种不同类型，与之相应的招标条件也有所不同，其中：

建筑工程概念性方案设计招标应具备以下条件：

（1）具有经过审批机关同意的项目建议书批复或招标人已取得土地使用证；

（2）具有规划管理部门确定的项目建设地点、规划控制条件和用地红线图。

而建筑工程实施性方案设计招标则应具备以下条件：

（1）政府投资的项目已取得政府有关审批机关对项目建议书或可行性研究报告的批复；企业（含外资、合资企业）投资的项目具有经核准或备案的项目确认书；

（2）具有规划管理部门确定的项目建设地点、规划控制条件和用地红线图；

（3）有符合要求的地形图；提供所需要的建设场地的工程地质、水文地质初勘资料、水、电、燃气、供热、环保、通信、市政道路和交通等方面的基础资料；

（4）有符合规划控制条件、立项批复和充分体现招标人意愿的设计任务书。

三、工程施工招标的条件

工程施工项目的招标也是招标管理的重要内容。根据《工程建设项目施工招标投标办法》的规定，对于列入必须招标范围内的施工项目，招标人进行招标时应当具备如下条件：

（1）招标人已经依法成立，尤其是在一些特许经营项目中需要成立项目公司进行运作时，招标人是否已经成立涉及项目的立项、施工承包合同的签署主体等诸多法律问题；

（2）初步设计及概算应当履行审批手续的，已经获得批准；

（3）招标范围、招标方式和招标组织形式等应当履行核准手续的，已经核准，这部分的工作通常要求在可行性研究告中做好准备；

（4）有相应资金或资金来源已经落实，从承包人的角度来看，资金的到位和落实情况对于后续的预付款、进度的支付力度有着密切和实际的影响；

（5）有招标所需的设计图纸及技术资料，设计图纸的深度和技术资料的翔实与否在一定程度上影响工程量清单的准确程度，招标投标可采用的合同价格形式，以及对整体施工阶段的造价的预计；

（6）法律、法规规定的其他条件。

另外，对于工程施工招标的一些特殊规定，招标人也应当提前了解和熟悉。比如在北京市住房和城乡建设委员会规定："暂估价和暂定项目的合计金额占合同金额的比例不得超过30%，否则视为该工程不具备招标条件，市和区（县）建设主管部门对其招标文件不予备案，应当要求招标人在工程具备招标条件后再进行招标发包。"

四、工程设备、材料的招标

工程设备、材料在进行招标采购之前，需要具备一定的条件，在这些条件成熟之后，招标人才能更加高效地组织招标投标活动。根据《工程建设项目货物招标投标办法》的规定，依法必须招标的工程建设项目的材料、设备采购招标在招标之前应当具备下列条件：

（1）招标人已经依法成立。招标人是招标活动的主体，是提出招标项目、进行招标的法人或者其他组织，作为招标主体的招标人可以是法人，也可以是非法人组织。但是，必须都是依法成立的。

（2）项目已经审批、核准或者备案。对于根据国家有关规定应当履行项目审批、核准或者备案手续的项目，招标人应当按照国家有关投资项目审批管理的规定，在报送的可行性研究报告中将材料、设备招标范围、招标方式、招标组织形式等有关招标内容报请项目审批部门核准。

（3）有相应资金或者资金来源已经落实。招标人在决定采购材料、设备时，已经有了资金准备和计划，一旦完成招标投标工作，并和中标人签署合同后，能够有效地根据合同约定安排付款。政府采购项目必须严格按照批准的预算执行。

（4）能够提出材料、设备的使用与技术要求。这也是采购的前提条件，材料、设备的经济技术指标明确之后，才能正确地指导招标人和投标人进行招标投标活动。特别是一些定制的材料、设备，投标人最终提供的材料、设备必须满足招标文件中的技术规范要求，否则，招标人的采购计划最终也很难实现。

以上关于工程设备、材料的招标条件适用于政府投资建设项目和非政府投资建设项目，后者包括私人资本和外商投资的建设项目。另外，对于纳入政府采购管理的项目，招标人还需按财政部门要求的时间和程序，向财政部门编报政府采购预算和计划，并严格按照部门预算中编列的政府采购项目和资金预算开展政府集中采购活动。

第三节　招标阶段的工作环节

招标是招标主体按照法律规定的招标投标程序进行的活动，也是招标投标的第一个重要程序，对于后续招标、投标、开标和定标等活动具有重要的指向意义。同时，招标也是工程建设领域关系到合同成立和效力的重要环节，因此，工程建设项目招标阶段在整个招标投标程序中占据举足轻重的地位。

一、招标阶段的基本环节

如前文所述，招标是招标投标活动的首要阶段，而从实务角度来看，公开招标阶段主要包含以下几个环节：

（1）确定招标的项目范围和规模标准；

（2）确定招标组织形式；

（3）确定招标方式；

（4）编制招标文件（包括合同文件）；

（5）发布公开招标公告，或者发出招标邀请；

（6）发售招标文件；

（7）招标文件的澄清与修改；

（8）组织投标前的踏勘与答疑（视项目情况而定）。

上述8个环节是工程建设项目招标阶段的基本环节和主要环节。在一些特殊的招标项目中，招标活动可能还会有所区别，比如在采用邀请招标的工程建设项目中，在完成招标文件编制并发出投标邀请书后，招标人应当发售招标文件，公开招标文件的关键内容，然后法定的程序完成投标、开标、评标、定标，直至与中标人签署合同。

二、招标阶段的特殊环节

在上述招标环节中，招标人和其聘请的招标代理机构必须严格按照招标投标法律法规的规定，遵守招标相关的程序、实体、形式、内容等诸多方面的具体要求。

但是除了上述基本的招标环节之外，还会有一些特殊的招标环节需要招标人引起关注。比如在采用资格预审的情况下，招标人采用资格预审办法对潜在投标人进行资格审查的，还应当发布资格预审公告、编制资格预审文件，并且在招标人发售招标文件前还要对潜在的投标人进行审查，以便确定是否允许其参加正式的招标活动。在采用资格预审方式公开招标时，应当按照下列程序进行：

（1）编制资格预审文件；

（2）发布资格预审公告，发售资格预审文件，公开资格预审文件关键内容；

（3）接收资格预审申请文件；

（4）组建资格审查委员会对资格预审申请人进行资格审查，资格审查委员会编写资格审查报告；

（5）根据资格审查结果，向通过资格预审的申请人发出投标邀请书；向未通过资格预审的申请人发出资格预审结果通知书，告知未通过的依据和原因。

当然，实务中招标阶段还有比较特殊的方式，比如对技术复杂或者无法精确拟定技术规格的工程施工项目，招标人可以分两阶段进行招标，其具体的程序包括：

第一阶段，投标人按照招标公告或者投标邀请书的要求提交不带报价的技术建议，招标人根据投标人提交的技术建议确定技术标准和要求，编制招标文件；

第二阶段，招标人向在第一阶段提交技术建议的投标人提供招标文件，投标人按照招标文件的要求提交包括最终技术方案和投标报价的投标文件。

第四节　招标公告

发布招标公告是招标投标活动的启动工作，按照法律的规定，招标人采用公开招标方式的，应当发布招标公告。对此，招标人和招标代理机构发布招标公告都应当严格按照法律法规规定的形式、内容和程序，避免因发布公告行为的瑕疵而影响招标活动的顺利进行。

一、招标公告的发布

发布招标公告，是公开招标最显著的特征之一。根据《招标投标法实施条例》第 15 条规定，依法必须进行招标的项目的招标公告，应当在国务院发展改革部门依法指定的媒介发布。依法必须招标项目的招标公告和公示信息，除依法需要保密或者涉及商业秘密的内容外，应当按照公益服务、公开透明、高效便捷、集中共享的原则，依法向社会公开。同时，在不同媒介发布的同一招标项目的招标公告的内容应当一致。指定媒介发布依法必须进行招标的项目的境内招标公告，不得收取费用。

招标公告在何种媒介上发布，直接决定了招标信息的传播范围，进而影响到招标的竞争程度和招标效果。凡是采用公开招标方式的，都必须发布公告。因此，为了确保招标的公开性和公正性，以及能够进行充分的竞争，招标公告的发布应当充分公开，按照现行规定，依法必须招标项目的招标公告和公示信息应当在“中国招标投标公共服务平台”或者项目所在地省级电子招标投标公共服务平台发布。而在邀请招标的工程建设项目采购中，则以非公开方式进行，因此不一定要通过公开媒介进行。

在非法定强制招标的工程建设项目采购中，招标人可以自行决定是否发布招标公告，而且，其发布公告的方式、形式和媒介也没有特殊的规定。

二、招标公告的内容

招标公告的主要目的是发布招标信息，使感兴趣的投标人知悉，前来购买招标文件，编制投标文件并参加投标。因此，招标公告所包含的内容，对潜在的投标人而言至关重要。

根据《招标投标法》等规定，招标公告应载明以下内容：

（1）招标人以及招标代理机构的名称、地址、联系人和联系方式。这是对招标人、招标代理机构情况的简单描述。

（2）招标项目的名称、内容、范围、规模、资金来源，即要明确下列事项：

①招标项目属于基础设施、公用事业项目，或使用国有资金投资的项目，还是利用国际组织或外国政府贷款、援助资金的项目；

②招标项目属于工程施工招标，或是设备采购招标，还是勘察设计、科研课题等服务性质的招标。

（3）投标资格能力要求，以及是否接受联合体投标。对于投标资格，招标文件应当明确，并且不得有歧视性或者排除潜在投标人的情形。

（4）获取招标文件的时间和办法，包括：

①发售招标文件的地点；

②负责人或联系人；

③收费标准；

④招标文件的邮购地址及费用；

⑤招标人或招标代理机构的开户银行及账号等。

（5）递交资格预审文件或投标文件的截止时间、方式。对于提交资审文件和投标文件的时间、地点涉及投标的有效性，因此，招标公告应当予以明确。

（6）采用电子招标投标方式的，潜在投标人访问电子招标投标交易平台的网址和方法。目前，中国以电子招标投标为改革方向之一，因此，在新制定的部门规章中也增加了相关的内容。

（7）其他应当载明的内容。比如：

①招标项目的实施时间，包括：工程施工期 / 设备、材料等货物的交货期 / 服务项目的提供时间等。

②招标项目的实施地点，包括材料设备的供应地点、土建工程的建设地点、服务项目的提供地点等。

③招标项目的数量：将招标项目具体加以量化，如设备供应量、土建工程量等。

招标人或其招标代理机构应当对其提供的招标公告和公示信息的真实性、准确性、合法性负责。发布媒介和电子招标投标交易平台应当对所发布的招标公告和公示信息的及时性、完整性负责。

并且，如果依法必须招标项目的招标公告和公示信息存在下列情形之一的，潜在投标人或者投标人可以要求招标人或其招标代理机构予以澄清、改正、补充或调整：

（1）资格预审公告、招标公告载明的事项不符合本办法第 5 条规定，中标候选人公示载明的事项不符合本办法第 6 条规定；

（2）在两家以上媒介发布的同一招标项目的招标公告和公示信息内容不一致；

（3）招标公告和公示信息内容不符合法律法规规定。

三、发布招标公告的媒介

在公开招标项目中，对于发布招标公告的媒介，实务中根据不同的招标方式还需要区分不同的情形：

（1）强制招标的工程建设项目，即依法必须进行招标的项目的招标公告，应在国家指定的报刊、信息网络或者其他媒介上发布。

根据相关规定，下列媒介为发布必须招标项目的招标公告的指定媒介：

①《中国日报》，这里需要注意，依法必须招标的国际招标项目的招标公告应在《中国日报》发布；

②《中国经济导报》;

③《中国建设报》;

④中国采购与招标网。

（2）其他项目如公开招标的，也需要发布招标公告，但招标人可以自由选择发布的渠道。

对于依法必须招标的项目，不按照规定在发布媒介发布招标公告和公示信息，或者在不同媒介发布的同一招标项目的资格预审公告或者招标公告的内容不一致，影响潜在投标人申请资格预审或者投标；或者资格预审公告或者招标公告中有关获取资格预审文件或者招标文件的时限不符合招标投标法律法规规定；或者资格预审公告或者招标公告中以不合理的条件限制或者排斥潜在投标人。政府主管部门可以处项目合同金额0.5%以上1%以下的罚款；对全部或者部分使用国有资金的项目，可以暂停项目执行或者暂停资金拨付；对单位直接负责的主管人员和其他直接责任人员依法给予处分。对于前述最后一种情况，责令改正，可以处1万元以上5万元以下的罚款。

对于必须依法招标的项目的境内资格预审公告、招标公告的发布，指定媒介机构不得收取费用。

四、发布招标公告的注意事项

根据招标投标的相关规定，结合项目实践，在发布招标公告时，招标人或其委托的招标代理机构应注意下列问题：

（1）应当保证招标公告内容的真实、准确和完整；

（2）拟发布的招标公告文本应当由招标人或其委托的招标代理机构的主要负责人签名并加盖公章；

（3）应当向指定媒介提供营业执照（或法人证书）、项目批准文件的复印件等证明文件；

（4）在指定报纸免费发布的招标公告所占版面一般不超过整版的四十分之一，且字体不小于六号字；

（5）应至少在一家指定的媒介发布招标公告；

（6）指定报纸在发布招标公告的同时，应将招标公告如实抄送指定网络；

（7）在两个以上媒介发布的同一招标项目的招标公告的内容应当相同；

（8）指定报纸和网络应当在收到招标公告文本之日起七日内发布招标公告；

（9）指定媒介应与招标人或其委托的招标代理机构就招标公告的内容进行核实，确认无误后在前款规定的时间内发布。

五、招标公告的补正与调整

招标公告的信息对投标人而言至关重要，也是投标人初步了解项目信息的有效途径和形式，因此招标公告的内容应当准确无误。按照规定，拟发布的招标公告文本有下列情形之一的，有关媒介可以要求招标人或其委托的招标代理机构及时予以改正、补充或调整：

（1）字迹潦草、模糊，无法辨认的；

（2）招标公告没有载明招标人的名称和地址、招标项目的性质、数量、实施地点和时间、投标截止日期以及获取招标文件的办法等事项；

（3）没有招标人或其委托的招标代理机构主要负责人签名并加盖公章的；

（4）在两家以上媒介发布的同一招标公告的内容不一致的。

特别是出现两个以上媒介发布的同一招标项目的招标公告的内容不一致的情况时，招标人和招标代理机构应当及时予以处理，以避免导致行政处罚的后果和影响招标投标程序的顺利推进。

六、避免出现违法行为

招标公告环节的合法性、合规性直接影响后续的招标投标程序，因此，招标人及其代理机构首先应当注意避免出现违法行为。根据现行相关规定，招标人或其委托的招标代理机构在发布招标公告中不应有下列违法行为，即：

（1）依法必须公开招标的项目不按照规定在指定媒介发布招标公告的；

（2）招标公告载明的事项和内容不符合规定；

（3）招标公告中有关获取招标文件的时限不符合《招标投标法》及《招标投标法实施条例》规定；

（4）招标公告中以不合理的条件限制或排斥潜在投标人的；

（5）提供虚假的招标公告、证明材料的，或者招标公告含有欺诈内容的；

（6）在两个以上媒介发布的同一招标项目的招标公告内容不一致的。

招标人或招标代理机构如果在发布招标公告中有前述6种违法行为之一时，政府主管部门有权依据《招标投标法》的规定给予处罚。

另外，《招标投标法实施条例》第63条也规定，招标公告有下列限制或者排斥潜在投标人行为之一的，由有关行政监督部门依照《招标投标法》第51条的规定处罚：

（1）依法应当公开招标的项目不按照规定在指定媒介发布资格预审公告或者招标公告。

（2）在不同媒介发布的同一招标项目的资格预审公告或者招标公告的内容不一致，影响潜在投标人申请资格预审或者投标。

（3）依法必须进行招标的项目的招标人不按照规定发布资格预审公告或者招标公告，构成规避招标的，依照《招标投标法》第49条的规定处罚。

通过信息网络或者其他媒介发布的招标文件与书面招标文件具有同等法律效力，如果两者出现不一致时，则应当以书面招标文件为准。

七、邀请招标的邀请书

依照《招标投标法》第17条的规定，确定采用邀请招标的方式进行招标活动的，不需要发布招标公告，但需向三个以上具备承担招标项目的能力、资信良好的特定法人或者其他组织发出投标邀请书。

投标邀请书与招标公告一样，是向作为供应商或承包商的法人或其他组织发出的关于招标事宜的初步基本文件。投标邀请书必须载明必要的招标信息，使供应商或承包商能够确定所招标的条件是否为他们所接受，并了解如何参与投标程序。

具体而言，投标邀请书中需标明下列内容：

（1）招标人的名称和地址；

（2）招标项目的性质、数量、实施地点和时间；

（3）获取招标文件的办法等；

（4）其他信息，例如：

①招标人对招标文件收取的任何费用；

②支付招标文件费用的货币和方式；

③招标文件所用的语言；

④希望或要求供应货物的时间或工程竣工的时间或提供服务的时间表等。

第五节　招标文件的组成

招标文件是整个招标投标活动所必须遵循的法律文件，也是招标活动的核心，投标人的投标文件要以招标文件为依据，评标委员会的评标也要以招标文件为依据，而且，招标文件还将作为合同文件的组成部分。因此，编制招标文件是招标投标活动的重要环节，也是招标投标活动准备阶段的工作重点。原则上，招标文件应当包括招标项目的技术要求、对投标人资格审查的标准、投标报价要求和评标标准等所有实质性要求和条件以及拟签订合同的主要条款。

一、招标文件的性质

招标文件是招标人向特定或不特定的潜在投标人发出的书面文件，其主要有三个目的和功能：

（1）邀请投标人参加投标，即法律上的邀约邀请；

（2）为投标人正确理解和编制投标文件提供指导和基础；

（3）招标文件也有可能构成工程合同的组成部分，成为双方行使合同权利、履行合同义务的依据之一。

招标文件，包括招标文件中的合同条件，都是投标人中标后以及招标人和中标人签署相关工程建设项目合同的基础，也是今后双方履行合同的依据；编制严谨、合适的招标文件，可以为今后项目合同双方当事人的顺利签约提供便利；对投标人而言，严谨、准确的招标文件也可以为投标报价和风险分析提供依据。

二、招标文件的选择

在工程建设项目的招标投标活动中，招标文件的选择也是招标人需要考虑的前提工作之一。一般情况下，招标人可以根据自身的管理经验、能力以及项目的具体特点起草和确定合适的招标文件。然而，需要注意的是，根据《招标投标法实施条例》的规定，对于依法必须进行招标的项目，在编制资格预审文件和招标文件时，应当使用国务院发展改革部门会同有关行政监督部门制定的标准文本。这就意味着发改委编制的招标文件成为法定的文件，对于统一招标投标活动起到了规范的作用。

但是，这一规定的范围包括了所有应当招标的工程建设项目，而没有区分政府投资项目和私人、外商投资的工程建设项目的招标投标的不同情形。这也导致了实务中采用不同招标文件所面临的政府相关部门更为严密的监管。

另外，除了国家发改委编制的招标文件之外，目前在工程建设项目中，国家住建部和交通运输部也分别编制了相关的招标文件。这也在事实上导致了采用发改委的招标文件与采用住建部的招标文件、交通运输部的招标文件之间的冲突。对于这些冲突的预防和解决，一方面有赖于政府主管部门的协调，另一方面也促使招标人在招标的前期阶段就有必要做好调研工作，必要时也要征询项目所在地政府主管部门对招标文件的特殊要求，避免出现事后重新编制文件的情况，影响招标活动的正常和顺利实施。

三、招标文件的具体组成

在实务中，招标文件通常由总则、投标人须知及其前附表、评标办法、合同条件、工程量清单、图纸、技术规范和标准、投标文件格式等文件组成。这些文件的内容应当符合招标投标法律法规的相关规定。上述文件从功能角度来说，具体可以分为以下几类：

（1）关于招标投标规则的内容，目的在于规范整个招标投标活动，主要体现在招标文件的总则部分；

（2）关于编写和提交投标文件的规定，其目的在于尽量减少符合资格的承包商由于不明白如何编写投标文件而处于不利地位或其投标遭到拒绝的可能性；

（3）关于合同条件中的主要条款或者是合同全文，有利于投标人了解中标后签订的合同的主要内容，明确双方各自的权利和义务；

（4）关于对投标人资格审查标准及投标文件评审标准和方法的规定，这是评标和定标的依据和标准。

（一）投标人须知

投标人须知反映了招标人的招标意图，每个条款都是对投标人应该知晓和遵守的规则的说明。投标人须知是招标文件的一项重要内容，该部分着重说明本次招标需遵循的基本程序，以及相应的法律后果。投标人须知通常由下列几部分组成：

（1）投标人须知前附表；

（2）总则，主要包括招标文件中所涉及的语词定义、关于合格的投标人的详细描述、投标者应遵循规定和承诺的义务等内容；

（3）有关招标文件的内容，包括招标文件由哪几个部分组成、招标文件的澄清和修改、标前答疑会和现场踏勘的组织等；

（4）有关投标文件与投标的内容；

（5）有关开标和评标的内容；

（6）其他事项，例如合同的授予及签订时间、方式、重新招标和不再招标、纪律和监督、明示有关延长投标有效期的相应处理。

总体上来看，投标人须知的内容更多的是沿袭了招标投标相关法律法规的规定，以满足现行规范的规定为基本原则。

（二）投标人须知前附表

在实践中，为了方便，招标文件通常会在投标人须知部分附加一个表格，即“投标人须知前附表”。投标人须知前附表主要是对下列关键内容进行概括性列举和重申：

（1）投标须知中的工程概况；

（2）招标范围；

（3）投标人资质；

（4）投标有效期；

（5）招标控制价；

（6）其他关键信息和内容。

其中，投标有效期是一个非常重要的内容，因此在投标人须知前附表中应当规定一个适当的投标有效期，以保证招标人有足够的时间完成评标和与中标人签订合同。投标有效期从投标人提交投标文件截止之日起计算，通常是90~120个日历天。

（三）技术标准和要求

技术标准和要求也是招标文件的重要组成部分。技术规格或技术要求的确定，往往是招标能否具有竞争性，达到预期目的的技术制约因素。

技术标准和要求以招标人的技术需求书为主，投标人提供的技术标准和规范应当符合技术需求书的要求，详细的指标则可以主要由投标人提供。比如：

（1）施工招标项目的技术标准和要求由图纸和技术说明、工程量清单构成；

（2）货物招标的技术标准和要求则一般包括货物清单、规格、型号、品牌，并且这里技术规格或技术要求是指招标项目在技术、质量方面的标准，如一定的大小、轻重、体积、精密度、性能等；

（3）服务采购的技术标准和要求则会有招标人的需求和服务规范等。

在编制和规定技术规格时，应当注意事项招标文件规定的技术规格应采用国际或国内公认、法定标准。国家对招标项目的技术、标准有规定的，招标人应当按照其规定在招标文件中提出相应要求。在招标文件中规定有关技术规格的内容需要注意下列问题：

（1）必须符合公平竞争性的要求；

（2）不得要求或标明某一特定的专利、商标或商号、设计或型号、具体原产地或生产厂家；

（3）不得有倾向某一潜在投标人或排斥某一潜在投标人的内容；

（4）但无法准确或清楚地说明拟招标项目的特点和要求，而已在招标文件内注明诸如“相当于”或“或同等品”字样的，不在此限。

四、招标文件的澄清和修改

招标人的澄清和修改包括两个方面的内容，一是针对招标文件的澄清，二是针对投标文件的澄清。

（一）招标文件澄清修改的规则

在招标文件发出后，如果招标人需要对招标文件进行必要的澄清或者修改的，则应当在招标文件中规定的提交投标文件截止时间至少 15 天前，以便投标人准备、调整投标文件和相关的工作。如果澄清发出的时间距投标截止时间不足 15 天，则需要相应延长投标截止时间。同时，为体现公正性，招标人需要将澄清、答疑的事项通知全体投标人，但没有义务向投标人指明各类澄清问题的来源。从法律效果上来看，此类澄清或者修改的内容即称为招标文件的组成部分。

但是，如果对招标文件的澄清或修改是在投标截止日期之后，则应当视为是一份新的招标文件，对原投标人不具有相应的法律约束力。

在杭州红山热电有限公司与浙江蓝天求是环保集团有限公司招标投标合同纠纷上诉案[①]中，红山公司就其公司的脱硫除尘、改造及风机改造工程进行公开招标，招标工程内容为 3×75t/h ＋ 6×35t/h 中温中压链条锅炉烟气除尘、脱硫系统的功能设计、结构、性能、制造、供货、安装、调试、试运行、验收等并注明投标保证金为 50 万元，投标书报送日期为 2009 年 4 月 24 日。蓝天公司是投标人之一，并按要求提供了投标保证金人民币 50 万元。2009 年 4 月 29 日，红山公司对招标内容和工程范围进行了修改，并向包括蓝天公司在内的已经参加投标的投标人发送了新的投标报价书，对修改后的工程范围、具体内容作了重新规定，并对本次投标报价提出要求

---

① 杭州红山热电有限公司与浙江蓝天求是环保集团有限公司招标投标合同纠纷上诉案，浙江省高级人民法院 (2010) 浙商外终字第 10 号民事判决书。

为：投标单位就完成本投标报价书所列工程范围中除施工（指工程土建、安装、设备材料采购等）外的其他一切费用进行报价（即对工程设计、调试、技术管理等项目）；交付报价书的截止日期为2009年5月1日12时；本工程第一次投标保证金转为本次投标保证金，投标人在投标报价书最后一页签字、盖章确认。蓝天公司其后编制了投标报价，但未签章也未在规定日期前提交。红山公司为此没收了蓝天公司的投标保证金。

二审法院经审理认为，首先，从内容上来看，两次招标文件对承包工程总体范围的表述不但不相同，而且第二次招标文件对承包具体内容又作了特别约定，施工和采购主体已转为红山公司，投标人只负责施工技术指导和监督、提供采购清单等，仅对工程设计、调试、技术管理等项目进行费用报价。根据《合同法》第31条，有关合同标的、数量、质量、价款或者报酬、履行期限、履行地点和方式、违约责任和解决争议方法等的变更，是对要约内容的实质性变更。故红山公司第二次招标文件修改了承包内容，属要约实质性的变更，第二次招标行为不是第一次招标行为的延续。其次，从招标行为分析，2009年4月20日红山公司向蓝天公司发出招标文件，属要约邀请；蓝天公司接到红山公司第一次招标文件后，按照招标文件的要求打入50万元保证金，并递交了标书，该投标行为属于要约；红山公司未对包括蓝天公司在内的投标的标书进行评标，而在截标后第二次发出招标文件，对招标的内容作了实质性的变更，应视为红山公司对蓝天公司的要约未做出承诺，并提出了新的要约，原要约即告失效。新要约虽写明第一次保证金转为第二次投标保证金，但并无对其进行没收的规定，亦未经投标人承诺，现红山公司认为蓝天公司未进行第二次投标，则应视为蓝天公司对新的要约未做出承诺。因此，红山公司没收蓝天公司的投标保证金没有法律依据。

（二）招标文件澄清与修改的实施

在实践中，由于各方面的原因，在招标文件发出后，招标人还需对招标文件进行适当的澄清及修改，对招标文件中的遗漏、词义表述不清或对比较复杂的事项进行说明，回答投标人提出的各种问题。在实务中，需要注意以下几点：

（1）修改和澄清的形式。招标文件的澄清可以分为应要求澄清和主动澄清，前者是由已购买招标文件的投标人，就招标文件中的内容，要求招标人进行说明、解释；后者是由招标人或招标代理机构在发售招标文件后，主动对其中的内容进行澄清。

（2）澄清与修改的组织。实务操作中，招标人或者招标代理机构需要负责组织答复或澄清招标、评标过程中投标人提出的有关招标文件技术和商务部分的问题。招标代理机构在需要时，还需要负责在评标过程中邀请投标人前来澄清。

（3）澄清和修改的时间要求。根据《招标投标法》第 23 条的规定，招标人对已发出的招标文件进行必要的澄清或者修改的，应当在招标文件要求提交投标文件截止时间至少 15 日前，以书面形式通知所有招标文件收受人。

（4）澄清和修改的效力。招标文件的修改通常是招标人主动对招标文件作的修改与补充。该澄清或者修改的内容为招标文件的组成部分。

第六节　合同条件的选择

在上述招标文件的组成中，合同条件是其中的重要组成部分。合同条件直接关系到合同双方的权利义务，因此，在编制招标文件和合同条件时，需要从长远的角度考虑，尽可能贴近项目自身的特点。合同条件包括合同正文和附件，两者具有同等的法律效力，但是，为了避免合同正文和附件之间的内容发生冲突，或者招标人有特殊考虑，也可以约定两者的效力先后顺序。一般情况下，合同正文应当优先于合同附件，当然，避免正文和附件的冲突和不一致应是工作的重点之一。

一、常用于招标投标的工程合同

目前，中国国内常用的工程合同主要是国家发改委制定的合同序列以及住建部和工商总局联合制定的合同序列两大类。

（1）国家发改委序列的工程合同，主要适用于国有资金投资或者主要是国有资金投资的工程建设项目，具体包括：设计施工总承包合同条件（2012年）、施工合同条件（2007年）、简明施工合同条件（2012年），以及PPP和基础设施建设项目所涉及的设计、勘察、设计、监理、设备和材料采购等合同文件。

（2）住建部和工商总局序列的工程合同，具体包括建设工程项目总承包合同、建设工程施工合同、建设工程专业分包合同、建设工程劳务分包合同，以及分别应用于建设工程和专业工程的设计合同。

比较上述两个序列的合同可以发现，两者在合同适用的项目性质不同、是否强制使用、合同适用的工程建设项目的类型、风险责任分配等方面都存在较大的区别①。

除了上述全国范围内比较常见和通用的工程合同外，国内各个地方建设行政主管部门如北京、上海、广东、山东、重庆、陕西等地，也结合各地的实际需要颁布了各自的工程施工合同文件，这些工程施工合同文件大多沿袭了住建部序列和发改委序列的合同条件。此外，住建部序列的工程合同大多适用于房屋建筑、市政公用道路和设施等项目的建设，但对其他行业项目的适用性相对有差异，因而，交通部、水利部等行业主管部门也会结合各自行业的特殊性，制定相应的工程合同。

除此之外，实践当中，在一些外商投资或者私人投资的工程建设项目中，也会有使用FIDIC、JCT、AIA等其他类型的合同条件的情况。尤其是FIDIC合同条件（目前已经颁布了2017年第二版），在国内的认可度较高，而且目前国内的工程合同条件也极大地参考了FIDIC的体例和内容。按照合同意思自治的原则，不论是必须招标投标的项目，还是非必须招标项目，双方当事人都可以自由选择适用。但是，需注意的是，鉴于行政监管在工程建设领域的重要地位，笔者建议招标人在采用发改委、住建部以及项目所在地行政主管部门制定的工程合同范本之外的工程合同条件时，有必要提前与主管部门进行沟通，以便做好相应的解决方案。

当然，就PPP项目招投标采购所采用的合同条件，还会参考财政部和

---

① 林立：《工程合同：法律、规则和实践》，北京大学出版社2016年版，第9~10页。

发改委制定的 PPP 合同，或者由投资人和政府方自行确定合同条件。鉴于 PPP 项目本身的公私合作的特点，参考国外其他类型的成熟的合同体系也不失为一个途径。

二、标准化工程合同的运用

上述国际和国内常用的合同条件一般也被称为标准工程合同。考虑到工程建设项目的复杂性，上述标准化的工程合同条件已经在工程实践中被普遍地应用，并获得了工程建设领域各方参与主体的接受和认可。

关于标准化工程合同的属性，在实务中有不同的理解和认识，有人认为这些合同属于格式合同或者格式条款，有人认为这些是对工程交易惯例的整合。笔者认为，标准化工程合同本身并不属于格式合同的范畴。主要的理由在于，根据《合同法》的规定，格式条款是当事人为了重复使用而预先拟定，并在订立合同时未与对方协商的条款。而目前使用的标准化工程合同并不是由当事人自行制定的，而是由政府行政机关颁布制定的，这一特点使其显著区别于格式合同和格式条款。但是，在某些特定情形下，若招标人对相应的合同条件使用不当，则也不排除被认定为格式合同的可能。

（一）法律规范在标准化工程合同中的体现

从现行的工程合同的表述来看，其内容主要分为以下几类：

（1）宣示性条款。这些条款通常是对法律规定的重述，起到提示作用，其本身并不影响相关法律规定的效力。换言之，即使不在工程合同中做此类表述，法律、法规的规定也同样对合同双方当事人具有约束力。比如，工程合同中约定的“未经业主同意，承包人不得对工程进行分包，不得进行转包”等内容。

（2）授权性条款。此类条款的重点在于对法律、法规中的授权性或者任意性条款的修改或者补充。对于此类条款，双方有约定的按照约定，没有约定的，则依据法律已有的规定执行。典型的比如，承包人依据《合同法》第 264 条可以享有的留置权。

（3）约定性条款。这部分条款在标准工程合同中占据绝对多数的内容，凡是除前述宣示性条款和授权性条款之外的内容，都可以归入此类。约定性的条款绝大多数是属于法律没有具体规定或者是没有涉及的内容，允许合同双方当事人自行约定相关的内容，比如工程价款、工期等条款。

（二）工程惯例在工程合同中的体现

在法律实务中，使用交易惯例的现象也不足为奇。比如《合同法》第 61 条就规定，合同生效后，当事人就质量、价款或者报酬、履行地点等内容没有约定或者约定不明确的，可以协议补充；不能达成补充协议的，按照合同有关条款或者交易习惯确定。最高人民法院在《合同法司法解释二》第 7 条中也规定，以下情形，在不违反法律、行政法规强制性规定的情况下，人民法院可以认定为合同法所称“交易习惯”：

（1）在交易行为当地或者某一领域、某一行业通常采用并为交易对方订立合同时所知道或者应当知道的做法；

（2）当事人双方经常使用的习惯做法。

在工程领域，交易惯例、行业惯例的使用也并不鲜见。事实上，很多有关工程管理、工程经济等方面的惯例内容都会反映到合同条款中，而另外一些行业惯例则直接体现在实际操作中。但是，司法实践中的难点在于，按照法律规定，对于交易习惯，由提出主张的一方当事人承担举证责任。否则，就有可能承担不利的法律后果。这也无形中增加了当事人的负担和交易的成本。基于上述考虑，笔者认为标准化合同工程很大程度上是将工程实践中的行业惯例以合同约定的形式予以整合和梳理，使之成为具有约束合同双方的法律效力，避免了争议发生后再举证的难度。

比如，在兰某与职某农村建房施工合同纠纷上诉案[①]中，职某与兰某签订建筑工程施工合同，约定职某为兰某建楼房。施工完成后，双方对第三层的面积和计价发生争议。兰某提出该第三层不是职某所建，且即使是其所建，双方约定的工程项目是二层楼房，按照交易习惯，另外半层不计价。职某辩

---

① 兰某与职某农村建房施工合同纠纷上诉案，河南省新乡市中级人民法院 (2011) 新中民一终字第 684 号民事判决书。

称讼争楼房的第三层已施工完毕，双方约定超过 1 米高就按建筑面积的一半计算工程款。二审法院在审理后认为，针对兰某提出第三层是半层，路面是用多余的建筑材料铺设的，依照农村建房习惯，均不计工价的主张，根据最高人民法院《合同法司法解释二》第 7 条第 2 款的规定，兰某应承担该交易习惯的举证责任，在其不能提供相应证据加以证明的情况下，法院对其主张不予采纳。

（三）使用标准化工程合同的利弊

使用标准化工程合同是工程领域的规范化发展的必然趋势。标准化工程合同最直观的优点就是能够减少双方的交易成本，避免双方再对工程合同中的每个具体条款都经历起草、协商和讨论的过程；标准化工程合同对双方的权利义务的安排更加贴近工程实务，并且对合同风险的分配相对较为公平和公正。同时，由于中国现行的标准化工程合同都是在政府主管机构的主导下颁布和推广施行，这也在一定程度上使得工程合同的双方的权利义务的安排保持一定的平衡，使双方能够处在相对公平的谈判地位上。

在国际工程领域，标准化工程合同的使用有着悠久的历史，如前所述，各类型的工程合同不仅对合同双方的权益平衡起到了重要的作用，而且对于工程领域本身的建设和发展的作用也不可小觑。工程法律界也普遍认可和支持。而且，纵观英国的司法实践也不难发现法院对工程争议做出的经典判例多数也是针对标准化工程合同运用中产生的问题，并通过案例法推动和促进了工程法以及工程合同的发展。

但是，使用标准化工程合同的缺点也是显而易见，比如标准化合同的条款和内容具有普遍适用性，与此对应的就是合同内容缺少特性和个性。对于某些特殊的基建项目，比如化工、电力、石油冶炼、LNG 等项目，如果单纯地适用标准化合同则可能会因为缺少特性而并不能完全体现双方的权利、义务，从而影响其实际的使用效果。

（四）确保标准化工程合同的原则和精神不被擅自修改

每一份工程合同都有其内在的理念和逻辑，因此，对于标准化工程合同的选择和使用应顺势而为。不论是业主还是承包人确定拟使用的工程合同，都有必要先行考虑各自的需求和项目的特征、各自的管理能力和权利义务的分配，然后再选择合适的工程合同模式与之对应和配套。比如，如果一个项目，业主需要的是承包人提供设计和施工一体化的服务，那么就应当选择设计—施工一体的工程合同，而不是简单地在工程施工合同的基础上加一些有关工程设计的条款和内容。

如果仅仅是出于工程合同签署的紧迫性而选择不适当的合同模式，或者简单地认为可以在施工总承包合同的基础上加上设计内容就能成为 D–B 或者 EPC 合同模式的做法，或者删除 EPC 或 D–B 合同模式中的设计内容就可以用于纯施工项目建设的做法都是不可取的，必将给后期的工程合同履行带来不可避免的硬伤和潜在的风险。

如前所述，每一类或每一份标准化的工程合同都有其内在的体系、架构、逻辑和理念，选择使用某一类型的工程合同，除了对合同条款中可以结合各方的需求和项目特征通过专用条款进行适当的调整和修改之外，应当尽可能保持其结构的稳定性，不轻易变动。退而求其次，即使确有必要进行修改和调整，也是基于每个工程项目的特点，同时需要考虑合同各方的风险分配和权利义务平衡，避免违背该合同模式本身的内在逻辑和安排，乃至工程实践普遍认可的原则。当然，这样做的目的不仅在于确保标准化工程合同的原则和精神不被擅自修改，而且也能避免由于修改、变动导致合同约定的不明确和冲突，并由此发生争议。

此外，在现行的招标投标等行政监督体制下，使用标准化工程合同可能还会遇到主管部门对标准化工程合同的审查，以及限制对合同条款的修改、补充等弊端。但这在某种意义上可以说有助于标准化工程合同中的既定原则和精神不被擅自修改，当然，其弊端也久为诟病，即行政行为对民事活动的过度干预。

三、工程招标投标与标准化合同

在实践中，需要注意的是按照目前的法律制度，绝大多数工程项目都需要通过招标投标活动来选择合适的承包人，招标人（包括业主、总承包人）

将标准化的工程合同或者经过修改的标准化工程合同作为招标文件的重要组成部分也早已经成为常态。

（一）用于招标投标的合同文件的属性

在实务中，对于招标文件中的工程合同条件，承包人都要进行实质性响应，通常不能做任何修改，否则就可能被作为废标处理或者投标被否决。如前所述，标准化的工程合同本身不属于格式合同，但是，如果招标人对这些标准化的工程合同条件进行修改并反复地用于其所有相关的工程项目的招标投标，并利用其在招标投标活动中的主导地位和优势禁止投标人对合同条件进行任何修改。那么依据《合同法》的规定，这些合同条件就有可能构成格式合同或者格式条款①，这在工程法律实务中也有必要引起各相关方的注意。

笔者认为，招标投标的目的在于充分地、公平地竞争，这种关系不应仅限于投标人之间，同样也约束招标人和投标人之间的关系，也就是说，招标人和投标人也应当建立公平的关系。如果借招标投标活动和招标人的优势地位在合同文件中设置不合理的条件或者限制承包人的权利的条款，行政机关或者司法机关有必要予以矫正，否则，标准化工程合同和条款将可能变成新的霸王条款、不公平条款，不利于招投标的有序发展，也有碍建设行业的规范和发展，导致乱象丛生的后果。

尤其是在目前大力推广 PPP 模式进行基础设施建设的趋势下，可以预见绝大多数的建设项目都要采用招标投标方式和标准工程合同选择投资人和承包人，在某种意义上，基础设施领域僧多粥少的局面并没有改变，如果招标人借用法律规定的强制招标投标程序而将某些本不属于合同一方的义务和责任错误地强加在该方主体之上，则显然违背了法律的公平原则和精神，而且也不利于项目的后续顺利进展以及争议的解决。

---

① 《合同法》第 39 条，格式条款是当事人为了重复使用而预先拟定，并在订立合同时未与对方协商的条款。

（二）实务中运用招标投标合同文件的注意事项

现行《合同法》规定，采用格式条款订立合同的，提供格式条款的一方应当遵循公平原则确定当事人之间的权利和义务，并采取合理的方式提醒对方注意免除或者限制其责任的条款，按照对方的要求，对该条款予以说明。最高人民法院《合同法司法解释二》也规定，提供格式条款的一方对格式条款中免除或者限制其责任的内容，在合同订立时采用足以引起对方注意的文字、符号、字体等特别标识，并按照对方的要求对该格式条款予以说明的，人民法院应当认定符合《合同法》第 39 条所称“采取合理的方式”。

因此，不论是业主还是承包人作为招标人，对于招投标过程中使用的招标文件和合同条件有必要引起足够的重视，采用合理有效的方法提醒投标人注意。但是，尽管如此，从行业规范、有序发展以及法治进步的角度来看，司法机关也仍有必要对使用的合同条件等进行约束、规制和必要的矫正，如果双方对合同条款的理解和执行发生争议，也应倾向于作出不利于提供合同条件的一方主体的解释。

四、招标合同文件的组成

通常情况下，工程合同的文件由工程合同条款、商务文件和技术文件等组成。一份完整的工程合同，除了协议书外，还包括合同专用条款、合同通用条款、已标价工程量清单、技术标准和要求、图纸和说明等相关文件，对于经过招标投标程序的工程项目，其合同文件的组成还包括招标文件及澄清、答疑，投标文件及澄清等。

合同文件的组成也会因为具体的合同模式的不同而有所不同。比如，2017 年施工合同规定合同文件由合同协议书、中标通知书、投标函及其附录、专用合同条款及其附件、通用合同条款、技术标准和要求、图纸、已标价工程量清单或预算书等组成。如果是设计—施工型的合同模式，如 2012 年设计施工合同和 2011 年工程总承包合同，则还会有关于设计的文件。比如，2012 年设计施工合同规定的合同文件包括协议书、中标通知书、投标函及投标函附录、专用合同条款、通用合同条款、发包人要求、价格清单、承包人建议书，以及其他构成合同组成部分的文件。

五、招标合同文件的效力顺序

对于前述工程合同的组成文件，由于涉及的种类和内容繁多，首先需要确定哪些文件可以作为工程合同的组成部分，其次还需要明确这些合同文件的先后顺序。在国际工程中，这一做法源自英国普通法中的合同解释规则之一，事实上，这也是解决实践当中因合同文件之间发生歧义和冲突时非常必要和比较有效的方法。

通常情况下，协议书、中标通知书、投标函及附录、专用条款、通用条款的顺序要优先于技术标准、图纸、工程量清单，比如 2017 年施工合同及 2012 年设计施工合同。而在各文件之间，实践当中对其效力顺序的安排则存在不同的理解和操作方法。比如，2011 版总承包合同将招投标文件及其附件放到了通用条款之前。而 2015 年住建部设计合同则将投票函及附录放在了通用条款之后。但是，应当指出，上述合同文件之间是相互补充和说明的，只是在文件之间发生冲突和矛盾时，才需要适用先后顺序来解释文件内容的不一致之处。同样，对于合同文件的效力顺序，除了工程合同通用条款中作了明确的约定之外，事实上，当事人双方也可以通过协商，在专用条款中对合同文件的组成及其效力顺序予以修正和调整。

此外，应当注意的是，在工程合同的履行过程中，还会涉及补充协议、会议纪要、备忘录、变更洽商等形式的文件。这些文件能否构成合同的组成部分，首先还得取决于合同双方的一致意思。按照《合同法》的基本原则，如果双方达成一致意见并视其为合同的组成部分，那么，除非是违反了法律和行政法规的强制性规定，后生成的文件的内容显然要优先于原合同中的约定。

第七节　招标无效

招标无效的情形可能源于实体或者程序上的瑕疵。招标人违反《招标投标法》及其实施条例、《工程建设项目施工招标投标办法》《建设工程勘察设计招标投标办法》等法律规范中有关禁止或限制招标人进行的活动或行为的，都可能招致招标无效。比方说，对于需要划分标段、确定工期的施工招标项目，招标人应当合理划分标段、确定工期，并在招标文件中载明。对工程技术上紧密相连、不可分割的单位工程不得分割标段。

除此之外，在实践中经常会被认定为招标无效的行为具体还包括以下几种：

（1）未在指定的媒介发布招标公告的；

（2）邀请招标不依法发出投标邀请书的；

（3）自招标文件或资格预审文件出售之日起至停止出售之日止，少于5个工作日的；

（4）依法必须招标的项目，自招标文件开始发出之日起至提交投标文件截止之日止，少于20日的；

（5）应当公开招标而不公开招标的；

（6）不具备招标条件而进行招标的；

（7）应当履行核准手续而未履行的；

（8）不按项目审批部门核准内容进行招标的；

（9）在提交投标文件截止时间后接收投标文件的；

（10）投标人数量不符合法定要求不重新招标的。

对于由于上述原因被认定为无效的招标行为后，招标人应当依法再重新招标。

第八节 招标阶段的其他事项

除上述法律和实务中应当注意的招标活动外，招标人还有必要关注下列事项对招标阶段相关工作的约束和影响。

一、招标时限规定

招标时限是招标人完成招标活动所需要的法定或者约定的期限，对于招标人和投标人都有法定的约束力。

（1）招标公告的时限。招标人应当按招标公告或者投标邀请书规定的时间、地点出售招标文件或资格预审文件，自招标文件或者资格预审文件出售之日起至停止出售之日止，最短不得少于5个工作日。

（2）出售招标文件的时限。根据《招标投标法》的规定，招标人应当确定投标人编制投标文件所需要的合理时间；对于依法必须进行招标的项目，自招标文件开始发出之日起至投标人提交投标文件截止之日止，最短不得少于20日。

（3）如果潜在投标人或者投标人对资格预审文件或者招标文件提出异议的，招标人应当自收到异议之日起3日内作出答复，并应当在答复前暂停招标投标活动。

（4）招标人对已经发出的招标文件进行修改和澄清，应当至少在投标截止日15天前以书面形式通知所有购买招标文件的潜在投标人。

（5）招标人已收取投标保证金的，应当自收到投标人书面撤回通知之日起5日内退还。定标之后，招标人应当在签署书面合同后5日内向中标人和未中标人退还保证金以及同期银行存款利息。

招标人除了应当遵循上述时限规定外，还应当注意招标活动本身期限的延长事宜。招标人通常会在招标文件中规定投标有效期，投标人在投标截止日前提交投标文件，即进入开标、评标和定标阶段。

但是，在原投标有效期结束之前，如果出现不可抗力或者其他特殊情况的，招标人可以书面形式要求所有投标人延长投标有效期。对此，投标人同意延长的，不得要求或被允许修改其投标文件的实质性内容；投标人也可以拒绝延长投标有效期并有权收回其投标保证金。除了因不可抗力需要延长投标有效期之外，如果招标人因延长投标有效期给投标人造成损失的，还应当给予补偿。

二、撤回和终止招标

招标投标过程中，招标人应当遵守诚实信用的原则进行招标投标活动，不得随意撤回招标或者终止招标。

（一）撤回招标

根据《合同法》的规定，要约可以撤回，也可以撤销。如前文所述，一般的理解，招标属于要约邀请。《合同法》关于要约、承诺的规定中并没有对要约邀请作出特别的规定，《招标投标法》对招标是否可以被撤回也并无明确的法律规定。

撤回招标后即可以再重新进行招标，也可能是终止招标。对于前一种情况，应当是允许的，其理由在于目前的法律法规并没有禁止撤回招标的规定，那么依据“法无明文禁止即可为”的基本原则，以及要约邀请并不对招标人和投标人具有法律约束力这一事实，招标人可以撤回招标。只是在实务中需要注意的是撤回招标的原因，如果只是因为招标准备不充分，或者招标文件有误等情形，则招标人可以采用延长招标期限或者对招标文件进行澄清、修改，以实现招标的目的，而不一定撤回招标。对于后一种情况，则另当别论。

（二）终止招标

《招标投标法》没有对终止招标的问题作出规定。在实践中，招标文件中可能会载明“招标人有权终止招标”等表述，对于此类表述的法律效力存在异议。虽然，作为要约邀请的招标不对招标人和投标人产生民事合同上的约束力，但是，招标投标活动应遵守招标投标法律规范的约束，接受行政机关的监管，因此，招标人并不能随意终止招标。

原建设部曾在《关于进一步加强工程招标投标管理的规定》（已失效）第 8 条中规定，“在发出招标公告或投标邀请书后，除遇有不可抗力的原因外，不得终止招标”。《工程建设项目勘察设计招标投标办法》和《工程建设项目施工招标投标办法》也明确规定，除非不可抗力的原因，招标人在发布招标公告、发出投标邀请书后或者售出招标文件或资格预审文件后不得擅自终止招标。

如果招标人违法终止招标的，政府主管部门有权责令改正，可以并处 1 万元以上 3 万元以下罚款；情节严重的，招标无效。并且，招标行为被认定为无效后，招标人则可能向潜在的投标人承担缔约过失赔偿责任。

三、招标标底和招标限价

需要注意的是，以前凡是进行招标投标的工程建设项目都要编制标底，并以标底为基准来决定中标人。但是，由于标底对保密的要求很高，实践中不容易控制。目前编制标底已经不是强制性的要求，招标人可以自行决定是否需要编制标底。例如《北京市招标投标条例》就明确规定政府投资和政府融资的项目一般不设置标底。同时，对于设置标底的项目，《招标投标法实施条例》第50条也规定，标底只能作为评标的参考，不得以投标报价是否接近标底作为中标条件，也不得以投标报价超过标底上下浮动范围作为否决投标的条件。评标委员会在进行评选时，应当按照招标文件确定的评标标准和方法，对投标文件进行评审和比较；设有标底的，应当参考标底。

但是在国有资金投资的建筑工程招标中，依据《建筑工程施工发包与承包计价管理办法（2014年）》的规定，应当设有最高投标限价；对于非国有资金投资的建筑工程招标的，可以设定最高投标限价或者招标标底。并且还规定，投标报价若高于最高投标限价的，评标委员会应当否决投标人的投标。此外，最高人民法院也曾在《全国民事审判工作会议纪要（2011）》中指出，对于以低于工程建设成本的工程项目标底订立的施工合同，应当认定为无效。

上述规定之间存在一定的不一致之处，需要引起各方当事人的注意。在工程实践中，出于投标价格控制的目的，招标人可以在招标文件中公布投标控制价，对于超出控制价的投标则可以拒绝。这一点在《政府采购法》中规定得尤为明确。依据《政府采购法》第36条的规定，如果投标人的报价均超过采购预算，采购人不能支付的，应予以废标，并视具体情况重新组织招标。

四、不得限制、排斥和歧视投标人

招标投标的目的在于公平、公开地正当竞争，因此，《招标投标法》严格禁止招标人以不合理的条件限制或者排斥潜在投标人，对潜在投标人实行歧视待遇的行为，包括任何单位和个人不得违法限制或者排斥本地区、本系统以外的法人或者其他组织参加投标，不得以任何方式非法干涉招标投标活动。

根据《招标投标法》及其实施条例等法律法规的规定并结合实践，限制和歧视投标人的行为主要包括下列几种：

（1）在招标文件中要求或者标明特定的生产供应者以及含有倾向或者排斥潜在投标人的其他内容；

（2）就同一招标项目向潜在投标人或者投标人提供有差别的项目信息；

（3）设定的资格、技术、商务条件与招标项目的具体特点和实际需要不相适应或者与合同履行无关；

（4）依法必须进行招标的项目以特定行政区域或者特定行业的业绩、奖项作为加分条件或者中标条件；

（5）对潜在投标人或者投标人采取不同的资格审查或者评标标准；

（6）限定或者指定特定的专利、商标、品牌、原产地或者供应商；

（7）依法必须进行招标的项目非法限定潜在投标人或者投标人的所有制形式或者组织形式；

（8）依法应当公开招标的项目不按照规定在指定媒介发布资格预审公告或者招标公告；

（9）在不同媒介发布的同一招标项目的资格预审公告或者招标公告的内容不一致，影响潜在投标人申请资格预审或者投标。

此外，强制要求投标人组成联合体共同投标，限制投标人之间的竞争也都属于限制、排斥和歧视投标人的行为。

实务中，招标人或者招标代理会在招标文件中规定各项技术标准，但是，这些标准均不得要求或标明某一特定的专利、商标、名称、设计、原产地或生产供应者，不得含有倾向或者排斥潜在投标人的其他内容；如果必须引用某一生产供应者的技术标准才能准确或清楚地说明拟招标项目的技术标准时，则应当在参照后面加上“或相当于”的字样。否则，对于此类行为，也极可能造成投诉，以及对招标行为合法性的质疑。

基于此，招标人及其招标代理机构在编制招标文件或者进行招标活动的过程中，应当对此引起重视，避免因此带来的招标投诉和行政处理，甚至是影响到最终的合同的效力。

五、流标的处理

在工程招标投标实践中，还会出现流标的情况。流标与重新招标具有一定的关联，但也并不完全是因果关系。而因流标发生的争议也是较难处理和法律问题较多的议题之一。按照《招标投标法》等相关法律法规的规定，投标人少于 3 个的，不得开标；招标人应当重新招标。对于进行资格预审的项目，如果通过资格预审的投标人少于 3 家，也应当进行重新招标。对这些流标的情况，一般都是以重新招标来解决。

对于因部分投标人的投标不符合规定导致有效投标少于 3 人的情形，按照目前现行的规定，评标委员会可以否决全部投标；招标人在分析招标失败的原因并采取相应措施后，应当依法重新招标。但是，对于导致流标的投标人是否有权参加重新招标的问题，目前法律尚未明确规定，实务中也有不同的理解。

另外，在实践中还会出现二次流标的情形。对于二次流标，相关的法律法规的规定比较模糊。按照现有的规定，如果重新招标后投标人仍少于 3 个的，属于必须审批的工程建设项目，报经原审批部门批准后可以不再进行招标；其他工程建设项目，招标人可自行决定不再进行招标。但是，在实务中对此也仍有不同的理解和操作，因此，也需要招标人和投标人引起重视。

六、肢解发包

招标项目如果需要划分标段、确定工期的，招标人应当合理划分标段、确定工作，并在招标文件中载明。根据《建设工程质量管理条例》的规定，肢解发包是指建设单位将应当由一个承包单位完成的建设工程分解成若干部分发包给不同的承包单位的行为。

工程实践中，建设单位在组织实施建设工程时，一般应委托一个总承包商来组织整个工程的施工并协调各分包商的关系。前述“肢解发包”主要是指，建设单位不委托总承包商，自己充当总承包商的角色，自行将工程肢解后分包给各分包商，亲自承担施工管理和协调分包商的工作。由于建设单位一般不具备相应的专业管理能力，肢解发包的后果往往使得整个工程建设在管理和技术上缺乏应有的统筹协调，造成施工现场秩序的混乱，责任不清，严重影响工程建设质量。因此，法律对于肢解发包作了禁止性的规定。

对于肢解发包的行为，招标人将承担如下法律后果：

（1）肢解发包行为无效。建设单位不得将建设工程肢解发包，建设单位违反该规定所签订的承包合同属于《合同法》第52条规定的无效合同，即肢解发包不具有法律效力。但是，如果发生争议，按照《合同法司法解释二》关于无效合同的规定[①]，招标人因肢解发包签署的合同是否必然无效，也有待司法实践的进一步检验。

（2）对于实施违法行为的建设单位责令改正，处以工程合同价款0.5%以上1%以下的罚款。

（3）对全部或者部分使用国有资金的项目，可以暂停项目执行或者暂停资金拨付。

---

① 《最高人民法院关于适用〈中华人民共和国合同法〉若干问题的解释（二）》第14条规定："《合同法》第五十二条第（五）项规定的'强制性规定'，是指效力性强制性规定。"

4

CHAPTER

第四章

项目投标

投标是指自然人、法人或者其他组织对招标公告或者投标邀请书进行响应，购买招标文件，接受资格审查，并编制投标文件，按照招标人的要求并结合自身的实力竞争订立合同机会的经济活动。

与招标程序一样，PPP 和基础设施项目的投标也是整个招标投标程序中必不可少的关键程序，投标人在这一阶段的活动不仅会影响招标投标程序本身的顺利进行。同时，由于投标人提交的投标文件涉及项目融资安排、工期、质量、运营服务等有关项目建设的核心因素，是合同双方当事人权利义务的具体体现，因此，投标阶段的活动也必将对投标人在后续签署合同之后的履行阶段产生长远的影响。

第一节　投标的法律属性

如本书前文所述，按照《合同法》和《招标投标法》的规定，以及理论界和实务界的通常理解，招标公告和招标程序属于要约邀请。因此，从合同成立的理论和法律规定的角度来看，投标人的投标行为以及提交的投标文件即构成要约。

依据《合同法》的规定：要约意思表示应当符合两个条件：（1）内容具体确定；（2）表明经受要约人承诺，要约人即受该意思表示约束。从这个角度来看，投标基本满足要约的构成要件。也就是说，投标文件的内容具体确定，并且，投标人愿意在投标有效期内受投标文件的约束。

当然，不得不引起关注的是，在招标投标程序中，与一般意义上的合同要约存在差异性，因为根据《招标投标法》的规定，投标文件应当对招标文件提出的实质性要求和条件作出响应。由此可见，投标人的要约内容受到招标文件的限制，并非完全是投标人自己的意思表示，或者在某些情况下可能都不是投标人的真实意思表示。

而从意思自治的角度分析，要约人（即投标人）在作出要约时不应当受到受要约人（即招标人）的限制，否则，这里的要约更像是双方交易过程中的讨价还价，符合新要约的特征，而不是原始要约。这一点与承诺的构成要件具有不一样的法律特性，即如《合同法》所规定的，承诺的内容应当与要约的内容一致。如果受要约人对要约的内容作出实质性变更的，为新要约。有关合同标的、数量、质量、价款或者报酬、履行期限、履行地点和方式、违约责任和解决争议方法等的变更，是对要约内容的实质性变更。承诺对要约的内容作出非实质性变更的，除要约人及时表示反对或者要约表明承诺不得对要约的内容作出任何变更的以外，该承诺有效，合同的内容以承诺的内容为准。

之所以强调招标、投标的法律属性，其重要性在于按照《合同法》理论，承诺生效合同即告成立，由此产生相应的法律后果，如果将招标定性为要约，那么投标一般即属于承诺，投标人提交投标文件之时承诺即生效，也就意味着合同成立，后面的发送中标通知书和签署书面合同即不再是法定的强制程序；如果招标人对投标文件提出异议或新的要求，则构成新要约，投标人可以拒绝；而如果将投标定性为要约，那么招标人签发中标通知书则就属于承诺，此时合同成立。基于不同的合同成立时间，由此产生了缔约过失责任和违约责任的区别，并给招标人和投标人带来不同的影响和结果。

第二节　投标人的条件

基础设施项目的投标人有其特定的条件。在中国建设领域和法律环境下，投标人必须具备相应的资质类型和等级，否则，其提交的投标文件将被否决，或者其签署的合同将被认定为无效。

一、投标人的基本条件

根据《招标投标法》第 25 条的规定，投标人是指响应招标、参加投标竞争的法人或者其他组织。由此可见，成为合格的投标人应当具备下列条件：

（1）响应招标，主要是指潜在投标人准备投标的实际表现，这也是其成为投标人一个有实际意义的条件，主要表现为：

① 潜在投标人中符合投标资格条件并有可能参加投标的人获得了招标信息；

②购买招标文件；

③编制投标文件；

④并准备参加投标活动。

（2）参加投标竞争，即按照招标文件的要求提交投标文件，实际参与投标竞争，作为投标人进入招标投标法律关系之中。

（3）具有法人资格或者是依法设立的其他组织。但是这里也有两种例外情形：

①个人参加投标的。根据《招标投标法》，依法招标的科研项目允许个人参加投标的，投标的个人适用《招标投标法》有关投标人的规定。

②联合体投标的。《招标投标法》对投标人组成联合体共同投标是允许的，特别是大型的、复杂的招标项目更有可能采用这种形式。

二、投标人的资格条件

投标人除了应当符合参与投标的基本条件外，还应当具备承担招标项目所应当具备的能力和资格。通常，投标人的资格条件应同时满足以下两方面的要求：

（1）法律法规的规定。根据《招标投标法》第26条规定，投标人应当具备承担招标项目的能力，国家有关规定对投标人资格条件或招标文件对投标人资质条件有规定的，投标人应当具备规定的资质条件。

（2）招标文件的要求。投标人的资质在满足法律、法规规定的承建工程所需的最低资质条件基础上，招标人也可以结合工程建设的需要适当地提高投标人竞标的门槛，具体的要求由招标人在招标文件中予以明确。

但是，对于招标人而言，投标人的资格条件的设定也并非是越高越好，对于一些技术要求比较低、结构相对比较简单的工程建设项目，如果提出过高的投标条件，就难以在投标人之间形成有效的竞争，反而容易提高最终的中标价，从而导致成本增加，这种结果有悖于通过公开、公平的招标方式来进行造价控制的初衷。而且，实践中设置与拟招标项目不符的资格条件也往往容易引起“招标人以不合理的条件限制或者排斥潜在投标人”的质疑。

三、投标人的资质范围

在基础设施建设项目中，投标人的种类和范围相当的广泛，实务中，按照招标项目的类型、行业、专业的不同，投标人的资质范围包括：

（1）工程总承包或工程施工总承包的投标人，具体涉及房屋建筑、市政公用、公路交通、港口与航道、铁路、民航、矿山、冶金、石油化工、水利水电、通信、机电、园林绿化等工程项目；

（2）专业工程的施工投标人，包括地基基础工程、起重设备安装工程、预拌混凝土专业、电子与智能化工程、消防设施工程、防水防腐保温工程、桥梁工程、隧道工程、钢结构工程、模板脚手架、建筑装修装饰工程、建筑机电安装工程、建筑幕墙工程、古建筑工程、城市及道路照明工程、公路路面工程、公路路基工程、公路交通工程、铁路电务工程、铁路铺轨架梁工程、铁路电气化工程、机场场道工程、民航空管工程及机场弱电系统工程、机场目视助航工程、港口与海岸工程、航道工程、通航建筑物工程、港航设备安装及水上交管工程、水工金属结构制作与安装工程、水利水电机电安装工程、河湖整治工程、输变电工程、核工程、海洋石油工程、环保工程、特种工程（如建筑物纠偏和平移、结构补强、特种设备起重吊装、特种防雷等）的施工承包人；

（3）工程劳务专业分包的投标人，包括提供木工作业、砌筑作业、抹灰作业、石制作、油漆作业、钢筋作业、混凝土作业、脚手架作业、模板作业、焊接作业、水暖电作业、钣金作业和架线作业的投标人；

（4）工程服务类的投标人，包括勘察、设计、监理、律师、造价、项目管理、招标代理、进出口代理服务商等；

（5）工程货物类的投标人，主要是各类工程建设所需的设备设施、材料的供应商，包括境内和境外的供应商。

对于从事上述各类施工或者提供服务或者提供货物供应的投标人，都应当具备一定的资质条件，特别是从事工程总承包、施工总承包、专业工程的施工、工程勘察、设计、监理服务的投标人，更应当高度重视和严格遵守有关资质的强制性规定，否则将直接影响到合同的效力，而除此之外的投标人，其资质更多的是招标人用于参考投标人能否满足实施招标项目的条件和能力之一。

根据《建筑法》的规定，从事建筑活动的建筑施工企业、勘察单位、设计单位和工程监理单位，按照其资质条件，划分为不同的资质等级，经资质审查合格并取得相应等级的资质证书后，方可在其资质等级许可的范围内从事建筑活动。

四、投标人的资质类型

根据中国工程建设领域的市场准入机制和行政监管制度，现有的资质管理规定分包对设计、施工和监理设定了不同的资质标准，同时还对同类行业资质设立了不同的等级标准。实行严格的资质范围和等级仍然是目前工程领域行政监管的重要措施之一，而从司法实践的角度来看，承包人是否具备相应的资质也是评判合同效力的重要依据。

（一）行业分类与施工承包资质

在施工承包人的资质方面，住建部专门颁布了《建筑业企业资质管理规定》，对建筑企业涉及的施工总承包资质、专业承包资质等作了非常详细的规定，将建筑业企业资质分为施工总承包资质、专业承包资质、施工劳务资质[①]三个序列。施工总承包资质、专业承包资质按照工程性质和技术特点分别划分为若干资质类别和资质等级，并且对施工总承包中还涉及的相应专业分包工程作了详细的规定：

（1）涉及公路方面的资质：公路工程施工总承包资质、公路路面工程专业承包资质、公路路基工程专业承包资质、公路交通工程专业承包资质；

---

① 目前部分省市在试行取消劳务资质，未来是否会全面取消，以及取消资质之后的行业行政监管和企业的内部管理都或将面临极大的挑战。

（2）涉及水运方面的资质：港口与航道工程施工总承包资质、港口与海岸工程专业承包资质、航道工程专业承包资质、通航建筑物工程专业承包资质、港航设备安装及水上交管工程专业承包资质；

（3）涉及水利方面的资质：水利水电工程施工总承包资质、水工金属结构制作与安装工程专业承包资质、河湖整治工程专业承包资质、水利水电机电安装工程专业承包资质；

（4）涉及通信方面的资质：通信工程施工总承包资质；

（5）涉及铁路方面的资质：铁路工程施工总承包资质、铁路电务工程专业承包资质、铁路铺轨架梁工程专业承包资质、铁路电气化工程专业承包资质；

（6）涉及民航方面的资质：机场场道工程专业承包资质、民航空管工程及机场弱电系统工程专业承包资质、机场目视助航工程专业承包资质；

（7）涉及多个专业资质：桥梁工程专业承包资质、隧道工程专业承包资质、核工程专业承包资质、海洋石油工程专业承包资质、输变电工程专业承包资质、钢结构工程专业承包资质。

（二）资质与承包工程范围①

原则上具有施工总承包特级和一级资质的企业承担的工程项目不受限制，但是，为了避免资质滥用，按照规定，具备特级资质的企业不得承担施工单项合同金额 3000 万元以下的房屋建筑工程。

而对于拥有其他资质等级的建筑企业作为施工承包人时则只能在其资质范围和等级标准内承接工程项目，比如在公路工程中，二级资质可以承担一级以下公路，单座桥长 1000 米以下、单跨跨度 150 米以下的桥梁，长度 1000 米以下的隧道工程的施工；三级资质可以承担二级以下公路，单座桥长 500 米以下、单跨跨度 50 米以下的桥梁工程的施工。在电力工程领域，二级

---

① 工程领域，工程总承包和施工总承包往往容易引起混淆，而且这两者在中国法律环境下又有完全不同的规定，因此，本章仅就施工总承包进行分析，对于工程总承包则作为特殊问题在本书第 8 章中分析。

资质可承担单机容量 20 万千瓦以下发电工程、220 千伏以下送电线路和相同电压等级变电站工程的施工；三级资质可承担单机容量 10 万千瓦以下发电工程、110 千伏以下送电线路和相同电压等级变电站工程的施工。在通信工程领域，二级资质可以承担投资额 2000 万元以下的通信、信息网络工程的施工；三级资质可以承担投资额 500 万元以下的通信、信息网络工程的施工。具体的各专业工程的承包资质等级标准和承包工程范围则以国务院住建部制定颁布的《建筑业企业资质等级标准》为准。

此外，通常情况下，承包人不能跨行业承担工程项目，但是需要注意的例外情况是 1+2 规则的使用，即依据《施工总承包企业特级资质标准》及《施工总承包企业特级资质标准实施办法》的有关规定，对工程设计人员符合本《实施办法》要求，且其他条件符合新《特级标准》的企业，经核定后颁发新版施工总承包特级资质证书，并注明施工总承包业务范围，同时颁发相应的工程设计甲级资质证书。符合前款的企业取得房屋建筑、公路、铁路、市政公用、港口与航道、水利水电等类别中任意 1 类施工总承包特级资质和其中 2 类施工总承包一级资质，即可承接房屋建筑、公路、铁路、市政公用、港口与航道、水利水电各类别工程的施工总承包、工程总承包和项目管理业务。据此，对于具备相应资质的建筑企业，在从事相应的工程项目时可以关注上述关于资质条件的特殊规定。

（三）施工承包资质的审批

对于施工承包资质的审批，《建筑业企业资质管理规定》分别作了不同的分级管理：

（1）由国务院住房城乡建设部许可，包括：

①施工总承包资质序列特级资质、一级资质及铁路工程施工总承包二级资质；

②专业承包资质序列公路、水运、水利、铁路、民航方面的专业承包一级资质及铁路、民航方面的专业承包二级资质；涉及多个专业的专业承包一级资质。

（2）由企业所在地省、自治区、直辖市人民政府住房城乡建设主管部门许可：

①施工总承包资质序列二级资质及铁路、通信工程施工总承包三级资质；

②专业承包资质序列一级资质（不含公路、水运、水利、铁路、民航方面的专业承包一级资质及涉及多个专业的专业承包一级资质）；

③专业承包资质序列二级资质（不含铁路、民航方面的专业承包二级资质）；铁路方面专业承包三级资质；特种工程专业承包资质。

（3）由企业注册地设区的市住房城乡建设主管部门许可：

①施工总承包资质序列三级资质（不含铁路、通信工程施工总承包三级资质）；

②专业承包资质序列三级资质（不含铁路方面专业承包资质）及预拌混凝土、模板脚手架专业承包资质；

③施工劳务资质，但不分类别与等级；

④燃气燃烧器具安装、维修企业资质。

在涉及公路、水运、水利、通信、铁路、民航等方面资质时，则需要由国务院住房城乡建设部会同国务院交通运输部、水利水电部、民航总局、铁路总局等部门联合进行审查，以确定企业的资质范围和等级。

（四）工程勘察和设计资质

与工程施工承包资质类似，建设工程勘察企业、工程设计企业也同样需要符合行政主管部门规定的资质条件。为此，《建设工程质量管理条例》规定从事建设工程勘察、设计的单位应当依法取得相应等级的资质证书，并在其资质等级许可的范围内承揽工程。

（1）工程勘察资质分为工程勘察综合资质、工程勘察专业资质、工程勘察劳务资质三类：

①工程勘察综合资质只设甲级，可以承接各专业（海洋工程勘察除外）、各等级工程勘察业务。

②工程勘察专业资质设甲级、乙级，根据工程性质和技术特点，部分专业可以设丙级；工程勘察劳务资质不分等级。取得工程勘察专业资质的企业，

可以承接相应等级相应专业的工程勘察业务。

③取得工程勘察劳务资质的企业，可以承接岩土工程治理、工程钻探、凿井等工程勘察劳务业务。

（2）工程设计资质分为工程设计综合资质、工程设计行业资质、工程设计专业资质和工程设计专项资质四类：

①工程设计综合资质只设甲级，取得工程设计综合资质的企业，可以承接各行业、各等级的建设工程设计业务；

②工程设计行业资质设甲级、乙级，可以承接相应行业、相应等级的工程设计业务及本行业范围内同级别的相应专业、专项（设计施工一体化资质除外）工程设计业务；

③工程设计专业资质设甲级、乙级，可以承接本专业相应等级的专业工程设计业务及同级别的相应专项工程设计业务（设计施工一体化资质除外）；

④工程设计专项资质设甲级、乙级，可以承接本专项相应等级的专项工程设计业务；

⑤根据工程性质和技术特点，个别设计行业、专业、专项资质可以设丙级；

⑥建筑工程专业资质可以设丁级。

此外，《建设工程质量管理条例》还明令禁止勘察、设计单位超越其资质等级许可的范围或者以其他勘察、设计单位的名义承揽工程；禁止勘察、设计单位允许其他单位或者个人以本单位的名义承揽工程；勘察、设计单位不得转包或者违法分包所承揽的工程。

（五）工程监理资质[①]

基于对建设工程市场的监管，工程监理同样也实行市场准入机制。工程监理单位如果要承担监理工作，就应当依法取得相应等级的资质证书，才可在其资质等级许可的范围内承担工程监理业务。

---

① 继取消招标代理资质、园林绿化企业资质之后，目前，住建部等主管部门也正在讨论取消工程监理的资质要求和强制监理制度，或许会和项目全过程的工程咨询相融合，未来的走向也值得关注。

按照现行法规的规定，工程监理企业资质分为综合资质、专业资质和事务所资质三类：

（1）综合资质不分级别，可以承担所有专业工程类别建设工程项目的工程监理业务。

（2）专业资质分为甲级、乙级，其中，房屋建筑、水利水电、公路和市政公用专业资质可设立丙级。按照工程性质和技术特点划分为若干工程类别。

①专业甲级资质可承担相应专业工程类别建设工程项目的工程监理业务；

②专业乙级资质可承担相应专业工程类别二级以下（含二级）建设工程项目的工程监理业务；

③专业丙级资质可承担相应专业工程类别三级建设工程项目的工程监理业务。

（3）事务所资质不分级别，可承担三级建设工程项目的工程监理业务，但是，国家规定必须实行强制监理的工程除外。

（4）工程监理企业可以开展相应类别建设工程的项目管理、技术咨询等业务。

根据中国目前的工程建设管理制度，工程监理分为强制监理和非强制监理两种，必须实行监理的工程项目主要包括：

（1）国家重点建设工程；

（2）大中型公用事业工程；

（3）成片开发建设的住宅小区工程；

（4）利用外国政府或者国际组织贷款、援助资金的工程；

（5）国家规定必须实行监理的其他工程。

需要注意的是，不论是否属于强制监理的工程项目，也不论是否属于强制招标的工程范围，具备相应的监理资质是必要的基本条件，并且《建设工程质量管理条例》还明文禁止工程监理单位超越本单位资质等级许可的范围或者以其他工程监理单位的名义承担工程监理业务，或者允许其他单位或者个人以本单位的名义承担工程监理业务，或者转让工程监理业务。

第三节　限制投标的情形

一般情况下，只要符合法律法规规定和招标文件规定的资格和资质条件的主体都可以参加招标项目的投标，招标人不得不合理地限制投标人的资格。但是，为了确保招标活动的公平性、竞争性，对于存在某些特殊情形的项目，则会对投标主体的资格进行限制。

一、限制投标的情形

根据《招标投标法实施条例》的规定，限制投标的情形主要包括下列几种：

（1）与招标人存在利害关系并可能影响招标公正性的法人、其他组织或者个人，不得参加投标；

（2）单位负责人为同一人的不同单位，不得参加同一标段投标或者未划分标段的同一招标项目的投标；

（3）存在控股关系的不同单位，不得参加同一标段投标或者未划分标段的同一招标项目的投标；

（4）存在管理关系的不同单位，不得参加同一标段投标或者未划分标段的同一招标项目的投标。

如果投标人存在违反上述两项规定的情形，那么相关的投标将归于无效。

另外，在工程建设项目的施工招标投标中，还应注意几种特殊的限制投标人的情形：

（1）招标人的任何不具独立法人资格的附属机构、单位；

（2）为招标项目的前期准备提供咨询服务的法人及其任何附属机构、单位；

（3）为招标项目提供设计服务的法人及其附属机构、单位，但设计施工总承包除外；

（4）为招标项目提供监理服务的法人及其任何附属机构、单位；

（5）招标项目的代建人；

（6）为招标项目提供招标代理服务的法人及其附属机构、单位。

当然，在实务中，招标人也可以在招标文件中明示合理的限制投标人的情况，比如，被责令停业的、被暂停或取消投标资格的、财产被接管或冻结的、在最近三年内有骗取中标或严重违约或重大工程质量问题的。

同时，在《政府采购法实施条例》中也明确规定，除单一来源采购项目外，为采购项目提供整体设计、规范编制或者项目管理、监理、检测等服务的供应商，不得再参加该采购项目的其他采购活动。其中，“其他采购活动”指为采购项目提供整体设计、规范编制和项目管理、监理、检测等服务之外的采购活动。因此，同一供应商可以同时承担项目的整体设计、规范编制和项目管理、监理、检测等服务。

二、利害关系人不得投标

除了上述几种情形导致投标无效和中标无效外，依据《招标投标法实施条例》的规定，如果招投标的参加人之间存在利害关系，也会导致投标无效的后果。但是，《招标投标法实施条例》并没有就何谓“利害关系”作出具体的界定，从而导致实践中不同的理解。

（一）招标人与投标人存在利害关系

与招标人存在利害关系可能影响招标公正性的法人、其他组织或者个人，不得参加投标。对于此种情况，构成投标无效需要同时满足两个条件：

（1）招标人与投标人之间存在利害关系；

（2）招投标人之间的利害关系将影响招标的公正性。

根据《工程建设项目施工招标投标办法》的规定，这里的利害关系人可以包括：a. 招标人的任何不具独立法人资格的附属机构；b. 为招标项目的前期准备或者监理工作提供设计、咨询服务的任何法人及其任何附属机构。

但是，除了上述该项原则规定外，《招标投标法实施条例》并没有进一步界定何为“利害关系”。截至目前，也还没有相关的规定对“可能影响招标公正性”的情形作出明确的界定，更多的是一种主观的判断。因此，这就造成了理解上的困境和实践操作的难度。比如，实践中常见的是参加前期可行性研究的设计院，就有可能因为《招标投标法实施条例》的该条规定，而无法参加后续的方案设计、施工图设计的投标。

（二）投标人之间存在利害关系

投标人的单位负责人为同一人，或者投标人之间存在控股、管理关系的，不得参加同一标段投标或者未划分标段的同一招标项目投标。这种情况下，投标人之间极容易进行串标，导致不公平，应当予以禁止。

而且，同一母公司的几个子公司参加同一标段的资格预审时，通过资格预审的子公司不得超过合格投标人总数的三分之一。

招标人、投标人违反上述利害关系规定的投标行为属于无效。根据《合同法》第52条的规定，双方据此签署的项目合同也应当属于无效合同。

在一些采用投资+建设模式（如PPP）的大型基础设施项目中，母公司设立全资的子公司作为项目公司，再由母公司或其他子公司参加项目中的设计、施工投标，或者是集团公司投资建设的项目，各子公司准备投标参建的情况非常普遍，但是，如果严格按照现行《招标投标法实施条例》的规定，此类行为会被依法认定为无效。

显然，如何处理上述的项目建设实际需求和法律规范的矛盾，也将是立法和司法机构急需解决的难题。

三、前期参与者不得投标①

如前文所述，在施工项目的投标中，除了利害关系人不得投标外，为招标项目的前期准备或者监理工作提供设计、咨询服务的任何法人、机构等也

---

① 与此类似，《财政部关于信息系统建设项目采购有关问题的通知》（财库〔2011〕59号）也明确规定：“在信息系统建设中，受托为整体采购项目或者其中分项目的前期工作提供设计、编制规范、进行管理等服务的供应商，对于理解及把握采购内容具有一定的优势，其再参加项目的采购活动，存在违反公平竞争原则的可能性。为保证政府采购公平、公正，凡为整体采购项目提供上述服务的法人及其附属机构（单位），不得再参加该整体采购项目及其所有分项目的采购活动；凡为分项目提供上述服务的法人及其附属机构（单位），不得再参加该分项目的采购活动。”但是，《政府采购法》和《政府采购法实施条例》中并无此规定，因此，前述通知的法律约束力仍有待实践证明。

不得参与投标。之所以需要限制前期参与者投标施工项目，一方面可以避免出现信息不对称导致招投标不公平竞争的现象，另一方面也有助于避免前期服务者利用其信息、技术、资源等优势而给后续的项目实施制定不合理地排除潜在竞争对手的可能。

由于存在上述诸多的限制投标的情形，尤其是对于提供前期咨询、设计服务的主体被禁止参与后期的施工投标，因此，在实务中，尤其是以DBB、EPC、EPCM方式提供服务的承包商，如果前期提供了相应的服务，而且不是在一次性同时中标方式承担项目，就会被排除后续的施工承包的投标人范围之外，失去项目参与的资格。这一点实际上与国际工程建设项目的早期介入方式存在冲突，从工程管理的角度来看，未必合适。当然，至于其中的处理，则需要由招标人在项目实施前综合考虑，提前布局，统筹规划，才能将合法性和项目实施的目标有机地协调和统一起来，避免相应的法律风险。

第四节　投标阶段的主要环节

基础设施建设项目的招标投标活动通常包括发布招标公告、投标资格预审、出售招标文件、投标、开标、评标、定标等阶段和环节。投标人的投标过程一般起始于购买招标文件之时，如果有资格预审或者资格后审程序，则还包括此阶段的活动，投标阶段是投标人必须重视的工作环节。同时，招标人在招标阶段中的有关安排也会直接影响投标人在投标阶段的活动。

一、投标的基本环节

在投标阶段，投标人的基本投标程序一般包括以下几项内容：

（1）投标人获取招标信息；

（2）投标人购买招标文件；

（3）投标人编制投标文件；

（4）投标人提交投标文件；

（5）投标人提供投标担保；

（6）参加开标会议。

招标信息的获取多数以招标公告为准，如本书第三章中所述，招标公告的发布有着严格的规定，即，依法必须进行招标的项目的招标公告，应当在国务院发展改革部门依法指定的媒介发布。至于非必须招标的项目，其招标信息的发布则无特别的规定。在上述投标环节中，就投标程序本身而言，编制投标文件是其中最为关键的环节，投标文件涉及合同双方的主要权利、义务，其重要性不言而喻。而提交投标文件和投标担保则关系到投标人能否合法有效地进入评标阶段。

参加开标是投标人的义务也是权利，并且实务中，开标之日即为投标截止日，因此，投标人应当按照招标公告的规定参加开标。当然，投标人也需要特别注意的是：

（1）招标人可能在招标文件中规定未参加开标的投标文件将被拒绝或作为无效投标处理的情形；

（2）根据项目所在地的政府规章，也会有投标人未参加开标的，其投标文件作无效处理的规定。

二、投标的附加环节

除上述基本环节之外，根据项目情况的不同，或者招标人的安排，投标过程中还有一些较为特别的附加环节。这些环节不同于投标基本环节之处在于其不是必经的程序，而是选择性的环节，比如：

（1）投标人参加投标资格审查，资格预审或者后审。资格审查程序，是否需要取决于项目的特征以及潜在投标人的数量等情况，而且，采用资格预审还是资格后审也需要根据不同的情况而定。

（2）参加现场踏勘。现场踏勘虽然也不是投标的必经程序，但在一些大型、复杂项目的勘察、设计、施工招标项目中，除了查阅相关的地质资料外，投标人进行现场踏勘也非常必要，可以帮助投标准确、合理的报价，提前识别和预防工程现场潜在的风险。

（3）参加投标预备会议。如果招标文件规定召开投标预备会的，招标人按照规定的时间和地点召开投标预备会，澄清投标人提出的问题。投标人应当以书面形式将提出的问题送达招标人，以便招标人在会议期间澄清。投标预备会后，招标人在规定的时间内，将对投标人所提问题的澄清，以书面方式通知所有购买招标文件的投标人。该澄清内容为招标文件的组成部分。

（4）根据评标委员会的要求，对投标文件的有关内容作必要澄清。但是，这些澄清不得对投标文件做实质性的修改。

尽管不是投标阶段必需的程序和环节，但是这些环节的工作对于选择合适的投标人、确定投标决策，以及防止合同履行过程中的争议和纠纷都有重要的作用。

第五节　投标文件的要求和构成

实务中，与招标文件的编制一样，投标人在编制投标文件时也经常套用格式化的文件，但这往往会给投标人埋下风险。因此，投标人的投标文件应当注重项目的特性，有针对性地编制文件，同时，还应当遵守法定的标准和条件。

一、实质性响应招标文件

根据《招标投标法》第 27 条的规定，投标人应当在投标文件中对招标文件提出的实质性要求和条件进行响应。在招标文件中，招标人将项目要求要求、标准和条件予以公布，投标人按照招标文件的要求和条件编制自己的投标文件，而评标委员会则对投标文件是否符合和满足招标要求、标准和条件进行衡量和评判，以此确定投标人能否中标。

（一）实质性响应的基本要求

投标文件实质性响应招标文件，主要体现在以下几个方面：

（1）应当对招标文件提出的实质性要求和条件作出回答或与之相符；

（2）投标文件不得遗漏或回避招标文件中的问题；

（3）投标文件与招标文件没有重大偏差。

对于属于建设施工的招标项目，《招标投标法》特别强调投标文件的内容应当包括拟派出的项目负责人、主要技术人员的简历、业绩以及拟用于完成招标项目的机械设备等。

（二）实质性响应的内容

如前所述，实质性响应招标文件是投标人制作投标文件的基本要求，但是《招标投标法》及其实施条例并没有对“何谓实质性响应”进行具体规定，因而在实践中会有不同的理解和做法。

《招标投标法》将投标价格、投标方案等作为实质性内容，禁止招标人和投标人进行谈判，因此，投标价格和投标方案所涉及的内容应当属于必须响应的内容。此外，最高人民法院在《全国民事审判工作纪要（2011年）》中也明确指出有关工期、工程价款、工程项目性质、让利等内容也都属于实质性内容。

结合工程实务，通常情况下，招标文件的实质性要求和条件，一般包括下列几项内容：

（1）招标人对投标人资格的要求；

（2）招标文件中对投标保证金的要求；

（3）招标文件中有关招标项目的计价方式和价格；

（4）招标文件中有关招标项目的工期；

（5）有关招标项目的技术规范方面的要求和条件；

（6）招标人对招标项目的质量标准；

（7）合同的主要条款，包括当事人的名称或者姓名和住所、标的、数量、质量、价款或者报酬、履行期限、地点和方式、违约责任、解决争议的方法。

（三）投标文件的偏差

投标文件对招标文件的实质性响应，并不意味着投标文件不能对招标文件提出任何不同的理解。事实上，投标文件可以对招标文件提出一定的偏差，只要不是重大偏差，招标人仍然应当考虑投标人的投标。

至于何为投标文件中的重大偏差，根据现行相关规定，主要包括以下几项内容：

（1）没有按照招标文件要求提供投标担保或者所提供的投标担保有瑕疵；

（2）投标文件没有投标人授权代表签字和加盖公章；

（3）投标文件载明的招标项目完成期限超过招标文件规定的期限；

（4）明显不符合技术规格、技术标准的要求；

（5）投标文件载明的货物包装方式、检验标准和方法等不符合招标文件的要求；

（6）投标文件附有招标人不能接受的条件；

（7）不符合招标文件中规定的其他实质性要求。

除了招标文件中对于重大偏差有特殊规定和处理之外，如果投标文件具有上述任何情形之一的，即属于未能对招标文件作出实质性响应，并按否决投标处理。

（四）未实质响应招标文件

如果投标人没有对招标文件的要求和条件等内容进行实质性响应，或者有显著差异或者重大保留，那么招标人和评标委员会就有可能否决投标文件。

评标委员会在否决不合格投标后，若因有效投标不足三个使得招标项目明显缺乏竞争的，则可以进一步否决全部投标；在此情况下，由于投标人少于三个或者所有投标被否决的，招标人应当依法重新招标。

二、投标文件的构成

投标文件的构成涉及投标人应当向招标人提供的全部文件和相关的证明资料，具体的内容取决于招标文件的要求。按照法律规定和实务，投标文件一般包括：

（1）投标函；

（2）投标报价；

（3）投标服务方案或者施工组织设计等；

（4）技术文件与招标要求的偏差；

（5）商务文件与招标要求的偏差；

（6）投标人的资信证明；
（7）投标保证；
（8）招标文件要求的其他资料。

（一）商务标书

商务文件包括投标报价和其他商务投标书，除了投标报价外，投标人主要需要提供与其主体资格相符的文件，包括：

（1）投标人的资格文件，如企业法人营业执照、工程资质证件，以及法定代表人身份证明，授权代表的授权证明；

（2）投标函；

（3）投标保证金说明；

（4）对项目合同条件的商务偏离分析；

（5）投标人的项目管理团队架构（包括主要项目负责人和主要技术人员的资质、经历）；

（6）投标人须提供的其他商务文件（如近3年的类似工程经验、财务状况、有无诉讼仲裁案件）。

在上述商务文件中，尤其需要注意投标函和投标保证金的说明。并且，根据实践，招标人也比较看重投标人的项目管理团队架构，以及近3年的类似工程业绩证明、已完和在建工程情况说明等内容，将之作为评标的重要依据。

（二）技术标书

技术投标书更多的是关注工程技术层面的问题，其中主要的是详细的施工组织设计和方案，包括：

（1）项目管理及施工的具体实施方案；

（2）运行维护与技术支持服务方案；

（3）拟投入的施工机械设备；

（4）劳动力安排计划；

（5）施工进度计划等。

制定施工组织设计的目的在于确保发包人和承包人双方对工程项目的建设过程实行有效的监控，并随时根据计划和实际施工状况的差异和变化进行调整、修改计划。在招标投标阶段，施工组织设计、方案和投标文件的商务报价、技术规范及其他内容一并构成了要约，其内容一旦被招标人接受，即构成施工合同的组成部分，成为约束发包人和承包人双方行为的法律文件。

因此，投标人在编制施工组织设计、方案时，除了考虑工程施工的共性外，还有必要分析招标项目的特殊性，对于招标项目中的特殊技术方案和特殊技术难题的解决方案，以便在技术标的评分中提高胜率，并且也为后续的合同履行提供相应的依据。

三、投标报价的不同要求

投标报价和项目方案是招标人评标时的重要衡量因素。因此，招标人在招标文件中应事先提出报价的具体要求及计算方法。而投标人具体的投标报价策略的选择也往往与项目合同价格形式的选择、合同条件中对各方权利义务的安排等内容直接相关。

（一）投标报价的方式

基础设施建设项目的投标方式因具体项目的不同而不同。比如在施工招标中，投标报价通常可以采用施工图报价或者工程量清单报价两种方式。

前者由招标人向投标人提供招标工程项目的施工图纸，投标人根据施工图纸计算出该工程项目的工程量，并按招标文件的要求及企业的自身情况组织报价。而根据图纸深度不同，又会有不同的报价方式。

后者则是招标人向投标人提供招标工程项目具体的工程量清单，投标人根据工程量清单和招标文件的要求及企业的自身情况组织报价。按照此方式投标，还应注意：

（1）招标人应依据施工图纸及有关资料，按照项目所在地的预算定额规定的计量单位、计算规则计算出工程实物量后，向投标人提供工程实物量清单；

（2）工程量清单报价采用综合单价法报价，综合单价是指完成某分项工程除税金外的所有费用的单价；

（3）非实物形态的竞争性费用（指现场施工配套措施所发生的但又不形成实物量的费用），由投标人根据施工组织设计或施工方案确定的数量自主择项报价；

（4）招标人对工程中使用的材料和设备有指定要求的，应在招标文件中说明。

另外，一般情况下，在拟定招标文件中有关报价具体要求及计算方式时，需要注意下列方面：

（1）在工程招标时，一般应要求投标人填报完成工程的各项单价和一揽子价格，该价格中应包括全部的关税和其他税；

（2）应说明投标价格是固定不变的，或是采取调整价格；

（3）如果采取调整价格，则价格的调整方法及调整范围应在招标文件中明确；

（4）应列明投标价格的一种或几种货币。

（二）投标报价的风险

实践中，投标人为了获得项目，在投标报价中有时会自觉放弃一些利润，对工期、质量等方面作出承诺，对将来可能出现的设计、施工问题避而不谈，不做澄清或异议。特别是在一些设计图纸深度不足的工程项目中，投标人更会采用此类投标策略，并寄希望于施工过程中借业主的工程变更、经济洽商、索赔、工程量调整等方式获得相应的补偿，进而提高最终的工程结算价格。尤其是在近几年，人工费、材料市场差价、措施费等的调整或者索赔的问题在目前的市场背景下尤其突出，动辄可能使工程最终结算价突破原有的预算甚至翻番。

然而，不可否认，投标人采用此类报价方式，对其自身而言也存在潜在的巨大风险。首先，投标人最终能否通过变更和索赔等方式实现增加工程价款的目的并不确定；其次，通过过程中的变更和索赔等方式来获得补偿和盈利，这在实际上增加了投标人在合同管理方面的难度和挑战；再次，如果最终的结算价款严重超出招标人的预期，有可能直接导致招标人因为无法支付工程价款而停工、项目缓建乃至终止等非常态的后果，这种结果也会给市场带来较大经济风险；最后，在政府投资的基础设施项目中，由于预算的有限性，如果因为过程中的大量变更和索赔导致工程结算价款的大幅度增加，则招标人将面临审计风险，进而也会同样影响到投标人自身的价款结算。

因此，从项目管理和司法实践的角度来看，投标人应当严格限制上述投标策略，谨慎决策，否则有可能会造成双输的局面，另外，以诚实而严谨并具有创新内容的投标文件赢得招标人的认可才是最佳的投标策略。

（三）总价合同的投标报价

在工程设计和图纸深度较为完整、完善的情况下，招标人更倾向于采用固定总价合同条件。在实践中，招标人采用此合同价格形式的主要目的之一就是把工程建设过程中可能出现的经济风险全部转移给投标人。

因此，投标人对于此种价格形式的招标项目，在报价时至少需要注意下列事项：

（1）投标报价应当严谨、细致；

（2）投标人在报价时不能漏项、错项；

（3）各子项的内容、价格组成应当准确、完整和充分。

尤其没有工程量清单作为参考的情况下，对于招标文件中的业主需求和项目特征的介绍，工程量和工作范围、内容的描述等内容，投标人更应当认真核实、分析。然而，对于某些不具备总价合同条件的项目，若强行采用固定总价方式，则势必会给后续的合同履行带来巨大的阻力。

（四）单价合同的投标报价

实务中，固定单价合同通常分为直接费单价合同、综合单价合同、完全单价合同三类具体方式，且通常应用于设计和图纸需要进一步深化的招标项目中。固定单价合同对招标人和投标人的经济风险的分担相对较为合理，单价的风险由投标人承担，而基于工程量的变化引起的风险则由招标人承担。

以此价格形式进行招标的项目，投标人的报价基础需要根据市场价格、定额、信息价等综合因素来确定。在进行投标报价时，投标人应当注意下列事项：

（1）准确判断工程中每个项目的价格。投标人应当对招标文件中图纸和设计说明、工程量清单中的每个项目所涉及的市场的材料价格、人工价格以及可能的市场价格波动因素等情况有准确的预测和判断。

（2）充分考虑所涉及项目的特征和具体情况。结合招标文件对项目的描述以及现场踏勘的结果，根据项目难易程度、地理环境、现场和周边环境、工期要求、质量标准、文明施工等的要求，把这些要素都要相应地体现在报价上，真实反映工程的实际成本。

（3）对潜在工程量的大小进行预估：工程量的增加会相对降低或者摊薄单位工程的造价，如果投标人认为潜在的工程量巨大，对于其在投标报价中单价的高低可以全局性地考虑而适当折让。

（五）成本加酬金合同的投标报价

成本加酬金合同通常以招标项目实际发生的成本加上双方商定的管理费和利润来确定合同总价。这里的实际成本主要包括人工费、材料费、措施费、施工机器使用费、其他直接费和施工管理费（但不包括承包商的总管理费）、政府规费、应纳税等。目标成本是否取得有效控制是衡量合同履行成败的关键要素。

在成本加酬金合同价格形式下，工程成本实际上不能完全实现有效控制，而且招标人对于确定投标人在招标项目中的实际成本也有较大的难度。因此，投标人对于此类价格形式合同的报价时应当准确编制投标工程成本、慎重确定利润率。具体如下：

（1）投标人在编制投标工程成本时，要将直接成本、间接成本和其他成本一并考虑进去；

（2）对于保险金、临时设施费等费用，可以考虑分摊到各项工程，也可以在工程量清单中单列，可以作为单独一项进行报价；

（3）关于利润率的确定，比如世行和亚行贷款建设的工程项目，大多采用低价中标的原则，因此投标人在投标时一般应当采用低利润率。

第六节　投标准备工作

投标人在正式提交投标文件之前，尚处于投标准备阶段，这个阶段的工作是否充分、到位直接关系到投标文件的质量，也对投标行为本身有着深刻的影响。根据《招标投标法》的规定，依法必须进行招标的项目，自招标文件发出之日起至投标截止之日止，最短不得少于20日。这也就是投标人编制投标文件需要的合理时间，在这么短的时间内，投标人尤其需要关注以下几项准备工作。

一、现场踏勘

标前现场踏勘是指招标人发布招标公告后，组织投标人对建设项目工程现场及其周边的地理、地质、气候等客观条件和环境进行的现场调查。但是，现场踏勘不是投标程序的必经环节，具体是否进行取决于招标人的安排。

对投标人来说，通过现场踏勘，投标人可以了解招标项目的现状、地质和地理环境、施工现场的情况、周边的交通等，进一步了解招标人的意图，以获取有用信息并据此作出是否投标、投标策略以及投标价格的决定，为编制投标文件和以后的项目实施做好准备。

对于招标人而言，现场踏勘工作是否组织得力，能否实施到位，影响到招标人能否获得一个更为合理的报价和有效的项目实施方案，避免因现场情况不明导致后续合同履行过程中产生不必要的索赔和争议。因此，招标人也应当尽量为投标人的现场踏勘提供便利条件，这将有利于推动项目的正常、顺利实施。

但是，如果确定需要组织进行现场踏勘的工程建设项目，还需要注意以下几点：

（1）招标人不得组织单个或者部分潜在投标人踏勘项目现场；

（2）招标人确定现场踏勘的，一般应当提前在招标文件中告知时间、地点的、组织者等相关信息；

（3）投标人踏勘现场发生的费用自理；

（4）除招标人的原因外，投标人自行负责在踏勘现场过程中所发生的人员伤亡和财产损失；

（5）招标人在踏勘现场中介绍的工程场地和相关的周边环境情况，供投标人在编制投标文件时参考，招标人不对投标人据此作出的判断和决策负责。

二、核实图纸和工程量

投标人在购买招标文件后，需要对招标文件中的图纸、设计说明以及工程量等内容进行复核，复核的依据包括：

（1）招标文件对项目的描述；

（2）施工图纸及说明；

（3）工程量清单；

（4）工程规范和标准；

（5）现场踏勘和澄清答疑的结果。

复核工程量的目的在于查漏补缺，为投标报价提供依据。并且，从维护投标人利益的角度，投标人可通过复核工程量研究招标人提供的工程量清单的不足，针对不同的合同价格形式（固定总价或固定单价）等，采用不同的报价策略。

当然，由于工程量清单有时候仅仅是作为核实工程量的参考，并不排除其中出现的错项、漏项的情况，甚至是在工程量清单中还会有陷阱，并且实务中还有不提供工程量清单的招标项目。因此，对于工程量的核实一方面需要按照图纸和规范进行，另一方面基于实践，也更需要借助于投标人的经验。

三、研究合同条件

与其他项目招标投标一样，投标人有必要认真研读招标文件中的商务条件、合同条款，分析其中的各种风险，预估各类费用，才能进行有效的投标。

根据现行《招标投标法》《建筑法》等相关法律的规定，对于必须招标投标的施工项目，投标人中标后，招标人和中标人应当按照招标文件和中标人的投标文件订立书面合同，双方不得再行订立背离合同实质性内容的其他协议：

（1）如果投标人对招标文件中的合同条款提出实质性修改或偏离的，则有可能被评标委员会否决或导致废标；

（2）如果在中标后又另行签订背离招标文件合同条款实质内容的协议的，按照目前的司法实践，此类协议一般都会被认定为无效，很难得到支持。

由此可知，招标文件中的项目合同条件的内容就是投标人中标后签署和具体实施的合同条件，在发出中标通知书后签署时，它的实质性内容都不得变更。所以，投标人在取得招标文件后，需要对项目合同条件进行经济和法律分析，作为投标决策的依据，同时也为项目合同签署之后的履行打下基础。

四、招标答疑和澄清

根据《工程建设项目施工招标投标办法》的规定：对于潜在投标人在阅读招标文件和现场踏勘中提出的疑问，招标人可以书面形式或召开投标预备会的方式解答，但需同时将解答以书面方式通知所有购买招标文件的潜在投标人，该解答的内容为招标文件的组成部分。但是，根据《招标投标法》的规定，在确定中标人前，招标人不得与投标人就投标价格、投标方案等实质性内容进行谈判。该规定同样也适用于禁止投标人主动与招标人进行实质性的谈判。

不过，对于招标文件中表述或说明不清楚的地方，以及根据现场踏勘的结果需要招标人进一步解释和说明的问题，即使是招标人没有或不愿回复的意见和内容，投标人也应当及时提出并记录在案。

此外，投标人对于自己提交的投标文件，也可以进行澄清或提交补充文件和说明，比如存有漏项、技术信息和数据不完整、某些内容含义不明确等情况。但是，如前文所述，在实务中也需要注意，投标人对于投标文件的澄清不得超过投标文件的范围或者改变投标文件的实质性内容，否则将构成新邀约，招标人有权予以拒绝。

可见，不论是投标人主动进行的澄清，还是应招标人的要求进行的澄清都应当避免对投标价格和投标方案等内容进行变动和协商，否则就有可能会被认定为实质性谈判，从而影响最终签署的工程合同的效力。

五、投标文件的提交

基础设施建设项目投标文件的提交是招标投标活动中十分关键的环节，依据《合同法》的规定，投标人递交投标文件从法律上看属于发出要约。一旦发出要约，投标人就要受其投标文件的约束，不得随意变更和撤回。具体来说，其法律效力主要表现为：

（1）在招标文件规定的投标有效期前，投标人修改、补充、替代投标文件的，招标人不予接受；

（2）投标人投标截止后撤销其投标文件的，招标人可以没收其投标保证金；

（3）投标人也可以在投标截止时间之前撤回投标文件或者修改投标文件。投标人投标截止时间前撤回投标文件的，招标人应当自收到投标人书面撤回通知之日起 5 日内退还。

通常情况下，招标人会在招标文件中明确表示投标人应当分别编制商务投标书和技术投标书，并要求分别封装后提交。投标人递交投标文件的行为本身，除应当遵守招投标法律规范的规定外，还需要遵守和符合招标文件中有关投标文件递交的时间、地点、形式、文件内容等各方面的规定。

（一）投标文件的标准

投标人必须保证投标文件的形式和内容符合要求，才能达到有效投标的法律效果。具体来说，应当遵循如下标准：

（1）从投标文件的内容上看，投标人应当按照招标文件的要求编制投标文件，投标文件应当对招标文件提出的实质性要求和条件做出响应；

（2）从投标文件递交的时间上来看，投标人应当在招标文件规定的投标截止日递交投标文件，否则，该文件将视为无效的投标文件而被招标人拒绝接收；

（3）从投标文件递交的地点上看，如果投标文件未送达指定地点，或者未按招标文件要求密封的，招标人不予受理，即投标文件将无法进入投标截止日后的评审程序；

（4）实践中，如果不是投标人的法定代表人递交投标文件，为确保投标文件的法律效力，送达投标文件的人员应当持有投标人的有效授权文件。

（二）提交投标文件的程序

实践中，除非招标文件有特殊规定，投标人提交投标文件的方式可以是直接派人将投标文件送到招标地点，或者通过邮局将投标文件寄给招标人，或者委托他人将投标文件带到招标地点。当然，从投标的严肃性和安全性来讲，直接送达更为适宜。

另外，在投标文件的提交和送达方面，投标人应当注意以下两点要求：

（1）应当按照招标文件规定的时间送达，即在投标截止时间前送达。如果招标人在招标文件发出后，由于客观原因需要改变延长截标时间，并已经以书面方式通知招标文件所有潜在投标人的，则提交投标文件的截止时间也相应顺延。

（2）应当按照招标文件规定的地点送达，即将投标文件送达招标文件中明示确定的投标地点，通常，投标地点与开标地点一致。

（三）签收投标文件

投标人将投标文件按照招标文件规定的时间、地点送达以后，招标人应当签收，并提供书面的签收证明。签收证明应当记载签收的时间、地点、具体的签收人、签收的文件数量、文件的密封状况等。如果投标人直接或者委托他人提交投标文件的，还应当注意由提交人在签收证明上签字确认。

签收人在签收时应当对投标人送达的投标文件进行检查，以确定是否按照招标文件的要求进行了密封和加写了标志。如果没有按照要求密封和加写标志的，可以有下列两种处理方式：

（1）招标人或者招标代理人员应予拒收；

（2）告知投标人招标人将不承担投标文件提前开封的责任，以防给以后的开标、评标带来不必要的争议。

招标人和招标代理机构签收投标文件之后，应当妥善保存，不得在开标前启封。

（四）拒收投标文件

投标人按照法定的时间递交投标文件是其法定的义务。根据《招标投标法》第 28 条的规定，投标人送达投标文件时已经超过了招标文件所确定的截止时间的，招标人应当拒收。招标人有权拒收投标文件的理由如下：

（1）投标人超过规定的时间送达投标文件，过错属于投标人，其不利的法律后果当然由过错人自己承担；

（2）按照《招标投标法》的规定，开标的时间应与截标的时间相一致，如果在开标后还允许接收迟到的投标文件，则可能会给有的投标人在掌握了已开标的其他投标人的投标的情况后再对自己的投标文件进行修改留下可乘之机，这显然有悖于招标投标活动公平、公正的原则。

第七节　投标文件的补充、修改和澄清

严格来讲，投标文件提交之后，投标人即不得再对投标文件进行修改、补充，否则有可能构成新的要约，并可能影响到招标人和评标委员会的评审决定。但在实务中，不管是基于招标人的原因还是投标人的原因，为了取得公开招标、有序竞争的目的，允许对投标文件进行澄清和修改仍然有一定的必要性和现实意义。

一、投标文件补充、修改的依据

按照《招标投标法》的规定，投标人在招标文件要求提交投标文件的截止时间前，可以补充、修改已经提交的投标文件，并书面通知招标人，补充、修改的内容为投标文件的组成部分。这是投标人可以补充、修改投标文件的法律基础。

按照通常的理解，招标投标属于当事人订立合同的一种方式。当事人订立合同的过程，分为要约、承诺两个阶段。要约可以补充、修改或者撤回。在以招标投标方式订立合同过程中，投标人的投标属于要约行为，投标文件是投标人希望与招标人订立合同的意思表示，该意思表示在遵守上述规定

时，有权补充、修改或者撤回。

除了前述投标人主动进行修改和补充之外，评标委员会也可以要求投标人对其技术文件进行必要的说明或介绍，但不得提出带有暗示性或诱导性的问题，也不得明确指出其投标文件中的遗漏和错误。

二、补充、修改投标文件的情形

对于投标人而言，有些投标文件的疏漏会造成严重后果，比如，在招标投标活动中，对技术、商务等方面的重要条款在招标文件中都是加注“*”号，若其中一条不满足将导致废标。因此，投标人按照规定对投标文件进行修改和补充可以避免出现投标被否决的后果，这些内容可以包括：

（1）存有漏项、错项；

（2）技术信息和数据不完整；

（3）某些内容含义不明确；

（4）计算错误，大小写不一致等。

但是，上述一些涉及对投标文件实质性或重大内容的修改、补充只能是在投标截止日之前由投标人自行进行，并在投标截止日之前将补充、修改后的文件提交给招标人。

对于招标人、评标委员会允许投标人在评标结束前补充、修改的内容，一般可以安排在投标预备会或者初步评审阶段进行。但是对上述内容的补充、修改不得对其他投标人造成不公平的结果。

三、对投标文件的澄清

与补充、修改投标文件不同，对投标文件的澄清只能限定在特定的情况下，在评标阶段，投标人可以根据评标委员会的要求对投标文件进行澄清和说明。为此，《招标投标法》和《招标投标法实施条例》都规定，投标文件中有含义不明确的内容、明显文字或者计算错误，评标委员会认为需要投标人作出必要澄清、说明的，应当书面通知该投标人，投标人的澄清、说明不得超出投标文件的范围或者改变投标文件的实质性内容，并且应当采用书面形式。

此外，对于此类澄清，在实务中还应当注意两点：

（1）评标委员会不得暗示或者诱导投标人进行澄清、说明；

（2）投标人不得主动进行澄清、说明。

当然，尤其需要注意的是招标人和评标委员会应当对澄清的问题进行限定，避免将澄清和说明变成新的要约或者双方的实质性谈判。

四、补充、修改和澄清的法律效力

从本质上讲，对投标人投标文件的补充、修改、澄清和说明的程序和内容等进行限制的目的是保证整个招标投标程序的公平性和公正性。

在实务中，投标截止日之前的补充、修改内容没有特别的限制；而对投标文件的澄清则一般集中在投标文件有错误和歧义的地方，比如总价计算错误等，而不包括投标文件中的投标报价、主要技术参数、实施方案、交货或竣工日期等实质性内容。

如果投标人的补充、修改、澄清和说明违反了法律规定，那么招标人和评标委员会有权予以拒绝，或者直接否决其投标。

对于依法进行的补充、修改、澄清和说明，招标人和评标委员会应当予以认可。补充、修改、澄清后的相关内容为投标文件的组成部分，与投标文件的其他内容具有同等的法律效力，招标人和投标人均应当受补充、修改、澄清、说明文件的约束。

第八节　投标的撤回和撤销

如本章前文所述，投标文件在法律上属于要约，因此，投标人若想在招标投标过程中撤回和撤销投标文件，则同样需要遵循合同成立中有关要约的相关规定。

虽然《合同法》没有对通知形式作出具体的要求，因而通常“通知”可以为口头形式，也可以为书面形式。但是，从避免争议和争议发生后的证明角度出发，此类撤回、撤销投标文件的通知都应当采用书面形式。

一、投标文件的撤回

依据合同法理论和现行《合同法》的规定，从合同成立的角度来看，要约可以撤回；但是，撤回要约的通知应当在要约到达受要约人之前或者与要约同时到达受要约人。

在基础设施建设项目的招标投标实务中，投标文件也可以撤回。一般情况下，招标文件中通常也会写明“投标人在递交投标文件后，可以修改或撤回其投标文件，但修改或撤回的书面通知必须在规定的投标截止日期之前送达招标人或招标代理机构”。而投标文件一旦撤回，则视为要约的撤回，招标人和投标人即不再受招标文件和投标文件约束。

《招标投标法实施条例》也规定，投标人撤回已提交的投标文件，应当在投标截止时间前书面通知招标人。这一规定不完全受《合同法》关于“撤回要约的通知应当在要约到达受要约人之前或者与要约同时到达受要约人”规定的限制。投标人只要是“在招标文件要求提交投标文件的截止时间前”撤回投标文件就属于合法有效。因为在规定的开标时间（应与截标时间相一致）前，招标人均不知道投标文件的内容，不会受到投标文件内容的影响，此时允许投标人补充、修改或者撤回投标文件，对招标人和其他投标人并无不利影响。

二、投标文件的撤销

同样道理，按照法律的规定，要约也可以撤销；撤销要约的通知应当在受要约人发出承诺通知之前到达受要约人。同样，在基础设施建设项目的招标投标过程中，投标文件送达作为受要约人的招标人后还有一段等待开标的时间，因此，在投标截止日后，投标人仍然可以撤销投标文件，但是，投标人撤销投标文件后，其保证金将面临被没收的风险。[①]

根据《合同法》《招标投标法》的相关规定，以及《招标投标法实施条例》的上述内容不难看出，投标文件的撤回和撤销，其关键的区别在于行为的时

---

① 《招标投标法实施条例》第 35 条。

间节点，即如果在投标截止日前实施的是要约的撤回，而在投标截止日实施的则是要约的撤销行为。

在理解投标文件的撤回与撤销时，还需要注意两者之间存在的区别和差异，即投标截止前，可以撤回投标文件而无须承担责任招标人已收取投标保证金的，应当自收到投标人书面撤回通知之日起 5 日内退还；投标截止后，则只可以撤销投标文件，并且招标人可以不予返还投标保证金。

三、不得撤销投标文件的情形

撤销投标文件的行为即为撤销要约，因此，《合同法》中有关不得撤销要约的规定同样适用于招标投标行为。按照《合同法》关于不得撤销要约的相关规定，投标人在下列情况下，不得撤销其投标文件：

（1）投标人明确了承诺期限或者以其他形式明确表述其投标不可撤销；

（2）招标人有理由认为投标人的投标文件是不可撤销的，并且已经为履行合同进行准备工作。

实践中，明示不得撤销投标文件的情形并不常见，但是，也不排除投标人在投标文件中加以明示，尤其是在招标项目存在不确定、处于价格敏感期时，设定一个承诺期，可以有助于双方尽快推进招标投标过程的进展，同时也是给予双方合理、谨慎考虑合同价格的重要参考因素。

第九节　否决投标和投标无效

在投标阶段，还经常会涉及投标被否决和投标无效等一系列法律问题。投标人应当注意引起否决投标和投标无效的情形的法定事由以及相应的法律后果。

一、投标无效

投标无效是指投标人的投标文件不具备法定的，或者招标文件规定的要求，不能形成有效的投标，或称不能构成要约的情形。

引起投标无效的原因包括实质性的瑕疵和形式上的瑕疵。根据《招标投标法实施条例》的相关规定，投标无效具体可以包括如下几种情形：

（1）资格预审后联合体增减、更换成员的；

（2）联合体各方在同一招标项目中以自己的名义单独投标或者参加其他联合体投标的；

（3）投标人发生合并、分立、破产等重大变化的，投标人不再具备预审文件、招标文件规定的资格条件或者其投标影响招标公正性的；

（4）与招标人存在利害关系可能影响招标公正性的法人、其他组织或者个人，违反规定参加投标；

（5）单位负责人为同一人或者存在控股、管理关系的不同单位，参加同一标段投标或者未划分标段的同一招标项目投标的。

无效的投标文件，不得进入评标阶段。即使是进入到后续的评标阶段，甚至是中标，如果一旦被认定是无效的投标，则可能会被溯及既往，其中标也将被认定为无效，并会造成最终签署的工程合同也归于无效的法律后果。

二、串通招标投标的认定

串通招标投标也是导致中标无效的重要情形，关于如何认定串通招投标，在实践中存在不同的表现形式和认定结果。在《招标投标法实施条例》实施后，统一了认定标准，并且非常详细地列举了实践中常见的串通招标行为，具体包括投标人之间相互串标以及招标人和投标人之间相互串标的行为。

（一）投标人相互串通投标

为了获得招标项目，投标人相互之间可能会串通投标，即通常所说的串标、围标的行为，其具体情形包括：

（1）投标人之间协商投标报价等投标文件的实质性内容；

（2）投标人之间约定中标人；

（3）投标人之间约定部分投标人放弃投标或者中标；

（4）属于同一集团、协会、商会等组织成员的投标人按照该组织要求协同投标；

（5）投标人之间为谋取中标或者排斥特定投标人而采取的其他联合行动；

（6）不同投标人的投标文件由同一单位或者个人编制；

（7）不同投标人委托同一单位或者个人办理投标事宜；

（8）不同投标人的投标文件载明的项目管理成员为同一人；

（9）不同投标人的投标文件异常一致或者投标报价呈规律性差异；

（10）不同投标人的投标文件相互混装；

（11）不同投标人的投标保证金从同一单位或者个人的账户转出。

（二）招标人与投标人串通投标

在实践中，招标人也可能与投标人串通。根据法律规定以及招投标的实践，招标人与投标人串通的行为也比较常见，包括：

（1）招标人在开标前开启投标文件并将有关信息泄露给其他投标人；

（2）招标人直接或者间接向投标人泄露标底、评标委员会成员等信息；

（3）招标人明示或者暗示投标人压低或者抬高投标报价；

（4）招标人授意投标人撤换、修改投标文件；

（5）招标人明示或者暗示投标人为特定投标人中标提供方便；

（6）招标人与投标人为谋求特定投标人中标而采取的其他串通行为。

三、否决投标

投标被否决和投标无效一样，都是针对投标人的投标瑕疵行为。但是，两者在法律后果上存在区别，如果是前者，则不能进入到后续的评标阶段；而后者如前所述，可能不会影响到评标和定标，但是其无效的行为后果则具有溯及力。

按照《招标投标法实施条例》的规定，投标被否决的情形包括如下几种：

（1）投标报价低于工程成本或者高于最高投标限价总价的；

（2）评标委员会经评审，认为所有投标都不符合招标文件要求的，可以否决所有投标；

（3）投标文件未经投标单位盖章和单位负责人签字；

（4）投标联合体没有提交共同投标协议；

（5）投标人不符合国家或者招标文件规定的资格条件；

（6）同一投标人提交两个以上不同的投标文件或者投标报价，但招标文件要求提交备选投标的除外；

（7）投标文件没有对招标文件的实质性要求和条件做出响应；

（8）投标人有串通投标、弄虚作假、行贿等违法行为。

另外，在工程勘察设计项目的招标中，如果投标人的报价不符合国家颁布的勘察设计取费标准，或者低于成本恶性竞争的，也应当被否决。

除了上述法定的否决投标文件的规定外，招标文件也可以规定否决投标的情形，比如投标文件未按规定的格式填写，内容不全或关键内容字迹模糊、无法辨认的；投标人法定代表人或其授权的代理人未按时出席开标会议的。

四、拒绝接收投标文件

此外，在投标阶段，如果投标人没有按照招标文件的标准和要求递交投标文件，或者提交的投标文件在形式上存在瑕疵，招标人或招标代理机构有权拒绝接收投标文件。具体来说，实践中常见的投标文件被拒绝的情形包括：

（1）投标文件未按照招标文件的要求制作、装订、密封和标记的；

（2）投标函没有加盖投标人及法定代表人印章的，或者委托代理人没有合法的、有效的委托书及委托代理人印章的；

（3）投标人未按照招标文件的要求提交投标保函或者投标保证金的；

（4）投标文件没有根据招标文件要求的时间提交，或者在投标截止日后提交。

第十节　投标阶段的其他注意事项

从整个投标程序来看，投标人的工作重点都集中在提交正式的投标文件之前，将实质性响应招标文件的要求，以及投标人对招标项目的理解等核心内容反映在投标文件中。投标人必须严格遵守《招标投标法》等法律、法规的规定，以及招标文件的要求，避免因为违反了相关的规定导致出现影响投标合法性的情形。

一、禁止实质性谈判

依法进行招标投标的 PPP 和基础设施建设项目，特别是公开招标和邀请招标的项目，其目的即在于通过公平、公开的竞争方式，选定合适的投标人。因此，在招标投标过程中，依法必须进行招标的项目，禁止招标人与投标人之间违反规定，就投标价格、投标方案等实质性内容进行谈判。

如果招标人在确定中标人之前，与投标人就上述实质性内容进行谈判，很可能产生招标人与投标人串通投标、排斥其他投标人的结果，同时，这种行为也使得招标投标活动形同虚设，违背了《招标投标法》的基本原则。

对于存在实质性谈判的情形，则应当承担民事和相应的行政法律责任：

（1）对招标人和投标人予以警告；

（2）对单位直接负责的主管人员和其他直接责任人员依法给予处分；

（3）因实质性谈判而影响中标结果的，中标无效。

二、投标有效期

通常情况下，投标有效期由招标人在招标文件中确定，但是按照相关的规定，投标有效期最低不应少于投标截止日后的 120 天。从法律性质上讲，投标文件属于合同法上的要约邀请，对应的有效期属于要约有效期。投标人只在投标有效期内受要约的约束，同样道理，招标人也应当在投标有效期内发出中标通知书和签署合同，超过这个期限，则将构成一个新要约。

（一）投标有效期概述

招标文件应当规定一个适当的投标有效期，以保证招标人有足够的时间完成评标、与中标人签订合同。投标有效期从招标文件规定的提交投标文件截止之日起计算。

通常，投标文件对招标文件作出的所有响应和承诺在投标截止时间后的一段时间内都是有效的和不可变更的，该段时间即是投标有效期。

设立投标有效期的目的是保证招标投标活动的顺利进行，从而保护大多数投标人免受损害。在目前的国际招标中，原外经贸部就规定，“投标有效期不满足要求的投标将被视为非响应性投标而予以拒绝”。

投标有效期即是为了保证投标截止时间到中标人提交履约保证金或保函的整个招标投标过程正常结束时所需要的时间。在投标有效期内，投标人不能因为市场变化等原因改变投标文件中的某些承诺或撤回投标文件，否则投标保证金将被没收。

（二）投标有效期的期限及延长

投标有效期的设置通常由招标人根据招标项目的前期准备情况、相关资料数据的现状，投标工作的进度安排自行确定。实践中，投标有效期通常在90~120天之间。

由于投标有效期对于投标人和招标人都具有法律约束力，涉及投标和中标的确定，因此，一旦确定投标有效期，招标人不得随意更改。

但同时，如果在原投标有效期结束前，出现特殊情况的，招标人也可以书面形式要求所有投标人延长投标有效期，对于招标人的这一要求，投标人具有选择权：

（1）如果投标人同意延长的，招标人不得要求或被允许修改其投标文件的实质性内容；但应当相应地延长其投标保证金的有效期；

（2）如果投标人拒绝延长的，其投标失效，但投标人有权收回其投标保证金；

（3）因延长投标有效期造成投标人损失的，招标人应当给予补偿；但因不可抗力需要延长投标有效期的除外。

三、分包项目的投标

基础设施建设项目中，分包项目的采购比较常见。实务中，分包项目的采购可以分为两种情况。一是属于总承包工程范围内的项目，二是属于暂列金额/暂估价的项目。

对于第一种情形，因为所涉及的分包工程已经在选择总承包时经过了招标投标程序，其价格也已经包括在总承包合同价款中，因此，具体的采购应由总承包自行决定。

而根据《招标投标法实施条例》的规定，以暂估价形式包括在总承包范围内的工程、货物、服务属于依法必须进行招标的项目范围且达到国家规定规模标准的，应当依法进行招标。虽然，该条例仅涉及暂估价的工作，但是从工程实践来看，暂列金额的项目也同样适用该条关于招标投标的规定。就暂列金额/暂估价项的采购，如果属于必须招标投标的范围，如本书前文所述，则可以选择由承包人进行招标，也可以由承发包双方联合招标。

不过，在实务中，还需要特别注意的是，招标人和投标人有必要提前了解项目所在地的行政主管部门的相关特别规定，比如，上海市主管部门就明确规定施工暂估价招标应当由建设单位、施工总包单位或者建设单位和施工总包单位联合体作为招标人。

5

CHAPTER

第五章

项目采购标准

正如本书第二章中所述，依据《招标投标法》及其实施条例的规定，需要进行招标投标方式采购的主要是工程施工项目，完成工程所需的勘察、设计、监理等服务，以及与工程建设有关的重要材料、设备等货物三大类型[①]。对于上述三类需要进行招标投标采购的工程建设项目，除了需要遵守招标、投标、开标、评标、定标等基本程序规定之外，施工、服务和货物各自的招标投标还有其较为特殊的规则。

现行的中国工程法律法规、招标投标制度，对工程施工、服务和货物的招标投标条件、招标项目的范围、各种采购方式的选择和例外、投标人的资质条件等都有非常详细的规定，各自都有不同的特点。因此，对于工程建设项目的招标投标，招标人和投标人除了需要结合工程建设项目招标投标范围标准和规模标准的总体要求之外，还应更为详细地了解涉及不同采购项目的特殊规定，以及项目所在地政府对招标投标项目的特别要求。

第一节　工程施工招标投标

工程施工项目的招标投标是所有与工程建设有关的项目招标投标活动中最重要的内容，程序也最为翔实和规范，而且，中国政府对施工项目招标投标活动的监管力度也最大。材料、设备采购的招标投标、工程项目勘察设计招标投标的内容都是以施工项目招标投标活动的规范为基础而制定的。

工程施工项目的招标投标大致也需要经历确定招标方式、编制投标资格预审文件和招标文件、发布招标公告，发售投标资格预审文件或发出投标邀请、现场勘察和标前会议、接受投标文件、开标、评标、定标、发出中标通

① 关于PPP项目的招标投标采购将在本书第七章中详细阐述。

知书和签署施工合同等程序。

但是，考虑到施工项目招标投标的特殊要求，在现场勘察、标前会议、评标和签署施工合同等环节中，招标人和投标人均需要引起特别注意，并确保这些环节的工作质量。

一、工程建设项目的界定

根据《招标投标法实施条例》的规定，工程是指包括建筑物和构筑物的新建、改建、扩建及其相关的装修、拆除、修缮等在内的建设工程。

根据上述规定并结合工程实务可知，建设工程的施工项目主要是指基础设施项目和公用事业项目的新建、改建、扩建。具体来讲，基础设施项目包括能源类项目、交通运输项目、邮电通信项目、水利项目、道路、桥梁、地铁和轻轨交通、城市设施项目和生态环境保护类项目。公用事业项目的建设则主要是供水、供电、供气、供热等市政工程项目，科技、教育、文化等项目，体育、旅游等项目，卫生、社会福利等项目，商品住宅，包括经济适用住房等项目①。

二、工程施工招标的标准

实务当中，工程建设项目的施工采购方式包括公开招标、邀请招标、议标、直接发包等多种方式。而是否需要进行招标或者公开招标，依据《招标投标法》和《必须招标的工程项目规定》的规定，取决于以下两个基本因素：

（1）工程施工项目属于下列范围之一的：

①大型基础设施、公用事业等关系社会公共利益、公众安全的项目；

②全部或者部分使用国有资金投资或者国家融资的项目；

③使用国际组织或者外国政府贷款、援助资金的项目。

（2）工程施工项目的金额符合下列标准的：

① 《工程建设项目招标范围和规模标准规定》第3条。目前，中国已经取消了经济适用房制度，而改为保障房，因此，与此对应的保障房项目的工程建设也仍然属于需要招标的项目范围。

①施工单项合同估算价在400万元人民币以上的①；

②同一项目中可以合并进行的勘察、设计、施工、监理以及与工程建设有关的重要设备、材料等的采购，合同估算价合计达到前款规定标准的，必须招标。

对于符合上述项目范围和规模标准的施工项目，发包人必须通过招标的方式来确定承包人，除此之外的施工项目，则可以采用议标或者直接发包等方式选择施工承包人。

需要特别注意的是，对于属于国务院发展改革部门确定的国家重点建设项目、各省、自治区、直辖市人民政府确定的地方重点建设项目，以及全部使用国有资金投资或者国有资金投资占控股或者主导地位的工程施工项目，只能采用公开招标的方式，而不能采用其他方式进行采购。

此外，在实务当中，绝大多数的招标投标项目都以单项合同估算价为衡量招标与否的标准，鲜有以投资总额为判断标准的。但是，投资总额的标准仍然有必要引起重视，由于法律规范的滞后，以及监管部门对规定的不同理解，尤其是一些政府投资项目和项目所在城市的要求，应当从单项合同估算和投资总额两个角度同时考虑，以避免影响合同的效力，以及后期的审计风险或者行政追责。而该项标准在最新的《必须招标的工程项目规定》中也已被取消。

综上可以看出，在新的招标投标规模标准出台之前，判断一个工程项目是否必须进行招标，应当同时遵守前述项目范围标准和规模标准，缺一不可，否则，就属于不需强制招标投标的工程项目。

另外，还需要注意的是，尽管有国家层面制定和颁布的法律、行政法规，各地权力机关和政府部门也可能会根据上述法律、行政法规制定更为详细、

---

① 在发改委2014年公布的《工程建设项目招标范围和规模标准规定》送审稿中，施工合同单项估算价被提高到了400万元人民币。根据送审稿的说明，目前的各单项合同的金额标准参考了2012年的CPI系数、固定资产投资价格指数等，核算出工程建设成本约为2000年的2倍。最新的《必须招标的工程项目规定》即确定此标准。但从立法的前瞻性角度考虑，笔者认为可以考虑未来的经济发展趋势，适当提高采购限额，比如施工类为500万~600万，设备类为300万，材料为200万，服务类为150万元，当然，也可以考虑一个原则性的规定，避免送审稿通过后，又发生规模标准提高的情形。

具体或严格的标准。比如，陕西省就规定施工单项合同估算价在100万元以上的，或者单项合同估算价低于100万，但项目总投资额在500万元以上的房屋建筑和市政基础设施等项目必须进行招标；以及施工单项合同估算价在30万元以上，或者单项合同估算价低于30万元，但项目总投资在100万元以上的室内装饰装修项目也应当进行招标。而重庆市政府规定国有资金投资或者国家融资项目，施工单项合同估算价在100万元人民币以上的就必须进行招标。原铁道部《铁路建设工程招标投标实施办法（2002年）》也规定，工程总投资200万元（含）以上或施工单项合同估算价在100万元人民币以上的施工项目必须进行招标。

对于此类特殊地区和特殊行业的施工项目的招投标标准，发包人和承包人都应当提前予以关注，虽然，按照《合同法》第52条和最高人民法院《合同法司法解释一》第4条的规定，违反地方性法规、政府规章的规定不会导致合同无效。不过，在实务操作当中，需要关注违反这些地方性法规可能在申办行政许可、合同履行等方面带来的影响和障碍。

同时，需要注意的是，部分地方政府会规定更为严格的采购标准，比如，《北京市工程建设项目招标范围和规模标准规定》第8条即规定，建筑面积在2000平方米以上的施工合同也需要进行招标。

而随着2018年发改委的《必须招标的工程项目规定》和《必须招标的基础设施和公用事业项目范围规定》的正式实施，各部委和地方人大、政府自行设定招标投标项目标准的权力已被收回，至于实际的效果，以及各地方的相关标准如何衔接，则仍拭目以待。

三、施工项目的邀请招标

对于同时符合类型和规模标准的施工项目，应当依法进行招标，包括公开招标和邀请招标。原则上，施工项目的招标以公开招标为主，特殊情况下才可采用邀请招标。

（一）邀请招标的项目条件

由于邀请招标在公开性和竞争性方面都不如公开招标，因此，邀请招标的使用有其严格的限制性。除了《招标投标法》和《招标投标法实施条例》规定之外，通常来说，只有符合下列情形之一，并且经过有关部门批准后，才可以采用邀请招标的形式：

（1）项目技术复杂或有特殊要求，只有少量几家潜在投标人可供选择的；

（2）受自然地域环境限制的；

（3）涉及国家安全、国家秘密或者抢险救灾，适宜招标但不宜公开招标的；

（4）拟公开招标的费用与项目的价值相比，不值得的；

（5）法律、法规规定不宜公开招标的。

当然，还需注意的是，邀请招标的对象也应当符合法定的条件。按照《招标投标法》的规定，招标人采用邀请招标方式的，应当向 3 个以上具备承担招标项目的能力、资信良好的特定的法人或者其他组织发出投标邀请书。如果响应招标的潜在投标人少于 3 人的，则应当依法进行重新招标。如果招标人邀请的潜在投标人少于 3 个，则有可能因为招标程序的缺陷而导致最终的中标无效。

（二）邀请招标的审批

在实践中如果采用邀请招标方式，则需要严格遵守相应的审批程序。根据《工程建设项目施工招标投标办法》的规定，对于按照国家有关规定需要履行项目审批、核准手续并且依法必须进行招标的工程施工项目，招标人必须在报送可行性研究报告时将招标范围、招标方式、招标组织形式等内容报经项目审批部门审批、核准。因此，对于此类项目，如果采用邀请招标或者不进行招标投标的，则应当提前决定适用的招标方式，并提前依法办理相应的审批、核准手续。

至于审批权限的安排，则可以根据项目实际情况分为两级：

（1）国家重点建设项目的邀请招标，应当经国务院发展计划部门批准；

（2）地方重点建设项目的邀请招标，应当经各省、自治区、直辖市人民政府批准。

另外，如果全部使用国有资金投资或者国有资金投资占控股或者主导地位的并需要审批的工程建设项目的邀请招标，应当经项目审批部门批准，但项目审批部门只审批立项的，由有关行政监督部门批准。

四、可以不招标的施工项目

基础设施建设项目的施工以招标，包括公开招标和邀请招标为主，只有特殊情形下，才可以对本应当招标的施工项目不按照招标方式进行采购，尤其是对于需要审批的工程建设项目，如果具有下列情形的，可以不进行施工招标：

（1）涉及国家安全、国家秘密或者抢险救灾而不适宜招标的；

（2）属于利用扶贫资金实行以工代赈需要使用农民工的；

（3）施工主要技术采用特定的专利或者专有技术的；

（4）施工企业自建自用的工程，且该施工企业资质等级符合工程要求的；

（5）在建工程追加的附属小型工程或者主体加层工程，原中标人仍具备承包能力的；

（6）法律、行政法规规定的其他情形。

除此之外，对于不需要审批但依法必须招标的工程建设项目，具有前款规定情形之一时，也可以不进行施工招标。

结合《招标投标法实施条例》第 9 条的规定，符合下列条件的施工项目，也可以不进行招标，具体包括：

（1）施工工艺、方法等需要采用不可替代的专利或者专有技术；

（2）招标人具有相应的资质条件，依法能够自行建设、生产或者提供；

（3）已通过招标方式选定的特许经营项目投资人依法能够自行建设、生产或者提供；

（4）需要向原中标人采购工程施工，否则将影响施工或者功能配套要求；

（5）国家规定的其他特殊情形。

五、工程施工招标的条件

2013 年 5 月，国家发展改革委员会颁布《关于废止和修改部分招标投标规章和规范性文件的决定》[①]，对《工程建设项目施工招标投标办法》的部分条款进行了修改。按照规定，属于必须招标范围的施工项目，进行施工招标投标时应当具备如下条件：

（1）招标人已经依法成立，尤其是在一些特许经营项目中需要成立项目公司进行运作时，招标人是否成立涉及项目的立项，施工总承包合同的签署主体等法律问题；

（2）初步设计及概算应当履行审批手续的，已经批准；

（3）招标范围、招标方式和招标组织形式等应当履行核准手续的，已经核准，这部分的工作通常要求在可行性研究报告中即做好准备；

（4）有相应资金或资金来源已经落实，从承包人的角度来看，资金的到位和落实情况对于后续的预付款、进度的支付力度有着密切和实际的影响；

（5）有招标所需的设计图纸及技术资料，设计图纸的深度和技术资料的翔实与否在一定程度上影响工程量清单的准确程度，招标投标可采用的合同价格形式，以及对整体施工阶段的造价的预计。

另外，就房屋建筑和市政工程而言，根据原建设部《房屋建筑和市政公用施工招标投标办法》的规定，工程施工招标应当具备下列条件：

（1）按照国家有关规定需要履行项目审批手续的，已经履行审批手续；

（2）工程资金或者资金来源已经落实；

（3）有满足施工招标需要的设计文件及其他技术资料；

（4）法律、法规、规章规定的其他条件。

六、工程施工招标合同文件

除了应当遵守招标投标的一般性规定外，施工招标投标还有其比较特殊

---

① 发展改革委员会的上述《关于废止和修改部分招标投标规章和规范性文件的决定》删除了原来关于“招标范围、招标方式和招标组织形式等应当履行核准手续的，已经核准”的内容，其本意是为了政府行政管理改革的需要，减少行政审批程序。但笔者认为，招标人仍有必要在进行招标工作之前，对招标范围、招标方式和招标组织形式进行总体规划，明确总承包招标的范围、专业分包工程的招标范围、总分包工程之间的衔接和合同安排等，以便将合法性和项目管理有效地结合起来。

的，并需要招标人和投标人加以注意的事项。这其中比较重要的一点就是各种类型的标准化工程合同在施工招标投标中的运用。

正如本书前文所述，目前在PPP和基础设施建设领域使用的标准化合同不仅包括发改委和住建部的设计合同、施工合同、设计施工一体化合同等序列，以及相配套的监理、勘察、材料采购等标准化合同，而且还包括财政部和发改委编制的PPP合同。由于各类型的合同条件对应的各方权利义务和风险安排、权利救济方式、价格组成等内容都存在千差万别，因此，在使用这些不同的合同条件时，尤其应当注意合理选择符合项目特征和需求的合同条件，避免随意为之，也应避免相互套用合同文件。

第二节　工程设计招标投标

建设工程设计，是指具有资质的设计单位根据建设工程的要求，对建设工程所需的技术、经济、资源、环境等条件进行综合分析、论证，编制建设工程设计文件的活动。作为工程建设不可或缺的环节和工程合同的一种，设计招标也是项目建设不容忽视的重要组成部分，工程设计的精准度对后期的施工招投标和实施具有举足轻重的作用。

一、工程设计的资质

不论是招标还是非招标方式采购工程设计，都需要考虑中国法律法规对于工程设计资质的市场准入规则。针对上述两种不同的设计类型以及所涉及的设计行业的不同，中国政府主管部门规定了不同的设计资质，只有符合相应资质才能承揽相应的设计工作。

（一）工程设计行业划分

工程设计按照其所涵盖的工程类型的不同可以分为房屋建筑工程设计和专业工程设计两种，具体来看：

房屋建筑工程的设计主要包括民用房屋和工业建筑的工厂厂前区、工厂生活区等规划设计，相对应的单体建筑物、构筑物的总平面布置、竖向设计、结构设计、室外工程设计、民用建筑修建的地下工程设计及其包含的管网管线、景观、室内外环境及建筑装饰、道路、消防、智能、安保、通信、防雷、人防、供配电、照明、废水治理、空调设施、抗震加固等工程设计。

专业工程设计则主要是指煤炭、化工石化医药、石油天然气（海洋石油）、电力、冶金、军工、机械、商物粮、核工业、电子通信广电、轻纺、建材、铁道、公路、水运、民航、市政、农林、水利、海洋等各专业工程的设计。

（二）工程设计资质等级

结合不同的行业和领域，工程设计还有不同的资质等级的划分。对于拟投标的工程设计项目，投标人还应当具备相应的等级标准和要求。

根据《工程设计资质标准》的相关规定，工程设计资质可以分为工程设计综合资质、工程设计行业资质、工程设计专业资质、工程设计专项资质四类，其中：

（1）工程设计综合资质只设甲级；

（2）工程设计行业资质和工程设计专业资质设甲、乙两个级别，其中工程设计行业资质共分 21 类；

（3）根据行业需要，建筑、市政公用、水利、电力（限送变电）、农林和公路行业设立工程设计丙级资质；

（4）建筑工程设计专业资质设丁级；

（5）工程设计专项资质则根据需要设置相应的等级。

（三）工程设计业务范围

投标人能够投标和参与的工程设计业务范围与其所具备的工程设计资质等级密切相关，设计人只能承担资质证书许可范围内相应的设计工作、建设工程总承包、工程项目管理和相关的技术、咨询与管理服务业务。

（1）工程设计综合甲级资质

承担各行业建设工程项目的设计业务，其规模不受限制；但在承接工程项目设计时，须满足本标准中与该工程项目对应的设计类型对人员配置的要求，并可以承担其取得的施工总承包（施工专业承包）一级资质证书许可范围内的工程施工总承包（施工专业承包）业务。

（2）工程设计行业资质

①甲级可以承担本行业建设工程项目主体工程及其配套工程的设计业务，其规模不受限制。

②乙级可以承担本行业中、小型建设工程项目的主体工程及其配套工程的设计业务。

③丙级可以承担本行业小型建设项目的工程设计业务。

（3）工程设计专业资质

①甲级可以承担本专业建设工程项目主体工程及其配套工程的设计业务，其规模不受限制。

②乙级可以承担本专业中、小型建设工程项目的主体工程及其配套工程的设计业务。

③丙级可以承担本专业小型建设项目的设计业务。

④丁级是比较特殊的设计资质等级，只限于建筑工程设计。

（4）工程设计专项资质

工程设计专项资质包括建筑装饰工程设计、建筑智能化系统工程设计、建筑幕墙工程设计、轻型钢结构工程设计、风景园林工程设计、消防设施工程设计、环境工程设计、照明工程设计等 8 类，具有工程设计专项资质的设计能够从事的设计业务范围和内容则视各专项设计资质标准而定，具体还应符合《工程设计资质标准》的相关规定。

（四）建筑工程设计事务所资质

根据相关规定，建筑行业需要设立建筑工程设计事务所资质，具体包括建筑设计事务所、结构设计事务所、机电设计事务所，这三类设计事务所均只设甲级资质。

上述建筑工程设计事务所承担业务范围应符合下述规定：

（1）建筑设计事务所可以承接所有等级的建筑工程项目方案设计、初步设计及施工图设计中的建筑专业设计与技术服务。

（2）结构设计事务所可承接所有等级的建筑工程项目方案设计、初步设计及施工图设计中的结构专业（包括轻钢结构）设计与技术服务。

（3）机电设计事务所可以承接所有等级的建筑工程（包括建筑智能化设计）方案设计、初步设计及施工图设计中的机电设备专业设计与技术服务。

（4）允许取得设计事务所资质的企业根据工程的类别和性质作为承包方对建筑工程项目的设计实行总包。承包方应当自行完成建筑工程本专业的设计业务，并在保证整个建筑工程项目完整性的前提下，经发包方同意，将其他部分专业设计业务发包给具有相应资质的分包方。

（五）建筑装饰装修工程设计资质

实务中，对于建筑装饰工程的设计资质的理解和运用也是需要注意的内容之一。建筑装饰工程设计的范围包括建筑装饰装修和室内外环境设计，及相关配套的建筑、结构、电气、给排水、暖通、空调等的设计。

与之相对应的建筑装饰工程设计专项资质设甲、乙、丙三个级别。甲级资质可承担建筑工程项目的主体工程及其配套工程设计，其设计范围和规模不受限制。乙级可以承担单项合同额1000万元以下的建筑装饰主体工程和配套工程设计。丙级资质只用于住宅和家庭装饰装修，可以承担单项合同额500万元以下的建筑工程项目的装饰装修设计。

这里的主体工程是指建筑装饰装修工程，包括建筑内部抹灰、门窗、吊顶、轻质隔断、板块饰面、地面、裱糊与软包、细部、涂饰及建筑外维护、保温，浴厕间防水、设备及电气专业配套支线或支管，非承重二次砌体结构、非主体钢结构、电气面板、灯具、卫生洁具、固定家具、室内景观和艺术陈设等。而配套工程则是指相关的建筑、结构、电器、给排水、暖通、空调、室内外景观和艺术陈设等。

二、工程设计的分类

根据现行设计规范的规定，工程设计可分为方案设计、初步设计和施工图设计三类。各阶段设计文件的编制深度应满足以下原则：

（1）方案设计文件，应满足编制初步设计文件的需要，方案设计文件用于办理工程建设的有关手续。

（2）初步设计文件或扩初设计，应满足编制施工图设计文件的需要，初步设计文件用于审批（包括政府主管部门和/或建设单位对初步设计文件的审批）。

（3）施工图设计文件，应满足设备材料采购、非标准设备制作和施工的需要。对于涉及设计分包或者分包工作分别交由几个设计单位实施的项目，设计文件相互关联处的设计深度应当满足各设计承包单位和设计分包的需求。

以此为标准，工程设计招标也可相应分为方案设计招标和施工图设计招标。发改委牵头的七部委联合发布的《工程建设项目勘察设计招标投标办法》、住建部颁布的《建筑工程设计招标投标管理办法》对不同的工程设计招标活动作了相应的规范和调整。

三、工程设计的审批

在国内涉及政府投资的工程建设项目，其初步设计和设计概算需要遵守分级管理和审批的制度。根据规定，初步设计和设计概算的审查批准权限为：

（1）大型建设项目

①初步设计和总概算，按隶属关系，由国务院主管部门或省、市、自治区提出审查意见，报国家建委批准；

②技术设计和修正总概算，由国务院主管部门或省、市、自治区审查批准；

③ 修正总概算超过原总概算时，应经原批准机关同意；

④有些非工业大型项目的初步设计和总概算，国家建委可以委托有关部门或省、市、自治区审批。

（2）中型建设项目

①初步设计和总概算，按隶属关系，由国务院主管部门或省、市、自治区审批，批准文件抄送国家建委备案；

②国家指定的中型项目的初步设计和总概算要报国家建委审批。

（3）小型建设项目

①设计内容和审批权限，由各部门和各省、市、自治区自行规定；

②部商地方安排的项目，以部为主，商省、市、自治区审批。

四、工程设计招标的金额标准

与工程施工招标投标一样，工程设计的招标投标也要同时遵守项目范围和规模标准，其中的项目范围也包括《招标投标法》第3条规定的标准，至于可以邀请招标、不进行招标的项目标准也与工程施工招标的要求基本一致。

除了工程项目的类型和范围要求之外，根据中国现行的法律法规的规定，如果工程设计符合下述标准之一时，则需要进行招标投标：

（1）设计服务的单项采购合同估算价在100万元人民币以上的；

（2）同一项目中可以合并进行的勘察、设计、施工、监理以及与工程建设有关的重要设备、材料等的采购，合同估算价合计达到前款规定标准的，必须招标。

五、工程设计招标的条件

如本书前文所述，工程设计分为概念设计、方案设计和施工图设计，与此对应，针对上述不同的工程设计招标投标，相关部门也分别制定了相应的规范。

（一）方案设计招标

方案设计分为概念性方案设计招标和实施性方案设计招标，根据原建设部颁布的《建筑工程方案设计招标投标管理办法》的规定，建筑工程方案设计招标应当具备下列条件：

（1）按照国家有关规定需要履行项目审批手续的，已履行审批手续，取得批准；

（2）设计所需要资金已经落实；

（3）设计基础资料已经收集完成，主要是现场状况、地下管线图、项目总体规划图、地质勘查报告等；

（4）符合相关法律、法规规定的其他条件。

上述规定并没有细分方案设计的招标投标，笔者认为，房屋建筑工程项目的概念性方案设计和实施性方案设计的招标都应当具备上述条件。

（二）施工图设计招标

一般情况下，招标人都会在施工图审查通过之后再进行施工承包的招标投标，但是，在工程法律实务中，招标人也可能根据项目的实际需要，结合工程设计所处的阶段和设计的深度采用扩初图招标、施工图招标等不同的方式，相应的，招标文件的要求和施工合同条件也会有所差异。因此，投标人在准备投标文件时有必要依照招标文件和工程合同的内容，以及项目特色、设计文件的深度采用不同的报价方式，并且还有必要进行实地现场勘察和后期项目管理方法。

从设计角度出发，工程设计施工图更多的是涉及结构质量和安全的内容，因此施工图设计招标一向是工程设计招标投标监督管理的重点。

《工程建设项目勘察设计招标投标办法》第 9 条对依法必须进行设计招标的工程建设项目的招标规定与前述方案设计完全相同的条件。至于工程设计的招标投标程序，按照现行的法律规范的规定，则与工程施工招标投标活动相同。

（三）工程设计招标的例外情形

对于符合招标投标范围和规模标准的项目，采购工程设计服务应当进行招标。但是，如果建设项目的工程设计需要采用特定专利或者专有技术的，或者其建筑艺术造型有特殊要求的，或者工程项目的改建、扩建或者技术改造，由其他设计机构设计影响项目功能配套性的，经项目主管部门批准，也可以不进行招标。

《建设工程勘察设计管理条例》第 16 条也明确规定，下列建设工程的勘察、设计，经有关主管部门批准，可以直接发包：

（1）采用特定的专利或者专有技术的；

（2）建筑艺术造型有特殊要求的；

（3）国务院规定的其他建设工程的勘察、设计。

在"华森设计"与"北海馨平"公司建设工程设计合同纠纷再审案[①]中，广西高院再审后认为，根据《招标投标法》第3条第2款的规定和《工程建设项目招标范围和规模标准规定》[②]第8条"建设项目的勘察、设计，采用特定专利或者专有技术，或者其建立艺术造型有特殊要求的，经项目主管部门批准，可以不进行招标"的规定，以及从北海市城市规划局2006年12月29日发布的《关于北海市建设工程设计方案报建有关事项的通告》来看，上述规定和通告并未要求设计工程必须招标，且最高人民法院《关于审理建设工程施工合同纠纷案件适用法律问题的解释》关于"建设工程必须进行招标而未招标或者中标无效的，应当根据合同法第52条第5项的规定，认定无效"规定的是建设施工合同而不是设计合同，本案不适用该司法解释。因此，北海馨平公司根据上述规定，结合本案开发建设金海湾·南珠嘉园项目所处地理位置重要，规模较大，方案设计要求有艺术创造性，要与当地海景大道工程建设相配套的实际情况，其与深圳设计公司签订建设工程设计合同时没有进行招标，并不违反法律、法规的强制性规定。

第三节　工程勘察招标投标

工程设计属于专业服务的一种，是工程建设领域最主要的服务之一。除了工程设计之外，工程勘察服务和工程监理服务也是工程建设不可缺少的专业服务工作。

一、工程勘察的范围

建设工程勘察，是指具有资质的勘察单位根据建设工程的要求，查明、分析、评价建设场地的地质地理环境特征和岩土工程条件，编制建设工程勘察文件的活动。具体来看，主要涉及包括建设工程项目的岩土工程、水文地质勘察和工程测量等专业。

---

① 深圳华森建筑与工程设计顾问有限公司与北海馨平广洋房地产开发有限公司建设工程设计合同纠纷再审案，广西壮族自治区高级人民法院(2013)桂民提字第8号民事判决书。

② 已失效。

这里的岩土工程是指岩土工程勘察、岩土工程设计、岩土工程测试和监测检测、岩土工程咨询和监理以及岩土工程治理五大类。工程测量主要包括平面控制测量、高程控制测量、地形测量、线路测量、地下管线测量、施工测量、竣工总图的编绘与实测、变形监测。这里的工程测量与工程建设项目中的工料测量（工料测量的内容较为广泛，其中一项与国内的工程造价服务比较接近）属于不同的服务内容，需要注意区分。

对属于上述范围和内容的工程勘察项目，应当依照《招标投标法》及其实施条例，以及《工程建设项目勘察设计招标投标管理办法》等规定执行。

实务中，关于测量和测绘、检测等工作是否必须进行招标投标存在不同的理解。其分歧的原因在于对计委 3 号令的理解以及对于测量、检测、测绘等工作性质的辨别。严格来讲，一般的测绘、测量、检测工作都并不属于《招标投标法》所述的工程勘察的范围，不需要按照《招标投标法》等相关法律法规的规定进行招标。

但是，需要注意的是，一些地方政府对于测绘工作也会要求进行招标，比如《浙江省测绘项目招标投标办法》就规定，在本省行政区域内，全部或者部分使用国有资金，工程预算款在 50 万元人民币 (含) 以上的大地测量、测绘航空摄影、航空摄影测量与遥感、工程测量、地籍测绘、房产测绘、行政区域界线测绘、地理信息系统工程、地图 (包括各类电子地图、网络地图、三维景观地图等) 编制制作、海洋测绘、城市地下管线测绘等测绘项目，必须进行招标。该办法将包括工程测量在内的测绘工作完全纳入到了招标投标的范畴。

因此，笔者认为，对于测绘、检测、测量等工作，首先需要区分是否属于工程建设领域勘察范畴内的工作，对于非工程勘察类的测绘、检测、测量等工作的招标投标的适用法律并非《招标投标法》，在招标人决定采用招标投标方式进行采购测绘服务的情况下，如果是政府出资，其应当属于《政府采购法》管辖的范畴；如果不属于政府出资的项目，则属于自愿招标投标的行为，其适用的程序可以参考《招标投标法》，也可以参考《政府采购法》，但是对于当事人没有强制的约束力，对此，招标人和投标在实务中应当予以注意。

二、工程勘察的资质和等级

根据《建设工程质量管理条例》的规定，从事建设工程勘察、设计的单位应当依法取得相应等级的资质证书，并在其资质等级许可的范围内承揽工程。禁止勘察、设计单位超越其资质等级许可的范围或者以其他勘察、设计单位的名义承揽工程。禁止勘察、设计单位允许其他单位或者个人以本单位的名义承揽工程[①]。由此可见，中国政府对工程勘察服务同样实行严格的市场准入机制。

根据《工程勘察资质分级标准》的规定，工程勘察资质分综合类、专业类和劳务类。综合类包括工程勘察所有专业；专业类是指岩土工程、水文地质勘察、工程测量等专业中的某一项，其中岩土工程专业类可以是岩土工程勘察、设计、测试监测检测、咨询监理中的一项或全部；劳务类是指岩土工程治理、工程钻探、凿井等。

就工程勘察单位具体的资质等级以及能够承担的相应工作范围，主要分为：

（1）工程勘察综合类资质只设甲级，综合类工程勘察单位承担工程勘察业务范围和地区不受限制。

（2）工程勘察专业类资质原则上设甲、乙两个级别，确有必要设置丙级勘察资质的地区经建设部批准后方可设置专业类丙级。其中：

①专业类甲级工程勘察单位承担本专业工程勘察业务范围和地区不受限制。

②专业类乙级工程勘察单位可承担本专业工程勘察中、小型工程项目（工程勘察中、小型工程勘察见附表），承担工程勘察业务的地区不受限制。

③专业类丙级工程勘察单位可承担本专业工程勘察小型工程项目（工程勘察小型工程项目见附表），承担工程勘察业务限定在省、自治区、直辖市所辖行政区范围内。

（3）工程勘察劳务资质不分级别，并且只能承担岩土工程治理、工程钻

---

① 《建设工程质量管理条例》第 18 条。

探、凿井等工程勘察劳务工作，承担工程勘察劳务工作的地区不受限制。

三、勘察招标的金额标准

根据中国现行的法律法规的规定，如果工程勘察项目达到下列标准之一时，就需要按照公开招标投标的方式采购服务：

（1）勘察服务的单项采购合同估算价在100万元人民币以上的；

（2）同一项目中可以合并进行的勘察、设计、施工、监理以及与工程建设有关的重要设备、材料等的采购，合同估算价合计达到前款规定标准的，必须招标。

上述两项是关于项目规模和金额标准，同样的，对于必须进行招标投标的工程勘察服务，还应当是依法属于大型基础设施、公用事业等关系社会公共利益、公众安全的项目，或者是全部或者部分使用国有资金投资或者国家融资的项目，或者是使用国际组织或者外国政府贷款、援助资金的项目。否则，即使项目金额或者合同金额达到规定的标准，仍然可以不进行招标投标。

同时，地方政府关于工程勘察招标的规模标准也是招标人需要关注的事项，比如《青海省工程建设项目招标范围和规模标准规定》中指出，工程勘察单项合同估算价低于50万，但项目总投资额在1000万元人民币以上的，也应当进行招标。

四、工程勘察招标的例外情形

除了必须公开招标投标的项目和可以不公开招标的项目，按照《工程建设项目勘察设计招标投标办法》第11条的规定，对于依法必须进行公开招标的项目，勘察设计项目还可以邀请招标方式确定勘察设计单位，其具体条件如下：

（1）技术复杂、有特殊要求或者受自然环境限制，只有少量潜在投标人可供选择；

（2）采用公开招标方式的费用占项目合同金额的比例过大。

另外，除了强制招标的项目外，如果建设工程勘察项目符合下列情形之一时，经有关主管部门批准，也可以采用直接发包的方式进行采购勘察服务：

（1）采用特定的专利或者专有技术的；

（2）建筑艺术造型有特殊要求的；

（3）国务院规定的其他建设工程的勘察、设计。

根据相关规定，可以不进行招标的其他工程勘察服务项目，主要包括如下几种：

（1）涉及国家安全、国家秘密和抢险救灾的项目；

（2）主要工艺、技术采用特定专利或者专有技术的勘察项目；

（3）技术复杂或专业性强，能够满足条件的勘察单位少于三家，不能形成有效竞争的；

（4）已建成项目需要改、扩建或者技术改造，由其他单位进行勘察影响项目功能配套性的；

（5）已通过招标方式选定的特许经营项目投资人依法能够自行勘察；

（6）属于利用扶贫资金实行以工代赈、需要使用农民工等特殊情况，不适宜进行招标。

当然，对于符合上述条件不需要进行招标的工程勘察项目，如果属于按照国家规定需要政府审批的，则还应当经过相应的批准手续。

五、工程勘察招标的其他注意事项

在进行勘察招标工作中，根据规定，招标人不得以压低勘察费、增加工作量、缩短勘察周期等作为发出中标通知书的条件，也不得与中标人再行订立背离合同实质性内容的其他协议。

工程勘察服务的价格不是主要的评判标准。对于工程勘察的评标则一般采用综合评标法进行，其评定的依据是招标文件中确定的评标标准和方法，并结合经批准的项目建议书、可行性研究报告或者上阶段设计批复文件，投标人的业绩、信誉和勘察人员的能力以及勘察方案的优劣等条件。

第四节　监理服务的招标投标

监理是工程建设领域比较重要的组成部分。根据现行法律法规的规定，国家推行建筑工程监理制度。对于监理服务，同样也需要遵守招标投标法的相关规定。

一、强制监理的工程项目范围

按照现行的《建筑法》《建设工程质量管理条例》等规定，工程监理实行强制监理和自愿监理相结合的制度，对于下列规定范围内的建设工程必须实行监理：

（1）国家重点建设工程，即指对国民经济和社会发展有重大影响的骨干项目。

（2）大中型公用事业工程，具体包括如下项目：

①供水、供电、供气、供热等市政工程项目；

②科技、教育、文化等项目；

③体育、旅游、商业等项目；

④卫生、社会福利等项目；

⑤其他公用事业项目。

（3）成片开发建设的住宅小区工程，具体又分三种情况：

①建筑面积在 5 万平方米以上的住宅建设工程必须实行监理；

②建筑面积在 5 万平方米以下的住宅建设工程，可以实行监理；

③高层住宅及地基、结构复杂的多层住宅应当实行监理。

（4）利用外国政府或者国际组织贷款、援助资金的工程，具体范围包括：

①使用世界银行、亚洲开发银行等国际组织贷款资金的项目；

②使用国外政府及其机构贷款资金的项目；

③使用国际组织或者国外政府援助资金的项目。

（5）国家规定必须实行监理的其他工程，其范围主要有：

①项目总投资额在 3000 万元以上关系社会公共利益、公众安全的下列

基础设施项目：(a) 煤炭、石油、化工、天然气、电力、新能源等项目；(b) 铁路、公路、管道、水运、民航以及其他交通运输业等项目；(c) 邮政、电信枢纽、通信、信息网络等项目；(d) 防洪、灌溉、排涝、发电、引(供)水、滩涂治理、水资源保护、水土保持等水利建设项目；(e) 道路、桥梁、地铁和轻轨交通、污水排放及处理、垃圾处理、地下管道、公共停车场等城市基础设施项目；(f) 生态环境保护项目；(g) 其他基础设施项目。

②学校、影剧院、体育场馆项目。而对于上述范围之外的工程建设项目，则可以由业主自行确定是否需要聘请监理工程师进行过程监管。当然，招标人还需结合项目所在地的规定来衡量是否需要委托监理。比如，《北京市工程建设监理管理办法》就将利用外资的建设工程和高新技术产业开发区工程纳入强制监理的范畴。

例外的情形则是根据原建设部《关于培育发展工程总承包和工程项目管理企业的指导意见》的规定，对于依法必须实行监理的工程项目，如果具有相应监理资质的工程项目管理企业受业主委托进行项目管理，则业主可不再另行委托工程监理；但是如果工程项目管理企业没有相应的监理资质，则业主仍然需要委托工程监理。

二、必须招标投标的监理项目

上文所述是现行法律法规规定的必须委托工程监理的建设项目，但是，必须委托监理并不意味着委托监理就必须进行招标投标。

根据《招标投标法》的规定，在中国境内的提供下列工程建设项目的监理，需要采用招标和投标的采购方式：

（1）大型基础设施、公用事业等关系社会公共利益、公众安全的项目；

（2）全部或者部分使用国有资金投资或者国家融资的项目；

（3）使用国际组织或者外国政府贷款、援助资金的项目。

对于上述项目以外的工程建设项目，则可以不采用招标投标方式进行采购，而是可以采用竞争性谈判、直接委托等方式进行。

如果是既不属于必须强制招标的工程建设项目，也不属于必须强制监理的工程项目，则业主完全可以按照其自身认为合适的方式自愿选择监理，或者不选择监理。

另外，还需要注意的是，实践中工程监理涉及的服务内容和范围可能会比较广泛，除了对工程建设项目的安全、质量等一般的施工监理，还会提供规划、勘察设计、造价、设备建造等方面的监理服务，因此，即使属于前文必须招标范围的工程监理项目，也并不是所有的监理都必须进行招标，关键还是要看监理的工作范围和内容。

三、监理招标的金额标准

根据中国现行的法律法规的规定，如果工程监理的采购符合下述标准之一，则需要进行招标投标：

（1）监理服务的单项采购合同估算价在 100 万元人民币以上的；

（2）同一项目中可以合并进行的勘察、设计、施工、监理以及与工程建设有关的重要设备、材料等的采购，合同估算价合计达到前款规定标准的，必须招标。

在实践中需要注意，项目所在地的政府主管部门对于强制监理的工程范围和标准或许会有不一样的规定，这也是招标人在确定是否需要聘用监理工程师时的一个考虑因素。

比如，《北京市工程建设项目招标范围和规模标准规定》将投资在 500 万元（含 500 万元）以上的基础设施工程，以及建筑面积在 10000 平方米（含 10000 平方米）以上的公用事业等关系社会公共利益、公共安全的项目列入必须进行招标的范围。

也有一些地方政府规定了更低的标准，比如《青海省工程建设项目招标范围和规模标准规定》要求监理服务的采购，单项合同估算价在 50 万元人民币以上，或者单项合同在 50 万元以下，但是项目总投资额在 1000 万元人民币以上的，也应当进行招标。而《新疆维吾尔自治区工程建设项目招标范围和规模标准规定》则将监理服务单项合同估算价在 30 万元人民币以上，或者单项合同估算价低于 30 万元，但项目总投资额在 1000 万元人民币以上的项目归入招标投标的范畴。

四、其他有关监理招标的注意事项

在处理有关监理招投标的采购事务时，还有必要关注以下一些特殊情况：

（1）监理投标的资质条件

除了对于特殊项目进行强制监理外，目前中国对于提供监理服务的企业单位也实现资质许可和等级制度。按照现行法律法规的监理资质管理规定，工程监理的资质分为综合资质和专业资质两种。

①综合资质不分级别，具有综合资质的企业可以承担所有专业工程类别建设工程项目的工程监理业务。

②专业资质按照工程性质和技术特点又分为若干工程类别。专业资质分为甲级、乙级两个类别。

另外，房屋建筑、水利水电、公路和市政公用专业资质还设有丙级，依法可承担相应专业工程类别三级建设工程项目的工程监理业务。

（2）特殊行业的监理招标投标规定

前文所述的监理服务招标采购的项目范围和规模金额是一般的行业标准，《招标投标法》《招标投标法实施条例》中有关建设工程招标的一般性规定也同样适用于工程监理招标。而对于某些特殊的行业，则还应当考虑各自所属的行业主管部门制定实施的规章的约束，比如水利部、国家质量监督检验检疫总局、交通运输部等部委的一些行业规定。

（3）监理投标的服务费

根据《建设工程监理与相关服务收费管理规定》，工程监理服务的收费实行政府指导价与市场调节价相结合，具体是指：

①依法必须实行监理的建设工程施工阶段的监理收费实行政府指导价。其基准价根据《建设工程监理与相关服务收费标准》计算，浮动幅度为上下20%。

②其他建设工程施工阶段的监理收费和其他阶段的监理与相关服务收费实行市场调节价。

并且，还应特别注意的是，如果投标人的监理服务费的报价低于国家规定标准下限的，其投标应当作废标处理，以此避免恶性竞争，影响服务质量。

第五节　工程分包招标投标

建设项目的日益复杂化以及专业技术发展的趋势，使得工程分包变得非常有必要和可行。反过来，工程分包又有助于推动和提高专业化程度和精细化施工。同样，从项目管理和法律关系的角度出发，使用分包管理模式可以使得工程合同主体之间的关系相对独立和简单，有利于理顺各自的权利义务关系，便于管理。因此，工程分包是工程建设领域较为常见的现象。根据现行的法律法规的规定，工程分包同样也被纳入招标投标的监管范畴。

一、工程分包的法律依据

实务中，根据不同的标准，工程分包可有不同的分类，比如专业工程分包和劳务分包、施工分包和勘察设计分包、内部分包和指定分包等。不同的工程分包类型需要遵循和执行的招标投标规定也各不相同。

对于工程分包，法律法规都予以明确的认可。《建筑法》明确规定，建筑工程总承包单位可以将承包工程中的部分工程发包给具有相应资质条件的分包单位。施工总承包的，建筑工程主体结构的施工必须由总承包单位自行完成。《招标投标法实施条例》也规定，中标人按照合同约定或者经招标人同意，可以将中标项目的部分非主体、非关键性工作分包给他人完成。接受分包的人应当具备相应的资格条件，并不得再次分包。

在上述工程分包种类中，现行招标投标法律制度监管的主要是施工分包中的专业工程分包问题。专业工程分包是指总承包人将其所承包工程中的专业工程发包给具有相应资质的其他建筑业企业完成的活动。这里的总承包人包括了传统承发包项目中的施工总承包人，也包括了设计—施工一体化或者设计—施工一体化总承包项目中的总承包人。同时，发包人也可以对专业工程进行平行发包，签署相应的工程合同。

并且，值得关注的是，现行法律法规对于施工分包人的再分包和勘察、设计的再分包采取了不同的态度。《建筑法》明确禁止分包人将其承包的工程再分包。而根据《建设工程勘察设计管理条例》的规定，除建设工程主体部分的勘察、设计外，经发包方书面同意，承包方可以将建设工程其他部分的勘察、设计再分包给其他具有相应资质等级的建设工程勘察、设计单位。

二、工程分包的资质和类别

如本书前文所述，工程建设领域实行严格的资质等级管理和市场准入制度，因此，与承发包一样，工程分包的投标人也必须具备相应的资质等级。

对于专业工程的分包资质，依据原建设部颁布的《专业承包企业资质等级标准（2010年）》的规定，专业分包工程共分为60种，具体包括地基和基础工程、土石方工程、建筑装饰装修工程、消防设施工程、建筑幕墙工程、钢结构工程、电梯安装工程、建筑防水工程、防腐保温工程、机电设备安装工程、建筑智能化工程等。此外，预拌商品混凝土、混凝土预制构件、金属门窗工程、预应力工程、附着升降脚手架、高耸构筑物工程等也属于可以分包的专业工程序列。

虽然，现行的法律法规对勘察设计的分包资质没有像专业工程分包那样进行特别的规定，但是，结合本章前文关于勘察、设计的资质等级的相关阐述，对于勘察、设计的分包工作，投标人也应当具备相应的资质条件和等级。

三、分包工程招标的类型

工程分包在实务中有不同的类型，比如，最常见的是总承包的内部分包、业主指定分包和业主指名分包三种形式。与此相对应，针对招标人的不同，分包工程的招标主要有业主招标自行招标、总承包人自行招标和总承包人与业主共同招标三种类型。

（一）业主招标自行招标

业主自主进行招标的分包工程，通常是属于进行总包招标时已经明确界定需要另行招标的部分，或者是一些特殊的专业工程，比如消防、通信、电力、燃气等工程项目。如果是业主自行招标确定专业工程的分包方，那么业主与总承包人、专业分包之间实际上属于平行发包关系，多数情况下系由业主和分包工程的中标人直接签署合同，总承包和分包之间并不构成总包—分包的法律关系。

但在某些特殊情况下，业主也会强势要求由总承包与业主选定的分包直接签署分包合同，或者由业主、总包和分包签署三方合同，这就形成了实务中所称的指定分包法律关系。

总体来看，笔者认为，对于分包商的选择，业主不应当过多干预。对于某些技术要求较高的专业工程项目，业主可以在总承包招标时设定分包商名单，要求总承包人在名单范围内选择分包工程中标人，而无权直接指定。

（二）总承包人自行分包招标

除非双方另有约定，总承包人自行完成全部承包范围内的工作是实施总承包模式的关键和核心。对于此类需要依法进行分包招标的项目，同样也在一定程度上需要遵循招标投标法律的规定。

在总承包人决定自行进行分包招标的项目中，需要注意以下几点事项：

（1）总承包人应当注意拟分包的工程是否属于必须招标的工程，以防因规避招标而受到相关行政处罚；

（2）就总承包人自行分包招标的中标价，如果不属于暂估价或者暂列金额的项目，则不作为总承包人与业主结算的依据，业主与总承包人按照总承包人的投标报价结算；如果是暂列金额或者暂估价的项目，则中标价应作为与业主结算的价格。

（三）业主与总承包人共同招标

工程分包招标的第三种常见形式是业主与总承包人共同招标，其适用的情形主要有：

（1）该分包工程属于总承包人的承包范围，非业主自行发包的工程；

（2）该分包工程以暂估价项目形式出现在总承包合同中，需要通过招标形式确定分包工程价款。

在上述两种情况中，又以暂估价或暂列金额项目的招标为主。如果一项分包工程不属于总承包人的工作范围，那么总承包人有权拒绝参与共同招标，也同样有权拒绝和该分包工程的中标人签署分包合同。

而对于属于总承包人范围之内的工程，如需分包，则总承包人也有权拒绝业主参与分包的招标，否则，如果业主要参与共同招标，那么就存在被认定为指定分包的风险。

（四）不同分包招标模式的法律后果

对于不同的分包工程的招标方式，法律规定了不同的风险和后果。根据《建筑法》的规定，分包人按照分包合同的约定对总承包人负责，总承包人就其自行分包的工程与分包人一起向业主承担连带责任。

但是，《最高人民法院关于审理建设工程施工合同纠纷案件适用法律问题的解释》第 12 条也明确规定，发包人具有下列情形之一，造成建设工程质量缺陷，应当承担过错责任：

（1）提供的设计有缺陷；

（2）提供或者指定购买的建筑材料、建筑构配件、设备不符合强制性标准；

（3）直接指定分包人分包专业工程；

（4）承包人有过错的，也应当承担相应的过错责任。

根据司法解释的该条规定，若业主直接指定分包人分包专业工程，总承包人即可免除连带责任，仅承担相应的过错责任。因此，业主与总承包人共同招标的实施模式不同，产生的后果也不相同。

第六节　工程劳务分包的采购

与专业工程分包相对应，劳务分包也是工程建设领域常见的施工分包形式。为了规范房屋建筑和市政基础设施工程施工分包活动，原建设部于 2004 年 2 月 3 日发布了《房屋建筑和市政基础设施工程施工分包管理办法》，该办法即将施工分包分为专业工程分包和劳务作业分包两种形式。

按照规定，劳务分包是指总承包企业或者专业承包企业将其承包工程中的劳务作业发包给劳务分包企业完成的活动。这里允许进行劳务分包的主体是总承包人和专业承包人。从该规定来看，行政监管部门对专业工程的分包人进行劳务工作的分包采取了允许和鼓励的态度。

一、劳务分包的资质和类别

按照原建设部颁布的《建筑业劳务分包企业资质标准（2010 年）》的规定，允许进行劳务分包的专业包括木工作业、砌筑作业、抹灰作业、石制作、油漆作业、钢筋作业、混凝土作业、脚手架作业、模板作业、焊接作业、水暖电作业、钣金作业和架线作业，共计 13 种。上述 13 类工作内容，属于依法允许进行劳务分包的范围和内容，除此之外，若进行分包，则很有可能会被认定为违法。

在现行法律框架下，劳务分包和单纯的劳务作业具有不同的法律属性，适用不同的法律规范。劳务分包已经获得了法律和行业主管部门的许可，而对于劳务作业的界定和规范并无统一的规定，仍然需要结合具体的情形进行分析。

在司法实践中，对于劳务分包的认定实际上也并无统一的规定和标准。一些地方法院会结合工程领域的实际情况，给予一定的评定标准。比如，北京市高院认为各方当事人签订的劳务合同只有同时符合下列情况时方才有效：

（1）劳务作业承包人取得相应的劳务分包企业资质等级标准；

（2）分包作业的范围是建设工程中的劳务作业，包括木工、砌筑、抹灰、石制作、油漆、钢筋、混凝土、脚手架、模版、焊接、水暖、钣金和架线；

（3）承包方式为提供劳务及小型机具和辅料。如果合同中约定劳务作业承包人负责与工程有关的大型机械、周转性材料租赁和主要材料、设备采购等内容，则不属于劳务分包。

由此可见，在实务当中，准确界定劳务分包的范围和方式，对于维护各方当事人的合法权益具有重要的影响。

二、劳务分包采购的注意事项

在工程法律实务中，需要注意的是，劳务分包并非属于强制招标投标的项目范围。一般来讲，作为劳务作业的发包人，总承包人和专业承包人可以与劳务分包的承包人直接商议，具体的劳务作业的内容，劳务工资的时间、结算方式以及保证按期支付的相应措施等则由发包人与承包人通过劳务合同进行约定。由此可见，严格来讲，劳务分包不属于工程合同的范畴。

此外，对于劳务分包作业，建设单位不得直接指定劳务分包工程承包人，劳务作业分包由劳务作业发包人与劳务作业承包人通过劳务合同约定。劳务作业承包人必须自行完成所承包的任务，严禁个人承揽分包工程业务。

第七节　工程货物招标

工程建设领域的货物，包括材料、设备也是目前招标投标行政监管的重要对象，其具体的招标投标活动也需要通过各地工程建设交易中心进行。

一、工程货物的界定

根据《招标投标法》的规定，与工程建设有关的重要设备、材料等货物的采购，如果属于必须招标的项目范围和金额标准，就应当进行招标。这里所称与工程建设有关的货物，具体是指构成工程不可分割的组成部分，且为实现工程基本功能所必需的设备、材料等。

但是，现行的法律法规、规章并没有具体规定重要的设备、材料的范围。依据北京市建设委员会《关于加强建设工程材料设备采购的招标投标管理的若干规定》，必须进行招标的与工程建设项目有关的材料、设备主要包括：

（1）重要设备是指直接用于项目永久性工程的设备，包括电梯、配电设备（含电缆）、防火消防设备、锅炉暖通及空调设备、给排水设备、楼宇自动化设备。

（2）重要材料是指构成永久工程的重要材料，包括建筑门窗（幕墙）、建筑防水材料、建筑石材、建筑陶瓷、建筑涂料。

（3）已经过招标的建筑门窗（幕墙）、防水材料专业工程，不再进行材料招标。

不过，上述关于招标投标的重要设备、材料的界定也仅是北京市的规定，其他地区目前尚无统一的规定，实践中还有待招标人与当地行政主管部门进行沟通，以便确定具体的范围和标准。但是，具体是否需要进行招标，仍然应当依据《招标投标法》及其实施条例的规定，不应当将工程货物作扩大化的解释。对于不属于招标范围的一般材料、设备，则可由承包人自行选择采购方式。

二、工程货物招标的标准

根据现行招标投标法律法规的规定，应当进行招标投标的重要设备、材料等工程货物的标准是：

（1）单项合同估算价在 200 万元人民币以上的；

（2）同一项目中可以合并进行的勘察、设计、施工、监理以及与工程建设有关的重要设备、材料等的采购，合同估算价合计达到前款规定标准的，必须招标。各地政府为了行政监管的需要，也会规定本地区必须进行招标的具体范围和规模标准。比如北京市建设委员会《关于加强建设工程材料设备采购的招标投标管理的若干规定》的规定，材料、设备采购，属于国家和北京市规定的招标范围，并同时符合下列规定条件，必须依法进行招标：

（1）单项合同估算价在 100 万元人民币以上或者单台重要设备估算价在 30 万元人民币以上的；

（2）单项合同估算价低于 100 万元人民币、单台重要设备估算价在 30 万元人民币以下，但项目总投资额在 3000 万元人民币以上；

（3）全部或者部分使用政府投资或者国家融资的项目中政府投资或者国家融资金额在 100 万元人民币以上的。

实践中，也有一些地方政府规定了更低的标准，比如《青海省工程建设项目招标范围和规模标准规定》要求重要设备、材料等物资的采购，单项合同估算价在 100 万元人民币以上，或者单项合同估算价在 100 万元以下，但是项目总投资额在 1000 万元人民币以上的，也应当进行招标。而《新疆维吾尔自治区工程建设项目招标范围和规模标准规定》则是将单项合同估算价在 50 万元人民币以上，或者单项合同估算价在 50 万元以下，但是项目总投资额在 1000 万元人民币以上的设备、材料等货物的采购，作为应当进行招标的标准。

三、工程货物邀请招标的情形

除需要公开招标的项目之外，适宜招标的工程货物采购还可以采用邀请招标的方式，具体应当符合下列情形之一：

（1）材料、设备技术复杂、有特殊要求或者受自然环境限制，只有少量几家潜在投标人可供选择的；

（2）涉及国家安全、国家秘密或者抢险救灾，适宜招标但不宜公开招标的；

（3）拟公开招标的费用占项目合同金额的比例过大，与拟公开招标的节资相比，得不偿失的；

（4）法律、行政法规规定不宜公开招标的。

另外，对于不属于《招标投标法》规定的与工程建设相关的重要设备、材料的采购项目，如果系政府投资项目，则还需要符合《政府采购法》第 29 条的规定，即在出现下列情形时，工程货物采购可以邀请招标方式进行：

（1）具有特殊性，只能从有限范围的供应处采购的；

（2）采用公开招标方式的费用占政府采购项目总价值的比例过大的。

四、工程货物招标的评审

工程货物招标评审，招标文件应当明确规定评标时包含价格在内的所有评标因素，以及据此进行评估的方法。这些评定标准通常包括：货物价格、供货周期、售后服务，以及货物性能、技术指标和参数等要求，特别是一些定制的非标材料和设备，在技术要求方面尤为重要。

对于材料、设备中的关键性技术指标和参数，招标人应当在招标文件中标注，并明确告知投标人，如果投标文件不满足这些关键指标和参数，则将会被否决。

（一）工程货物招标的评审标准

在工程货物招标中，招标文件规定的各项技术规格应当符合国家技术法规的规定并且各项技术规格均不得要求或标明某一特定的专利技术、商标、名称、设计、原产地或供应者等，不得含有倾向或者排斥潜在投标人的其他内容。

如前所述，工程货物的技术指标和参数应当符合国家技术法规的规定，具体包括国家标准、行业标准、地方标准，以及根据项目建设对材料、设备的特殊需求而制定的标准。在这些标准中，强制性的标准是招标人和投标人必须满足的要求，招标人不得明示或者暗示投标人违反工程建设强制性标准，降低建设工程质量。

另外，在确定货物标准和对工程货物进行招标评审时，招标人还特别需要注意下列几个事项：

（1）国家标准是最低的标准，工程货物必须满足国家标准方可使用；

（2）地方标准、行业标准则是各地政府、相关行业对工程建设材料、设备确定的标准，通常要比国家标准高；招标人需要特别关注该地方标准，避免因当地监管部门对材料、设备进行抽检、抽样时出现质量不符的情形；

（3）招标文件，包括货物采购合同中国家标准、行业标准、地方标准三者出现不一致时的解决方法，或者确定货物质量的检测依据和机构，避免质量争议；

（4）招标文件规定的标准如果低于国家、行业、地方的强制性标准，其标准无效，仍应当以国家、行业、地方的强制性标准为依据；

（5）招标文件规定的标准不得有歧视性或限制竞争性的标准。如果必须引用某一供应者的技术规格才能准确或者清楚地说明拟招标货物的技术规格时，则应当在参照后面加上“或相当于”的字样。

（二）工程货物招标的评审方法

《工程建设项目货物招标投标办法》第44条还明确规定了材料、设备投标文件的具体评审方法，即经评审的最低投标价法和综合评估法。

（1）经评审的最低投标价法：适用于技术简单或技术规格、性能、制作工艺要求统一的材料、设备采购，即在满足基本技术指标的前提下，以价格高低作为最终确定中标人的依据。

（2）综合评估法：适用于技术复杂或技术规格、性能、制作工艺要求难以统一的材料、设备。综合评估法是指在招标文件中事先设定材料、设备的各项评价标准，然后根据投标人的投标文件是否最大限度地满足招标文件中规定的各项评价标准为依据进行打分，以综合得分最高者确定为中标人的方法。

不论是采用哪一种评审方法，招标人必须在招标文件中予以明确，并且在工程货物的评标过程中，招标人和评标委员会均不得改变招标文件中规定的评标标准、方法和中标条件。

五、工程货物招标投标的特殊规定

从程序和内容上来看，工程货物的招标投标与施工、勘察、设计、监理等服务的招标投标基本一致。但是，由于工程货物的采购和使用在项目建设中占据了很大的比重，其质量也对整个工程至关重要，因此，工程货物招标还有一些特殊的规定和要求需要遵守。

（一）工程货物招标的分包

与一般的施工和服务招标项目一样，根据《工程建设项目货物招标投标办法》的规定，如果招标人允许中标人对非主体货物进行分包的，应当在招标文件中载明。对于主要设备或者供货合同的主要部分，招标人不得要求或者允许分包。

而不同之处在于，除招标文件要求不得改变标准货物的供应商外，中标人经招标人同意改变标准货物的供应商的，不应视为转包和违法分包。

（二）不得指定品牌和供应商

禁止指定品牌和供应商也是工程货物招标采购的基本原则。这一原则贯穿于设计、施工等一系列环节。在设计环节，设计单位在设计文件中选用的建筑材料、建筑构配件和设备，应当注明规格、型号、性能等技术指标，除有特殊要求的建筑材料、专用设备、工艺生产线等外，设计单位不得指定生产厂家、供应商。

按照合同约定，建筑材料、建筑构配件和设备由工程承包单位采购的，发包单位不得指定承包单位购入用于工程的建筑材料、建筑构配件和设备或者指定生产厂家、供应商。并且，工程监理单位与被监理工程的承包单位以及建筑材料、建筑构配件和设备供应单位不得有隶属关系或者其他利害关系。

在工程实务中，招标人对于货物标准有特别要求，但为了避免出现指定供应商的情况，一般会采用类似“短名单”的列举方式，并明确以所列举的品牌或生产厂或供应商生产的产品的标准作为选择和评定的依据。

（三）工程货物代理商作为投标人

实践中，除了生产厂家直接供货之外，大量的工程设备、材料，尤其是国外的进口材料、设备是通过代理商进行的，在由代理商作为货物投标人的情况下，招标人尤其需要注意。

（1）招标文件涉及货物代理商时需要明确，并且代理商必须提供由制造商出具的独家授权。这样做可以避免同一品牌的不同代理商之间的竞争。

另外，也需要特别注意，对于由代理商投标的工程货物，需要明确对于货物的质量保证等责任，最终将由生产厂家承担，还是由代理商来承担。

（2）在接受工程货物代理商作为投标人的招标项目中，招标人还应当注意区别代理商和生产商的法律地位。

投标人是与招标人签署货物供应合同的一方主体。因此，在由代理商投标的项目中，除非是代理商和制造商作为共同的供应商参加投标，或者代理商仅以代理人的身份参与投标，中标之后签署工程货物供应合同的一方主体仍然是代理商，供应、保修等合同义务也由代理商承担，而不是货物的生产厂家。

由于招标人与生产厂家之间没有合同关系，依照《合同法》的规定和合同相对性原理，如果货物的生产厂家不能履行供应合同约定的义务，招标人无权直接越过代理商而直接向制造商主张权利，而应当由代理商向业主承担合同义务，承担违约责任。在生产厂家提供产品授权和售后服务承诺的情况下，招标人可以获得一定的担保，可通过担保维护其权益。此外，如果产品存在质量缺陷问题，招标人还可以选择向生产厂家主张侵权责任。

（四）区分货物买卖合同与工程合同

与其他混合型的合同类型相比，在工程实务和司法实践中，还有一种更为常见且比较容易混淆的情况，那就是工程合同与货物买卖合同的差别，尤其是一些设备、建筑材料等货物供应并且兼有安装、调试等工作的合同，这类合同有买卖合同和承揽合同的共同特点，如何对合同定性也直接涉及合同各方的权利义务的分配，法律救济的途径和方式。

比如，如果将供应及安装合同定性为工程合同或者承揽合同，则承包人 / 承揽人可以享有法律规定的留置权，优先受偿权等权利；而若定性为买卖合同，则卖方可以依法行使法律规定的所有权保留，并承担法定的权利保证义务。而且，在发生诉讼时，工程合同与买卖合同可选择的管辖法院也适用不同的规则。

虽然按照《招标投标法》和《必须招标的工程项目规定》的规定，与工程建设项目有关的设备、材料等货物也都属于强制招标投标的管理范围，但是对于违反法律行政法规导致合同无效时的处理原则却存在不同。对于设备、货物的供应连同安装、调试等工作的合同性质，与前述复合型合同一样，现行的《合同法》也没有具体的规定。《合同法》第 124 条关于“无名合同”法律适用的原则性规定同样不能从根本上解决供应兼安装的合同的法律属性问题，实践中仍然会就合同本身的定性产生不同的诉求和不同的理解，比如风险归属、物的所有权转移。因此，一方面，这个问题的解决有待于立法和司法指导，另一方面，也需要合同主体事先在合同中做好相应的约定和安排，从而避免引起不必要的争议。

第八节　进口机电设备采购

工程项目新建、改建或者扩建所使用的机电产品等设备，除了可以在中国境内进行采购外，还可能涉及中国境外采购。若在境内采购，应当遵守《招标投标法》等相关规定，若以招标方式从境外进口机电设备，除了遵守《招标投标法》及其实施条例的规定外，还需要遵守商务部《机电产品国际招标投标实施办法（试行）》的相关规定。

进口机电产品招标投标是指中国境内的招标人根据采购机电产品的条件和要求，在全球范围内以招标方式邀请潜在投标人参加投标，并按照规定程序从投标人中确定中标人的一种采购行为。这里的机电产品主要是指机械设备、电气设备、交通运输工具、电子产品、电器产品、仪器仪表、金属制品等及其零部件、元器件。

一、进口机电设备的条件

根据《政府采购法》第10条的规定，政府采购应当采购本国货物、工程和服务。但在特殊情况下，可以从境外采购进口设备，特殊情形主要是指：

（1）需要采购的货物、工程或者服务在中国境内无法获取或者无法以合理的商业条件获取的；

（2）为在中国境外使用而进行采购的；

（3）其他法律、行政法规另有规定的。

对于非政府投资的工程建设项目，招标人具有一定的自主权，但考虑到周期、价格、售后服务等因素，实务中一般也以境内采购为主，即使是国外的机电设备，一般也是由代理商进行投标和供货。但是，若是存在上述任何情形之一的，也不排除采用国际招标的方式进行机电设备的采购。

另外，对不属于工程建设项目，但属于固定资产投资项目的机电产品国际招标投标活动，也同样适用《机电产品国际招标投标实施办法（试行）》的规定，而与机电产品有关的设计、方案、技术等国际招标投标，则不强制适用，而是可以参照执行。

二、进口机电设备招标的范围

如前所述，并非所有的进口机电设备都需要进行招标，根据现行的规定，招标行为发生在中国境内，并通过招标方式采购原产地为中国境外/关外的机电设备产品，若属于下列情形之一，则必须进行国际招标：

（1）关系社会公共利益、公众安全的基础设施、公用事业等项目中进行国际采购的机电产品；

（2）全部或者部分使用国有资金投资项目中进行国际采购的机电产品；

（3）全部或者部分使用国家融资项目中进行国际采购的机电产品；

（4）使用国外贷款、援助资金项目中进行国际采购的机电产品；

（5）政府采购项目中进行国际采购的机电产品；

（6）其他依照法律、行政法规的规定需要国际招标采购的机电产品。

对于必须通过国际招标方式采购的进口机电设备，任何单位和个人不得将采购项目化整为零或者以国内招标等其他任何方式规避国际招标。否则，主管部门有权责令限期改正，可以处项目合同金额 0.5%~1% 的罚款；对全部或者部分使用国有资金的项目，则可以暂停项目执行或者暂停资金拨付。

三、进口机电设备招标的方式

进口机电设备的招标分为招标和直接采购两种。其中招标又分为公开招标和邀请招标。对于国有资金占控股或者主导地位的依法必须进行机电产品国际招标的项目，应当采用公开招标方式。采用邀请招标的进口机电设备采购主要适用于以下两种情形：

（1）技术复杂、有特殊要求或者受自然环境限制，只有少量潜在投标人可供选择；

（2）采用公开招标方式的费用占项目合同金额的比例过大。

而根据相关的规定，有下列情况之一的，可以不进行国际招标，改由招标人直接采购：

（1）国（境）外赠送或无偿援助的机电产品；

（2）采购供生产企业及科研机构研究开发用的样品样机；

（3）单项合同估算价在国务院规定的必须进行招标的标准以下的；

（4）采购旧机电产品；

（5）采购供生产配套、维修用零件、部件；

（6）采购供生产企业生产需要的专用模具；

（7）根据法律、行政法规的规定，其他不适宜进行国际招标采购的机电产品。

另外，对于已经明确拟采购的机电设备产品的原产地在中国境内或关内的，也可以不进行国际招标。

前述国务院规定的必须进行招标单项合同估算价，目前暂无具体的规定。根据原《机电产品国际招标投标实施办法(试行)》的标准是一次采购产品合同估算价格在100万元人民币，实务中也参考此标准，即在此金额以上的应当招标，若在此金额以下，则可以不招标。

按照国家有关规定需要履行项目审批、核准手续的依法必须进行招标的项目，其招标范围、招标方式、招标组织形式应当先获得项目审批、核准部门的审批、核准。若采用邀请招标方式，招标人应当在招标前向相应的主管部门提交项目审批、核准部门审批、核准邀请招标方式的文件；其他项目采用邀请招标方式应当由招标人申请相应的主管部门作出认定。

四、进口机电设备招标的评标方法

进口机电设备招标也同一般的工程建设项目一样，招标人应当在招标文件中明确具体的评标方法和标准。所有评标方法和标准应当作为招标文件不可分割的一部分并对潜在投标人公开。招标文件中没有规定的评标方法和标准不得作为评标依据。

进口机电设备产品国际招标的评标方法主要是最低评标价法和综合评价法两种。

（一）最低评标价法

最低评标价法，是指在投标满足招标文件商务、技术等实质性要求的前提下，按照招标文件中规定的价格评价因素和方法进行评价，确定各投标人的评标价格，并按投标人评标价格由低到高的顺序确定中标候选人的评标方法。最低评标价法是进口机电设备招标的最常用的评标方法。

采用最低评标价法评标的，评标依据中应当包括：一般商务和技术条款（参数）在允许偏离范围和条款数内进行评标价格调整的计算方法，每个一般技术条款（参数）的偏离加价一般为该设备投标价格的0.5%，最高不得超过该设备投标价格的1%，投标文件中没有单独列出该设备分项报价的，评标价格调整时按投标总价计算；交货期、付款条件等商务条款的偏离加价计算方法在招标文件中可以另行规定。

（二）综合评价法

综合评价法，是指在投标满足招标文件实质性要求的前提下，按照招标文件中规定的各项评价因素和方法对投标进行综合评价后，按投标人综合评价的结果由优到劣的顺序确定中标候选人的评标方法。综合评价法多运用于技术含量高、工艺或技术方案复杂的大型或成套设备的招标项目。

综合评价法应当由评价内容、评价标准、评价程序及推荐中标候选人原则等组成。综合评价法应当根据招标项目的具体需求，设定商务、技术、价格、服务及其他评价内容的标准，并对每一项评价内容赋予相应的权重。采用综合评价法的，应当集中列明招标文件中所有加注星号（“*”）的重要条款（参数）。

五、进口机电设备招标投标的注意事项

实践中，招标人和投标人在参加进口机电设备招标投标活动中，需要特别注意其与一般的工程建设项目招标投标活动不同的规定和要求。

（一）进口机电设备招标评审程序

《机电产品国际招标投标实施办法（试行）》对进口机电设备招标的评审程序作了详细的规定。商务部还特别制定颁布了《进一步规范机电产品国际招标投标活动有关规定》，对评标程序作了更为严格的规定，具体体现在下列方面：

（1）禁止招标人和招标机构等任何人在评标委员会评标前从事下列活动：

①进行查询投标文件、整理投标信息等活动；

②要求或组织投标人介绍投标方案。

（2）若投标文件出现下列任一情形，评标委员会不得要求其进行澄清或后补：

①投标文件不响应招标文件规定的重要商务和技术条款（参数）；

②重要技术条款（参数）未提供技术支持资料。

此外，为进一步确保评审，还特别规定评标委员会在评标过程中有下列行为之一，影响评标结果公正性的，当次评标结果无效：

（1）擅自增加、放宽或取消重要商务和技术条款（参数）的；

（2）要求并接受投标人对投标文件实质性内容进行补充、更改、替换或其他形式的改变的；

（3）对采用综合评价法评标的项目，在综合分数计算汇总后重新打分的；

（4）故意隐瞒或擅自修改可能影响评标结果公正性的信息的。

（二）开标的特殊情况处理

根据《机电产品国际招标投标实施办法（试行）》的规定，参加进口机电设备招标的投标人少于3个的，不得开标而应当重新招标；开标后认定投标人少于3个时，应当停止评标并重新招标；如果重新招标后投标人仍少于3个的，可以进入两家或一家开标评标；按国家有关规定需要履行审批、核准手续的依法必须进行招标的项目，报项目审批、核准部门审批、核准后可以不再进行招标。

商务部制定的《进一步规范机电产品国际招标投标活动有关规定》对国外贷款项目和利用国内资金项目在投标截止时间届满但投标人少于3人的情况规定了不同的处理方式：

（1）对于国外贷款项目，如果只有2家，则可直接开标、评标；如果投标人只有1家，则直接采购。

（2）对于利用国内资金的机电产品国际招标项目，则应当立即停止开标或评标：

①招标机构应当发布开标时间变更公告，且要求第一次投标截止日与变更公告注明的第二次投标截止日间隔不得少于7日；

②第二次投标截止时间到达时，投标人仍少于3个的，报经主管部门审核同意后，可直接进入两家开标或直接采购程序。

（3）对于纳入政府采购管理的公开招标数额标准以上的进口机电设备采购项目，结合相关规定，投标截止后投标人不足3家或者通过资格审查或符合性审查的投标人不足3家的，除采购任务取消情形外，按照以下方式处理：

①招标文件存在不合理条款或者招标程序不符合规定的，采购人、采购代理机构改正后依法重新招标；

②招标文件没有不合理条款、招标程序符合规定，需要采用其他采购方式采购的，采购人应当依法报财政部门批准。

在评标期间，如果出现符合专业条件的供应商或者对招标文件作出实质响应的供应商不足3家情形的，可以比照前款规定执行。

（三）投标无效的情形

投标人在参加进口机电设备的招标活动中，也应当注意遵守招标文件的规定和相关法律规范的规定，避免出现投标无效的不利后果。

依据《机电产品国际招标投标实施办法（试行）》的规定，导致投标无效的情形包括：

（1）与招标人存在利害关系可能影响招标公正性的法人或其他组织不得参加投标；

（2）接受委托参与项目前期咨询和招标文件编制的法人或其他组织不得参加受托项目的投标，也不得为该项目的投标人编制投标文件或者提供咨询；

（3）单位负责人为同一人或者存在控股、管理关系的不同单位，不得参加同一招标项目的投标，共同组成联合体投标的除外；

（4）技术支持资料以制造商公开发布的印刷资料、检测机构出具的检测报告或招标文件中允许的其他形式为准，凡不符合上述要求的，应当视为无效技术支持资料；

（5）联合体各方在同一招标项目中以自己名义单独投标或者参加其他联合体投标的，相关投标均无效。

另外，招标文件中也可能会规定投标无效、投标被否决的情形，比如投标时间、地点、投标文件的形式等，因此，投标人在递交投标文件之前，也有必要对招标文件进行详细的审核，确保投标合法有效。

（四）进口机电设备招标的异议和投诉

对于进口机电设备招标的评标结果的异议，《机电产品国际招标投标实施办法（试行）》第 69 条也作了明确的规定：

（1）投标人或者其他利害关系人对依法必须进行招标的项目的评标结果有异议的，应当于公示期内向招标人或招标机构提出，并将异议内容上传招标网；

（2）招标人或招标机构应当在收到异议之日起 3 日内作出答复，并将答复内容上传招标网；作出答复前，应当暂停招标投标活动；

（3）异议答复应当对异议问题逐项说明，但不得涉及其他投标人的投标秘密。未在评标报告中体现的不满足招标文件要求的其他方面的偏离不能作为答复异议的依据。

需要注意的是，如果投标人或其他利害关系人针对评标结果向相应主管部门投诉的，异议是该项投诉的前置程序。

此外，根据《机电产品国际招标投标实施办法（试行）》第 82 条的规定，投标人或者其他利害关系人认为招标投标活动不符合法律、行政法规及本办法规定的，可以自知道或者应当知道之日起 10 日内向相应主管部门投诉，并且应当注意：

投诉人应当于投诉期内在招标网上填写《投诉书》，就异议事项进行投诉的，应当提供异议和异议答复情况及相关证明材料，并将由投诉人单位负责人或单位负责人授权的人签字并盖章的《投诉书》、单位负责人证明文件及相关材料在投诉期内送达相应的主管部门；

投诉人在投诉时，应当有明确的请求和必要的证明材料，并且应保证其提出投诉内容及相应证明材料的真实性及来源的合法性，并承担相应的法律责任。

6

CHAPTER

第六章

项目采购的评审和定标

在投标人按照招标公告和招标文件的要求提交正式的投标文件之后，即进入了开标、评标和定标阶段，这个阶段和过程是招标投标程序中非常关键的环节，也是决定投标人能否中标的最后一个环节。同样，这一阶段活动也关系到最终定标是否合法、合规。

在开标、评标和定标的过程中，招标人、招标代理机构和评审委员会是主要参与者，投标人相对被动。因此，为了确保招标投标活动的公平公正，法律法规对于这一阶段的规定更为严格，比如评标委员会的回避、评标标准的一致性、禁止实质性谈判、否决投标等问题，也都是招标人、招标代理机构和投标需要关注的事项。

第一节　开标

尽管开标属于招标投标中的程序性事务，但却是法定的必经程序。如果开标程序存在违规或瑕疵，则容易引起投诉，从而给后续的定标、确定中标人等程序制造障碍，并可能最终影响评标结果。

一、开标的程序

根据《招标投标法》第36条的规定，结合工程建设项目的招标投标实务，开标的程序主要包括以下11个具体环节和流程：

（1）在招标文件规定的投标截止日，由参加投标的投标人代表签到，验明身份；

（2）宣布开标纪律；

（3）公布在投标截止时间前递交投标文件的投标人名称，并点名确认投标人是否派人到场；

（4）宣布开标人、唱标人、记录人、监标人等有关人员姓名；

（5）按照投标人须知前附表规定检查投标文件的密封情况；

（6）按照投标人须知前附表的规定确定并宣布投标文件开标顺序；

（7）设有标底的，公布标底；

（8）按照宣布的开标顺序当众开标，公布投标人名称、项目名称、投标保证金的递交情况、投标报价、质量目标、工期及其他内容，并记录在案；

（9）规定控制价计算方法的，计算并公布控制价；

（10）投标人代表、招标人代表、监标人、记录人等有关人员在开标记录上签字确认；

（11）开标结束。

对于上述开标活动，招标人也可以根据需要进行现场公证并记录在案。《公证法》即规定了政府投资的重点项目的招标投标应当办理公证。

二、开标的时间

开标时间在整个开评标程序中至关重要，其意义在于，对于超过开标时间提交的投标文件，招标人和招标代理机构应当予以拒绝，投标人失去了参加投标和评标的机会。招标人接受应当拒收的投标文件的，将可能被处以 10 万元以下罚款的行政处罚。

就开标时间本身而言，实务中还应当注意以下几个事项：

（1）开标时间应当由招标人在招标文件中预先确定；

（2）招标人不得随意确定或更改开标时间；

（3）开标应当在招标文件确定的提交投标文件截止时间的同一时间公开进行。

因此，如果招标文件中确定的提交投标文件的截止时间为某一时间，那么，招标文件中载明的开标时间也应当为该时间。除不可抗力原因外，招标人不得以任何理由拖延开标或者拒绝开标。将开标时间和提交投标文件截止时间设定为同一时间，其目的是防止招标人、招标代理机构利用两者之间的时间差进行暗箱操作，破坏招标活动的公正性。

同时，也应当注意到，尽管招标文件确定了开标时间，招标人和投标人都应当严格遵守，但是并不是说，开标的时间不能更改。根据《招标投标法实施条例》第 21 条的规定，招标人对已发出的招标文件进行必要的澄清或者修改的，应当在招标文件要求的提交投标文件截止时间至少 15 日前，不足 15 日的，招标人应当顺延投标文件的截止时间，也即顺延开标时间。工程实践中，招标文件中一般也会明示招标人可以在开标时间到期前顺延开标时间。当然，需要注意的是，在出现延期开标的情形时，招标人应当以书面形式通知所有获取招标文件的潜在投标人。

三、开标注意事项

由于开标是招标投标程序中非常关键的一个环节，而现有的《招标投标法》等法律法规对于开标的程序和条件等内容的规定较少，实务中，招标人、招标代理机构和投标人比较容易忽视开标活动中的细节，对此，应当引起重视，这其中就包括如下几点：

（1）开标的时间、地点和人员，包括投标人的人员和开标人的人员，以及开标的程序都应当严格按照招标公告、招标文件的规定进行；

（2）开标时，应当邀请所有的投标人参加；

（3）如果投标人对开标有异议的，应当在开标现场提出，招标人应当当场给予答复，并制作记录；

（4）投标人少于 3 个的，招标人不得开标。

对于实务当中违反上述开标规定的行为，如果对中标结果造成实质性影响，并且不能采取补救措施予以纠正的，招标、投标无效，并应当依法重新进行招标。

第二节　评标委员会

根据《招标投标法》的规定，评标由招标人依法组建的评标委员会负责。评标委员会是具体负责对投标文件进行审核并据以做出评审决定，选择和确定中标人的临时性组织。评标委员会的活动应当严格遵守法定的程序和规则。

一、评标委员会的组成

虽然，评标委员会由招标人依法组建，但是，招标人、招标代理机构，以及行政监管部门，均不得以明示、暗示等任何方式指定或者变相指定参加评标委员会的专家成员。

对于依法必须进行招标的项目，其评标委员会由招标人的代表和有关技术、经济等方面的专家组成，成员人数为 5 人以上的单数，并且，其中技术、经济等方面的专家不得少于成员总数的三分之二。但是，项目主管部门或者行政监督部门的工作人员不得担任本部门负责监督项目的评标委员会成员。对于 PPP 项目或者其他政府采购货物和服务项目，如果采购预算金额在 1000 万元以上，或者技术负责，或者社会影响较大的，评标委员会的人数则应当是 7 人以上的单数。

根据相关规定，评标专家由行业内工作经验丰富的权威专业人士担任。入选评标专家库的专家，必须具备如下条件：

（1）从事相关专业领域工作满 8 年并具有高级职称或同等专业水平；

（2）熟悉有关招标投标的法律法规；

（3）能够认真、公正、诚实、廉洁地履行职责；

（4）身体健康，能够承担评标工作。

目前在工程实践中，评标委员会多是从专家库中随机选取，具体来说，能够担任评标委员会成员的专家一般由招标人从专家库内的相关专业的专家名单中确定。目前，主要由省级人民政府和国务院有关部门组建综合评标专家库。对于具体的评标委员会成员的选择，一般招标项目可以采取随机抽取方式，特殊招标项目则可以由招标人直接确定。这里所称的“特殊招标项目”，是指技术复杂、专业性强或者国家有特殊要求，采取随机抽取方式确定的专家难以保证胜任评标工作的项目。

为确保评标工作的公正性，评标委员会成员的名单一般应于开标前确定，并在中标结果确定之前予以保密，招标人和投标人都不知道具体的组成人员。但是，不能忽略的是，在实务当中，由于抽取专家的随机性，可能会出现最终选择的专家不一定都能够胜任某一专业的评选的情形，因而，对于这一制度的实际操作仍值得进一步的研究和探讨。

在实践中，经常会涉及招标人代表可否作为评标委员会组成人员的问题。对此，笔者认为，《招标投标法》规定了评标委员会由招标人组建，其成员可以包括评标专家和非专家人员，由此可见，法律并不禁止招标人的代表参加评标委员会。按照目前的规定，招标人代表和招标代理都应当向评标委员会提供评标所需的重要信息和数据，但是，为确保公正，避免评标工作流于形式，招标人的代表不得提供带有明示、暗示的有倾向性或者排斥特定投标人的信息。

二、评标委员会的回避和更换

对于必须进行招标投标的工程建设项目，评标委员会一经确定，即不得随意更换，但如果出现以下情形时则除外：

（1）评标委员会成员与投标人存在利害关系。这里的利害关系包括：

①与投标人有经济利益关系，可能影响对投标公正评审的；

②是投标人或者投标人主要负责人的近亲属，这里的“近亲属”包括配偶、父母、子女、兄弟姐妹、祖父母、外祖父母、孙子女、外孙子女；

③是招标项目的主管部门或者行政监督部门的人员。

（2）评标委员会成员在评标过程中擅离职守。

（3）评标委员会成员在评标过程中出现健康原因，无法继续评标的。

（4）曾因在招标、评标以及其他与招标投标有关活动中从事违法行为而受过行政处罚或刑事处罚的。

评标委员会的成员与投标人有利害关系，或有上述法定情形的，不得进入相关项目的评标委员会；如果已经进入的则应当予以更换，其所作的评审结论无效，而应当由更换后的成员重新进行评审。

此外，部分地方政府行政主管部门也颁布了相关的规定，对评标委员会的回避情形作了进一步的规定，比如《北京市工程建设项目施工评标办法》规定，评标委员会的成员在出现下列情形时应当主动回避：

（1）本人所在单位与投标人有隶属关系；

（2）从投标人单位调离、辞职或者离职不足3年；

（3）从投标人单位退休不足5年；

（4）投标人单位的股东等。

考虑到工程项目所处的城市、区域的不同，对于评标委员会人员的组成还需要结合具体的情况进行综合分析。当然，这些工作在由招标人进行委托招标的情况下，也可以由招标代理机构完成。

三、评标委员会的工作纪律

评标委员会的最主要的职责是依法对投标文件进行独立评审，提出评审意见，公平、公正地评选合适的中标人。为此，招标人或者其委托的招标代理机构应当向评标委员会提供评标所需的重要信息和数据，评标委员会的成员也应当至少了解和熟悉以下内容：

（1）招标的目标；

（2）招标项目的范围和性质；

（3）招标文件中规定的主要技术要求、标准和商务条款；

（4）招标文件规定的评标标准、评标方法和在评标过程中考虑的相关因素。

除此之外，结合《招标投标法》及其实施条例和相关的规章的规定，除了回避情形和上述的工作基本要求之外，评标委员会的成员还应当严格遵守如下执业纪律和规范：

（1）不得与投标人私下接触；

（2）不得收受招标人及招标代理机构、投标人的财物或者其他好处；

（3）不得向招标人征询确定中标人的意向；

（4）不得接受任何单位或者个人明示或者暗示提出的倾向或者排斥特定投标人的要求；

（5）不得暗示或者诱导投标人作出澄清、说明，不得接受投标人主动提出的澄清、说明；

（6）不得有其他不客观、不公正履行职务的行为。

（7）不得透露对投标文件的评审和比较、中标候选人的推荐情况以及与评标有关的其他情况；

（8）没有正当理由，不得拒不参加评标活动；

（9）不得在招标文件确定的评标标准和方法之外进行评审。

评标委员会成员应当回避而不回避，或者具有上述行为的，行政监管部门有权责令改正，情节严重的，将被禁止在一定期限内参加必须进行招标的项目的评标；情节特别严重的，取消其担任评标委员会成员的资格[①]。

四、评标委员会的职权

独立、公正地进行评选工作是评标委员会的核心工作，既是评标委员会的职责，也是评标委员会的职权。因此，评标委员会及其成员有权在评标过程中，针对投标人的投标文件和投标行为行使下列职权：

（1）负责评标活动的权利；

（2）依据招标文件确定的评标办法，对投标文件进行评审和比较；

（3）推荐中标候选人或者直接确定中标人的权利；

（4）否决部分或者所有投标文件的权利；

（5）确保评标客观、公正，独立表达评审意见的权利；

（6）对评标结果持有不同意见时，有权以书面形式说明其不同意见和理由。

在评标过程中，评标委员会还有一项重要的职权就是可以要求投标人对投标文件作必要的澄清或说明的权利，但这种澄清和说明应当仅限于对投标文件中含义不明确、对同类问题表述不一致或者有明显文字和计算错误的内容作必要的澄清、说明或者补正。同时，评标委员会可以书面方式要求投标人对投标文件中含义不明确、对同类问题表述不一致或者有明显文字和计算错误的内容作必要的澄清、说明或补正，但是不得向投标人提出带有暗示性或诱导性的问题，或向其明确投标文件中的遗漏和错误。

与此类似，在政府采购的评标过程中，如果投标文件报价出现前后不一致，除招标文件另有规定外，按照下列规则修正：

（1）投标文件中开标一览表（报价表）内容与投标文件中相应内容不一

---

① 《招标投标法实施条例》第 71 条。

致的，以开标一览表（报价表）为准；

（2）大写金额和小写金额不一致的，以大写金额为准；

（3）单价金额小数点或者百分比有明显错位的，以开标一览表的总价为准，并修改单价；

（4）总价金额与按单价汇总金额不一致的，以单价金额计算结果为准。

同时出现两种以上不一致的，按照前款规定的顺序修正。修正后的报价按照《政府采购货物和服务招标投标管理办法》的规定经投标人确认后产生约束力，投标人不确认的，其投标无效。

如果评标委员会发现招标文件存在歧义、重大缺陷导致评标工作无法进行，或者招标文件内容违反国家有关强制性规定的，应当停止评标工作，与采购人或者采购代理机构沟通并作书面记录；采购人或者采购代理机构确认后，应当修改招标文件，重新组织采购活动。

五、评标委员会专家的权利

除上述规定的权力外，评标专家还享有下列权利：

（1）接受招标人或其委托的招标代理机构聘请，担任评标委员会成员；

（2）依法对投标文件进行独立评审，提出评审意见，不受任何单位或者个人的干预；

（3）接受参加评标活动的劳务报酬；

（4）法律、行政法规规定的其他权利。

为了保障评标委员会及其成员依法行使独立和公正评审的职权，其评审活动不应受到任何单位或者个人的干预。

第三节　资格审查制度

资格审查制度也是基础设施建设项目招标投标过程中需要注意的程序，它包括资格预审和资格后审两种形式。在程序上，资格后审与资格预审具有相似性，即都不属于招标投标的必经程序，因而招标人可以参照适用。两者的区别主要在于法律后果不同，即只有通过资格预审的潜在投标人才有可能获得招标人的投标邀请书并购买招标文件，未通过资格预审的将无法进入后续的招标投标程序；而未通过资格后审的投标则会被当作废标处理。

一、资格审查制度的作用

根据招标人的前期市场调研结果，如果拟招标的项目具有特殊情况，则可以采用资格预审、资格后审的方式缩小潜在投标人的范围和数量，为后续的招标活动做好基础工作。结合实践，实行资格预审或资格后审可以在一定程度上发挥如下作用：

（1）有助于降低招标活动的成本，提高招标效率和投标质量。对于大型工程基础设施项目，资格审查制度可以增加对投标人资信的了解、减少不合格投标人的数量从而达到节约成本的效果。

（2）可以通过资格审查删除不符合资格、资质条件的潜在投标人或投标人，从而缩减招标人评审和比较投标文件的数量，帮助招标人找到真正有能力承担项目建设和有合同履行能力的中标人。

二、资格审查的适用规则

在基础设施建设项目的招标投标中，资格预审和资格后审都不是招标的必经程序，因此，在实务中，资格审查多用于一些复杂的或高价值的工程建设项目，或者是虽然价值较低但技术复杂、专业化较高的工程建设项目中。

对于前述较为特殊的工程建设项目，采用资格审查制度对于招标评选会有较大的帮助。当然，从节省成本和时间的角度出发，即使是需要采用资格审查制度的建设项目，一般也是选择适用资格预审或者资格后审，而非同时并行。

在实务中，一般来说，是否采用资格预审和后审通常会考虑如下因素：

（1）潜在的符合资格条件的投标人为数众多；

（2）大型、技术复杂的项目；

（3）需要公开选择潜在投标人的邀请招标项目。

但是，招标人和投标人还应关注和遵守一些特殊项目的招标投标中有关资格审查的相关规定。比如，采用公开招标方式的公路工程建设项目原则上实行资格后审的办法对投标人进行资格审查，而在以 PPP 模式进行招标投标的项目中，资格预审则是项目采购的法定必经程序。

三、资格审查的办法

在实务中，可采用的资格审查办法主要有合格制和有限数量制两种。上述两种资格审查办法可由招标人和招标代理机构选择适用。除非有特殊的规定，大多数情况下，招标人都会优先选择合格制。

（一）合格制

合格制的资格审查办法主要是指通过初步审查和详细审查，凡是符合两步审查标准的申请人都可通过资格预审，作为合格的投标人。

其中，初步审查的内容主要包括：申请人的名称、申请函的签字盖章是否符合要求、申请文件的格式和内容填写、申请文件提交的时间、其他一些必备的信息。

而详细审查则包括下列内容：申请人的经营资格、申请人的资质等级、申请人的以往项目业绩、项目团队人员（如项目经理、技术负责人）的资格和业绩、财务状况、近 3~5 年的诉讼和仲裁等基本情况。

另外，招标人和招标代理机构也可以列明全部的详细审查因素和审查标准，并标明投标申请人如果不能满足其要求的，则不能通过资格预审。但是，这些初步审查和详细审查的内容通常只是形式审查，不对申请人的投标实质响应内容进行评审。

（二）有限数量制

资格审查的有限数量制是指评审委员会依据资格预审文件规定的审查标准和程序，结合资格预审文件预先规定的申请人数量，对通过初步审查和详细审查的资格预审申请文件进行量化打分，按照得分的高低顺序确定通过资格预审的申请人。

与合格制相比，有限数量制侧重从限制投标人的数量的角度来控制招标投标的程序，若发生争议，则容易被质疑资格审查制度的合规性和合理性。

四、资格预审

资格预审是指招标人在发布招标公告后，发出投标邀请书前对潜在投标人的资质、信誉、业绩和能力的审查。在采用资格审查的项目招标中，资格预审较为常见。

（一）资格预审的流程

相对招标投标的其他程序，鉴于资格预审的非强制性和可选择性，现行法律法规对其具体的流程并没有特别的规定。关于公开招标的工程建设项目资格预审流程，以公路工程项目的相关规定为例，一般包括如下几个步骤：

（1）编制资格预审文件；

（2）发布资格预审公告，发售资格预审文件，公开资格预审文件关键内容；

（3）潜在投标人编制并提交资格预审申请文件；

（4）招标人接收资格预审申请文件；

（5）组建资格审查委员会对申请人进行资格审查，资格审查委员会编写资格审查报告；

（6）向通过资格预审的申请人发出投标邀请书；向未通过资格预审的申请人发出资格预审结果通知书，告知未通过的依据和原因；

（7）编制招标文件，进入正式招标投标程序。

（二）资格预审文件

由于资格预审与正式招标程序的目的不同，因而两者编制的文件内容和要求也有所不同。实践中，资格预审文件大多包括下列内容：

（1）资格预审申请人须知，包括招标投标项目概况、招标范围、资金来源及落实情况、资格预审合格条件、资格预审申请文件的编制要求和提交方式、资格预审结果的通知方式等；

（2）资格预审申请人的资格要求，包括投标人的企业资质、申请人的同类工程业绩、技术装备、财务状况、现场管理、拟派出的负责人与主要技术人员的简历、业绩等；

（3）资格审查的标准和方法；

（4）资格预审申请书格式。

同时，招标人和招标代理机构也应当注意在编写资格预审文件时不得包含下列违反法律明文禁止的内容：

（1）以不合理的条件限制或者排斥投标申请人，对投标申请人进行歧视待遇；

（2）对投标申请人提出与拟招标项目实际要求不符、要求过高的资质等级要求或其他要求；

（3）对不同地区、不同行业的潜在投标人规定不同的资格标准；

（4）倾向某些特定投标申请人；

（5）其他违反法律法规的规定。

（三）资格预审的注意事项

采用资格预审的招标项目，一般可以由招标人在规定的时间内组建资格审查委员会进行，但是需要特别关注的是，如果是国有资金占控股或者主导地位的依法必须进行招标的项目，那么，招标人应当组建资格审查委员会审查资格预审申请文件。

1. 资格预审的结果

资格预审工作应当按照资格预审文件中规定的标准和方法进行，招标人对提交资格预审申请文件的投标申请人的投标资格进行审查后，只有经审查合格的才有权继续参加投标，未通过资格预审的申请人则不具有投标的资格。

根据相关的规定，资格预审合格的投标申请人过多时，可以由招标人择优确定不少于 7 个资格预审合格的投标申请人。如果通过资格预审的申请人少于 3 个的，则应当重新进行招标。

2. 资格预审相关的时间

资格预审并非招标投标的必经程序，因此《招标投标法》中没有规定进行资格预审的时间。但考虑到资格预审的目的是选择合格的投标人，因而在实践操作中，资格预审一般被安排在招标开始之前或者开始之初进行。

另外，针对资格预审工作，招标人和投标人还应当注意以下几个时间点：

（1）给予潜在投标人了解和购买资格预审文件的时间，按照规定，资格预审文件的发售期不得少于5日。

（2）招标人应当给申请人留出编制资格预审申请文件的必要时间，这个时间从开始发售资格预审文件之日起到申请人提交资格预审申请文件截止之日为止。招标人应当合理确定提交资格预审申请文件的时间。依法必须进行招标的项目提交资格预审申请文件的时间，自资格预审文件停止发售之日起不得少于5日。

（3）招标人可以对已发出的资格预审文件进行必要的澄清或者修改。澄清或者修改的内容可能影响资格预审申请文件编制的，招标人应当在提交资格预审申请文件截止时间至少3日前，以书面形式通知所有获取资格预审文件的潜在投标人；不足3日的，招标人应当顺延提交资格预审申请文件的截止时间。

五、资格后审

资格后审则是在开标后，招标人针对已经提交投标文件的投标人的资质、信誉、业绩和能力进行的审查。一般适用于潜在投标人数量不多，社会成本小，招标投标时间要求短，招标质量有保障，编制招标文件费用小的通用性和标准化项目。资格后审一般采用合格制办法。

与资格预审类似，资格后审也是非必经程序，并且一般情况下，如果没有在招标文件中作出特殊说明，招标项目进行资格预审后，都不再进行资格后审。但是与资格预审不同，资格后审又有其自己的特点。从时间上来看，资格后审主要在招标人完成发布招标公告、出售招标文件、开标之后的初步评审阶段进行。

（一）资格后审的程序

依据《招标投标法实施条例》第20条的规定，招标人采用资格后审办法对投标人进行资格审查的，应当在开标后由评标委员会按照招标文件规定的标准和方法对投标人的资格进行审查。

虽然法律法规并无明确的资格后审的程序规定，但实务中一般按照如下流程进行：

（1）会议主持人在开标会议上宣布投标申请人名单；

（2）评标委员会进行资格审查以投标申请人提交的《资格后审资料》为依据，对照招标公告及招标文件要求逐项审查；

（3）需要澄清或者核对原件的，要求投标人进行澄清或核对原件；

（4）在开标会议上当众宣布资格审查结果；

（5）开启合格投标人的投标文件，并宣读投标文件的主要内容。资格审查不合格的投标申请人的投标文件不予开封，可原封退回。

开标后先由评标委员会按照招标文件的规定，对投标人的投标资格进行审查，开标前不再设报名环节，也不进行截标前的资格审查，评标委员会根据资格后审的评审结果确定合格的投标人，进入招标文件的评审阶段。

（二）资格后审的内容

中国现有的法律法规暂时还没有对资格后审的内容进行详细和规范的规定。从实践中看，资格后审和资格预审的内容具有相似性。一般情况下，资格预审的内容同样适用于资格后审。但是，招标人也可以根据需要和招标项目的特点进行适当的调整。

资格后审的具体内容主要包括以下几个方面：

（1）是否具有独立订立合同的资格条件，需查验营业执照、资质证书、许可证书等；

（2）是否具有履行合同的能力，主要通过查阅投标人提交的投标技术文件、项目管理架构、项目经理和主要技术负责人员的配备及其资格能力、拟投入的设备和设施条件；

（3）最近3~5年承担类似工程项目的业绩情况及说明，需查验相应的合同等资料；

（4）是否处于被责令停业，财产被接管、冻结，破产状态或存在违法犯罪情形；

（5）是否满足国家、行业对投标人资格条件的特殊规定。

第四节 评标和定标

评标是评标委员会根据已经确定的评标方法和标准对所有的投标文件进行审查、核对、比较、筛选，按照客观、公正的原则，由评标委员会根据评审结果向招标人推荐中标候选人的过程。评标活动具体可以分为五个步骤，即评标准备、初步评审、详细评审、澄清、说明或补正、推荐中标候选人或者直接确定中标人及提交评标报告。

一、评标办法

按照法律法规的规定以及实务，在国内工程建设项目的招标过程中，通常采用的评标方法包括两种：经评审的最低投标价法、综合评估法。另外，法律和行政法规也允许采用其他评标方法，例如：两阶段低价评标法、综合指标合理低价法、商务报价合理低价法、性价比法、综合定量评价法、技术评分最低价法等。但是，根据《招标投标法》第 40 条的规定，评标委员会应当按照招标文件事先确定的评标标准和方法，对投标文件进行评审和比较；而不能采用招标文件没有规定的标准和方法进行评标和定标。

实务中，评标委员会的评标工作，一般包括以下几个基本流程：

（1）对投标文件是否实质上响应招标文件进行审查，核实其是否符合招标文件所有条款、条件和规定。

（2）评估投标文件的技术方案。比如，在施工招标项目中，主要对施工方案或施工组织设计、施工进度计划、施工人员和施工设备的配备，施工技术能力、临时设施的布置等进行评估。

（3）评估投标报价。评标委员会对实质上响应招标文件的要求并且技术上满足条件的合格投标人进行投标报价评估。按照招标文件规定的评标方法和评标标准，确定评审报价，并按顺序依次排出投标人的名次。

（4）对报价结果进行评定，排除低于成本的报价以及其他不符合中标条件的投标人，推荐或确定中标候选人，最终写出评审报告。

（一）经评审的最低价法

经评审的最低价法是最常用的评标办法之一，多用于技术成熟，对投标人的经验和专业能力没有特别需求的工程项目。相对而言，客观分值占比较大。当然，这里的经评审的最低价中标并非等同于投标报价中价格最低的投标人即可中标，而是说合理的最低价。但是，不论是最低价还是合理最低价，都存在操作上的漏洞和难度，尤其是在价格和满足需求两者之间不能达到有效的结合之时，就往往会倾向于让价低者中标。并且，在实践中，最低价中标往往会引发后续工程合同履行的争议和困难。

当然，承包人也经常会采用“低价中标、勤签证、高索赔”等策略，认为先低价中标了再说。笔者认为，对承包人而言，就当前的发展趋势来看，由于专业的不断深化，这一策略本身将带来巨大的风险，极容易使承包人自己陷于项目施工管理、经济等方面的困难。对招标人而言，一旦在招标文件中确定最低价中标的评标办法，则有可能会失去更适合和更有能力承担项目，但是价格相对较高的合格投标人。

（二）综合评估法

综合评估法是对投标人的项目方案、报价、其他关键因素等进行综合考虑与评估，以确定最合适的中标人。一般来说，综合评分法可适用于在招标时无法提出详尽的技术方案、技术资料、图纸及工程量，而只能提出功能要求或需求目标，需要投标人以投标书的形式提出更符合业主需求的设计方案、技术标准和估算的工程量的项目。

因此，除了对报价进行比较外，采用综合评估法评标还需要考虑下面两个因素：

（1）对投标人针对不易量化的设计方案和技术标准的响应进行评估；

（2）对投标人的技术能力、质量、安全、工期、人员构成等保障措施进行评估。

相比较最低价中标而言，综合评分法不以价格为核心标准，因而更为科学和合理，但是，其主观的因素和影响也较大，对评标委员会专家的专业能力等的要求也更高。

综合评分法可适用于各类型的项目，比如住房城乡建设部在《关于进一步推进工程总承包发展的若干意见》（建市〔2016〕93号）中就特别指出：工程总承包评标可以采用综合评估法，评审的主要因素包括工程总承包报价、项目管理组织方案、设计方案、设备采购方案、施工计划、工程业绩等。对于勘察设计项目的评标一般也采取综合评估法进行。

二、评标阶段的评审流程

评标阶段的具体评审工作由评标委员会为主导进行，即按照招标文件明确的评标方法和标准进行，主要分为初步评审与详细评审两个步骤。

（一）初步评审

初步评审是评标中的第一个环节。根据评审工作，如果投标人的投标文件未通过初步评审，则不得进入详细评审。并且，经初步评审后，评标委员会需按照投标报价的高低或者招标文件规定的其他方法对投标文件进行排序。

1. 初步评审的内容

在初步评审中，评标委员会主要侧重于对投标文件及其所附文件的合规性、完整性、真实性的审查工作。在实践中，初步评审的内容通常会包括如下几项：

（1）投标人是否在招标公告规定的时间和方式获取招标文件；

（2）投标人是否在招标文件规定的投标截止时间前递交投标文件；

（3）投标人代表的身份和授权是否符合法定和招标文件规定的要求；

（4）投标文件的格式和内容是否符合招标文件的规定；

（5）投标文件中的证明资料是否符合招标文件的要求；

（6）投标文件的装订或密封是否符合招标文件的要求[①]；

---

① 在一些招标投标过程中发现，有些招标人或招标代理机构会让投标人在开标时自行检查装订和密封是否符合要求，笔者认为此做法实际上严重违背了开标的程序合法性原则。对于装订和密封应当由招标人或招标代理机构检查（必要时可由投标人互检），并在各方现场监督下开启密封。

（7）投标文件是否按照招标文件的要求签字和/或盖章；

（8）以联合体形式投标的，是否附联合投标协议，或者联合体中有成员是否有单独或参加另一个联合体申请同一项目投标；

（9）招标人按照法律、法规、规章约定的其他标准和条件。

上述只是常用的初步评审的办法，实务中，有些特殊的工程项目还需要遵守一些特殊的评审方式，比如双信封评审办法，即第一步骤对第一信封内的商务文件和技术文件进行开标，对第二信封不予拆封并由招标人予以封存；第二步骤宣布通过商务文件和技术文件评审的投标人名单，对其第二信封内的报价文件进行开标，宣读投标报价。未通过商务文件和技术文件评审的，对其第二信封不予拆封，并当场退还给投标人；投标人未参加第二信封开标的，招标人应当在评标结束后及时将第二信封原封退还投标人。

2. 初步评审的标准和处理

根据招标文件的规定，评标委员会需要审查并逐项列出投标文件的全部投标偏差，并据此作出评审决定。投标偏差可以分为重大偏差和细微偏差。其中，下列情况属于重大偏差：

（1）没有按照招标文件要求提供投标担保或者所提供的投标担保有瑕疵；

（2）投标文件没有投标人授权代表签字和加盖公章；

（3）投标文件载明的招标项目完成期限超过招标文件规定的期限；

（4）明显不符合技术规格、技术标准的要求；

（5）投标文件载明的货物包装方式、检验标准和方法等不符合招标文件的要求；

（6）投标文件附有招标人不能接受的条件；

（7）不符合招标文件中规定的其他实质性要求。

投标文件存在上述重大偏差情形之一的，属于未能实质性响应招标文件，评标委员会应当按照否决投标处理，但是，招标文件对重大偏差另有规定的除外。

细微偏差是指投标文件在实质上响应招标文件要求，但在个别地方存在漏项或者提供了不完整的技术信息和数据等情况，并且补正这些遗漏或者不完整不会对其他投标人造成不公平的结果。细微偏差不影响投标文件的有效性。评标委员会应当书面要求存在细微偏差的投标人在评标结束前予以补正。如果投标人拒不补正的，在详细评审时可以对细微偏差作不利于该投标人的量化，量化标准应当在招标文件中规定。

（二）详细评审

对于通过初步评审的投标文件，评标委员会进行第二个环节，即详细评审工作。在详细评审环节，评标委员会将对投标文件的技术部分和商务部分作进一步评审、比较，评审的内容包括必要合格条件和附加合格条件两项重要指标。

1. 必要合格条件评审

必要合格条件的评审主要是对投标申请人法定投标资格的评审，这是最基本的评审要素，如果不能满足该要求，投标文件将直接被否决。

但是，必要合格条件应当仅限于法律、法规等规定必须满足的法定允许投标的条件，如果招标人需要设定超出法定允许投标条件之外的其他条件，则应当作为附加合格条件。实务中审查的必要合格条件内容主要包括：

（1）投标人的名称和身份，是否为独立法人、分公司等；

（2）是否处于正常的生产经营状态，如投标人的有效营业执照、企业资质证书、安全生产许可证书等；

（3）投标函的签字盖章是否符合要求，即应当由法定代表人或其委托代理人签字或盖章并同时加盖单位公章；

（4）投标人是否符合法律、法规和规章对企业资质和项目经理资质规定的资格条件和其他强制性标准；

（5）其他基本的资格条件。比如是否处于被责令停业，投标资格被取消，财产被接管、冻结或破产的状态；在最近 3 年内没有骗取中标和严重违约及重大工程质量问题；招标人按照法律、行政法规规定约定的其他资格条件。

2. 附加合格条件评审

附加合格条件是评标的核心和关键，它主要是根据拟招标项目的具体特点和招标人的实际要求设定相应的评审内容，其目的在于区别不同的项目和不同的投标人，优选出最合适的中标人。因此，附加合格条件的考虑因素和设定标准、条件都应当紧密围绕投标人的履约能力这一核心要素。

实务中，投标文件由商务标和技术标组成，商务标文件主要是商务报价和投标函，技术标则主要是施工组织设计。与此对应，附加合格条件的评审内容主要包括以下几项：

（1）投标人的商务报价，除价格因素外，投保人的有效报价应是唯一的；

（2）投标人财务状况；

（3）项目管理架构和团队状况；

（4）机械设备情况；

（5）企业的管理体系；

（6）以往的业绩，包括同类工程项目、合同履行情况；

（7）在建和新承接的工程项目信息等。

在评标细则中，每一项附加合格条件都会对应一定的分值，作为加减分的重要依据，用于评标委员会进行最终的评审决定和确定投标人的序位。

（三）对投标报价的修正

投标报价是投标文件的核心文件之一，也是商务标的核心内容。除招标文件另有约定外，评标委员会在对实质上响应招标文件的投标文件进行报价评估时，一般应当按下述原则进行：

（1）用数字表示的数额与用文字表示的数额不一致时，以文字数额为准。

（2）单价与工程量的乘积与总价之间不一致时，以单价为准。若单价有明显的小数点错位，应以总价为准，并修改单价。

（3）对于投标文件中没有列入的价格和优惠条件，评标委员会在评标时不予考虑。

在对投标报价进行修正时还需要注意两点，一是修正仅限于技术性，而不得对投标报价进行实质性变更；二是修正应当在评标过程中进行，而不得在评审决定后甚至是中标结果公布后再进行，以免因程序瑕疵影响评标结果的确定。

此外，地方政府行政机关也可能会对投标报价的修正等提出更为特殊或详细的规定，也需要招投标双方注意，比如四川省就规定了投标报价算术修正的规则：

（1）投标报价中用数字表示的数额与用文字表示的数额以及投标总价与各清单项目报价合计不一致时，一律以投标函中用文字表示的投标总价为准。

（2）评标时不再对综合单价、合价进行修正。中标后由招标人与中标人对投标报价进行修正。修正原则如下：

①当综合单价与工程量的乘积与合价之间不一致时，以标出的综合单价为准。除非招标人认为有明显的小数点错误，此时应以标出的合价为准，并修改综合单价。

②当各单项金额相加与其合计金额不一致时，以各单项金额为准，并修改相应合计金额。

③当组成综合单价的材料单价与投标报价中主要材料价格表中的材料单价不一致时，以主要材料价格表中的单价为准，并修改相应的综合单价和合价。

评标委员会按照上述规则修正后的投标总价如果高于投标函中的文字报价数额，则在招标范围内的所有项目的价格或费用仍以投标函中的文字报价为准，不得调增；如果修正后的投标总价低于投标函中的文字报价数额，则以修正后的投标总价为准，按中标价与修正后的投标总价的降幅同比例降低招标范围内的所有项目的价格或费用。

当然，如果当地政府机关没有类似的规定时，招标人则应当注意在招标文件中对报价修正的规定和程序进行明确的约定，评标委员会也应当在评标过程中勤勉行事，避免因为疏忽导致中标后再进行修正的情形，最终影响中标结果。

三、评审标准的设定

根据现行招投标评审的相关规定，招标文件中有关评标标准和方法的规定是评标委员会对投标文件进行系统的评审和比较的重要依据。评标委员会在进行评标时的基本原则和要求就是要以招标文件规定的评标标准和方法为依据，对于招标文件中没有规定的标准和方法不得作为评标的依据。对于投标人提交的优越于招标文件中技术标准的备选投标方案所产生的附加收益，不得考虑进评标价中，但是符合招标文件的基本技术要求且评标价最低或综合评分最高的投标人，其所提交的备选方案可予以考虑。

为此，招标文件应当明确规定除价格以外的所有评标因素，以及如何将这些因素量化或者据以进行评估，并且，招标人或者评标委员会不得在评标过程中改变招标文件中规定的评标标准、方法和中标条件。并且，如果中标候选人的经营、财务状况发生较大变化或者存在违法行为，招标人认为可能影响其履约能力的，也应当在发出中标通知书前由原评标委员会按照招标文件规定的标准和方法审查确认。

同时，招标文件中规定的评标标准和评标方法还应当满足如下几点基本要求：

（1）应当以合法、合理为基础；

（2）不得含有倾向或者排斥潜在投标人的内容[①]；

（3）不得妨碍或者限制投标人之间的竞争。

（一）详细评审的办法

详细评审的条件和标准主要根据招标文件评审办法确定的详细评审内容进行设定。一般情形下，其要求就是定性准确、定量合理，对于需要和能够量化的评审标准必须进行量化，无法精确量化的，例如对优、良、中、差或合理、不合理等定性性质的标准，必须给予准确的定义和界定，并给出详细的标准说明，尽可能地减少自由裁量。

实务中常用的详细评审方法包括定量评审法和定性评审法。具体按照如下规则进行：

（1）针对必要合格条件，评标委员会只进行定性评审，不做定量评审，

---

① 在财政部的政府采购系统中，如果招标文件将售后服务的用户反馈意见作为评审内容，则属于违反《政府采购法实施条例》的情形，构成以不合理的条件对供应商实行差别待遇或者歧视待遇。

评审项目中的任何一项不符合招标文件的要求即可否决投标人文件。

（2）针对附加合格条件，评标委员会在实行定性评审法时，主要是体现招标人结合招标项目特点对投标人的具体要求；实行定量评审法的，应当载明各个评审因素的评审标准、量化分值和权重，评审因素一般应当实行百分制评审，主要目的在于方便评标委员会确定投标人的得分，决定中标候选人的排名次序，实现招标投标择优选择投标人的原则。

（二）评标评审工作的标准

评标委员会对各个评审因素进行量化时，应当将量化指标建立在同一基础或者同一标准上，使各投标人的投标文件具有可比性。招标投标中的评审分值标准，多数采用百分制打分法来确定，需要同时对投标人的商务标和技术标两个部分进行评分。对技术部分和商务部分进行量化后，评标委员会应当对这两部分的量化结果进行加权，计算出每一投标的综合评估价或者综合评估分。

（1）对于技术标，投标文件应当满足招标文件中要求的技术标准、要求和规范。而且，对于招标文件中虽未明示，但是国家和地方已经颁布的标准、规范，投标人同样应当予以响应。

（2）对于商务报价，必须满足低于最高限价这一标准，否则投标将被否决。在具体计算投标人的报价偏差时，按照以下公式：

投标报价的偏差率 =100%×（投标人报价 – 评标基准价）/ 评标基准价。

对于投标人的商务报价，具体的分值设置也因招标投标平台的不同而有所差别。一般情况下，工程施工类项目的评分办法中技术分不得高于 40 分，价格分不得低于 60 分；对于政府采购项目并且采用综合评分法时，货物类的价格分值不得低于 30%，不得高于 60%；服务类的价格分值不得低于 10%，不得高于 30%；综合评分法中的价格分统一采用低价优先法计算，即满足招标文件要求且投标价格最低的投标报价为评标基准价，其价格分为满分。

（三）评标标底的编制

商务标中关于评标基准价的确定实务中也有不同的方法，比如以有效报价中的最低投标报价为基准价，或者以全部有效投标的评标价格的算术平均值为准。如果招标人设有标底的，标底在评标中应当作为参考，但是不得作为评标的唯一依据。

在招标投标实务中，评标标底通常由招标代理机构编制，具体包括下列文件：

（1）标底编制说明；

（2）汇总表；

（3）工程量清单计价表（或者预算书）；

（4）综合单价分析表；

（5）主要材料价格表；

（6）人工价格表等文件。

标底编制完成后，应由编制人员、审核人员签字，加盖注册造价工程师执业专用章和编制单位法人印章，并由编制单位盖章密封，一式两份。

需要注意的是，以前凡是进行招标投标的工程建设项目都要编制标底，并以标底为基准来决定中标人。但是，由于标底对保密的要求很高，实践中不容易控制。目前编制标底已经不是强制性的要求，招标人可以自行决定是否需要编制标底。例如《北京市招标投标条例》就明确规定政府投资和政府融资的项目一般不设置标底。

目前在实践中，出于投标价格控制的目的，招标人已经基本不设置标底，而是改用在招标文件中公布投标控制价，对于超出控制价的投标则按否决投标处理。

四、低于成本价的审核

实务中，经常会涉及低于成本价的争议。低于成本价的投标实际上是一种不正当竞争，破坏了招标投标公平竞争的原则，并可能导致恶意降低工程质量，造成工程安全隐患。同时，就当前的工程建设行业现状和发展来看，与招标人相比，投标人更缺少专业人士的支持和协助，因此，若是想单纯凭借“低价中标、高额索赔”的策略来获得项目和收益，将会给自己埋下巨大的商业和法律风险。

根据《房屋建筑和市政基础设施工程施工招标投标管理办法》的规定，投标人不得以低于其企业成本的报价竞标，不得以他人名义投标或者以其他方式弄虚作假，骗取中标。如果在评标过程中，评标委员会发现投标人的报价明显低于其他投标报价或者在设有标底时明显低于标底，使得其投标报价可能低于其个别成本的，应当要求该投标人做出书面说明并提供相关证明材料。投标人不能合理说明或者不能提供相关证明材料的，由评标委员会认定该投标人以低于成本报价竞标，其投标应作为废标处理。并且，最高人民法院也在《全国民事审判工作会议纪要（2011 年）》中指出，对于按照最低价中标等形式招标，以低于工程建设成本的工程项目标底订立的施工合同，应当认定为无效。

在南通市通州百盛市政工程有限公司与苏州市吴江东太湖综合开发有限公司建设工程施工合同纠纷申请再审案件①中，东太湖公司就东太湖综合整治工程——围垦区团结圩取土工程于 2009 年 5 月 8 日与百盛市政公司签订《建筑工程施工合同》，合同签订后，百盛市政公司组织人员机械进场施工。嗣后，百盛市政公司就欠付工程款及利息问题而提起诉讼，诉中称案涉合同约定价格低于其成本价而无效。最高人民法院经审理后认为：《招标投标法》第 33 条所称的“低于成本”，是指低于投标人为完成投标项目所需支出的个别成本。每个投标人的管理水平、技术能力与条件不同，即使完成同样的招标项目，其个别成本也不可能完全相同，个别成本与行业平均成本存在差异，这是市场经济环境下的正常现象。实行招标投标的目的，正是通过投标人之间的竞争，特别在投标报价方面的竞争，择优选择中标者，因此，只要投标人的报价不低于自身的个别成本，即使是低于行业平均成本，也是完全可以的。本案中，苏州市姑苏工程造价事务所出具的鉴定结论书系依据建筑行业主管部门颁布的工程定额标准和价格信息编制，反映的是建筑市场的社会平均成本，不能等同于百盛市政公司的个别成本，百盛市政公司也没有证据证明合同约定价格低于其个别成本，故百盛市政公司所称合同约定价格低于其

① 南通市通州百盛市政工程有限公司与苏州市吴江东太湖综合开发有限公司建设工程施工合同纠纷申请再审案，最高人民法院 (2015) 民申字第 884 号民事裁定书。

成本价没有事实依据，其主张涉案的《建筑工程施工合同》无效没有事实和法律依据。

但是，实践中要审查、核实和认定投标人的报价是否属于低于成本价这一问题上存在很大的难度。这是因为，一方面，企业的成本实际上属于企业的商业机密，是否能够要求公开存在疑问和难度，另一方面，要在很短时间的评标过程中确定投标人的报价是否低于成本价对评标委员会来说也是难上加难。

第五节 最终评定

最终评定即定标和授予合同。定标是招标人授予合同、签订合同的前提条件，定标和授予合同也是招标投标程序的最后环节。从招标人的角度来看，定标即意味着确定了中标人，从投标人的角度来看，定标和授予合同即中标，意味着投标人获得了该投标项目。

一、最终评定的程序

作为最终评定环节的定标和授予合同环节，其主要包括以下几个步骤和流程：

（1）评标委员会出具评标报告，评标报告应当由评标委员会全体成员签字。对评标结果有不同意见的评标委员会成员应当以书面形式说明其不同意见和理由，评标报告应当注明该不同意见；评标委员会成员拒绝在评标报告上签字又不书面说明其不同意见和理由的，视为同意评标结果。

（2）中标候选人的推荐和确定。

（3）中标候选人公示，对于必须招标的项目，招标人应当自收到评标公告之日起 3 日内公示中标候选人。对于中标公示应当至少包括以下内容：

① 中标候选人排序、名称、投标报价、质量、工期（交货期），以及评标情况；

② 中标候选人按照招标文件要求承诺的项目负责人姓名及其相关证书名称和编号；

③ 中标候选人响应招标文件要求的资格能力条件；

④ 提出异议的渠道和方式；

⑤ 招标文件规定公示的其他内容。

对于依法必须招标项目的中标结果公示应当载明中标人名称。

（4）中标人的确定。

（5）中标人公示，即在确定中标人之后在交易信息平台公布中标人的相关信息。

（6）签发中标通知书。

（7）向监管部门提交书面报告，即对于依法必须进行招标的项目，招标人应当自确定中标人之日起 15 日内向有关行政监督部门提交招标投标情况的书面报告。

（8）招标人和中标人订立书面合同。

二、中标条件

经过前期的评审之后，评标委员会将根据投标报价的高低或者招标文件规定的其他方法对投标文件排序，以推荐或者确定中标候选人。根据《招标投标法》及相关法律法规的规定，能够被确定为中标人的投标应当符合下列条件之一：

（1）能够最大限度地满足招标文件中规定的各项综合评价标准。该条件的依据必须是招标文件中确定的各项指标。

（2）能够满足招标文件的实质性要求，并且经评审的投标价格最低；但是投标价格低于成本的除外。对于此条件的理解和操作，应当注意的是经评审的投标价格是一个换算后的价格，仅在评标时使用，与投标人的实际投标价格不是一个概念，招标人与中标人仍应按照投标报价签署合同。

此外，对于划分有多个单项合同的招标项目，如果招标文件允许投标人为获得整个项目合同而提出优惠条件的，评标委员会可以对投标人提出的优惠进行审查，以决定是否将招标项目作为一个整体合同授予中标人；如果决定将招标项目作为一个整体合同授予的，那么整体合同的中标人应当按照最有利于招标人的原则确定。

另外，还有必要注意未中标的合理补偿问题。实践中，对于未中标的项目，招标人通常仅仅负有返还投标保证金的义务，而不予以任何补偿，但是笔者认为，为提高投标人的积极性，同时也是对投标人知识成果的重视和保护，招标人应考虑给予投标人合理的补偿。对此，也有相应的法律法规的依据，比如PPP项目中参加采购评审的社会资本所提出的可供借鉴的融资方案、技术方案等内容最终被全部或部分采纳，但经采购未中选的，财政部门应会同行业主管部门对其前期投入成本予以合理补偿。

而在建筑工程方案设计招标中，对于达到设计招标文件要求但未中标的设计方案，招标人也应给予不同程度的补偿：

（1）采用公开招标，招标人应在招标文件中明确其补偿标准。若投标人数量过多，招标人可在招标文件中明确对一定数量的投标人进行补偿。

（2）采用邀请招标，招标人应给予每个未中标的投标人经济补偿，并在投标邀请函中明确补偿标准。

招标人可根据情况设置不同档次的补偿标准，以便对评标委员会评选出的优秀设计方案给予适当鼓励。

三、中标人的确定规则

根据《招标投标法》第40条以及《评标委员会和评标方法暂行规定》第46条的规定，中标人的确定有以下两种方式：

（1）招标人根据评标委员会提出的书面评标报告和推荐的中标候选人确定中标人，评标委员会推荐的中标候选人不超过3人，并应当标明排列顺序。

（2）招标人授权评标委员会直接确定中标人。

前述是关于确定中标人的基本方法，但是在具体决定中标人时，还应当特别区分不同的项目性质等因素对定标的影响，具体按照以下规则进行：

（1）对于使用国有资金投资或者国家融资的项目，招标人应当确定排名第一的中标候选人为中标人。但是，如果出现下列情形的，招标人可以按照评标委员会提出的中标候选人名单排序依次确定其他中标候选人为中标人：

①中标候选人放弃中标；

②因不可抗力提出不能履行合同；

③招标文件规定应当提交履约保证金而中标候选人未在规定期限内提交的；

④存在影响中标结果的违法行为等情形，不符合中标条件的。笔者认为，这里的违法行为等情形不仅限于投标人的行为，也同样包括招标人、招标代理机构和评标委员会。

（2）按照上述规则，对于因前述四个原因而未选择排名第一的候选人为中标人时，则应当选择排名第二的候选人为中标人；如果因为上述同样的原因无法确定中标人，则应选择排名第三的候选人为中标人。

（3）但是，如果依次确定其他中标候选人与招标人预期差距较大，或者对招标人明显不利的，招标人可以重新招标，无须按照评标委员会推荐的候选人确定中标人。

（4）对于不属于“使用国有资金投资或者国家融资的项目”，如果没有其他特殊规定，招标人可以在评标委员会推荐的 1 至 3 名中标候选人中任选一名作为中标人，而不限于选择排名第一的中标候选人。

同时，根据上述评标和定标等规则的规定也应当注意，招标人不得有下列任何行为：

（1）无正当理由不发出中标通知书；

（2）不按照规定确定中标人；

（3）中标通知书发出后无正当理由改变中标结果；

（4）无正当理由不与中标人订立合同；

（5）在订立合同时向中标人提出附加条件。

如果招标人违反上述规则，政府行政机关有权责令其改正，可以处中标项目金额千分之十以下的罚款；给他人造成损失的，依法承担赔偿责任；对单位直接负责的主管人员和其他直接责任人员依法给予处分。

四、评标期限

招标文件应当载明投标有效期，投标有效期从提交投标文件截止日起计算。这个期限也应当是评标委员会进行评标的最终期限。

实务中，招标人应当根据项目规模和技术复杂程度等因素合理确定评标时间，评标和定标应当在投标有效期内完成。超过三分之一的评标委员会成员认为评标时间不够的，招标人应当适当延长评标期限。《工程建设项目施工招标投标办法》更是进一步明确规定，评标委员会提出书面评标报告后，招标人一般应当在15日内确定中标人，但最迟应当在投标有效期结束日30个工作日前确定。与之相对应的，如果由于评标委员会不能在投标有效期结束日30个工作日前完成评标和定标的，招标人应当通知所有投标人延长投标有效期。拒绝延长投标有效期的投标人有权收回投标保证金。同意延长投标有效期的投标人应当相应延长其投标担保的有效期，但不得修改投标文件的实质性内容。因延长投标有效期造成投标人损失的，招标人应当给予补偿，但因不可抗力需延长投标有效期的除外。

五、重新评标

评标委员会根据评标标准和办法推荐或选择中标人之后，评标的实质性工作和招标投标活动基本完成，后续即由招标人签发中标通知书和双方签署合同。

但是，在出现某些特定情形时，评标委员会的评定结论不能作为最后的定标依据，而需要重新评标，这些情形包括：

（1）使用招标文件没有确定的评标标准和方法的；

（2）评标标准和方法含有倾向或者排斥投标人的内容，妨碍或者限制投标人之间竞争，且影响评标结果的；

（3）应当回避担任评标委员会成员的人参与评标的；

（4）评标委员会的组建及人员组成不符合法定要求的；

（5）评标委员会及其成员在评标过程中有违法行为，且影响评标结果的。

上述几项是由于评标委员会的原因导致重新评标的因素。依据《招标投标法实施条例》的原则规定，如果是必须进行招标的工程建设项目，在招标、投标、中标无效的情况下，也可以按照中标条件从其余的投标人中重新评标确定中标人。

同时，也需要注意的是，对于重新评标还是重新招标，依据法律法规的规定，招标人具有一定的选择权，可以视项目的实际情况来确定。

第六节　中标通知书

在招标投标过程中，中标通知书具有非常重要的作用。中标人确定后，招标人应当向中标人发出中标通知书，同时通知未中标人。招标人签发中标通知书，即意味着最终认可了投标人的投标条件，双方将按照招标文件和投标文件的内容签署相应的合同文件。因此，中标通知书一旦送达投标人，即对招标人和投标人产生法律的约束力。

一、中标通知书的法律性质

从内容上来看，招标文件应当包括招标项目的技术要求、投标报价要求和评标标准等所有实质性要求和条件，以及拟签订合同的主要条款；投标文件应当对招标文件提出的实质性要求和条件做出响应，包括对合同条款的实质响应，而中标通知书则是招标人对投标文件的承诺。

中标通知书是由招标人在投标有效期内，按照投标文件的实质性内容的要求，向投标人发出的同意受投标人的要约约束的意思表示。因此，结合上述四个法律构成要件和招投标过程可以看出，中标通知书完全符合承诺的条件。

所以，笔者的观点是，在中标通知书送达中标人后，合同即告成立，至于其后双方签订的合同书只是对双方要约、承诺的再一次重申。但是，这种行为本身并不具有法律上阻止合同成立的特性。换一句话说，中标通知书就是承诺的载体，是合同成立的标志。[①] 合同书不是合同成立的法定必经程

① 在《最高人民法院关于审理建设工程施工合同纠纷案件适用法律问题的解释（二）》草案中就中标通知书签发的法律效果中提到一种观点，即“招标人向中标人发出中标通知书后，建设工程预约施工合同成立。招标人无正当理由不签订书面合同，中标人请求招标人承担建设工程预约施工合同违约赔偿责任的，应予支持”。对此，笔者认为，工程合同的招标投标、成立与一般的商业合同不一样，按照现有的法律规范的规定，工程合同的成立、生效具有很明确的法律基础，再设立预约施工合同并没有必要，反而有可能进一步增加双方发生争议的可能性，而且就目前来看，现有的预约合同也仅出现在买卖合同司法解释中，适用于买卖合同而非工程合同，不利于处理和协调招标投标与工程合同成立的关系。

序。笔者认为，对于经过招标投标的建设工程合同，其成立的标志是中标通知书发送给中标人之时。中标通知书发出后，若中标人放弃中标，或者招标人改变中标结果的，行为人应当承担违约责任。而且，强调中标通知书的发出即合同成立，可以增加违约行为人的违约成本，加强各方遵守合同约定的约束力，也能够产生平衡招投标双方利益的社会效应。

如果中标通知书的发出并不意味着合同的成立，那么招标人或中标人毁标仅需承担缔约过失责任，承担信赖利益的损失，难以取得“违约必究”的法律效果。

由此推及招标投标活动的实践，笔者建议招标人和投标人在招标投标阶段尽可能详细地编制招标文件和投标文件，对于招投标文件中的工程合同条款也应当加以认真研读，对于需要响应的内容应当响应，对于需要提出偏差的内容也应当提出偏差，以体现各方的真实意思表示、维护各方的合法利益。

二、中标通知书的签发

根据现行的《招标投标法》的规定，中标人确定后，招标人应当向中标人发出中标通知书。对于工程施工类的招标投标项目中，发放中标通知书的具体时间并无统一的规定，一般都由招标人掌握进度，而在工程设计招标中，招标人发放中标通知书的时间应当在中标方案确定之日起 7 日内。

如前所述，中标通知书在法律上属于承诺，因此能够向投标人签发中标通知书的主体只能是招标人本身。作为代理人的招标代理机构尽管可以代招标人向中标人递交、送达、发放中标通知书，代行签收等活动，但是由于招标代理机构不是招标投标法律关系的一方主体，也不是将来签署工程合同的主体，因而其无权向中标人签发中标通知书。

但是实践中，会出现招标代理机构直接以自己的名义向投标人发出中标通知书的情况。此种行为有可能会导致中标结果的效力争议，为此招标人、投标人都有必要加以重视和注意。

三、中标通知书的撤回

如前所述，中标通知书属于承诺，根据《合同法》第 27 条的规定，承诺可以撤回。如前所述，理论上和实践中，中标通知书都被视作承诺，现有的法律法规对中标通知书的撤回并没有特别的限制性规定，因此，按照《合同法》的一般规定，中标通知书也可以予以撤回。

就中标通知书的撤回时间来看，一般来说，其撤回的通知应当在承诺通知到达要约人之前或者与承诺通知同时到达要约人。因此，在具体的招标投标活动中，在中标通知书送达中标人之前，招标人依法可以撤回其中标决定。但是，如果中标通知书已经送达中标人，严格来说，工程合同已经成立，法律虽未禁止招标人撤回通知，但是，招标人应当对其撤回行为承担法律责任。

四、撤回中标通知书的法律后果

根据现行的《招标投标法》规定，中标通知书对招标人和中标人具有法律效力。中标通知书发出后，招标人改变中标结果的，或者中标人放弃中标项目的，应当依法承担法律责任。至于说是何种法律责任，《招标投标法》并没有明确，按照《合同法》的相关规定，工程合同成立前和成立后，招标人悔标而应当承担的责任存在明显的区别，前者是缔约过失责任，而后者是违约责任。

笔者认为，按照前文所述，招标人和投标人在中标之后另外签署书面形式的合同书并不是工程合同成立生效的必要前提或条件，而是为了满足行政监管的需要。因此，工程合同的成立应当以中标通知书的送达为临界点，而一旦合同成立，任何一方违约都构成违约责任，据此，如果招标人在中标通知书已送达中标人后反悔的，应当承担相应的违约责任。

第七节　合同签署

签署合同从本质上来看是招标人和投标人双方按照招标文件和投标文件的内容对工程建设项目的范围、内容、价款等权利义务内容的再次确认。

一、合同签署的期限

评标委员会确定中标人之后，招标人应当向中标人发出中标通知书，同时通知未中标人，并与中标人在30个工作日之内签订合同。

招标人定标之后，如果中标人不履行与招标人订立的合同的，履约保证金不予退还，给招标人造成的损失超过履约保证金数额的，还应当对超过部分予以赔偿；没有提交履约保证金的，应当对招标人的损失承担赔偿责任。

而对于招标人延误确定中标人或者在定标之后不与中标人签署合同的情况，法律法规对如何约束招标人的规定显得相对模糊，并且更多的是从行政管理的角度出发，比如列入违法诚信记录之中。当然，对于因此造成中标人损失的，投标人可以依据《招标投标法》和《合同法》的规定，要求招标人赔偿损失。

二、合同签署的条件

合同签署的条件是招标人确定了中标人。应当注意的是，投标人的中标条件和依据是招标文件确定的标准，只要符合中标条件，并且经评标委员会评审后推荐的候选人都可能成为中标人，而且，招标人不得再向中标人提出压低报价、增加工作量、缩短工期或者其他违背中标人意愿的要求，以此作为发出中标通知书和签订合同的条件。

而一旦确定了中标人，招标人应当与中标人按照招标文件和中标人的投标文件中的内容订立书面合同。根据相关法律规定，招标人和中标人应当自中标通知书发出之日起30日内，按照招标文件和中标人的投标文件订立书面合同，并且招标人和中标人不得再行订立背离合同实质性内容的其他协议。

此外，招标人也不得提出额外的附加条件作为签署合同的基础。

三、拒绝签署合同的后果

中标人确定后，招标人应当向中标人发出中标通知书，并同时将中标结果通知所有未中标的投标人。中标通知书对招标人和中标人具有法律效力。中标通知书发出后，招标人改变中标结果的，或者中标人放弃中标项目的，应当依法承担法律责任。

这里所说的法律责任，不仅是民事的赔偿责任，比如没收投标保证金，还会有相应的行政处罚，比如禁止在一定期限内参加工程项目的招标和投标等，这都会对招标人或者投标人产生不利的法律后果。

四、合同签署后的备案和登记

建立合同备案制度的本意是明确合同当事人在签订合同时，不需要其他机关的审查，只需在合同签订之后将合同报相关主管部门存档备查。中国的《行政许可法》并未授权建设主管部门或其他部门对施工合同进行审查的行政权力。但是实践中，各地行政管理机关在进行合同备案的实际操作时，均不同程度地扩大其行政权力，增加了对备案合同的审查程序，对于不符合有关条件的合同（与招标文件、中标人的投标文件不符），备案机关不予备案。因此，备案审查的关键在于合同条款是否背离了招标文件、投标文件的实质性内容。中国招投标程序中的合同备案制度在实践中完全演化成了合同审查制度。

目前，在工程建设领域中，合同备案主要针对建设工程施工合同。对勘察设计合同和监理合同的备案，尚不是行政机关的管理重点，国家层面的法规对此没有强制性要求，各地对此的规定也较少。

对工程合同签署后的备案是中国政府对工程建设领域进行监管的重要手段，与工程招标投标制度一脉相承。严格来讲，工程合同的备案与否多数情况下是为了顺应行政机关监管的需要，不是工程合同生效的条件，一般也不涉及合同的效力问题。最高人民法院在《合同法司法解释一》中指出，法律、行政法规规定合同应当办理批准手续，或者办理批准、登记手续才生效，在一审辩论终结前当事人仍未办理批准手续的，或者仍未办理批准、登记手续的，应当认定合同未生效；法律、行政法规规定合同应当办理登记手续，但未规定登记后生效的，当事人未办理登记手续不影响合同的效力。

就该司法解释对于工程合同备案的影响，笔者认为需要注意以下几点：

（1）该司法解释只提到批准、登记，但没有提及备案，这一规定是否同样适用于工程合同的备案制度并没有明确；

（2）该解释只提到合同生效与否的问题，但并没有涉及未经批准、登记或者备案是否将导致合同的无效；

（3）从前述规定来看，能够影响合同效力的批准、登记等手续，只能基于法律和行政法规的规定，而不是除此之外的地方性法规、规章等。

当然，不可否认的是，工程合同的双方当事人也可以自行约定将备案、登记作为合同的生效条件，但是，这些约定是合同意思自治原则的体现，不应成为工程合同生效的法定条件，也不应构成合同无效的依据。

但是，如果仅有备案程序，而工程合同的签订本身因违反法律、行政法规的强制性规定而无效时，那么此种备案合同仍然不能成为有效的结算依据。

在浙江圣华建设集团有限公司与安徽环球房地产股份有限公司、浙江环球房地产集团有限公司建设工程施工合同纠纷案[①]中，2005 年，环球房产公司作为甲方，圣华建设公司作为乙方签订了《a、d 标段工程施工补充合同》，约定由圣华建设公司承建环球房产公司开发的阜阳市解放北大街旧城改造一期工程 a、d 标段工程，其中 a 标段为多层商住楼约 3.5 万平方米、d 标段为商住高层约 5.5 万平方米。2006 年 3 月 6 日，双方又通过招投标程序就 d 标段签订了《建设工程施工合同》，并办理了备案手续。嗣后，圣华建设公司就工程款支付等相关问题而提起诉讼，诉中双方就两份合同应以何者作为结算依据发生争议。

最高人民法院经审理后认为：第一，2005 年，圣华建设公司与环球房产公司已经签订了《a、d 标段工程施工补充合同》，约定了承包范围、方式、价款等内容，并约定分标段施工合同书于办理开工手续前分别签订，若分标段施工合同书与本施工合同书有关工程取费标准和工程款支付两项内容有相异之处，均以本合同书为准。2006 年 3 月 6 日，双方又通过招投标程序就 d 标段签订了《建设工程施工合同》，并办理了备案手续。由此可见，双方在进行招投标之前就已经对涉案工程进行了实质性内容的磋商，招投标只是双方根据主管部门的要求履行的形式上的手续。双方的上述行为明显违反了《招标投标法》的强制性规定，所签订的《建设工程施工合同》及《a、d 标

① 浙江圣华建设集团有限公司与安徽环球房地产股份有限公司、浙江环球房地产集团有限公司建设工程施工合同纠纷，最高人民法院 (2013) 民一终字第 117 号二审民事判决书。

段工程施工补充合同》均应认定为无效。第二，鉴于《a、d 标段工程施工补充合同》系双方真实意思表示，并已实际履行，且一审审理期间，双方均认可涉案工程款的取费标准和工程款支付均按照《a、d 标段工程施工补充合同》的约定进行，故本案应以《a、d 标段工程施工补充合同》作为结算的参照。第三，圣华建设公司提出，按照《最高人民法院关于审理建设工程施工合同纠纷案件适用法律问题的解释》第 21 条规定，应以备案的中标合同即《建设工程施工合同》作为结算依据。然而，上述司法解释第 21 条的适用，是建立在备案的中标合同有效的前提之下，如果因招标、投标违法导致中标无效，即使中标的合同经过有关部门备案，该合同仍然不能作为结算工程价款的法定依据。圣华建设公司提出的以备案合同作为结算依据的上诉请求，于法无据，与事实相悖，法院不予支持。

尤其值得注意的是，2018 年，国务院办公厅在《关于开展工程建设项目审批制度改革试点的通知》（国办发〔2018〕33 号）中提出取消施工合同备案制度。对于此项重大变化，其未来的走向和对施工合同的效力等会产生如何影响，也将有待实践的证明。

第八节　无效的评标和中标

基础设施建设项目的整个招标、投标、评标程序的最终目的是公平、公正地选择合适的投标人，为了确保招标投标的最终成果，就要避免出现评标无效、中标无效的情形。

一、评标无效

如前文所述，评标的标准和方法应当严格按照招标文件的规定，评标委员会对投标文件的评审过程也应当合法、合规，否则，就会因为瑕疵评审行为而造成评标无效的后果。

根据《工程建设项目施工招标投标办法》的规定，评标过程中出现下列情况之一的，评标无效，应当依法重新进行评标或者重新进行招标：

（1）使用招标文件没有确定的评标标准和方法的；

（2）评标标准和方法含有倾向或者排斥投标人的内容，妨碍或者限制投标人之间竞争，且影响评标结果的；

（3）应当回避担任评标委员会成员的人参与评标的；

（4）评标委员会的组建及人员组成不符合法定要求的；

（5）评标委员会及其成员在评标过程中有违法行为，且影响评标结果的。

在评标无效的情况下，由于评标行为本身违反了招标、投标的公开、公平、公正的原则，因此，基于此类违法行为的中标也归于无效，从这个角度来说，评标无效和中标无效密切相关。

二、中标无效的情形

与评标不同，中标无效涉及的情形和主体的范围更为广泛。根据《招标投标法》及其实施条例等法律、法规和规章的规定，招标代理机构、招标人和投标人的违法行为都可能导致中标无效的后果。

（一）招标代理机构的违法行为

因招标代理机构违法行为导致中标无效的情形主要包括如下两种：

（1）招标代理机构违法泄露应当保密的与招标投标活动有关的情况和资料，影响中标的；

（2）招标代理机构与招标人、投标人串通损害国家利益、社会公共利益或者其他人合法权益等行为影响中标结果。

（二）招标人的违法行为

对于必须招标的工程建设项目，如招标人存在如下违法行为，也将导致中标无效的后果，具体包括如下情况：

（1）招标人在评标委员会依法推荐的中标候选人以外确定中标人的；

（2）依法必须进行招标的项目在所有投标被评标委员会否决后自行确定中标人的；

（3）依法必须进行招标的项目，招标人违反本法规定，与投标人就投标价格、投标方案等实质性内容进行谈判，并影响中标结果的；

（4）向他人透露已获取招标文件的潜在投标人的名称、数量或者可能影响公平竞争的有关招标投标的其他情况，导致影响中标结果的；

（5）招标人泄露标底，导致影响中标结果的。

（三）投标人的违法行为

根据相关规定和实践，因投标人的违法行为导致中标无效的法定情形主要包括：

（1）投标人之间相互串通投标，或者与招标人串通投标谋取中标的；

（2）投标人以向招标人或者评标委员会成员行贿的手段谋取中标的；

（3）投标人以他人名义投标或者以其他方式弄虚作假，骗取中标的。

此外，PPP 项目或者其他政府采购的货物和服务项目中，如果投标人存在下列情形的，则其投标无效，进而其中标也将归于无效：

（1）未按照招标文件的规定提交投标保证金的；

（2）投标文件未按招标文件要求签署、盖章的；

（3）不具备招标文件中规定的资格要求的；

（4）报价超过招标文件中规定的预算金额或者最高限价的；

（5）投标文件含有采购人不能接受的附加条件的；

（6）法律、法规和招标文件规定的其他无效情形。

三、中标无效的认定

实务中需要注意到，关于中标无效的认定主要有以下两种情况：

（1）司法机关认定中标无效；

（2）行政机关认为中标无效而采取有关措施。

前者主要是指通过诉讼或仲裁按照有关法律对中标无效予以认定。实践中经常出现以下情形：合同已经签署并履行一段时间，合同双方由于工程进度、工程款支付、工程质量等其他原因产生纠纷，此时，某个当事人在纠纷诉讼中主张中标无效，司法审理机关对此予以认定。

后一情形，在我国现行法律、法规和部门规章中，唯一明确规定由建设行政主管部门行使中标无效确定权的是《房屋建筑和市政基础设施工程施工招标投标管理办法》。但是，该办法的层级仅为部门规章，建设行政主管部门是否有权认定中标无效依然存在争议。

实践中，在中标公示阶段，如果有投标人以中标无效为由进行投诉，行政监督机关查证属实后，一般要求招标人组织评标委员会重新评标，从而回避作出中标无效的决定。

四、评标和中标无效的法律后果

根据《招标投标法》及其实施条例的规定，对于依法必须进行招标的工程建设项目，评标无效、中标无效的，应当重新进行评标或者重新进行招标。如果招标人不进行重新招标或者评标，根据《合同法》的规定，属于违反法律和行政法规的强制性规定的情形，与之相伴，基于评标无效和中标无效行为签署的工程合同，包括施工合同、勘察设计合同、监理合同、采购合同也自然归于无效。同时，《最高人民法院关于审理建设工程施工合同纠纷案件适用法律问题的解释》也明确规定，建设工程中标无效的，施工合同应当认定为无效。

对于中标无效的工程合同，除争议解决条款外，其他条款均属无效。并且，合同无效后应当恢复原状，返还因该无效合同取得的财产；不能返还或者没有必要返还的，应当折价补偿。而且，各方还要承担过错责任，即有过错的一方应当赔偿对方因此所受到的损失，双方都有过错的，应当各自承担相应的责任。

但是，实务中还需要注意的是，对于不属于必须招标的工程建设项目，如果因中标无效，招标人既可以选择重新进行招标，也可以直接选择签约方，双方签署的工程合同也不会被视为无效。

7

CHAPTER

第七章

PPP 和特许经营权采购

PPP, 即 Public Private Partnership，中文直译为“公私合作”“公私合营”，目前中国政府官方的正式译文为“政企合作”。对于中国来说，PPP 显然是舶来品，具体是指政府为增强公共产品和服务供给能力、提高供给效率，通过特许经营、购买服务、股权合作等方式，与社会资本建立的利益共享、风险分担及长期合作关系[①]。

自 2013 年开始，中国政府开始大力推广 PPP 项目，从国务院到发改委、财政部等各部委，从中央到地方，中国的 PPP 项目遍地开花，出现了一股热潮。与之相应，有关 PPP 的立法以及政策、指导意见也层出不穷。

然而，不可否认的是，PPP 在中国已有 30 年的历史，虽然目前 PPP 项目的风头正劲，但是，与工程建设项目的招标投标采购的规范化不同，PPP 模式本身以及 PPP 项目的采购仍然处于起步阶段，其规范化的运作还有待进一步的研究和实践。

同时，由于目前 PPP 模式的推广更多的是依赖政府的政策，即使有财政部和发改委颁布的一系列行政规章，但是，现有立法方面的不足而产生的 PPP 项目采购法律、政府采购法律、工程项目采购法律法规等适用和程序方面的不一致和冲突的问题也变得更加凸显，成为当前实施 PPP 项目面临和需要着手处理的事项。

---

① 参考《国家发展和改革委员会关于开展政府和社会资本合作的指导意见》对 PPP 的定义。但是，理论和实践中，社会各界尚没有完全统一的表述，财政部在《关于推广运用政府和社会资本合作模式有关问题的通知》中，认为 PPP 是在基础设施及公共服务领域建立的，由社会资本承担设计、建设、运营、维护基础设施的大部分工作，并通过“使用者付费”及必要的“政府付费”获得合理投资回报；政府部门负责基础设施及公共服务价格和质量监管，以保证公共利益最大化的长期合作关系。发改委和财政部各自对于 PPP 的定义存在一定的差异性，但是，从本质上来看，两者之间是趋同的，只是各自对于 PPP 模式的关注点和侧重点略有不同。

第一节　PPP 在中国的发展历史简介

实际上，PPP 在中国已经存在了较长的时间，只不过一直以来都不是以“PPP”这一术语来表述[①]，而更多的是以其具体的操作模式，比如 BOT、TOT 等方式，运用于基础设施和市政公用事业领域。但是，由于过去 30 年中国经济稳步增长的事实，使得各界对 PPP 模式的功能和作用的认识存在严重的不足，并没有意识到 PPP 模式对于转变和改进政府职能、提高公众服务产品的质量、促进社会资本投资等方面的积极作用，因而有关 PPP 的立法始终没有受到重视，也没有得到规范。

一、PPP 在中国的发展[②]

众所周知，PPP 在中国的发展大致经历了五个阶段，并且每个发展阶段都有其各自的经济背景、历史环境。严格来讲，PPP 是一种经济政策，而不是法律制度，因此，PPP 在中国各个发展阶段都呈现出不同的特点。

（1）探索阶段 (1984~1993 年)。这一时期正处于中国政府开始实施“对外开放”政策的起步阶段。由于 PPP 的概念刚从国外引进，对于 PPP 模式的可行性和功能处于探索和尝试阶段，因此并未引起中央和地方各级人民政府的关注，中央和地方各级政府也并没有针对 PPP 模式制定相应的政策和指导规范。

（2）小规模试点阶段 (1994~2002 年)。得益于中国明确了建立“社会主义市场经济体制”的改革目标，以及大胆吸收和借鉴世界各国的一切反映现代社会化生产和商品经济一般规律的先进经营方式和管理方法的方针，为中国基础设施投融资体制和改革提供了新的思路和政策依据。

（3）推广试点阶段 (2003~2008 年)。这一时期的发展主要是基于中国社

---

① 过去，在中国对资本、资产等进行公、私的划分属于比较敏感的话题。在新一轮的 PPP 热潮中，PPP 也被表述为政府和社会资本合作，而不是公私合营的概念。

② PPP 在中国发展的各阶段特点可参见林立:《项目融资和 PPP 实务运作全程指南》，中国法制出版社 2018 年版，第 13~16 页。

会、经济发展的需要，中央和地方政府对于大规模建设公共基础设施项目有着迫切的需求，然而毕竟当时中央和地方的财政资金有限，不能满足基础设施投资和建设的发展目标，因此，积极推行 PPP 模式成为重要的措施和手段。但是，鉴于 PPP 操作的不规范和政府违约的不利影响，PPP 发展出现了停滞状态。PPP 项目大多采用公开招标方式进行，竞标过程相对规范、公开和透明，低价中标成为主要的衡量标准，使得竞争激烈，甚至是恶性竞争。

（4）短暂停滞阶段(2009~2012 年)。受 2008 年全球金融危机的严重影响，中国政府采取“四万亿”投资计划刺激基础设施投资和建设，以缓冲危机，并在短时间内带动了经济的快速增长。此外，由于财政资金的短缺，中央政府也开始再次重视社会资本，尤其是民营资本参与基础设施项目投融资的可能性和力度。为此，中国国务院提出要“鼓励和引导民间资本进入基础产业和基础设施领域、市政公用事业和政策性住房建设领域”[①]。

（5）全面推广的新时期(2013 年至今)。目前，中国的新型城镇化进程在不断地加快，城镇化对于公共基础设施项目的资金需求也在不断地增大。而政府财政能力有限、地方债务规模过大、以“土地换资金”为主的财政模式无法持续等现状都需要重新审视和考虑社会资金在基础设施建设中的参与程度和重要作用。中国提出了“允许社会资本通过特许经营等方式参与城市基础设施投资和运营”的深化改革方向。但随着项目的发展，自 2017 年下半年开始，对于 PPP 项目呈现出谨慎和日趋规范、严格审核的趋势。

二、中国 PPP 的立法和政策沿革[②]

与中国 PPP 的整个发展历程相对应，以 2013 年为分界点，中国关于 PPP 的法律、法规和政策也体现了不同的趋势。过去十多年一直被呼吁出台的有关 PPP 的立法终于取得了一定的发展，并且也得到了中央政府的高度重视。

（1）2013 年之前的 PPP 立法相对较少，以政策文件为主。从数量上看，

---

① 《关于鼓励和引导民间投资健康发展的若干意见》(国发〔2010〕13 号，被称作“新国 36 条”)。

② 相关的立法变更和特点可参见林立:《项目融资和 PPP 实务运作全程指南》，中国法制出版社 2018 年版，第 16~19 页。

中央各部委共颁布了 18 项比较重要和具体的规章、政策指引，其中较为重要的项目采购规定当属《政府采购货物和服务招标投标管理办法》和《经营性公路建设项目投资人招标投标管理规定》。而且，在早期的 PPP 立法和政策中，更多地集中在引进外资方面。在具体模式的选择上，则是以 BOT 为主。对于基础设施项目的类型上，则多是倾向于收费公路以及城市污水、垃圾处理等市政公用事业领域。

（2）与此前不同，2013 年之后的 PPP 在立法数量上较为激进。国务院以及各部委，各地地方政府都出台了大量的推动 PPP 项目发展的政策文件和地方政府规章。其中，财政部制定的《政府购买服务管理办法（暂行）》《政府和社会资本合作项目政府采购管理办法》《政府采购非招标采购方式管理办法》《政府采购竞争性磋商采购方式管理暂行办法》等为 PPP 项目采购的具体执行提供了有力的依据。

目前，《基础设施和公共服务领域政府和社会资本合作条例》正处于立法讨论阶段，一旦通过，对于 PPP 项目的采购也会产生重大影响。

第二节　政府采购的基本制度

考虑到政府财政预算来源于全体纳税人的特殊性，对于涉及政府出资采购的项目，都会严格按照程序和规定进行，因此，这些采购项目就会与《政府采购法》《政府采购法实施条例》存在千丝万缕的联系。尤其是采用 PPP 模式进行采购的项目，由于涉及工程、与工程有关的服务和货物，以及与工程相关、但又区别于工程建设项目的服务和货物，可能同时需要遵守《招标投标法》和《政府采购法》的相关规定，因而导致法律适用变得更为错综复杂。因此，有必要先对政府采购的基本制度作一概述。

一、政府采购法的适用范围

根据《政府采购法》及其实施条例的规定，各级国家机关、事业单位和团体组织，使用财政性资金采购需要由政府向社会公众提供的公共服务的活动被称为政府采购。这里的财政性资金包括纳入财政预算以及以财政性资金作为还款来源的借贷资金。

此外，应当遵守《政府采购法》及其实施条例相关规定的采购活动还包括：

（1）国家机关、事业单位和团体组织的采购项目既使用财政性资金又使用非财政性资金的，对于其中使用财政性资金采购的部分；

（2）财政性资金与非财政性资金无法分割采购的项目。

当然，不可否认的是，对于上述第（1）种情形，要将使用财政性资金和非财政性资金进行分割，并适用不同的采购方式会导致实际操作中的困难，因而，保守起见，在具体实施某项采购时，通常是考虑一揽子纳入政府采购流程来处理。

二、政府采购的评标办法

在依据政府采购进行采购的项目中，其评标办法主要有最低评标价法、综合评分法两种方法。但是，如果属于招标的项目，则应当使用最低评标价法和综合评分法两项。

（一）最低评标价法

政府采购中的最低评标价法是指以价格为主要因素确定中标人的评标方法，即在全部满足招标文件实质性要求前提下，依据统一的价格要素评定最低报价，以提出最低报价的投标人作为中标候选人或者中标人的评标方法，多适用于具有统一标准的定制商品及通用类服务项目，但其缺点在于过多地关注价格因素，而对于投标人的服务质量等软性指标的衡量很难在招标阶段体现出来。

虽然，最低评标价法是招标采购和竞争性谈判中常用的方法，不过，对于最低评标价法在实践中的使用，还需要注意其适用的某些特殊场合，以及招标文件的规定。

在浙江奥德公司与宁海水务集团等缔约过失责任纠纷上诉案[①]中，2010

---

① 浙江奥德净化工程有限公司与宁海县水务集团有限公司等缔约过失责任纠纷上诉案，浙江省宁波市中级人民法院 (2011) 浙甬商终字第 550 号民事判决书。

年8月27日，招标公司接受宁海县政府采购管理办公室的招标委托，就深田川污水厂、长街污水处理厂离心脱水机项目公开向社会招标，并发布了《招标公告》。9月21日开标之日，到场投标的单位仅有奥德公司和浙江西格公司两家。同日，宁海采购办批准同意变更本案所涉采购项目的采购方式为竞争性谈判。随后，奥德公司及西格公司参加开标的代表均在《关于同意参加竞争性谈判采购的声明》上签字，该声明载明："招标公司已经宣布转变后的采购程序，我们对此无异议，并同意以招标文件和投标文件作为谈判采购的依据参加本次采购活动。依照原招标文件的评标标准对商务、技术和服务进行评议。"奥德公司最终报价850000元，西格公司报价930000元。最终，西格公司作为成交单位。2011年3月23日，奥德公司以招标人为遵守《政府采购法》关于采用竞争性谈判方式采购的，应当遵循"采购人从谈判小组提出的成交候选人中根据符合采购需求、质量和服务相等且报价最低的原则确定成交供应商"的规定为由向法院提起诉讼。

二审法院经审理后认为：本案所涉政府采购项目公开招标因投标人数未达到法定数量，经宁海采购办批准转换为竞争性谈判，奥德公司对采购方式的转换无异议，并同意以公开招标的招标文件和投标文件作为谈判采购的依据参加此次采购活动，以及依照原招标文件的评标标准对商务、技术和服务进行评议。而公开招标的招标文件和投标文件确定的评标办法为综合评分法，水务公司、招标公司在竞争性谈判中根据综合评分法确定成交供应商，既不违反法律、行政法规的强制性规定，也不违反作为投标人的奥德公司的真实意思表示。

另外，实务中，采用最低评标价法进行评标，一般按照下列规则进行评定：

（1）招标人应当按投标报价由低到高顺序排列；

（2）投标报价相同的，按技术指标优劣顺序排列；

（3）评标委员会认为，排在前面的中标候选供应商的最低投标价或者某些分项报价明显不合理或者低于成本，有可能影响商品质量和不能诚信履约的，应当要求其在规定的期限内提供书面文件予以解释说明，并提交相关证明材料；否则，评标委员会可以取消该投标人的中标候选资格，按顺序由排在后面的中标候选供应商递补，以此类推。

对于技术、服务等标准统一的货物和服务项目，应当采用最低评标价法。但是，尤其应当注意的是，最低评标价法并不等同于最低价中标。

（二）综合评分法

综合评分法也是政府采购常用的评标方法之一，它是指在最大限度地满足招标文件实质性要求的前提下，按照招标文件中规定的各项因素进行综合评审后，以评标总得分最高的投标人作为中标候选供应商或者中标供应商的评标方法。

综合评分的主要因素包括价格、技术、财务状况、信誉、业绩、服务、对招标文件的响应程度，以及相应的比重或者权值等。其中，货物项目的价格分值占总分值的比重不得低于30%；服务项目的价格分值占总分值的比重不得低于10%。而对于执行统一价格标准的服务项目，其价格则不列为评分因素[①]。

不论是采用最低评标价法还是综合评分法，都应当在招标文件中予以明确，并将评审标准中的分值进行量化，以便将分值与评审因素一一对应，对于招标文件中没有规定的评标标准则不得作为评审的依据。

依据综合评分法评审时，具体按照如下规则执行[②]：

（1）按评审后得分由高到低顺序排列；

（2）得分相同的，按投标报价由低到高顺序排列；

（3）得分且投标报价相同的，按技术指标优劣顺序排列。

（三）性价比法[③]

性价比法是用于服务和货物的采购评定标准，即按照要求对投标文件进

---

① 《政府采购货物和服务招标投标管理办法（2017年）》第55条。按照原《政府采购货物和服务招标投标管理办法（2014年）》第52条的规定，货物项目的价格分值占总分值的比重（即权值）为30%~60%；服务项目的价格分值占总分值的比重（即权值）为10%~30%。

② 《政府采购货物和服务招标投标管理办法（2004年）》第54条。

③ 原《政府采购货物和服务招标投标管理办法（2004年）》中规定了性价比法，但是在2017年10月1日实施的新《政府采购货物和服务招标投标管理办法》中，删除了性价比法。但实务中是否会一概取消则仍有待考证和实践证明。

行评审后，计算出每个有效投标人除价格因素以外的其他各项评分因素（包括技术、财务状况、信誉、业绩、服务、对招标文件的响应程度等）的汇总得分，并除以该投标人的投标报价，以商数（评标总得分）最高的投标人为中标候选供应商或者中标供应商的评标方法。

采用性价比法进行评审的具体规则包括：

（1）按商数得分由高到低顺序排列；

（2）商数得分相同的，按投标报价由低到高顺序排列；

（3）商数得分且投标报价相同的，按技术指标优劣顺序排列。

与依据《招标投标法》等进行采购的工程、服务和货物不同，《政府采购法》对招标和非招标方式进行的采购都有详细的规定。但是，由于政府采购的特殊性，即使采用非招标方式，严格来讲，采购人都不得在评标中改变招标文件中规定的评标标准、方法和中标条件。

三、适用政府采购需注意的事项

与《招标投标法》相关制度一样，适用《政府采购法》进行工程、服务和货物，也需要遵循公平、公开和公正等基本原则。对于政府采购应当遵循的特殊规则和规定，招标人和投标人也需要加以关注。

（一）禁止歧视

禁止歧视、保证公平和公正都是工程招标投标和政府采购的基本原则和首要准则。《政府采购法》第 22 条规定，采购人[①] 可以根据采购项目的特殊要求，规定工程、服务和货物供应商的特定条件，但不得以不合理的条件对上述供应商实行差别待遇或者歧视待遇。采购人或者采购代理机构有下列情形之一的，属于以不合理的条件对供应商实行差别待遇或者歧视待遇：

（1）就同一采购项目向供应商提供有差别的项目信息；

（2）设定的资格、技术、商务条件与采购项目的具体特点和实际需要不

① 《政府采购法》规范调整招标和非招标等不同的采购方式，笔者认为以“采购人”一词替代招标人更为准确。

相适应或者与合同履行无关；

（3）采购需求中的技术、服务等要求指向特定供应商、特定产品；

（4）以特定行政区域或者特定行业的业绩、奖项作为加分条件或者中标、成交条件；

（5）对供应商采取不同的资格审查或者评审标准；

（6）限定或者指定特定的专利、商标、品牌或者供应商；

（7）非法限定供应商的所有制形式、组织形式或者所在地；

（8）以其他不合理条件限制或者排斥潜在供应商。

如果采购人和招标代理机构存在上述歧视情形，主管机关有权责令其限期改正，给予警告，可以并处罚款，对直接负责的政府采购主管人员和其他直接责任人员，由其行政主管部门或者有关机关给予处分，并予通报。

（二）禁止恶意串通

实践中，不排除招标人和投标人和投票人之间、投标人相互之间相互串通的情形，因此也必须予以禁止和惩处。《政府采购法》明确规定政府采购当事人不得相互串通损害国家利益、社会公共利益和其他当事人的合法权益；不得以任何手段排斥其他供应商参与竞争。根据相关规定，恶意串通行为具体包括如下几种：

（1）供应商直接或者间接从采购人或者采购代理机构处获得其他供应商的相关情况并修改其投标文件或者响应文件；

（2）供应商按照采购人或者采购代理机构的授意撤换、修改投标文件或者响应文件；

（3）供应商之间协商报价、技术方案等投标文件或者响应文件的实质性内容；

（4）属于同一集团、协会、商会等组织成员的供应商按照该组织要求协同参加政府采购活动；

（5）供应商之间事先约定由某一特定供应商中标、成交；

（6）供应商之间商定部分供应商放弃参加政府采购活动或者放弃中标、成交；

（7）供应商与采购人或者采购代理机构之间、供应商相互之间，为谋求特定供应商中标、成交或者排斥其他供应商的其他串通行为。

对上述行为，根据《合同法》的规定，应该构成无效合同。对构成犯罪的，依法追究刑事责任；尚不构成犯罪的，处以罚款，有违法所得的，并处没收违法所得，属于国家机关工作人员的，依法给予行政处分。

（三）限制投标和回避的情形

对于参加政府采购的采购人、招标代理机构，以及投标人等供应商，需要特别注意法律规定的涉及投标条件、限制投标的情形以及回避的情形。

根据《政府采购法实施条例》的规定，单位负责人为同一人或者存在直接控股、管理关系的不同供应商，不得参加同一合同项下的政府采购活动；为采购项目提供整体设计、规范编制或者项目管理、监理、检测等服务的供应商，也不得再参加该采购项目的其他采购活动，但适用单一来源采购的项目除外。

与之相对应的，在采购活动中，如果采购人与供应商之间存在利害关系的，则应当回避。利害关系具体包括下列任何一种情形：

（1）参加采购活动前3年内与供应商存在劳动关系；

（2）参加采购活动前3年内担任供应商的董事、监事；

（3）参加采购活动前3年内是供应商的控股股东或者实际控制人；

（4）与供应商的法定代表人或者负责人有夫妻、直系血亲、三代以内旁系血亲或者近姻亲关系；

（5）与供应商有其他可能影响政府采购活动公平、公正进行的关系。

供应商认为采购人员及相关人员与其他供应商有利害关系的，可以向采购人或者采购代理机构书面提出回避申请，并说明理由。采购人或者采购代理机构应当及时询问被申请回避人员，有利害关系的被申请回避人员应当回避。

并且，法律也明令禁止供应商向采购人、采购代理机构、评标委员会的组成人员、竞争性谈判小组的组成人员、询价小组的组成人员行贿或者采取其他不正当手段谋取中标或者成交；采购代理机构也不得以向采购人行贿或者采取其他不正当手段谋取非法利益；采购人也不得向供应商索要或者接受其给予的赠品、回扣或者与采购无关的其他商品、服务。

（四）政府采购的废标处理

政府采购和工程招标投标采购都有严格的程序和实体条件，因此，投标人的投标文件必须符合法律的规定和招标文件的要求。根据《政府采购法》第36条的规定，在招标采购中，如果出现下列情形之一的，则应予废标：

（1）符合专业条件的供应商或者对招标文件作实质响应的供应商不足3家的；

（2）出现影响采购公正的违法、违规行为的；

（3）投标人的报价均超过了采购预算，采购人不能支付的；

（4）因重大变故，采购任务取消的。

政府采购的投标被废标后，采购人应当将废标理由通知所有投标人。除采购任务取消情形外，应当重新组织招标；需要采取其他方式采购的，应当在采购活动开始前获得设区的市、自治州以上人民政府采购监督管理部门或者政府有关部门的批准。

实务中常见的是因投标人不满3家时的处理。它实际上包括两种法定情形，一是符合专业条件的供应商不足3家的，二是对招标文件作实质响应的供应商不足3家的。笔者认为，严格来讲，根据上述规定，对于不满3家投标人的采购项目，应当先组织重新招标；如果经重新招标，投标人仍然不满3家，经批准可以采用其他方式采购。如果未经重新招标而直接改用其他方式采购，即使有审批，也仍可能存在程序瑕疵的弊端。

（五）中标无效和重新采购

中标无效和废标或者投标被否决并非同一概念。现行的《政府采购法》除了规定予以废标的情形之外，还规定了诸多导致中标无效的情形，具体包括：

（1）提供虚假材料谋取中标、成交的；

（2）采取不正当手段诋毁、排挤其他供应商的；

（3）与采购人、其他供应商或者采购代理机构恶意串通的；

（4）向采购人、采购代理机构行贿或者提供其他不正当利益的；

（5）在招标采购过程中与采购人进行协商谈判的。

除此之外，《政府采购法》第 71 条和第 72 条也更为详细地规定了一系列可能导致中标无效或者依法重新组织招标的情形，具体包括：

（1）应当采用公开招标方式而擅自采用其他方式采购的；

（2）擅自提高采购标准的；

（3）委托不具备政府采购业务代理资格的机构办理采购事务的；

（4）以不合理的条件对供应商实行差别待遇或者歧视待遇的；

（5）在招标采购过程中与投标人进行协商谈判的；

（6）中标、成交通知书发出后不与中标、成交供应商签订采购合同的；

（7）拒绝有关部门依法实施监督检查的；

（8）与供应商或者采购代理机构恶意串通的；

（9）在采购过程中接受贿赂或者获取其他不正当利益的；

（10）在有关部门依法实施的监督检查中提供虚假情况的；

（11）开标前泄露标底的。

当然，政府采购存在上述行为导致中标无效或者重新招标，还应当符合“影响或者可能影响中标结果”的法定条件。按照下列规则进行处理：

（1）未确定中标或者成交供应商的，终止本次政府采购活动，重新开展政府采购活动；

（2）已确定中标或者成交供应商但尚未签订政府采购合同的，中标或者成交结果无效，从合格的中标或者成交候选人中另行确定中标或者成交供应商；没有合格的中标或者成交候选人的，重新开展政府采购活动；

（3）政府采购合同已签订但尚未履行的，撤销合同，从合格的中标或者成交候选人中另行确定中标或者成交供应商；没有合格的中标或者成交候选人的，重新开展政府采购活动。

此外，如果中标或者成交供应商拒绝与采购人签订合同的，采购人也可以重新采购；而采购人则将会被禁止在 1~3 年内参加政府采购活动。

四、政府采购法和招标投标法的关系

如前文所述，在基础设施 PPP 领域，《招标投标法》和《政府采购法》一直以来都是界定 PPP 项目和工程建设项目招投标采购活动经常适用和主要适用的基本法律，这两套法律体系同时并存、交错适用。

不过，截至目前，对于《政府采购法》和《招标投标法》各自具体适用的范围和调整的法律关系，实践中仍然存在不同的理解和误区，尤其是涉及 PPP 项目的采购时，在具体的操作层面和政府监管方面，财政部、发改委和住建部这三个主管政府部门也没有完全达成统一的意见，甚至在司法实践中，不同的法院也有不同的处理结果。因此，分清两者之间的联系和区别，有助于解决工程领域招标投标相关的疑问和困境。

（一）政府采购法和招标投标法的联系

如本书前文所述，《招标投标法》已经明确规定了，在中国境内的工程建设项目包括项目的施工、勘察、设计、监理以及与工程建设有关的重要设备、材料等的采购，应当遵守《招标投标法》的相关规定。与之相对应，《政府采购法》也规定其适用于在中国境内进行的，使用财政性资金采购依法制定的集中采购目录以内的或者采购限额标准以上的工程、货物和服务。通常情况下，《政府采购法》更适合用于小型施工工程项目以及勘察、设计、监理专业服务之外的服务内容。

为了更加明确上述两个法律各自的适用范围，《政府采购法》还特别规定，政府采购工程进行招标投标的，适用《招标投标法》。《政府采购法实施条例》也对此进一步明确，政府采购工程以及与工程建设有关的货物、服务，采用招标方式采购的，适用《招标投标法》及其实施条例；采用其他方式采购的，适用政府采购法及其实施条例的规定。

此外，中国财政部还专门制定了《政府采购货物和服务招标投标管理办法》《政府采购非招标采购方式管理办法》以及《政府和社会资本合作项目政府采购管理办法》，用于规范和调整有关政府采购工程、服务和货物的相关活动。

根据上述法律法规的规定，笔者理解，《政府采购法》和《招标投标法》各自对于工程建设项目以及相关的服务和货物的法律适用和调整范围等是比较明确的，并不难区分。

（二）政府采购法和招标投标法的区别

尽管有着上述明确规定，在实务当中，仍有观点认为政府采购的工程项目应当完全依据《政府采购法》规定的招标投标程序进行，而不是按照《招标投标法》规定的招标投标程序。笔者认为，对于符合本书第二章关于招标规模标准和范围内的建设工程项目的施工、设备、材料以及勘察、设计、监理服务的采购，应当遵守《招标投标法》及其配套规范的规定。其主要理由在于：

《政府采购法》第 2 条规定其适用于在中国境内进行的，使用财政性资金采购依法制定的集中采购目录以内的或者采购限额标准以上的工程，包括建筑物和构筑物的新建、改建、扩建、装修、拆除、修缮等。第 4 条规定政府采购工程进行招标投标的，适用《招标投标法》。

此外，财政部颁布的《政府采购非招标采购方式管理办法》第 3 条也规定“按照招标投标法及其实施条例必须进行招标的工程建设项目以外的政府采购项目”可以采用非招标方式进行采购。另外，《招标投标法》第 3 条也规定，凡是在中华人民共和国境内进行的工程建设项目的施工，如果满足必须招标投标的条件的，则应当依法进行招投标。

《政府采购法实施条例》中也规定了政府采购工程以及与工程建设有关的货物、服务，采用招标方式采购的，适用《招标投标法》及其实施条例；采用其他方式采购的，适用《政府采购法》及本条例。

因此，从上述规定中可以得知，对于财政性资金采购的符合规模标准范围的建设工程施工项目，应当依据《招标投标法》中有关施工招标投标的规定进行采购。

另外，根据上述分析可以看出，《政府采购法》和《招标投标法》在调整工程建设领域的施工、服务和货物采购上，主要有以下几个区别：

（1）两者适用的项目标准不同：《招标投标法》适用于规模标准范围内的

工程、货物和服务；而《政府采购法》适用于PPP、公用事业特许经营权等项目、非规模标准范围内的工程、货物和服务；

（2）两者的项目资金来源和性质不同:《招标投标法》可以适用于财政和非财政资金投资建设的项目；而按照《政府采购法》采购，一般仅适用于财政性资金投资的建设项目；

（3）两者的法定采购方式不同:《招标投标法》规定的采购方式为招标，并以公开招标为主、邀请招标为辅;《政府采购法》规定的采购方式则包括公开招标、邀请招标、竞争性谈判、单一来源采购、询价以及其他可行的方式。

（4）两者的政府主管部门不同: 适用《政府采购法》采购的项目，由财政部门审批、实施;《招标投标法》的主管机关则更多，涉及多个行业主管部门，但就与招标投标程序有关的监管，更多的是由住建部和标办等机构实施。

（三）两种不同采购平台的选择

对于《政府采购法》和《招标投标法》适用的项目范围的差异，也导致了实践当中采购平台选择的不同。目前，财政部门主要监管政府采购，而住建部门则主管工程招标投标。

尽管两者都可以适用于新建、改建、扩建工程，工程货物和工程服务，但是实际上，在中国目前的法律环境下，这两部法律所规范和调整的采购行为主要涉及工程招标采购平台的选择和政府监管职能的区分问题。前者适用政府采购系统平台，后者适用建委标办系统平台。

关于不同的平台选择是否会影响工程合同效力的问题，笔者认为，招标投标的目的在于公开和公平竞争，采购平台的选择仅是政府行政主管部门对招标投标活动进行监督管理的方式和手段之一，只要发包人和投标人遵守了各平台的交易规则，这种监管手段不应当成为阻碍工程合同效力的影响因素。退一步来讲，对于发包人错误地选用采购平台的行为，行政主管部门亦不应当施加行政处罚等不利的法律后果。但是，在实务中的确需要衡量项目所在地对招标投标平台的选择的特殊规定，以避免出现后续的合同备案、施工许可证等申报的困难。

第三节　PPP 项目采购的法律适用

目前，中国政府正在大力推广并规范 PPP 项目，为此，财政部、发改委等部门相继发力，制定和颁布了一系列有关 PPP 项目的规定，这其中就包括了大量的涉及 PPP 项目采购的规定和规范性文件。因此，在中国政府大力推广基础设施 PPP 项目建设的过程中，如何解决适用《招标投标法》和《政府采购法》可能产生的冲突和衔接，如何协调 PPP 项目中涉及工程建设项目的采购，如何处理投资主体招标和施工承包人招标的冲突和协调，也都将是合同各方主体，政府主管部门以及法院和仲裁机构在处理后续相关争议时需要面对和解决的重要议题。

在本章上文中，笔者介绍和分析了有关《政府采购法》和《招标投标法》在 PPP 和基础设施建设领域的适用等问题。不难看出，尽管有《政府采购法》及其实施条例、《招标投标法》及其实施条例的具体规定，但是上述法律、行政法规都没有对 PPP 项目的采购做出具体和明确的规定。因而，在采用 PPP 模式方式进行的采购项目中，对于应当适用何种基础法律产生了不同的理解。笔者认为，对于采用 PPP 项目的本质、性质、目的的理解，将有助于理解相关法律适用的问题。

一、采用 PPP 模式采购的目的

自 2013 年起，中国政府决定转变政府职能，建立政府与市场合理分工的城市基础设施投融资体制，拓宽城镇化建设融资渠道，形成多元化、可持续的资金投入机制，使政府集中财力建设非经营性基础设施项目，吸引包括民间资本在内的社会资金，参与投资、建设和运营有合理回报或者一定投资回收能力的可经营性城市基础设施项目。

为此，国务院提出，为推进经济结构战略性调整，加强薄弱环节建设，促进经济持续健康发展，迫切需要在公共服务、资源环境、生态建设、基础设施等重点领域进一步创新投融资机制，充分发挥社会资本特别是民间资本的积极作用。

与此类似，财政部指出，推广运用PPP合作模式，是加快转变政府职能、提升国家治理能力的一次体制机制变革。国家发展改革委指出，PPP模式是政府为增强公共产品和服务供给能力、提高供给效率，通过特许经营、购买服务、股权合作等方式，与社会资本建立的利益共享、风险分担及长期合作关系。

基于上述考虑，PPP模式作为政府和社会资本合作，增强公共产品和服务供给能力、提高供给效率，与社会资本建立的利益共享、风险分担及长期合作关系的有效机制，被推到了中国基础设施建设的台前，中国政府为此提出了一系列有关PPP模式采购的顶层制度设计，引发了PPP模式研究和实践的新浪潮。

二、PPP模式采购的法律适用

在确定和解决PPP项目采购适用政府采购法律法规还是招标投标法律法规的问题时，笔者认为，其中一个重要和关键的衡量因素是对于PPP项目的性质的识别，即对于政府来讲，PPP采购的究竟是基础设施建设本身还是基础设施项目服务，抑或是其他。

结合前述关于中国政府推行PPP模式采购的目的，PPP模式还一度被误读为一种有效的融资手段，更多的是需要解决基础设施建设的资金问题，由此来看，PPP模式的采购实际兼有项目融资、建设和运营服务两种不同的性质。也正因此，PPP模式的法律适用问题才变成难题。

但是，国务院办公厅在《关于政府向社会力量购买服务的指导意见》中提出，政府向社会购买服务，应当按照《政府采购法》的有关规定确定承接服务的主体。为此，财政部也专门制定了《政府和社会资本合作项目政府采购管理办法》。根据该办法的规定，PPP项目采购是指政府为达成权利义务平衡、物有所值的PPP项目合同，遵循公开、公平、公正和诚实信用原则，按照相关法规要求完成PPP项目识别和准备等前期工作后，依法选择社会资本合作者的过程。PPP项目的采购人在项目实施过程中选择合作社会资本（供应商）的，适用本办法。

据此，目前在没有其他相关的法律、行政法规对PPP模式采购的法律适用进行明确规定的情况下，依据《政府采购法》及其实施条例、《政府和社会资本合作项目政府采购管理办法》等规范选择 PPP 模式中的社会资本方，在一定程度上更具可行性。

除此之外，结合 PPP 项目采购的特殊性，笔者认为，总体上来看，一般的公共服务，包括融资、运营服务、一般的货物采购应当按照《政府采购法》的规定进行；而对于涉及工程施工、勘察、设计、监理以及与工程相关的重要材料和设备的采购，则仍应适用《招标投标法》的规定。

三、适合采用 PPP 方式采购的项目类型

在考虑是否采用 PPP 模式作为采购方式时，采购人还应当注意该特定项目的类型。根据目前的相关政策，PPP 模式采购主要适用于政府负有提供责任又适宜市场化运作的公共服务、基础设施类项目。燃气、供电、供水、供热、污水及垃圾处理等市政设施，公路、铁路、机场、城市轨道交通等交通设施，医疗、旅游、教育培训、健康养老等公共服务项目，以及水利、资源环境和生态保护等项目，各地的新建市政工程以及新型城镇化试点项目，应优先考虑采用 PPP 模式建设。

具体从操作层面和角度上看，适用 PPP 模式进行采购的项目主要分为三个类型：

（1）经营性项目。对于具有明确的收费基础，并且经营收费能够完全覆盖投资成本的项目，可通过政府授予特许经营权，采用建设—运营—移交（BOT）、建设—拥有—运营—移交（BOOT）等模式推进。要依法放开相关项目的资本、建设、运营市场，积极推动自然垄断行业逐步实行特许经营。

（2）准经营性项目。对于经营收费不足以覆盖投资成本、需政府补贴部分资金或资源的项目，可通过政府授予特许经营权附加部分补贴或直接投资参股等措施，采用建设—运营—移交（BOT）、建设—拥有—运营（BOO）等模式推进。要建立投资、补贴与价格的协同机制，为投资者获得合理回报积极创造条件。

（3）非经营性项目。对于缺乏“使用者付费”基础、主要依靠“政府付费”回收投资成本的项目，可通过政府购买服务，采用建设—拥有—运营（BOO）、

委托运营等市场化模式推进。要合理确定购买内容，把有限的资金用在刀刃上，切实提高资金的使用效益。

第四节　PPP 项目中的合作方

采用 PPP 模式采购，其主要目的在于引进社会资本，提高基础设施建设和服务的品质。因此，从采购人的角度来看，选择适格的 PPP 项目合作方是影响项目成败的关键因素。笔者认为，这里的适格合作方不应当仅限于融资提供者和工程项目的建设者，还应当包括与项目相关的运营者。

一、PPP 项目中的主体和资金界定

采用 PPP 模式采购的项目中，参与主体主要是政府方和社会资本方，其资金构成并无统一的做法。在实务中常见的有由政府和社会资本方按照出资比例共同设立项目公司，或者由政府提供一定的特许权或者土地等权益而由社会资本提供项目全部资金，或者由政府方提供全部资本，采用延期支付方式向社会方返还资金和相应的回报等多种形式。因此，采用 PPP 模式的项目中，其资金构成会因具体项目的不同而不同。这也从另一方面反映了，就具体的项目而言，有关项目资金的来源和性质也应当是衡量《招标投标法》和《政府采购法》法律适用的影响因素。

对于 PPP 项目中的 Public Sector，主要是政府方。实务中需要注意的是，这里的政府方应做广义上的理解，既包括政府及其相关的职能部门，也包括事业单位和社会团体，以及经政府授权的其他机构。PPP 项目中政府方的资金来源主要是财政资金安排的建设资金，来源于一般公共预算和其他专项建设资金，政府性基金预算，政府依法举债取得的资金，以及国有资本经营预算安排的资金等。

而 PPP 项目中的 Private Sector，即社会资本方，则是指已建立现代企业制度的境内外企业法人，但不包括本级政府所属融资平台公司及其他控股国有企业，就目前来看，PPP 项目中的社会资本方的主力还是国有企业，金融机构和政府基金也占一定的比例，地方融资平台公司的作用则将转变为政府

指定的“合格机构”对 PPP 项目实施临时接管，或作为政府指定的“其他机构”代表政府收回约定的 PPP 项目，并对项目进行运营管理。当然，社会资本方的资金来源也更为多元化，可以是自有资金、贷款、基金（包括私募基金和政府投资基金）、信托等不一而足，而且发行企业债券、项目收益债券、公司债券、非金融企业债务融资工具等也是国家鼓励的投融资方式。

二、PPP 项目社会资本方的条件

采用 PPP 方式采购的项目，主要是选择适格的合作伙伴，这里所说的适格的合作伙伴应当是经过公平竞争、择优选择出来的，具有相应管理经验、专业能力、融资实力、项目实施能力，以及信用状况良好的社会资本合作方。一般来讲，参与 PPP 项目采购的投标人应当具备以下基本条件：

（1）具有独立承担民事责任的能力；

（2）具有良好的商业信誉和健全的财务会计制度；

（3）具有履行合同所必需的设备和专业技术能力；

（4）有依法缴纳税收和社会保障资金的良好记录；

（5）参加政府采购活动前三年内，在经营活动中没有重大违法记录；

（6）法律、行政法规规定的其他条件。

然而，这些投标基本条件并不足以确保投标人是适格的合作伙伴，更为重要的是，社会资本是否具有较强的融资能力、管理能力以及相应的工程建设和运营经验才是 PPP 项目采购中需要重点考虑和衡量的因素。

另外，不容忽略的是，就目前有关 PPP 项目的采购来看，由于适用《政府采购法》和《招标投标法》的情况都存在，因此，本书前文所述的关于投标人参加政府采购和工程招标投标所应具备的条件和限制性规定也同样适用于 PPP 项目的采购，比如，单位负责人为同一人或者存在直接控股、管理关系的不同社会资本，以及为采购项目提供整体设计、规范编制或者项目管理、监理、检测等服务的社会资本，不得再参加该采购项目的其他采购活动。

三、PPP 投资人和承包人的选择和协调

在中国目前实行的 PPP 项目采购中，大部分都集中在基础设施建设和公

用事业建设领域，因此，除了融资需求外，其涉及的工程项目的建设也是其中最主要的环节和工作内容。

由此可见，如果是需要有一个中标人对 PPP 项目提供全生命周期的服务，那就会涉及融资、设计、建造、运营等一系列的工作，就产生了采购人在 PPP 项目的投资人和承包人之间选择和协调的问题。

在涉及 PPP 项目的全周期服务中，对于前期融资、中期建设和后期运营等在具体选择招投标的方式问题时，笔者认为，还应当根据项目的特征和采购的实际需求等进行区分，比如，仅涉及前期的融资，选择社会资本的供应商，或是仅涉及项目的设计施工或者运营服务，是否会涉及联合体投标等。

在实务中，常见的 PPP 操作形式是政府通过下属职能机构与社会资本共同出资设立项目公司（SPV），再由项目公司另行选择工程的施工、勘察、设计和货物采购的提供者。在这种模式下，由于项目公司与前面所涉及的政府采购的招标投标并非同一主体，严格来讲，后续的工程建设项目仍然要进行招标投标。

第五节　PPP 项目的采购方式

PPP 项目的采购方式与《政府采购法》《招标投标法》中规定的采购方式并不完全相同。根据《政府和社会资本合作项目政府采购管理办法》第 4 条的规定，PPP 项目采购方式包括公开招标、邀请招标、竞争性谈判、竞争性磋商和单一来源采购。项目实施机构应当根据 PPP 项目的采购需求特点，依法选择适当的采购方式。

对于采用公开招标、邀请招标、竞争性谈判、单一来源采购方式开展采购的 PPP 项目，应当按照政府采购法律法规及有关规定执行。

一、招标采购方式

招标是工程建设项目采购的主要方式，同样也是 PPP 项目采购的主要方式，具体包括公开招标和邀请招标两种形式。

（一）公开招标

公开招标主要适用于采购需求中核心边界条件和技术经济参数明确、完整，符合国家法律法规及政府采购政策，且采购过程中不作更改的项目。

根据《政府采购法》和《政府采购货物和服务招标投标管理办法》的规定，采购人采购货物或者服务应当采用公开招标方式的，其具体数额标准，属于中央预算的政府采购项目，由国务院规定；属于地方预算的政府采购项目，省、自治区、直辖市人民政府根据实际情况，可以确定分别适用于本行政区域省级、设区的市级、县级公开招标数额标准。

对于公开招标的 PPP 项目，招标人不得将应当以公开招标方式采购的货物或者服务化整为零或者以其他任何方式规避公开招标采购。招标人也不得限定或者指定品牌或供应商、非法限定供应商所有者形式、以特定区域或行业的业绩奖项为加分或中标条件、以设定的技术需求指向特定供应商或产品等方式对供应商进行不合理的差别或歧视待遇。

（二）邀请招标

邀请招标是招标的另一常用形式，但与公开招标不同，采用邀请招标的 PPP 项目有其特殊的条件。按照《政府采购法》的相关规定，只有符合下列情形之一的货物或者服务，可以依照本法采用邀请招标方式采购：

（1）具有特殊性，只能从有限范围的供应商处采购的；

（2）采用公开招标方式的费用占政府采购项目总价值的比例过大的。

而对于 PPP 项下需要独立招标的工程，如果达到规定的标准，则仍可能需要根据《招标投标法》有关邀请招标的条件和要求进行。

二、非招标采购方式

非招标方式是指公开招标和邀请招标之外的采购方式，PPP 项目的非招标采购方式主要是指竞争性谈判、竞争性磋商和单一来源三种。

（一）竞争性谈判

竞争性谈判是除招标投标以外较常用的采购方式，它既有相对的灵活性，又能够在形成有效竞争的基础上提高采购的效率。

1. 竞争性谈判的条件

根据《政府采购法》第 30 条规定，对于符合下列情形之一的货物或者服务采购，可以采用竞争性谈判方式：

（1）招标后没有供应商投标或者没有合格标的或者重新招标未能成立的；

（2）技术复杂或者性质特殊，不能确定详细规格或者具体要求的；

（3）采用招标所需时间不能满足用户紧急需要的；

（4）不能事先计算出价格总额的。

此外，对于非采购人所能预见的原因或者非采购人拖延造成采用招标所需时间不能满足用户紧急需要，以及公开招标的货物、服务项目，招标过程中提交投标文件或者经评审实质性响应招标文件要求的供应商只有两家时，也可以采用竞争性谈判方式进行采购。

2. 竞争性谈判的程序

采用竞争性谈判方式采购的 PPP 项目，应当遵循的程序主要包括以下五个：

（1）成立谈判小组。谈判小组由采购人的代表和有关专家共 3 人以上的单数组成，其中专家的人数不得少于成员总数的三分之二。

（2）制定谈判文件。谈判文件应当明确谈判程序、谈判内容、合同草案的条款以及评定成交的标准等事项。

（3）确定邀请参加谈判的社会资本方的名单。谈判小组从符合相应资格条件的合作方名单中确定不少于三家的合作方参加谈判，并向其提供谈判文件。

（4）谈判。谈判小组所有成员集中与各方分别进行谈判。在谈判中，谈判的任何一方不得透露与谈判有关的其他供应商的技术资料、价格和其他信息。如果谈判文件有实质性变动的，谈判小组应当以书面形式通知所有参加谈判的社会资本方。

（5）确定合作者。谈判结束后，谈判小组应当要求所有参加谈判的社会资本方在规定时间内进行最后报价，采购人从谈判小组提出的成交候选人中根据符合采购需求、质量和服务相等且报价最低的原则确定成交的合作方，并将结果通知所有参加谈判的未成交的社会资本方。

（二）竞争性磋商

不同于工程建设项目中的采购和一般的政府采购，竞争性磋商是 PPP 项目采购特有的采购方式，财政部《政府和社会资本合作模式操作指南（试行）》和《政府采购竞争性磋商采购方式管理暂行办法》都对此有相应的规定，其核心内容在于“先明确采购需求、后竞争报价”的两阶段采购模式，倡导“物有所值”的价值目标。

竞争性磋商采购方式，是指采购人、政府采购代理机构通过组建竞争性磋商小组与符合条件的社会资本方就采购货物、工程和服务事宜进行磋商，社会资本方按照磋商文件的要求提交响应文件和报价，采购人从磋商小组评审后提出的候选名单中确定最终合作者的采购方式。

采用竞争性磋商方式开展采购的项目，通常需要具备如下条件：

（1）政府购买服务项目；

（2）技术复杂或者性质特殊，不能确定详细规格或者具体要求的；

（3）因艺术品采购、专利、专有技术或者服务的时间、数量事先不能确定等不能事先计算出价格总额的；

（4）市场竞争不充分的科研项目，以及需要扶持的科技成果转化项目；

（5）按照招标投标法及其实施条例必须进行招标的工程建设项目以外的工程建设项目。

由于竞争性磋商过程中，各方对于合作的条件可能会有不同的立场和利益诉求，因此，在 PPP 项目采购文件中明确可能根据与社会资本方的谈判情况进行实质性变动的内容，如采购需求中的技术、服务要求以及项目合同草案条款等是更为合适的做法。

（三）竞争性谈判和竞争性磋商的区别

竞争性谈判和竞争性磋商都是 PPP 项目采购的非招标方式，两者在流程设计和具体规则上既有联系又有区别：

（1）在“明确采购需求”阶段，二者关于采购程序、供应商来源方式、磋商或谈判公告要求、响应文件要求、磋商或谈判小组组成、审批程序等方面的要求基本一致。

（2）在“竞争报价”阶段，竞争性磋商采用了类似公开招标的“综合评分法”，区别于竞争性谈判的“最低价成交”。之所以这样设计，就是为了在需求完整、明确的基础上实现合理报价和公平交易，并避免竞争性谈判最低价成交可能导致的恶性竞争，将政府采购制度功能聚焦到“物有所值”的价值目标上来，达到“质量、价格、效率”的统一。

（3）供应商提交响应文件的时间不同，竞争性谈判为不少于 3 个工作日，而竞争性磋商则不少于 10 个工作日；对于澄清或者修改的内容，采用竞争性谈判方式应当在提交首次响应文件截止之日 3 个工作日前进行，而竞争性磋商则是 5 日。

（4）竞争性磋商方式中，如果供应商未按照磋商文件要求提交磋商保证金的，响应无效，而竞争性谈判方式采购的项目无此规定。

此外，两者最大的区别在于各自适用的范围不同，而且竞争性磋商并非《政府采购法》设定的采购方式，而是专用于 PPP 项目采购，而竞争性谈判则是《政府采购法》明确规定的采购方式。

（四）单一来源采购

单一来源也是《政府采购法》所设立的 PPP 项目采购方式之一。根据《政府采购法》第 31 条的规定，符合下列情形之一的货物或者服务，可以依照本法采用单一来源方式采购：

（1）只能从唯一供应商处采购；

（2）发生了不可预见的紧急情况不能从其他供应商处采购的；

（3）必须保证原有采购项目一致性或者服务配套的要求，需要继续从原供应商处添购，且添购资金总额不超过原合同采购金额百分之十的。

这里的“只能从唯一供应商处采购”具体是指因货物或者服务使用不可替代的专利、专有技术，或者公共服务项目具有特殊要求，导致只能从某一特定供应商处采购。

另外，对于已经签署政府采购合同的项目，如果采购人需要在合同履行过程中追加与合同标的相同的货物、工程或者服务的，在不改变合同其他条款的前提下，可以与供应商协商签订补充合同，但所有补充合同的采购金额不得超过原合同采购金额的10%。

三、采购方式的变更

如前文所述，PPP 项目的各采购方式，都有其适用的条件和情形，采购人应当遵守《招标投标法》及其实施条例，以及相关规章的规定。在涉及具体的项目采购时，需要注意的是：

（1）政府采购工程依法不进行招标的，应当依照政府采购法及其实施条例的规定，采用竞争性谈判或单一来源采购方式进行。

（2）对于应当公开招标的项目，如果采用竞争性谈判等非招标方式进行采购的，应当经本级财政部门批准之后方可实行。

（3）如果拟采购的 PPP 项目通过资格预审的社会资本不足 3 家的，采购人应当在调整资格预审公告内容后重新组织资格预审；如果经重新资格预审后合格的社会资本仍然不够 3 家的，则可以依法变更采购方式。

根据《政府采购法》的相关规定，各级人民政府财政部门是负责政府采购监督管理的部门，依法履行对政府采购活动的监督管理职责。对于上述因特殊情况需要采用公开招标以外的采购方式的，采购人应当在采购活动开始前获得设区的市、自治州以上人民政府采购监督管理部门的批准。即使是因为特殊原因导致废标而变更采购方式的，也仍然需要事先获得批准。

第六节　PPP 项目的采购规划

毋庸置疑，鉴于 PPP 项目本身的复杂性和合法性的强制要求，在项目的早期进行系统的招标投标规划对于实施整个项目的成本和周期至关重要，可以在一定程度上避免因为出现合规性等问题导致的重复招标投标的现象，从而有助于推动整个项目的顺利进行。

结合目前现有的《招标投标法》和《政府采购法》以及相关的配套法规、规章的规定，PPP 项目的采购人在进行可行性研究报告阶段，就有必要前瞻性地考虑到后续相关的一系列招标投标等采购问题，其中比较关键的几个意思就是 PPP 项目本身的采购规划、涉及工程勘察和设计的采购选择、涉及工程施工采购安排，以及工程分包和货物的采购处理等。

一、选择合适的 PPP 项目采购方式

就 PPP 项目本身的采购方式，既可以采用招标投标等方式，也可以采用竞争性谈判和竞争性磋商等非招标方式，笔者认为，这需要取决于项目的特点，采购人所需要的合作方所提供的服务内容，以及社会合作方本身所具备的能力等。

至于 PPP 项目中涉及工程建设项目的施工、设计和货物等，采购人就必须要提前考虑一次招标和二次招标的问题。结合《招标投标法实施条例》的规定，已通过招标方式选定的特许经营项目投资人依法能够自行建设、生产或者提供的，可以不进行招标①。换句话来说，按照目前的法律法规的规定，在社会资本方具备施工等资质和能力的前提下，如果 PPP 项目本身已经采用招标方式，那么一般情况下，项目施工无须再进行招标；而如果 PPP 项目本身没有经过招标，那么工程项目的施工则必须进行招标②。

由此可见，PPP 项目的采购人选择何种有效的采购方式，会产生不同的效果。如果招标人可以采用招标投标的方式确定 PPP 项目的社会合作方，而合作方又具有符合条件的资格和能力，采用招标投标的方式或许可以一次性地解决后续的招标投标等问题，节省项目的建设周期和不必要的成本。

---

① 《招标投标法实施条例》第 9 条第 1 款第（三）项。

② 需要注意的是，《招标投标法实施条例》第 9 条第 1 款第（三）项所针对的是特许经营项目，而 PPP 项目和特许经营项目两者存在一定的区别，并非所有的 PPP 项目都有特许经营，因而理论界和实务界对该条款的适用范围也仍有不同的理解，目前尚无统一的观点和做法。

二、工程采购在 PPP 项目中的选择

更进一步，在 PPP 项目的采购中，采购人还需要在前期决策阶段，尤其是在开始设计之前确定该 PPP 和基础设施建设项目在工程设计、施工的协调问题。比如采用工程总承包还是工程施工总承包的选择问题；如果采用传统的设计和施工两分法，那就要考虑设计和施工的协调问题；如果决定采用施工总承包的，那么在划分标段、确定工期等方面，招标人还需要合理划分标段、确定工期，同时，还需要对可能涉及的各个专业分包工程的选用或货物采购招标等方面进行布置，以便统筹安排项目建设。

就工程采购在 PPP 项目中的选择问题，采购有必要在工程项目的前期进行整体的规划，特别是针对专业分包工程，还需要结合项目管理的需要并兼顾相关法律法规的规定。

第七节 PPP 项目的采购程序

从整体的操作和实施来看，PPP 项目需要经过项目识别、项目准备、项目采购、项目执行和项目移交五个阶段，共计 19 个具体步骤。

目前中国推广的 PPP 项目，尚都处于前期的项目识别、准备和采购阶段，其中项目采购也是目前更需要关注的环节。项目识别中的物有所值和财政承受能力论证则在后文中进行阐述。

一、PPP 项目采购的基本流程

在确定采用 PPP 模式之后，就进入了项目的具体采购。一般情况下，PPP 项目的具体采购流程包括资格预审、采购文件的准备和发布、提交采购响应文件、成立评审小组、采购评审、采购结果确认谈判、签署确认谈判备忘录、成交结果及拟定项目合同文本公示、项目合同审核、签署项目合同、项目合同的公告和备案等若干基本环节。

上述各流程和环节都需要采购予以重视，而按照现有的规定，采购人还有必要注意一些容易忽略的细节问题，比如：

（1）采购文件中应当明确社会资本交纳参加采购活动的保证金和履约保证金。

①保证金应当以非现金形式提交，具体形式可以是支票、汇票、本票或者金融机构、担保机构出具的保函等；

②保证金数额不得超过项目预算金额的2%；

③履约保证金的数额不得超过PPP项目初始投资总额或者资产评估值的10%，对于无固定资产投资或者投资额不大的服务型PPP项目，履约保证金的数额不得超过平均6个月服务收入额。

（2）除了涉及国家秘密和商业秘密的项目外，信息披露也是PPP项目采购的重要环节，其内容包括：

①预中标、成交社会资本确定后10个工作日内，采购人应当将结果和拟签署的项目合同文本进行公示，公示期不得少于5个工作日；

②在公示期满无异议后2个工作日内，将中标、成交结果进行公告；

③ PPP项目合同签订之日起2个工作日内，将PPP项目合同进行公告；

④相关信息应在省级以上政府财政部门指定的媒体上公布和披露。

二、关注PPP项目合同的谈判

PPP项目合同既是各方合作条件的具体表现和反映，也是项目采购程序完成的重要标志。因此，PPP项目合同的谈判是项目采购的关键环节，各方都应当注意如下几点：

（1）如果是依法采用招标投标方式的项目，投标人应当实质性响应招标文件的内容，包括合同条件，双方不得就合同的实质性内容进行协商谈判，否则中标无效。

（2）如果是采用竞争性谈判或者竞争性磋商采购方式的PPP项目，采购人应当在项目采购文件中明确评审小组根据与社会资本谈判情况可能进行实质性变动的内容，包括采购需求中的技术、服务要求以及项目合同草案条款。

（3）对于采购文件中确认谈判不得涉及项目合同中不可谈判的核心条款，采购人不得与排序在前但已终止谈判的社会资本进行重复谈判。对于

PPP 项目合同中可变的细节问题，采购人可以进行项目合同签署前的确认谈判，率先与采购人达成一致意见的候选人即成为预中标、成交社会合作方。

在实务中，需要注意 PPP 项目招标采购的边界条件，如项目边界条件、权利义务边界、交易条件边界、履约能力边界以及调整衔接边界等。其中合同条件最为核心，尤其需要关注，包括政府购买服务方式、政府购买服务费、投资成本的确定、投资收益、项目公司组建、工程范围及规模、工期、移交、验收标准等，一般都应作为实质性的内容。

第八节　PPP 项目采购的资格预审

如前文所述，《政府采购法》和《招标投标法》规定的招投标采购的资格审查包括资格预审和资格后审两种方式，这两种资格审查方式也并非都是必经的程序。但是，在 PPP 项目的采购中则不同。根据《政府和社会资本合作项目政府采购管理办法》第 5 条的规定，PPP 项目在选择社会合作方时应当实行资格预审。

一、资格预审的内容

PPP 项目的采购人应当根据项目需要准备资格预审文件，发布资格预审公告，邀请社会资本方和与其合作的金融机构参与资格预审，验证项目能否获得社会资本响应和实现充分竞争[①]。资格预审是对拟选择的社会合作方的初步筛选，其目的在于提高项目采购的效率，并没有涉及具体的实质性的评审。

（一）资格预审的公告

PPP 项目采购的资格预审应当提前进行公告。根据规定，资格预审公告应当在省级以上人民政府财政部门指定的政府采购信息发布媒体上发布。

资格预审公告的内容主要包括：

（1）项目授权主体、项目实施机构和项目名称；

① 《政府和社会资本合作项目政府采购管理办法》第 5 条。

（2）采购需求、对社会资本的资格要求；

（3）是否允许联合体参与采购活动；

（4）是否限定参与竞争的合格社会资本的数量及限定的方法和标准；

（5）社会资本提交资格预审申请文件的地点和时间，通常是自公告发布之日起不得少于 15 个工作日。

在对社会合作方进行资格预审时，上述公告内容也通常是资格预审评审的内容。

（二）资格预审结果的处理

资格预审工作的评审结果将直接影响到后续采购活动的进展。为此，《政府和社会资本合作模式操作指南（试行）》第 13 条分别作了相应的规定：

（1）项目有 3 家以上社会资本通过资格预审的，采购人可以继续开展采购文件准备工作；

（2）项目通过资格预审的社会资本不足 3 家的，采购人应当在调整资格预审公告内容后重新组织资格预审；

（3）项目经重新资格预审后合格社会资本仍不够 3 家的，可以依法变更采购方式。

如果社会合作方是以联合体身份参与资格预审的，那么联合体的各成员都应当具备相应的资格条件，并向采购人提交联合体协议，载明各方承担的工作和义务；如果资格预审合格的社会资本在签订 PPP 项目合同之前发生资格条件变化的，则应当通知采购人。

当然，资格预审的最后一个环节也不能忽略，即采购人应当将资格预审结果告知所有参与资格预审的社会资本，并将资格预审的评审报告提交财政部门备案。

二、资格预审的评审

虽然，资格预审是正式评审前的前置程序，但是也同样应当严格遵守法律法规规定，并按照资格预审文件和采购文件的规定进行。否则，将影响资格预审的正常进行，并可能导致最终的中标和成交无效的后果。

（一）资格预审评审小组

与PPP项目的正式评审一样，采购人和代理机构应当依法成立评审小组，具体负责PPP项目采购的资格预审工作。评审小组的组成应当符合下列条件：

（1）由项目实施机构代表和评审专家共5人以上单数组成，其中评审专家人数不得少于评审小组成员总数的2/3；

（2）评审专家可以由项目实施机构自行选定，但评审专家中至少应当包含1名财务专家和1名法律专家；

（3）采购人的代表不得以评审专家身份参加项目的评审。

（二）资格预审评审的规则

资格预审的评审，最终的目的是要选择最合适PPP项目的社会合作方，确保合法性和公正性，因此，对于评审小组而言，应当特别注意和遵守以下7个方面的规则：

（1）评审小组成员应当按照客观、公正、审慎的原则，根据资格预审公告规定的程序、方法和标准独立进行资格预审；

（2）评审小组成员应当在资格预审报告和评审报告上签字，并对自己的评审意见承担法律责任；

（3）如果评审小组成员对资格预审报告或者评审报告有异议，则应当在报告上签署不同意见，并说明理由，否则视为同意资格预审报告和评审报告；

（4）评审小组发现采购文件内容违反国家有关强制性规定的，应当停止评审并向项目实施机构说明情况；

（5）评审专家应当遵守评审工作纪律，不得泄露评审情况和评审中获悉的国家秘密、商业秘密；

（6）评审小组在评审过程中发现社会资本有行贿、提供虚假材料或者串通等违法行为的，应当及时向财政部门报告；

（7）评审专家在评审过程中受到非法干涉的，应当及时向财政、监察等部门举报。

第九节　PPP 项目采购的评定标准

对于需要以 PPP 模式进行采购的项目，首先需要进行项目识别和评定，即物有所值和财政承受能力的评定。只有满足和符合上述两个指标的项目，才可能会被批准采用 PPP 模式。

而对于决定采用 PPP 模式进行项目采购后，根据 PPP 项目采购的不同阶段和特性,《招标投标法》和《政府采购法》中有关开标、评标、中标无效、授予合同和签约等相关的原则和规则都在一定程度上成为 PPP 项目采购所应当遵循的内容。

一、物有所值评价

物有所值 (Value for Money，VfM) 评价是判断采用 PPP 模式代替政府传统投资运营方式提供公共服务项目的一种评价方法。在中国境内拟采用 PPP 模式实施的项目，应在项目识别或者准备阶段开展物有所值评价，以确定该项目是否适合采用 PPP 模式。物有所值评价和风险合理分担机制是实施 PPP 项目的两大核心问题。

（一）物有所值概述

物有所值评价体系包括定性评价和定量评价。其中，定性评价重点关注的是项目采用政府和社会资本合作模式与采用政府传统采购模式相比能否增加供给、优化风险分配、提高运营效率、促进创新和公平竞争等。而定量评价则主要是通过对政府和社会资本合作项目全生命周期内政府支出成本现值与公共部门比较值进行比较，计算项目的物有所值量值，判断政府和社会资本合作模式是否降低项目全生命周期成本。

鉴于中国的 PPP 模式的制度设计刚刚起步，因此，中国国内现阶段的 PPP 项目物有所值评价以定性评价为主，定量评价不是必须的条件，而是属于鼓励开展的内容。

在实际操作中，采购人和财政部门需要统筹定性评价和定量评价结论，做出物有所值评价结论后，方能决定是否采用 PPP 模式进行采购。物有所值评价结论分为“通过”和“未通过”两种结果：

（1）如果项目经评定为“通过”的，则可进入财政承受能力论证环节；

（2）如果项目经评定为“未通过”的项目，则可在调整实施方案后重新评价，经重新评价仍未通过的项目，则不宜采用 PPP 模式。

（二）定性和定量评价

PPP 项目进行定性评价的目的在于判断项目的可行性、合理性。具体来看，定性评价指标包括全生命周期整合程度、风险识别与分配、绩效导向与鼓励创新、潜在竞争程度、政府机构能力、可融资性等 6 项基本评价指标。

PPP 项目的定量评价是在假定采用 PPP 模式与政府传统投资方式产出绩效相同的前提下，通过对 PPP 项目全生命周期内政府方净成本的现值（PPP 值①）与公共部门比较值（PSC 值②）进行比较，判断 PPP 模式能否降低项目全生命周期成本，其中 PPP 值可等同于 PPP 项目全生命周期内股权投资、运营补贴、风险承担和配套投入等各项财政支出责任的现值。

（三）物有所值评价指标

在物有所值定性评价中，其六项基本指标权重为 80%，其中任一指标权重一般不超过 20%；补充评价指标权重为 20%，其中任一指标权重一般不超过 10%。其每项指标评分都按照 5 个等级确定，即有利、较有利、一般、较不利、不利，所对应的分值分别为 100~81、80~61、60~41、40~21、20~0 分。

在进行定量分析时，通常用于测算 PSC 值的折现率应与用于测算 PPP 值的折现率相同，年度折现率则应考虑财政补贴支出发生的年份，并参照同期地方政府债券收益率来合理地确定。如果 PPP 值小于或等于 PSC 值的，

---

① 财政部《PPP 物有所值评价指引（试行）》第 27 条。

② PSC 值主要考虑服务质量、价格、时间、风险分担等因素，由 PSC 值与采用 PPP 模式的全寿命周期成本（Life-cycle cost，即“LCC”）进行比较，两者的差额就是物有所值，计算公式为 VfM=PSC−LLC。

认定为通过定量评价；PPP 值大于 PSC 值的，认定为未通过定量评价。

结合上述定性分析和定量指标，如果 PPP 项目均满足评价指数标准的，则视为通过物有所值评价，进入后一环节的财政能力承受论证。

二、财政承受能力论证

除了物有所值评价之外，PPP 项目的另一个评定标准就是财政承受能力论证，它是指识别、测算政府和社会资本合作项目的各项财政支出责任，科学评估项目实施对当前及今后年度财政支出的影响，为 PPP 项目的财政管理提供依据。

（一）财政承受能力论证的流程

对 PPP 项目的财政承受能力论证，主要由责任识别、支出测算、能力评估和信息披露四个环节构成。

（1）责任识别，即考虑 PPP 项目全生命周期过程的财政支出责任，包括股权投资、运营补贴、承担风险和配套投入四个方面；

（2）支出测算，具体需要结合财政支出责任分别不同情形进行测算；

（3）能力评估；

（4）信息披露，包括披露项目名录、项目信息和财政支出责任情况。目前采用的 PPP 示范项目和信息平台制度也是信息披露的有效方式。

（二）财政支出责任和测算的具体指标

对于采用 PPP 模式的项目，采购时需要关注其全生命周期过程的财政支出责任，主要包括股权投资、运营补贴、风险承担、配套投入等几个指标。

（1）股权投资支出责任是指在政府与社会资本共同组建项目公司的情况下，政府承担的股权投资支出责任。如果社会资本单独组建项目公司，政府不承担股权投资支出责任。

（2）运营补贴支出责任是指在项目运营期间，政府承担的直接付费责任。不同付费模式下，政府承担的运营补贴支出责任不同。政府付费模式下，政府承担全部运营补贴支出责任；可行性缺口补助模式下，政府承担部分运营补贴支出责任；使用者付费模式下，政府不承担运营补贴支出责任。

（3）风险承担支出责任是指项目实施方案中政府承担风险带来的财政或有支出责任。通常由政府承担的法律风险、政策风险、最低需求风险以及因政府方原因导致项目合同终止等突发情况，会产生财政或有支出责任。

（4）配套投入支出责任是指政府提供的项目配套工程等其他投入责任，通常包括土地征收和整理、建设部分项目配套措施、完成项目与现有相关基础设施和公用事业的对接、投资补助、贷款贴息等。配套投入支出应依据项目实施方案合理确定。

（三）财政承受能力评估的内容

在对PPP项目的财政支出责任进行识别和测算后，即可进行财政承受能力评估，其具体包括财政支出能力评估以及行业和领域平衡性评估两项内容：

（1）财政支出能力评估，是根据PPP项目预算支出责任，评估PPP项目实施对当前及今后年度财政支出的影响；

（2）行业和领域平衡性评估，是根据PPP模式适用的行业和领域范围，以及经济社会发展需要和公众对公共服务的需求，平衡不同行业和领域PPP项目，防止某一行业和领域PPP项目过于集中。

对于每一年度全部PPP项目需要从预算中安排的支出责任，占一般公共预算支出比例应当不超过10%。省级财政部门可根据本地实际情况，因地制宜确定具体比例，并报财政部备案，同时对外公布。

在进行财政支出能力评估时，未来年度一般公共预算支出数额可参照前5年相关数额的平均值及平均增长率计算，并根据实际情况进行适当调整。

第十节　特许经营招投标

如本章前文所述，基础设施和公用事业的PPP模式在中国有着30年的发展历史，这其中，特许经营占据着主要的地位，成为中国在公私合作领域发展的见证人。与PPP项目的采购相比较，特许经营的招标投标又有其特殊的一面。

一、特许经营与 PPP 项目的联系和区别

特许经营是指政府采用竞争方式依法授权中华人民共和国境内外的法人或者其他组织，通过协议明确权利义务和风险分担，约定其在一定期限和范围内投资建设运营基础设施和公用事业并获得收益，提供公共产品或者公共服务。而对于 PPP 的概念，则有不同的表述。

PPP 与特许经营既有联系又有区别，目前在中国的理论界和实务界中，有观点认为 PPP 项目采购和特许经营是两种不同的采购项目类型。当然，也有观点认为 PPP 和特许经营并无本质的区别，可以合二为一。笔者认为，PPP 项目和特许经营二者从内涵和外延上都有一定的差异，可以说 PPP 包含了特许经营的范畴。PPP 项目也并不一定需要有政府授予特许经营权。

与之对应的，政府部门颁布的行政规章也是将 PPP 和特许经营分开，甚至在司法系统也是对两者区别对待，因此，在没有法律法规做出进一步的统一规定的情况下，区别对待两者有其合理的地方。

二、特许经营权的取得

实施特许经营的项目，由省、自治区、直辖市通过法定形式和程序确定，具体期限应考虑行业特点、规模和经营方式，以及所提供的公共产品或服务需求、项目生命周期、投资回收期等综合因素，最长时间不超过 30 年。特殊情况下，可以约定超过 30 年的特许经营期限，但应当按照相关规定进行充分评估论证，协商一致并报批准后，方可延长。

通常来讲，基础设施和公用事业特许经营可以采取以下方式：

（1）在一定期限内，政府授予特许经营者投资新建或改扩建、运营基础设施和公用事业，期限届满移交政府；

（2）在一定期限内，政府授予特许经营者投资新建或改扩建、拥有并运营基础设施和公用事业，期限届满移交政府；

（3）特许经营者投资新建或改扩建基础设施和公用事业并移交政府后，由政府授予其在一定期限内运营；

（4）国家规定的其他方式。

同时，也应当注意限制性的条件。比如单位负责人为同一人或者存在直接控股、管理关系的不同供应商，不得参加同一合同项下的政府采购活动。

三、特许经营权人的选择方式程序

如本章前文所述，PPP 项目的采购方式具有多样化的特点，这在特许经营项目中也同样适用，尽管大多数项目的特许经营权以招标取得为主，但是否只能采用招标方式，不同的行业和不同的地区有着不同的规定。比如，重庆市就特别规定总投资在 5000 万元人民币以上，采用 BOT（建设—运营—移交）模式进行的政府特许经营必须进行招标。

具体到特许权的程序，根据《市政公用事业特许经营管理办法》第 8 条的规定，主管部门应当依照下列程序选择投资者或者经营者：

（1）提出市政公用事业特许经营项目，报直辖市、市、县人民政府批准后，向社会公开发布招标条件，受理投标；

（2）根据招标条件，对特许经营权的投标人进行资格审查和方案预审，推荐出符合条件的投标候选人；

（3）组织评审委员会依法进行评审，并经过质询和公开答辩，择优选择特许经营权授予对象；

（4）向社会公示中标结果，公示时间不少于 20 天；

（5）公示期满，对中标者没有异议的，经直辖市、市、县人民政府批准，与中标者签订特许经营协议。

四、特许经营权的终止

特许经营期内，任何一方不得擅自变更和终止特许权。但是，如果获得特许经营权的企业在特许经营期间出现下列情形时，主管部门有权依法终止特许经营协议，取消其特许经营权，并可以实施临时接管：

（1）擅自转让、出租特许经营权的；

（2）擅自将所经营的财产进行处置或者抵押的；

（3）因管理不善，发生重大质量、生产安全事故的；

（4）擅自停业、歇业，严重影响到社会公共利益和安全的；

（5）法律、法规禁止的其他行为。

如果因特许权的一方严重违约或不可抗力导致无法继续履行特许权协议的，或者出现了特许权协议约定提前终止的情形，则双方可以协议一致，提前终止特许经营权。提前终止后，由政府收回特许经营项目，并根据实际情况和协议约定给予相应补偿；采购人如需继续采用特许经营方式的，采购应当按照规定重新选择特许经营者，在同等条件下，原特许权人有权优先获得特许经营权。

CHAPTER 8

第八章

外商投资项目的采购

尽管目前的PPP、特许经营和基础设施项目投资建设以内资为准，但是对于外商参与并无障碍，并且，外资和民间资本一样，都是国家政策鼓励参与PPP等项目投资、建设、运营的重要组成部分。[①]

外商投资建设PPP和工程项目的招标投标与内资工程招标投标一样，都要遵守招标投标相关法律法规的规定，除此之外，外资项目的法律事务主要包括了两个方面的问题：一是外资作为项目招标人，其涉及外商投资产业指导和外资项目的审核批准；二是外商投资企业参与工程项目的施工、服务和货物供应的投标，即外资作为投标人。这主要考虑外资参与工程建设项目的主体资格问题。实务中，对于涉及外商投资项目，一方面需要注意外商投资者的主体身份和投资方式；另一方面还需要注意外国投资者参与工程建设项目的具体领域的区分。

由于中国政府对工程建设项目实行严格的市场准入许可制度，因此，与内资企业一样，外资若要参与PPP和基础设施建设领域的设计、施工和服务项目的投标，也应当申请获得相应等级的资质证书，并依法参加相关工程项目的招标投标，否则，不仅会受到行政处罚，还将可能导致民事合同无效的法律后果。

在新一轮大力推广PPP的形势下，中国政府也进一步放开了外商投资的行业和领域，现行的外商投资产业目录对于外资参与PPP项目和特许经营项目具有重要的指导意义。外国投资者在选择拟投资的行业和产业时，除了部分禁止和限制的产业外，可以结合各类产业政策考虑积极投资。

---

① 具体的政策和举措包括《外商投资产业指导目录》对外资准入的放开、《国务院关于鼓励和引导民间投资健康发展的若干意见》中提出的“积极提倡和鼓励外资等民间资本以独资、控股、参股等方式投资建设交通基础设施、新能源等PPP项目”、《国务院关于扩大对外开放积极利用外资若干措施的通知》中提出的“支持外资以特许经营方式参与基础设施建设，包括能源、交通、水利、环保、市政公用工程等”以及其他相关的政策指引。

第一节　外商投资产业指导

按照现行的外商投资法律规定，外资参与中国境内的项目建设需要严格遵守有关外商投资法律的规定，以及由中国商务部定期修订，并经中国国务院批准的《外商投资产业指导目录（2017 年修订）》的相关规定。而《外商投资法》规定国家对外资实行准入前国民待遇加负面清单管理制度，对于禁止类和限制类的项目，应当严格遵守。而对于负面清单外的领域，则按照内外资一致的原则实施管理。

中国外商投资项目分为鼓励、允许、限制和禁止四类。《外商投资产业指导目录（2017 年修订）》对鼓励类、限制性和禁止类三种外商投资产业做了详细的规定，对于不属于目录范围内的项目则都属于允许外商投资的项目范围，中国商务部等政府机关对于外资在相应的产业项目的投资采取不同的政策指引和行政监管制度。这一指导目录也是外商投资能否参与中国的工程建设项目以及 PPP、特许经营领域的衡量标准。

一、引导外商投资的基本原则

中国政府对外商投资项目采取不同的指导政策，一方面是为了使外商投资与中国的经济发展相适应，另一方面也是为了保护投资者的利益。因此，在具体划分外商投资项目应当属于鼓励类、限制类还是禁止类，则需要遵守一定的原则。

（一）确定鼓励外商投资项目的标准

一般来说，鼓励类的外商投资项目应当符合下列条件：

（1）属于农业新技术、农业综合开发和能源、交通、重要原材料工业的；

（2）属于高新技术、先进适用技术，能够改进产品性能、提高企业技术经济效益或者生产国内生产能力不足的新设备、新材料的；

（3）适应市场需求，能够提高产品档次、开拓新兴市场或者增加产品国际竞争能力的；

（4）属于新技术、新设备，能够节约能源和原材料、综合利用资源和再生资源以及防治环境污染的；

（5）能够发挥中西部地区的人力和资源优势，并符合国家产业政策的；

（6）法律、行政法规规定的其他情形。

（二）限制外商投资项目的条件

对于限制外商投资的项目，一般属于下列情形：

（1）技术水平落后的；

（2）不利于节约资源和改善生态环境的；

（3）从事国家规定的实行保护性开采的特定矿种勘探、开采的；

（4）属于国家逐步开放的产业的；

（5）法律、行政法规规定的其他情形。

（三）禁止外商投资项目的设定标准

如果外商投资的项目具有下列情形，则应当予以禁止：

（1）危害国家安全或者损害社会公共利益的；

（2）对环境造成污染损害，破坏自然资源或者损害人体健康的；

（3）占用大量耕地，不利于保护、开发土地资源的；

（4）危害军事设施安全和使用效能的；

（5）运用我国特有工艺或者技术生产产品的；

（6）法律、行政法规规定的其他情形。

二、鼓励外商投资的项目

在基础设施领域，鼓励外商投资类的项目主要包括建设、运营和相关的设备采购以及工业、建筑设计等内容，其涉及的产业和行业则较为广泛，涵盖了能源、交通、环保、矿业、城市设施、建筑等诸多领域。当然，对于特殊的鼓励类项目，还会有特别的要求。

（一）能源项目建设和运营

中国鼓励外资参与能源类项目的内容包括了项目的建设和运营，这里的能源类项目主要是电力、电网项目，涉及核电、水电、热电、太阳能以及其他新能源项目。

（1）单机 60 万千瓦及以上超临界机组电站的建设、经营；

（2）采用背压（抽背）型热电联产、热电冷多联产、30 万千瓦及以上热电联产机组电站的建设、经营；

（3）缺水地区单机 60 万千瓦及以上大型空冷机组电站的建设、经营；

（4）整体煤气化联合循环发电等洁净煤发电项目的建设、经营；

（5）单机 30 万千瓦及以上采用流化床锅炉并利用煤矸石、中煤、煤泥等发电项目的建设、经营；

（6）发电为主的水电站建设、经营；

（7）新能源电站（包括太阳能、风能、地热能、潮汐能、潮流能、波浪能、生物质能等）建设、经营。

需要注意的是，上述项目的建设、运营，对外资没有特别的规定，但是在核电站的建设、经营中，尽管同样是属于鼓励类的投资项目，不过其前提是必须由中方控股，即中方投资者在外商投资项目中的投资比例之和为 51% 及以上。

（二）交通项目的建设和运营

中国政府对于交通类项目也同样鼓励外商投资进入，包括铁路、民用航空、公路和城市交通设施项目，具体来看，主要有下列几类：

（1）城际铁路、市域（郊）铁路、资源型开发铁路和支线铁路及其桥梁、隧道、轮渡和站场设施的建设、经营；

（2）高速铁路、铁路客运专线、城际铁路基础设施综合维修；

（3）公路、独立桥梁和隧道的建设、经营；

（4）港口公用码头设施的建设、经营；

（5）城市封闭型道路建设、经营；

（6）城市地铁、轻轨等轨道交通的建设、经营；

（7）铁路干线路网的建设、经营。

此外，对于某些项目的建设、经营，中国政府要求必须由中方控股。而铁路干线路网的建设、经营则在2018年的外商投资负面清单中取消了必须由中方控股的要求。

（三）公共设施项目的建设和运营

除了上述能源类和交通类项目的建设和运营外，中国政府还鼓励外商投资公共服务类设施和其他资源利用类项目的建设和运营，主要有：

（1）垃圾处理厂，危险废物处理处置厂（焚烧厂、填埋场）及环境污染治理设施的建设、经营；

（2）机动车充电站、电池更换站、加氢站的建设、经营；

（3）输油（气）管道、油（气）库的建设、经营；

（4）煤炭管道运输设施的建设、经营；

（5）自动化高架立体仓储设施，包装、加工、配送业务相关的仓储一体化设施建设、经营；

（6）海水利用（海水直接利用、海水淡化）；

（7）供水厂、再生水和污水处理厂的建设、经营；

（8）城市停车设施建设、经营；

（9）加油站的建设、运营。

同样的，对于综合水利枢纽的建设、经营，中国政府一方面鼓励外商投资，另一方面也要求必须由中方控股。

（四）能源类项目的设备

工程项目本身的建设和运营是鼓励外商投资的重点内容之一，除此之外，中国政府也鼓励外商投资于上述能源类项目的建设、运营有关的设备的设计、生产和制造，其中包括：

（1）新能源发电成套设备或关键设备制造：光伏发电、地热发电、潮汐发电、波浪发电、垃圾发电、沼气发电、2.5兆瓦及以上风力发电设备；

（2）太阳能电池生产专用设备制造；

（3）100万千瓦超超临界火电机组用关键辅机设备制造：安全阀、调节阀；

（4）燃煤电站、钢铁行业烧结机脱硝技术装备制造；

（5）火电设备的密封件设计、制造；

（6）燃煤电站、水电站设备用大型铸锻件制造；

（7）水电机组用关键辅机设备制造；

（8）输变电设备制造；

（9）额定功率350兆瓦及以上大型抽水蓄能机组制造：水泵水轮机及调速器、大型变速可逆式水泵水轮机组、发电电动机及励磁、启动装置等附属设备；

（10）斯特林发电机组制造；

（11）直线和平面电机及其驱动系统的开发与制造；

（12）高技术绿色电池制造：动力镍氢电池、锌镍蓄电池、锌银蓄电池、锂离子电池、太阳能电池、燃料电池等（新能源汽车能量型动力电池除外）；

（13）电动机采用直流调速技术的制冷空调用压缩机、采用CO_2自然工质制冷空调压缩机、应用可再生能源（空气源、水源、地源）制冷空调设备制造；

（14）太阳能空调、采暖系统、太阳能干燥装置制造；

（15）生物质干燥热解系统、生物质气化装置制造；

（16）交流调频调压牵引装置制造。

（五）生态环保类项目的设备

近年来，中国政府一再强调和重视生态环境的保护和合理利用，与之相关的生态环保类项目的设备的研发、制造也被列入鼓励类的外商投资项目范围，具体如下：

（1）非常规水处理、重复利用设备与水质监测仪器；

（2）工业水管网和设备（器具）的检漏设备和仪器；

（3）水生生态系统的环境保护技术、设备制造；

（4）铝工业赤泥综合利用设备开发与制造；

（5）尾矿综合利用设备制造；

（6）固体废物处理处置设备制造；

（7）水污染防治设备制造；

（8）大气污染防治设备制造。

（六）其他项目相关的设备

外商投资产业指导除了鼓励上述有关能源类和生态环保类项目设备外，还鼓励以下工程项目设备的研发、制造：

（1）大型公共建筑、高层建筑、石油化工设施等消防灭火救援技术开发与设备制造；

（2）民用航空机载设备设计与制造；

（3）紧缺矿种（如钾盐、铬铁矿等）的勘探、开采和选矿；

（4）矿山无轨采、装、运设备制造；

（5）物探、钻井、测井、录井、井下作业等石油勘探开发新技术的开发与应用；

（6）提高原油采收率（以工程服务形式）及相关新技术的开发应用；

（7）提高矿山尾矿利用率的新技术开发和应用及矿山生态恢复技术的综合应用；

（8）石油、天然气（含油页岩、油砂、页岩气、煤层气等非常规油气）的勘探、开发和矿井瓦斯利用，但是仅以中外合资、中外合作方式。

三、限制外商投资的项目

与鼓励外商投资项目不同，限制外商投资的项目范围较少，并且主要集中在矿产和个别较为特殊的项目，具体包括：

（1）船舶（含分段）的设计、制造与修理（中方控股）；

（2）测绘公司；

（3）特殊和稀缺煤类勘查、开采（中方控股）；

（4）石油、天然气（含煤层气，油页岩、油砂、页岩气等除外）的勘探、开发（限于合资、合作）；

（5）石墨勘查、开采；

（6）干线、支线飞机设计、制造与维修，3 吨级及以上直升机设计与制造，地面、水面效应航行器制造及无人机、浮空器设计与制造；

（7）通用飞机设计、制造与维修；

（8）电影院的建设、经营（中方控股）；

（9）城市人口 50 万以上的城市燃气、热力和供排水管网的建设、经营（中方控股）；

（10）加油站建设、经营；

（11）卫星电视广播地面接收设施及关键件生产；

（12）核电站的建设、经营（中方控股）；

（13）民用机场的建设、经营（中方相对控股）。

另外，上述仅是产业指导目录规定的限制外商投资的项目，对于国家法律法规和我国缔结或者参加的国际条约规定加以限制的其他产业，外商投资也同样要受到限制。

四、禁止外商投资的项目

制定外商投资产业指导目录的目的是放宽外资准入，优化投资结构，因此禁止外商投资的项目相对于鼓励类和限制类的项目，其种类较少，目前集中在以下方面：

（1）钨、钼、锡、锑、萤石勘查、开采；

（2）稀土勘查、开采、选矿；

（3）放射性矿产的勘查、开采、选矿；

（4）涉及广播电台、电视台、广播电视频道网络、卫星电视广播地面接收设施等安装服务；

（5）各种与大地、海洋、航空、地质测绘有关的服务；

（6）国家法律法规和我国缔结或者参加的国际条约规定禁止的其他产业。

总体上来看，2017 年修订的《外商投资产业指导目录》放宽了外商投资的限制和禁止领域，缩小了外商投资企业设立及变更审批的范围，为进一步促进和提升外商投资提供了有利的引导机制。

第二节　外商投资项目的招标

外商在中国境内进行投资的项目，首先，应当符合上述关于外商投资产业指导目录的要求和标准；其次，根据外商投资的主体身份确定具体的投资方式；最后，外商投资项目还应当遵守中国有关投资的审核制度。外商投资的方式包括直接投资和间接投资两种。现行法律对于外商投资产业指导目录内的鼓励类和限制类项目，以及产业指导目录以外的其他项目，并没有区分投资者的身份和投资方式。可见，不论是直接投资还是间接投资，除了产业目录中特别规定由中方控股或者中方合作之外，都可以进行投资。

一、外商投资项目的审核

外资在中国进行投资的项目，包括以中外合资、中外合作、外商独资、外商投资合伙、外商并购境内企业、外商投资企业增资及再投资项目等方式进行的各类投资项目，都应当进行相应的核准或者备案制度。

（一）外商投资核准项目的范围

国务院对涉及的农业水利、能源、交通运输、信息产业、矿业、城市市政建设、社会公用事业等项目的核准实行分级管理制度，明确了国务院、国务院行业主管部门和地方政府各自进行项目核准的规模标准，并规定：

（1）企业、事业单位和社会团体投资建设内的固定资产投资项目，须报送有关项目核准机关核准；

（2）原油、天然气开发项目由具有开采权的企业自行决定，并报国务院行业管理部门备案。

另外，根据《外商投资项目核准和备案管理办法》和《政府核准的投资项目目录》的规定，实行核准制的外商投资项目的范围为：

（1）外商投资产业指导目录中有中方控股（含相对控股）要求的总投资（含增资）3 亿美元及以上鼓励类项目，总投资（含增资）5000 万美元及以上限制类（不含房地产）项目，由国家发改委核准；

（2）外商投资产业指导目录限制类中的房地产项目和总投资（含增资）5000 万美元以下的其他限制类项目，由省级政府核准；

（3）外商投资产业指导目录中有中方控股（含相对控股）要求的总投资（含增资）3 亿美元以下鼓励类项目，由地方政府核准。

对于《政府核准的投资项目目录》以外的外商投资项目，则实行备案制度。

（二）外商投资项目的核准条件

依据《外商投资项目核准和备案管理办法》第 16 条的规定，外商投资项目的核准应当满足下列几项条件：

（1）符合国家有关法律法规和《外商投资产业指导目录》《中西部地区外商投资优势产业目录》的规定；

（2）符合发展规划、产业政策及准入标准；

（3）合理开发并有效利用了资源；

（4）不影响国家安全和生态安全；

（5）对公众利益不产生重大不利影响；

（6）符合国家资本项目管理、外债管理的有关规定。

（三）外商投资备案项目及条件

根据《政府核准的投资项目目录（2016 年）》的规定，由国务院进行备案管理的投资项目主要包括以下几类：

（1）±800 千伏及以上直流项目和 1000 千伏交流电网工程项目；

（2）新增年生产能力 500 万吨及以上的煤矿项目；

（3）新建接收储运能力 300 万吨及以上的进口液化天然气接收、储运设施项目；

（4）跨境输油和输气的干线管网（不含油田、油气田集输管网）项目；

（5）跨境的独立公（铁）路桥梁、隧道项目；

（6）属于《外商投资产业指导目录》中总投资在 20 亿美元及以上的限制类项目。

对于外商投资备案的项目则需符合国家有关法律法规、发展规划、产业政策及准入标准，符合《外商投资产业指导目录》等政策规定。

二、外商投资项目的招标

对于鼓励、允许和部分有限投资的基础设施项目，外国投资者在获得相应的审批之后，可以作为项目业主进行发包采购。如前文所述，外国投资者在中国境内可以直接投资，也可以间接投资。

但是，应当注意的是项目的建设因为涉及土地使用、工程规划、政府许可、项目立项审核等一系列手续，以外国企业的身份直接投资开发项目可能存在法律上的障碍，无法获得上述手续，进而影响项目的实施，因此，在项目实务中，外国投资者通过在中国注册成立外资企业，特别是以项目公司的形式，以间接投资的方式进行工程项目的建设是较为可行和普遍的做法。

根据《招标投标法》的规定，凡是在中华人民共和国境内进行招标投标活动，都应当遵守招标投标法等法律法规的规定。该条规定并没有区分内资和外资，因此，如果外商投资的项目属于大型基础设施和公用事业等关系到社会公共利益、公众安全的勘察、设计、监理、施工和工程货物的采购，并且满足以下条件之一，那么就应当严格按照招标投标的条件、相关程序等内容依法进行招标：

（1）施工单项合同估算价在 400 万元人民币以上；

（2）重要设备、材料等货物的采购，单项合同估算价在 200 万元人民币以上；

（3）勘察、设计、监理等服务的采购，单项合同估算价在 100 万元人民币以上。

至于不属于上述规模和范围之外的工程建设项目，外商投资者可以自行决定是否进行招标，法律法规并不强制其进行招标。

第三节　外商投资企业的设立

按照法律规定，外国投资者可以在中国境内设立独立的外商投资企业，包括中外合资企业、中外合作企业、外商独资企业、外商投资合伙企业以及代表处法律许可的商业活动。由于外商投资合伙企业以及代表处不具有独立的法人资格，与外国投资者直接投资类似，在项目开发过程中会有诸多不便，因此，在工程领域，外国投资者大多数情况下是通过设立外资企业法人的形式，作为项目业主进行开发建设。

同样道理，如果是作为 PPP 和工程建设项目的投标人，外国投资者也可以设立中外合资企业、中外合作企业、外商独资企业，承担相应的工程施工、设计和服务项目。

一、外商投资企业的具体形态

外国投资者在中国设立外商投资企业的，应该根据中国《中外合资经营企业法》《中外合作经营企业法》和《外资企业法》以及相关实施条例的规定，依法办理核准手续，取得政府许可。

外商投资企业的主管部门是国务院商务部，由商务部进行管理，针对不同的企业形式，结合特定情况，国务院可以授权省、自治区、直辖市政府主管部门或者国务院的其他主管部门进行管理。外商投资企业的主要形式则包括中外合资企业、中外合作企业和外商独资企业 3 种。原则上，设立外商投资企业以有利于中国的经济发展为原则，如果存在下列情形之一的，则不应予以批准：

（1）损害国家主权或者社会公共利益的；

（2）危害国家安全的；

（3）对环境造成污染损害的；

（4）有违反法律、行政法规或者国家产业政策的其他情形的。

（一）中外合资企业

中外合资企业是指由外国投资者，包括外国公司、企业和其他经济组织或个人，同中国的公司、企业或其他经济组织共同出资设立的有限责任公司。

在中国境内设立合营企业，必须经中国商务部审查批准，经批准之后，由商务部颁发批准证书。但如果具备下列条件的，国务院授权省、自治区、直辖市人民政府主管部门或者国务院其他有关部门审批：

（1）投资总额在国务院规定的投资审批权限内，中方的资金来源已经落实的；

（2）不需要国家增拨原材料，不影响燃料、动力、交通运输、外贸出口配额等方面的全国平衡。

依照前款批准设立的合营企业，应当报商务部备案。根据法律规定，在中外合资企业的注册资本中，外方的投资比例一般不低于25%。合资各方按注册资本比例分享利润和分担风险及亏损。并且，合资各方对合资企业的责任以各自认缴的出资额为限。合资各方可以用货币，或者建筑物、厂房、机器设备或者其他物料、工业产权、专有技术、场地使用权等作价出资，作价需经双方协商一致或经过评估确定。另外，还需注意的是：

（1）外方以货币出资的，按缴款当日中国人民银行公布的基准汇率折算成人民币或者套算成约定的外币；

（2）外方以机器设备或者其他物料出资的，则应当属于合资企业生产所必需的；

（3）外方以工业产权或者专有技术出资，则必须能显著改进现有产品的性能、质量，提高生产效率的，或者能够显著节约原材料、燃料、动力的。

（二）中外合作企业

中外合作企业是以确立和完成一个特点项目为目的，并通过契约约定合作生产经营的企业形式，合作双方可以有股权，也可以没有股权。

根据法律规定，中外合作企业包括依法取得中国法人资格的合作企业和不具有独立法人资格的合作企业两种形式，如果符合中国法律关于法人条件的规定，则可以依法取得中国法人资格，设立有限责任公司，并且外国合作者的投资一般不低于合作企业注册资本的25%。

设立合作企业属于下列情形的，由国务院授权的部门或者地方人民政府审查批准：

（1）投资总额在国务院规定由国务院授权的部门或者地方人民政府审批的投资限额以内的；

（2）自筹资金，并且不需要国家平衡建设、生产条件的；

（3）产品出口不需要领取国家有关主管部门发放的出口配额、许可证，或者虽需要领取，但在报送项目建议书前已征得国家有关主管部门同意的；

（4）有法律、行政法规规定由国务院授权的部门或者地方人民政府审查批准的其他情形的。

在中外合作企业中，中外双方合作者的投资或者提供的合作条件可以是现金、实物、土地使用权、工业产权、非专利技术和其他财产权利。合作各方以其自有的财产或者财产权利作为投资或者合作条件的，则不得设置抵押权或者其他形式的担保。

如果设立的中外合作企业不具有法人资格，则需要注意的是，合作企业以及合作各方依照中国民事法律的有关规定，承担民事责任。特别是，对于合作各方的投资或者提供的合作条件，应当遵循下列规则：

（1）经合作各方约定，也可以共有，或者部分分别所有、部分共有；如果没有约定，则为合作各方分别所有；

（2）合作企业经营积累的财产，归合作各方共有；

（3）合作各方的投资或者提供的合作条件由合作企业统一管理和使用，未经他方同意，任何一方不得擅自处理。

在组织机构和议事规则上，与有限公司和股份公司不同，不具有法人资格的合作企业由合作各方委派的代表组成联合管理机构，代表合作各方共同管理合作企业，并由联合管理机构决定合作企业的一切重大问题。

（三）外商独资企业

独资企业是指依照中国有关法律在中国境内设立的全部资本由外国投资者投资的企业，不包括外国的企业和其他经济组织在中国境内的分支机构。

设立独资企业的申请，原则上由商务部审核，但若属于下列情形的，国务院可以授权省、自治区、直辖市和计划单列市、经济特区人民政府审查批准后，发给批准证书，并在批准后 15 天内报商务部备案：

（1）投资总额在国务院规定的投资审批权限以内的；

（2）不需要国家调拨原材料，不影响能源、交通运输、外贸出口配额等全国综合平衡。

在出资形式上，外国投资者可以用货币出资，也可以用机器设备、工业产权、专有技术等作价出资，其中：

（1）以货币出资的，可以是能够自由兑换的外币，或者经批准的从中国境内举办的其他外商投资企业获得的人民币利润；

（2）以机器设备作价出资的，该机器设备应当是外资企业生产所必需的设备，且作价不得高于同类机器设备当时的国际市场正常价格；

（3）以工业产权、专有技术作价出资的，该工业产权、专有技术应当为外国投资者所有。

在企业形态上，外资企业的组织形式为有限责任公司，但在经过批准后，也可以成立其他责任形式的组织。

（四）外商投资合伙企业

外商投资合伙企业，是指两个以上外国企业或者个人在中国境内设立的合伙企业，以及外国企业或者个人与中国的自然人、法人和其他组织在中国境内设立的合伙企业。合伙企业分为普通合伙企业和有限合伙企业两种，前者由普通合伙人组成，合伙人对合伙企业债务承担无限连带责任；后者由普通合伙人和有限合伙人组成，普通合伙人对合伙企业债务承担无限连带责任，有限合伙人以其认缴的出资额为限对合伙企业债务承担责任。

设立外商投资合伙企业应当符合相应的条件：

（1）对于禁止类和标注“限于合资”“限于合作”“限于合资、合作”“中方控股”“中方相对控股”和有外资比例要求的项目，不得设立外商投资合伙企业；

（2）外国企业或者个人用于出资的货币应当是可自由兑换的外币，也可以是依法获得的人民币；

（3）有书面合伙协议和合伙人认缴或者实际缴付的出资。

在合伙企业中，合伙人的出资方式可以是货币、实物、知识产权、土地使用权或者其他财产权利，也可以是劳务：其中以实物、知识产权、土地使用权或者其他财产权利出资涉及评估作价的，可以由全体合伙人协商确定，也可以由全体合伙人委托法定评估机构评估；以劳务出资的，其评估办法由全体合伙人协商确定，并在合伙协议中载明。合伙人的出资、以合伙企业名义取得的收益和依法取得的其他财产，均属于合伙企业的财产，独立于与合伙人的个人财产。

二、外商投资企业的设立登记

根据规定，在中国境内设立并且具备法人条件的中外合资经营企业、中外合作经营企业和外商独资企业，应当依法办理企业法人登记。因此，上述三类外商投资企业在取得商务部或者授权的行政主管部门核准之后，还应当依法由国家工商行政管理局或者国家工商行政管理局授权的地方工商行政管理局核准登记注册。未经工商行政管理机关核准登记注册，不得从事经营活动。

中外合资经营企业、中外合作经营企业和外商独资企业在申请企业法人登记时，应当具备下列条件：

（1）有符合规定的企业名称；

（2）有审批机关批准的合同、章程；

（3）有固定经营场所、必要的设施和从业人员；

（4）有符合国家规定的注册资本；

（5）有符合国家法律、法规和政策规定的经营范围；

（6）有健全的财会制度，能够实行独立核算，自负盈亏，独立编制资金平衡表或者资产负债表；

（7）已经获得了商务主管部门的核准证书，并在核准证书的有效期内。

对于不具有独立法人资格的中外合作经营企业，以及外商投资企业设立的从事经营活动的分支机构，也可以申请营业登记，并提交联合签署的协议。

三、外资企业参与中国工程项目投标

根据现行法律法规的规定，外商投资企业主要分为中外合资企业、中外合作企业和外资企业三种，此三者均按照中国法律成立，属于中国企业。因此，在涉及项目招标投标采购时，不论是作为项目业主进行招标，还是作为投标人，均应当遵循中国相关法律法规的规定。

此外，为了参与中国建设项目的投标，外商投资企业除了需要了解《政府采购法》《招标投标法》等法律规定之外，还需掌握有关设立外商投资建筑企业、外商投资建设工程设计企业以及外商投资建设工程服务企业的相关规定，这也是其参与建设项目投标的首要前提。具体来看，实践中外商投资企业参与中国工程项目的投标主要包括以下三类：

（1）外商投资建筑业企业，此类企业可以从事工程建设项目有关的施工工作；

（2）外商投资工程设计企业，此类企业可以从事工程建设相关的设计服务；

（3）外商投资工程服务企业，此类企业可以从事除法律、行政法规禁止或限制以外的工作。

另外，在工程领域，也有外国投资者以外国企业、机构或者个人的身份参与中国工程建设项目的投标，但是，此时不具有中国企业的身份。由于在主体身份、投标资格、项目资质等方面存在诸多限制，因此，能否参加以及以何种方式参与还需要结合具体的项目情况具体分析。

第四节　外资企业参与工程项目施工

如前文所述，外国投资参与中国工程建设项目的投标，理论上可以是直接以外国企业的身份投标，也可以是以在中国境内设立的外资企业的身份参加投标。但是，考虑到中国工程项目建设所需的施工资质和许可等问题，由于外国投资者不具有中国企业资格和施工资质，一般情况下无法直接参与国内建设工程项目的投标。但也有特殊的例外情形，比如：

（1）世界银行等国际组织或者外国政府贷款、援助资金的项目，贷款方、资金提供方有特别要求；

（2）中国企业无法完成，需引进国外先进技术等，经政府主管部门核准后，可以参与国内工程项目的投标。

因此，实务中，更多的仍然是以在中国境内设立的外资企业的身份参与工程建设施工项目的投标。外国投资者在中国境内依法设立外资企业之后，取得相应的资质，即可以承包商的身份参与相关建设工程项目。对于属于依法强制招标的工程建设施工项目，原则上还应通过参与相关项目的投标，经择优确定中标后，才能承担相应的建设工程项目。

一、外商投资建筑企业的设立

设立外商投资的建筑企业是外国投资者在中国承揽工程建设项目施工任务的首选方式。目前，中国政府对外商投资建筑业企业实施市场准入和行政监督管理制度，对其设立与资质的申请和审批，实行分级、分类管理。

此外，与其他行业和领域的外商投资企业一样，如果是属于中外合资经营建筑业企业、中外合作经营建筑企业的，那么外国投资者的出资总额不得低于注册资本的25%。

申请设立外商投资建筑企业，则应当向商务主管部门提供企业设立申请书、投资方编制或者认可的可行性研究报告、外商投资建筑业企业合同和章程、投资方拟派出的董事长等任职文件及证明文件、投资方最近3年的资产负债表和损益表等。

二、外商投资建筑企业的资质

在中国境内设立的外商投资建筑业企业，除了依法获得商务部的核准证书和工商行政管理部门的设立登记之外，还应当依法取得建设行政管理部门颁发的建筑业企业资质方可承担相应的工程施工项目。

与中国境内的其他企业一样，外商投资建筑企业如需申请建筑业企业资质，同样受国务院建设行政主管部门或省、自治区、直辖市人民政府建设行政主管部门的监管。而取得相应的施工资质是外商投资建筑企业合法承揽建设工程施工项目的前提条件。根据法律法规的规定，建筑企业只有经资质审查合格并取得相应等级的资质证书后，方可在其资质等级许可的范围内从事建筑活动。

对于外商投资建筑企业的施工资质的审批，其主管机关分为两类：

（1）由国务院住建部审批，适用于申请设立下列资质的外商投资建筑企业：

① 施工总承包序列特级资质；

② 施工总承包序列一级资质；

③ 专业承包序列一级资质；

④ 中外合资经营建筑企业、中外合作经营建筑企业的中方投资者为中央管理企业的。

（2）由省、自治区、直辖市人民政府住建部门审批，主要适用于申请设立下列资质的外商投资建筑企业：

① 施工总承包序列二级及二级以下资质；

② 专业承包序列二级及二级以下资质；

③ 劳务分包序列资质。

外商投资企业与中国境内非外商投资企业实行同等待遇，外资和内资的建筑企业都按照住建部颁发的《建筑业企业资质等级标准》的规定执行，在上述各序列和各级别的施工资质所涵盖的行业和领域，以及各资质涉及的工作内容方面，两者基本一致。

三、外商投资建筑企业资质申请程序

对于外商投资建筑企业的施工资质，其审批程序因所涉及类别和等级的不同而有所差异，同时还会涉及新设建筑企业并申请施工资质和已设立企业申请晋升资质等级或者增加主项以外的资质两种不同的情况。

（一）新设立外商投资建筑企业的资质申请

外国投资者在新设立建筑企业的同时一并申请施工资质的，根据其审批机关的不同，其申请程序略有不同。

1. 申请施工总承包特级和一级资质

新设立外商投资建筑业企业的同时一并申请施工总承包序列特级和一级资质的，按照下列程序进行：

（1）提出设立申请：申请者向拟设立企业所在地的省、自治区、直辖市政府商务主管部门提出设立申请；

（2）由省级商务主管部门初审，初审同意后，报国务院商务部；

（3）国务院商务部将申请材料送住建部征求意见；

（4）国务院商务部在收到住建部的书面意见后做出批准或者不批准的决定；

（5）取得外商投资企业批准证书后，到工商登记机关办理设立登记。

另外，需要注意的是，根据规定，新设外商投资建筑企业同时申请专业工程承包序列一级资质的，也适用上述同样的程序规定。

2. 申请施工总承包和专业承包二级资质

如果是新设外商投资建筑企业并同时申请施工总承包序列和专业承包序列二级资质的程序由各省、自治区、直辖市政府商务部门和住建部门结合本地区实际情况，参照上述申请程序以及建筑业企业资质管理规定执行。

省、自治区、直辖市人民政府建设行政主管部门审批的外商投资建筑业企业资质，应当在批准之日起 30 日内报国务院建设行政主管部门备案。

由于对于施工总承包二级、专业承包二级资质的资质申请已授权省、自治区、直辖市政府进行规定，因此，外国投资者在设立外商投资建筑企业时，还有必要提前与拟设立企业所在地的商务主管部门和住建部门沟通，了解所需的条件和程序。

（二）已设立外商投资建筑企业的资质申请

对于已经在中国境内依法设立的外商投资建筑企业，其资质的认定和申请则需要区分不同的情况分别处理。

如果是在 2002 年 12 月 1 日前已经设立的中外合资经营建筑企业、中外合作经营建筑企业和外商独资建筑企业，已经取得《外国企业承包工程资质证》的，可以根据其在中国境内承包工程业绩等申请相应等级的建筑业企业资质。

如果是已经在中国境内设立外商投资建筑业企业的外国投资者，设立新的外商投资建筑业企业则仍然应当按照《建筑业企业资质管理规定》重新核定资质等级。

如果是在 2002 年 12 月 1 日前已经设立的外资建筑企业，需要申请施工资质的，可以分为两种不同的情况处理：

（1）外商投资建筑业企业取得企业法人营业执照后，申请建筑业企业资质的，按照《建筑业企业资质管理规定》办理；

（2）外商投资建筑业企业申请晋升资质等级或者增加主项以外资质的，应当依照《外商投资建筑业企业管理规定》到建设行政主管部门办理相关手续。

四、外商投资建筑企业资质核定

原则上，外商投资建筑业企业资质证书不颁发给外国企业以及外国企业和其他经济组织在中国境内设立的分支机构，而只颁发给符合条件的下列企业：

（1）全部资本由外国投资者投资的建筑业企业；

（2）外国投资者和中国投资者通过共同出资或合作方式设立的建筑业企业；

（3）已经在中国境内依法设立的外商投资企业，以本企业的名义，在中国境内再投资新设立建筑业企业或购买其他建筑业企业投资者股权后的企业。

同时，在核定外商投资建筑企业的资质时，还需要满足相应的条件和标准。

（一）新设立外商投资建筑企业的资质核定

依据《建筑业企业资质等级标准》的规定，建筑业企业资质分为施工总承包资质、专业承包资质、施工劳务资质三个序列。其中，施工总承包资质分为特级、一级、二级和三级；专业承包资质分为一级、二级、三级。

对于新设立的外商投资建筑业企业，其资质等级则应按照最低等级核定，因此：

（1）申请施工总承包企业资质的，核定资质为三级；

（2）申请专业承包企业资质的，核定资质为三级。

上述资质等级通常设一年的暂定期，期满之后根据企业情况调整资质。

（二）资质核定中对业绩和人员的处理

在《外商投资建筑业企业管理规定》施行后，下列工程承包业绩可以作为外商投资建筑业企业申报建筑业企业资质或资质年检时的工程承包业绩：

（1）外商投资建筑业企业的外国投资者在中国境外同中国建筑业企业采取联合承包方式承包工程；

（2）外商投资建筑业企业的外国投资者将工程分包给中国建筑业企业的。

如果新设立的外商投资建筑企业在申请资质评定时，其业绩和人员方面未达到规定的标准和要求时，还可按照以下办法办理：

（1）外国投资者在中国境外完成的工程承包业绩，可以作为在中国境内新设立企业申请资质的业绩，但应当提供相应的业绩证明材料，报经资质管理部门进行审查确认；

（2）外商投资建筑业企业可以聘用境外服务提供者作为本企业工程技术和经济管理人员，境外服务提供者应当具有相应的技术要求和条件；

（3）外商投资建筑企业可以聘用境外人员担任本企业的项目经理，申报时，由建设行政管理部门根据其工程项目施工管理经历进行审核。

（三）建筑企业性质变更时的资质核定

外国投资者在中国境内设立新的合资、合作或独资建筑企业，其申请企业资质都会比较复杂，所需的时间也相对较长。因此，除了新设和申请晋级、增项外，在满足国家投资产业政策的前提下，通过并购具有相关资质的内资企业的方式来获得相应的资质，从而获得相应的企业资质也是可以考虑的重要方式。

根据相关规定，内资建筑企业性质发生下列变更时，企业资质应当按照其实际达到的标准重新核定：

（1）外国企业投资入股内资建筑业企业，企业性质变更为中外合资经营建筑业企业或中外合作经营建筑业企业；

（2）外国企业收购内资建筑业企业，企业性质变更为外资建筑业企业。

当然，在进行并购时，不论是以资产收购方式，还是股权收购方式，则还需要遵守《关于外国投资者并购境内企业的规定》有关并购的要求。

五、外商投资建筑企业承包工程的注意事项

获得相应资质的外商投资建筑企业可以从事相应的建筑活动，即可以根据《建筑法》和《建设工程质量管理条例》的规定在中国境内从事土木工程、建筑工程、线路管道设备安装工程、装修工程的新建、扩建、改建等活动。据此，外商投资建筑企业可以参与上述有关的工程建设项目的投标。

（一）外商投资建筑企业工程承包范围

外商投资建筑企业的工程承包范围因其企业形态而不同。中外合资经营建筑业企业、中外合作经营建筑业企业应当在其资质等级许可的范围内承包工程，其资质等级与承揽工程范围，与内资建筑企业的要求相同。但是，根据规定，外商独资建筑企业只允许在其资质等级许可的范围内承包下列工程：

（1）全部由外国投资、外国赠款、外国投资及赠款建设的工程；

（2）由国际金融机构资助并通过根据贷款条款进行的国际招标授予的建设项目；

（3）外资等于或者超过 50% 的中外联合建设项目；

（4）外资少于 50%，但因技术困难而不能由中国建筑企业独立实施，经省、自治区、直辖市人民政府建设行政主管部门批准的中外联合建设项目；

（5）由中国投资，但因技术困难而不能由中国建筑企业独立实施的建设项目，经省、自治区、直辖市人民政府建设行政主管部门批准，可以由中外建筑企业联合承揽。

（二）超越资质承包工程的法律后果

如前所述，外商投资建筑企业只能在其资质等级和范围内承揽工程施工项目，否则，超越资质许可的业务范围承包工程的，应当承担下列法律责任：

（1）处工程合同价款 2% 以上 4% 以下的罚款；

（2）可以责令停业整顿，降低资质等级；

(3)情节严重的，吊销资质证书；有违法所得的，予以没收。

需要注意的是，这里的超越资质还包括无资质、跨专业资质和超越资质等级等情形。

此外，对于无资质、跨专业资质和超越资质等级签署的工程承包合同，按照《合同法》和最高人民法院司法解释的规定，还将会被认定为无效合同。

第五节 外商投资参与工程项目设计

外商投资参与中国境内工程建设项目的设计工作在实务中也较为常见。《外商投资产业指导目录》已经明确将建筑设计、工业设计等列入鼓励类的外商投资产业目录。因此，外资参与工程设计项目在产业政策上已无障碍。

一、外商投资参与工程设计的方式

与外商投资建筑企业类似，外国投资者参与中国工程建设项目的工程设计也可以通过直接投资和间接投资两种不同的方式。根据《关于外国企业在中华人民共和国境内从事建设工程设计活动的管理暂行规定》，外国投资者在中国境内从事建设工程设计活动只能通过与中国设计单位组建联合体，或者在中国境内设立有资质的工程设计企业两种途径。

前一种方式即由外国投资者直接参与国内建设工程项目的工程设计的投标并提供工程设计服务。因此，以组建中外联合体方式直接参与工程设计的投标是外国设计机构参与工程项目投标的一种方式。

由外国投资者与中国工程设计企业组成中外联合体参与中国的建设工程项目的设计投标的，中外联合体的形式、标准和条件、资质认定、法律责任承担等方面与中国企业组成的设计投标联合体一样，并无特别要求。实践中，结合外方设计方面的技术和管理优势，如果不是属于法定禁止性的设计范围和内容，中外联合体参与投标，招标人和项目所在地政府主管机关在认定投标资格时可能会从宽把握。

此外，需要注意的是，目前现行的相关规定中所涉及的必须成立外商投资设计企业和组建中外设计联合体的规定不包括概念设计、方案设计环节。因此，如果是外国设计机构从事概念设计、方案设计等工作，则可以不受上述规定的限制。

后一种方式则是由外国投资者通过在中国境内设立外商投资建设工程设计企业从而参与工程设计的投标和服务。这里的外商投资建设工程设计企业，是指根据中国法律、法规的规定，在中国境内投资设立的下列企业：

（1）外商独资建设工程设计企业；

（2）中外合资经营建设工程设计企业；

（3）中外合作经营建设工程设计企业。

对于外商投资建设工程设计企业的设立和资质申请、审批，中国目前实行分级、分类管理制度，即由商务部门和工商行政管理部门负责设立管理、由住建部门负责资质审批。外商投资企业获得相应的工程设计资质后，即与中国内资工程设计企业享有同等的法律地位。

二、外商投资工程设计企业的设立

根据规定，外国投资者在中华人民共和国境内设立外商投资建设工程设计企业，并从事建设工程设计活动，应当依法办理注册登记和备案，并取得建设行政主管部门颁发的建设工程设计企业资质证书。

外国投资者在中华人民共和国境内设立外商投资建设工程设计企业，并从事建设工程设计活动，应当符合下列条件：

（1）在国家工商行政管理总局或者其授权的地方工商行政管理局注册登记；

（2）取得建设行政主管部门颁发的建设工程设计企业资质证书；

（3）中外合资经营建设工程设计企业、中外合作经营建设工程设计企业中方合营者的出资总额不得低于注册资本的25%；

（4）外商投资建设工程设计企业的外方投资者及外国服务提供者应当是在其本国从事建设工程设计的企业或者注册建筑师、注册工程师。

三、外商投资工程设计企业的资质

外商投资工程设计企业与中国内资的工程设计企业一样，也需要申请相应的资质。根据《建筑法》和《建设工程勘察设计管理条例》等法律法规的规定，建设工程设计单位应当在其资质等级许可的范围内承揽建设工程设计业务；禁止建设工程设计单位超越其资质等级许可的范围或者以其他建设工程设计单位的名义承揽建设工程设计业务。

（一）外商投资工程设计企业资质审批机关

外商投资工程设计企业资质实行分类、分级管理制度，其资质申请由不同的部门审批：

（1）申请建筑工程设计甲级资质，其他建设工程设计甲、乙级资质的外商投资工程设计企业由国务院住建部门审批；

（2）申请建筑工程设计乙级资质，其他建设工程设计丙级及以下等级资质的外商投资建设工程设计企业由省、自治区、直辖市人民政府建设行政管理部门审批。

同时，也应当注意的是，外商投资建设工程设计企业，不得申请涉及中国国家安全、保密等特殊行业、专业或专项工程设计资质。

（二）外商投资工程设计企业的资质审核

对于外商投资工程设计企业的资质，国务院住建部和省、自治区、直辖市人民政府建设行政管理部门按照以下标准和条件进行核定：

（1）外国服务提供者应当是在其所在国或地区从事建设工程设计的企业或取得相关注册执业资格的自然人。其中：

①外国企业应当具有在其所在国或地区从事建设工程设计的企业业绩；

②自然人应当是在其所在国或地区从事建设工程设计的注册建筑师或注册工程师。

（2）外商投资建设工程设计企业首次申请工程设计资质，其外国投资方应提供两项及以上在中国境外完成的工程设计业绩，其中至少一项工程设计业绩是在其所在国或地区完成的；

（3）外商投资建设工程设计企业申请资质升级，应提供取得工程设计资质后在中国境内或境外完成的工程设计业绩，其中至少有两项工程设计业绩是在中国境内完成；

（4）外商投资建设工程设计企业聘用外国注册建筑师、注册工程师，并将其作为本企业申请建设工程设计资质的主要专业技术人员，在资质审查时不考核其专业技术职称条件，只考核其学历、从事工程设计实践年限、在国外的注册资格、工程设计业绩及信誉，并且只能受聘于一个工程设计企业；

（5）外商投资建设工程设计企业所聘用的外国注册建筑师、注册工程师学历应为大学本科及以上，具有10年及以上工程设计实践经验，所学专业应符合《工程设计资质标准》中对相应主要专业技术人员的专业要求；个人业绩，在企业首次申请资质时，考核其在中国境外完成的工程设计业绩。

（三）外商投资工程设计企业在人员方面的要求

中国对从事建设工程设计活动的专业技术人员，实行执业资格注册管理制度。这一规定同样适用于外商投资工程设计企业。因此，除了上述规定的核定标准和条件外，在外商投资工程设计企业的人员方面，还应当特别注意如下要求：

（1）外商投资建设工程设计企业中，外方在中国注册的建筑师、工程师及技术骨干，每人每年在中华人民共和国境内累计居住时间应当不少于6个月；如果外国服务提供者暂时不能满足该居住时限要求的，可以不予考核；

（2）外商独资建设工程设计企业申请建设工程设计企业资质，其中取得中国注册建筑师、注册工程师资格的外国服务提供者人数应当各不少于资质分级标准规定的注册执业人员总数的1/4；

（3）外商独资建设工程设计企业具有相关专业设计经历的外国服务提供者人数应当不少于资质分级标准规定的技术骨干总人数的1/4；

（4）中外合资经营、中外合作经营建设工程设计企业申请建设工程设计企业资质，其取得中国注册建筑师、注册工程师资格的外国服务提供者人数应当各不少于资质分级标准规定的注册执业人员总数的 1/8；

（5）中外合资经营、中外合作经营建设工程设计企业具有相关专业设计经历的外国服务提供者人数应当不少于资质分级标准规定的技术骨干总人数的 1/8。

如果外商投资建设工程设计企业暂不满足要求时，则可以聘用中国注册建筑师、注册工程师等专业技术人员代替。

（四）外商投资工程设计企业资质申请程序

外商投资工程设计企业申请程序包括取得企业法人营业执照后，申请工程设计企业资质和外商投资工程设计企业申请晋升资质等级或者申请增加其他建设工程设计企业资质两种不同的情形。对于前者，申请企业按照建设工程设计企业资质管理规定办理，对于后者，则应当依照有关规定到建设行政主管部门办理相关手续。

具体涉及资质申请的程序，如果是申请建筑工程设计甲级资质及其他建设工程设计甲、乙级资质企业的：

（1）申请者向拟设立企业所在地的省、自治区、直辖市人民政府商务主管部门提出设立申请；

（2）省、自治区、直辖市人民政府商务主管部门完成初审，初审同意后，报国务院商务部；

（3）国务院商务部将申请材料送国务院住建部征求意见，国务院商务部在收到住建部书面意见之日起 30 日内作出批准或者不批准的书面决定，予以批准的，发给外商投资企业批准证书，不予批准的，书面说明理由；

（4）取得外商投资企业批准证书的，应当在 30 日内到登记主管机关办理企业登记注册。

如果是申请建筑工程乙级资质和其他建设工程设计丙级及以下等级资质，则由各省、自治区、直辖市人民政府建设行政主管部门和商务主管部门，结合本地区实际情况，参照上述程序规定执行。

四、外国企业直接参与工程设计的投标

如前文所述，外资参与中国工程建设项目的设计投标，分为直接由外国企业以设计者的身份参与，以及在中国境内设立外商投资工程设计企业两种方式。虽然工业设计、建筑设计已经被列入鼓励外商投资类的项目，但是外国企业参加工程设计投标的，必须符合中国缔结或者参加的国际条约、协定中所作的市场准入承诺，以及有关勘察设计市场准入的管理规定。并且，由于中国政府对于工程设计的类型、设计深度和内容实行不同的行政管理制度，外国企业和外商投资企业在参加中国境内的工程设计项目还应注意区分不同的规定。

（一）建设工程方案设计投标

对于方案设计，不论是中国企业，还是外商投资企业或者外国企业都没有中国现行的法律法规，没有要求强制招标投标的规定，也没有对参与者的资质有特殊的要求。根据相关规定，外国设计企业只要是其所在国或所在地区的建筑设计行业协会或组织推荐的会员，并且其行业协会或组织的推荐名单获得工程项目业主的确认，就可以参加中国境内工程建设项目的方案设计投标。由此可见，外商投资企业或者外国设计企业投标参加中国境内的工程建设项目的方案设计并没有禁止性规定。

（二）建设工程项目初步设计投标

如果外国企业是以跨境交付的方式在中国境内提供编制建设工程初步设计服务的，则应当遵守下列具体要求：

（1）必须与中国有相应资质的设计企业进行合作设计。也就是说，外国企业必须选择至少一家持有建设行政主管部门颁发的建设工程设计资质的中方设计企业进行中外合作设计，并且在所选择的中方设计企业资质许可的范围内承接设计业务。

（2）应符合建设单位的资格预审条件。建设单位主要对合作设计的外国企业是否具备设计能力进行资格预审，符合资格预审条件的外国企业方可参

与合作设计。

（3）应与中国设计企业签订书面的合作协议。合作设计项目的工程设计合同，应当以中文方式由合作设计的中方设计企业或者中外双方设计企业共同与建设单位签订，合同应明确各方的权利、义务。

（三）建设工程项目施工图设计的投标

外国企业以跨境交付的方式在中国境内提供编制建设工程施工图设计文件的服务，同样应当遵守下列具体要求：

（1）必须与中国有相应资质的设计企业进行合作设计；

（2）应符合建设单位的资格预审条件；

（3）应与中国设计企业签订合作协议。

上述各项要求的内容与外国企业参与初步设计投标的条件和要求一致。

由于工程施工图设计文件一向是行政监管的重点，因此，外国企业一旦中标承接工程设计，则必须符合中国的工程建设强制性标准（指直接涉及工程质量、安全、卫生及环境保护等方面的工程建设标准强制性条文）和工程设计文件编制规定的要求。如果外国企业提供的设计文件中拟采用的新技术、新工艺、新材料，不符合现行强制性标准规定的，应当提请建设单位组织专题技术论证，报建设行政主管部门或者国务院有关主管部门审定；工程建设中采用国际标准或者国外标准，现行强制性标准未作规定的，建设单位应当向国务院住建部或者国务院有关行政主管部门备案。

（四）禁止外国企业参与设计的工程

根据现行的法律规定，对于某些特殊领域的工程设计项目，仍然属于禁止外国企业参与的情形，这些项目具体是指：

（1）保密工程；

（2）抢险救灾工程；

（3）我国未承诺对外开放的其他工程。

此外，尽管除了上述禁止性的项目以及资质的限定外，原则上外国企业都可以直接参加有关的工程设计投标活动。但是在实践中还应当注意的是，这些外国企业直接参与中国国内建筑工程项目的设计投标，还需要经过省、自治区、直辖市的住建部门批准。不过，对于此处的设计投标并未界定是方案设计、概念设计还是施工设计，因此，实务中，还需要结合项目所在地行政主管部门的详细规定来确定。

第六节　外资参与建设工程服务

与前述外国企业或者外商投资企业参与工程建设项目的设计、施工等投标相比，外资参与工程建设项目服务的内容更为广泛，其在企业设立和企业资质方面的条件和限制则相对较为宽松。除了一些特别的规定以及外国投资者自身的经济考虑因素外，在多数情况下，外国企业直接参与服务项目的投标，或者以在中国境内设立外商投资企业的方式参与工程建设项目的服务，本质上没有太大的区别。

一、外资参与工程项目服务的种类

结合工程建设项目的特点，工程建设项目的服务除了《招标投标法》规定的属于招标投标范围的工程勘察、设计和监理服务之外，还包括实践中经常采用的项目管理、招标代理、工料测量或工程造价咨询、城市规划咨询顾问，以及专业工程师和工程顾问、各类采购顾问等。在上述各项服务中，除建设工程监理、工程招标代理和工程造价咨询有专门的外资管理规定进行规范外，现有法律规范对于其他涉及工程服务的外商投资并没有特别的规定。从实践来看，可以理解为外国投资者从事工程项目服务并不存在法律的禁止性规定，具体也还需要结合政府部门有关的资质等市场准入规定和条件确定其是否具有从事相关工程服务的资格。但是，总体上来看，中国政府对于外资从事工程服务持欢迎和开放的态度，也在法律、政策层面有所体现。

（一）法定外商投资工程服务项目

按照《外商投资建设工程服务企业管理规定》确定的类型，外商投资提供的建设工程服务包括建设工程监理、工程招标代理和工程造价咨询，并且应当取得建设主管部门颁发的相应建设工程服务企业资质证书。

1. 外商投资工程造价服务

外商投资企业接受委托，可以为工程建设项目提供建议书及可行性研究投资估算的编制，投资估算、项目概预算、工程造价的确定与过程控制等专业咨询服务。

目前在中国从事工程造价服务，应当具备相应的资质。工程造价咨询企业资质等级分为甲级、乙级两类，前者由国务院住建部决定，后者由省、自治区、直辖市建设行政主管部门审查决定。

对于上述提供工程造价服务的资质等级标准以及提供的服务内容等，外商投资企业和内资企业遵循同样的标准和条件。

2. 外商投资工程监理服务

工程监理是指在新建、扩建、改建项目的施工阶段对建设工程质量、造价、进度进行控制，对合同、信息进行管理，对工程建设相关方的关系进行协调，并履行建设工程安全生产管理法定职责的服务活动。

目前在工程实务中，工程监理的职责主要是提供质量和安全方面的监督，涉及工程造价方面的职责则多数由工程造价咨询机构担任。

根据《工程监理企业资质标准》的规定，工程监理企业资质分为综合资质、专业资质和事务所三个序列。其中：

（1）综合资质只设甲级。可以承担所有专业工程类别建设工程项目的工程监理业务，以及建设工程的项目管理、技术咨询等相关服务。

（2）专业资质原则上分为甲、乙、丙三个级别，并按照工程性质和技术特点划分为 14 个专业工程类别；除房屋建筑、水利水电、公路和市政公用四个专业工程类别设丙级资质外，其他专业工程类别不设丙级资质。分别可以承担相应专业工程类别的建设工程项目的工程监理业务，以及相应类别和级别建设工程的项目管理、技术咨询等相关服务。

（3）事务所不分等级，可承担三级建设工程项目的工程监理业务，以及相应类别和级别建设工程项目管理、技术咨询等相关服务。

但是，对于国家规定必须实行强制监理的建设工程监理业务，则按照规定执行。

3. 外商投资招标代理服务

招标代理服务也是工程建设项目中常见的服务内容。尤其是在公开招标的项目中，选聘招标代理能够帮助项目业主处理招标前期准备和招标过程中的一些具体事务。

从 2018 年开始，招标代理不再进行资质认定。在此之前，招标代理的资质可分为甲级、乙级和暂定级，并在各自的资质等级范围内承接相应的招标代理服务。同样，对于外商投资企业如需提供招标代理服务，也不再要求具备相应的资质。

（二）其他外商投资工程服务

在工程实务中，还有一些与工程项目建设有关的工程服务，虽然，商务部没有对外商投资进行专门的规定，但是，外国投资者如需从事相关的服务，也可以加以关注。同时，随着相应的行政监管的放开、资质的取消，与之相应的，目前国内建设工程行业也在推广全过程的工程咨询，这些举措也同样为外资进入相关的领域提供了相应的政策依据。

1. 外商投资城市规划服务

外商投资企业可以提供除城市总体规划以外的城市规划的编制和咨询服务。在 2016 年 1 月 11 日前，根据《外商投资城市规划服务企业管理规定》的规定，外国公司、企业和其他经济组织或者个人在中国从事城市规划服务，必须依法设立中外合资、中外合作或者外资企业，并且需要取得《外商投资企业城市规划服务资格证书》，才能从事城市规划服务。

但《外商投资城市规划服务企业管理规定》已经于 2016 年 1 月 11 日被废止。目前尚没有具体的法律法规对外商投资企业、外国企业从事城市规划服务进行规范，是否意味着外国投资者可以全面自由地参与其服务仍有待观察。

2. 外商投资项目管理服务

建设工程项目管理，是指外商投资设立从事工程项目管理的企业，并受工程项目业主委托，对工程建设全过程或分阶段进行专业化管理和服务活动，其具体内容包括：

（1）协助业主方进行项目前期策划，经济分析、专项评估与投资确定；

（2）协助业主方办理土地征用、规划许可等有关手续；

（3）协助业主方提出工程设计要求、组织评审工程设计方案、组织工程勘察设计招标、签订勘察设计合同并监督实施，组织设计单位进行工程设计优化、技术经济方案比选并进行投资控制；

（4）协助业主方组织工程监理、施工、设备材料采购招标；

（5）协助业主方与工程项目总承包企业或施工企业及建筑材料、设备、构配件供应等企业签订合同并监督实施；

（6）协助业主方提出工程实施用款计划，进行工程竣工结算和工程决算，处理工程索赔，组织竣工验收，向业主方移交竣工档案资料；

（7）生产试运行及工程保修期管理，组织项目后评估；

（8）项目管理合同约定的其他工作。

但是，工程勘察、设计、监理等企业同时承担同一工程项目管理和其资质范围内的工程勘察、设计、监理业务时，依法应当招标投标的应当通过招标投标方式确定，并且施工企业不得在同一工程从事项目管理和工程承包业务。

在取消审批制度后，外国投资者在设立项目管理企业时，并没有特别的限制，也不属于禁止和限制类的外商投资产业，由此可见，外商投资设立项目管理企业并无法律上障碍。但是根据相关规定，项目管理企业应当具有工程勘察、设计、施工、监理、造价咨询、招标代理等一项或多项资质，并且，从事工程项目管理的专业技术人员也应当具有城市规划师、建筑师、工程师、建造师、监理工程师、造价工程师等一项或者多项执业资格。因此，外资企业在具体承接项目管理服务时，仍然需要注意资质上的条件。

3. 外商投资从事其他工程服务

在工程建设项目中，还有其他工程服务内容，但是，就目前现有的法律规定，以及中国政府对于投资经济体制改革的目标，外国投资者在中国境内设立外商独资企业、中外合资经营企业和中外合作经营企业从事相关的工程服务，不再有相应的设立审批的前置核准程序。仅就提供某项特殊的工程服务时，需要注意资质条件等方面的限制。

二、外商投资建设工程服务企业的设立

外商投资建设工程服务企业，可以在中国境内依法设立中外合资经营建设工程服务企业、中外合作经营建设工程服务企业、外资建设工程服务企业，经工商登记注册并取得相应的资质后从事相关的工程服务活动。

（一）外商投资工程服务企业的设立条件

外国投资者在中华人民共和国境内设立外商投资建设工程服务企业，从事建设工程服务活动，应当符合下列条件：

（1）经工商行政管理部门注册登记；

（2）取得建设主管部门颁发的相应建设工程服务企业资质证书；

（3）符合相应的建设工程监理、工程招标代理和工程造价咨询企业资质标准要求的条件；

（4）申请设立外商投资建设工程服务企业的外方投资者，应当是在其所在国从事相应工程服务的企业、其他经济组织或者注册专业技术人员；

（5）中外合资经营工程服务企业和中外合作经营工程服务企业的注册资本中，外方的投资比例一般不低于25%。

（二）外商投资工程服务的资质审核

外商投资工程服务企业涉及设立和资质审批两方面的行政监管。其中设立方面主要是工商行政管理部门进行设立登记注册，并报商务部门备案；资质方面则有建设行政主管部门服务审核。

外商投资建设工程服务企业申请不同的资质，按照以下具体分工进行：

（1）申请外商投资建设工程服务企业甲级资质的，由国务院建设主管部门审批；

（2）申请外商投资建设工程服务企业乙级或者乙级以下资质的，由省、自治区、直辖市人民政府建设主管部门审批；

（3）省、自治区、直辖市人民政府建设主管部门审批的外商投资建设工程服务企业资质，应当在批准之日起30日内报国务院建设主管部门备案。

此外，还需注意资质申请的不同时间在程序和条件上的差异，具体表现在：

（1）外商投资建设工程服务企业取得企业法人营业执照后，申请外商投资建设工程服务企业资质的，按照有关资质管理规定办理；

（2）外商投资建设工程服务企业申请晋升资质等级或者申请增加其他建设工程服务企业资质的，应当依照有关规定到建设主管部门办理相关手续。

三、外商投资工程服务项目的招投标

原则上，外商投资工程服务项目的招标投标也同样应当遵守《招标投标法》等法律规范的规定。也就是说，如果是属于法定的强制招标投标范围和规模标准，即大型基础设施和公用事业项目、全部或者部分使用国有资金投资或国家融资的项目，以及使用国际组织贷款、援助资金、外国政府贷款、援助资金的项目，且单项合同金额在人民币100万元以上时，采购工程监理、工程勘察服务、工程设计服务则仍然应当进行招标投标。具体的程序、要求等与内资企业在招标投标过程中的规定一致。

而除了工程监理、勘察和设计之外的建设工程服务的采购，则可由项目业主选择适用招标，也可以不经过招标而直接委托，并且即使采用招标方式，《招标投标法》所规定的程序也仅作为参考。

第七节 外资参与PPP和特许经营项目

外国投资者参与中国基础设施和公用事业PPP和特许经营项目一直属于中国政府对外资开放的领域。对此，《外商投资法》也明确规定要保障外商投资企业公平参与政府采购。此外，中国政府还给予外资诸多的优惠政策，以吸引和鼓励外资进入基础设施和公用事业的PPP和特许经营项目，包括作为项目业主进行招标和作为承包人进行投标。事实上，自20世纪80年代中国开始采用BOT方式以来，将外资吸引到中国境内的公路、铁路、电站、废水处理等项目的投资、建设和运营中，取得了良好的效果。

一、外资参与 PPP 和特许经营的准入机制

外商投资特许经营项目，是指外商建设—运营—移交的基础设施项目，即由政府部门通过特许权协议，在规定的时间内，将项目授予外商为特许权项目成立的项目公司，由项目公司负责该项目的投融资、建设、运营和维护，特许权期限届满，项目公司将特许权项目的设施无偿移交给政府部门[①]。

如本章第一部分所述，在 2017 年的《外商投资产业指导目录》中，大部分的能源项目、交通运输项目、公共设施项目的建设和运营都已经被纳入鼓励，或者至少是允许外商投融资、建设和运营的范围。此外，从政策引导方面，中国国务院积极提倡和鼓励外资等民间资本以独资、控股、参股等方式投资建设交通基础设施、新能源等 PPP 项目，鼓励外资发起设立以投资城市基础设施为主的产业投资基金等。同样，财政部、发改委、交通运输部等国家部委也提出要积极引入外资企业，灵活运用基金投资、银行贷款、发行债券等各类金融工具，推进建立多元化、可持续的 PPP 项目资金保障机制。而从市场准入的角度来看，除了极少数禁止外商投资的领域外，外资与内资在参与基础设施 PPP 和特许经营项目中并没有太大的差异。

当然，对于准许外资进入的 PPP 和特许经营项目，采购人在选择资本合作方和特许经营者时，都应当符合内外资准入等有关法律、行政法规规定。比如，项目审批制度，早在 1995 年，原中国对外经贸部（现商务部）就规定，除国务院另有明确规定外，沿海地区投资总额超过 3000 万美元的项目与内陆地区投资总额 1000 万美元以上的项目仍应由中央政府审批，其中项目建议书、可行性研究报告报国家计委审批，合同、章程报外经贸部审批。

至于落实到某个具体的 PPP 项目或特许经营项目，不论是进行 PPP 项目或特许经营权招标，还是参加 PPP 项目或特许经营权的投标，抑或是参加工程建设项目的招投标，是否需要采用招标方式或者选择竞争性谈判等方式，外国投资者和内资企业则遵循同样的标准和条件。比如，对于通过公开招标的方式选择外国投资者的特许经营项目，需由政府部门组成技术、经济、

① 《关于试办外商投资特许权项目审批管理有关问题的通知（计外资〔1995〕1208 号）》。

法律顾问参加的评标委员会，负责标书的审查、投资者资格预审、评标、定标及授标的工作，遵守招标投标的各种程序。对于通过评审采用 PPP 模式的项目也应当遵守《招标投标法》《政府采购法》等法律法规的相关规定。

二、外资参与 PPP 和特许经营项目的方式

对于准许外商投资的 PPP 和特许经营项目，实践中最为普遍的就是设立项目公司，并以 BOT、TOT、BOOT 等模式进行投融资、建设和运营。

就目前来看，外资参与 PPP 项目的具体运营模式多种多样，除了传统的 BOT、TOT、BOOT 外，还可以采用包括诸如建设—拥有—运营 (BOO)/ 委托运营（O&M）、管理合同（MC）、租赁—运营—移交（LOT）、改建—运营—移交（ROT）在内的多种实施模式。

同时，对于外商投资的 PPP 项目和特许经营项目，投资者应当本着自主经营、风险共担、利益共享的原则投资、建设和运营项目，但是因为法律的不健全，对于外商投资 PPP 和特许经营权项目在实施中也存在诸多问题。比如，一方面，政府部门禁止在 PPP 和特许经营项目中向社会资本约定固定回报。从 1995 年国家计委、电力部、交通部联合发布《关于试办外商投资特许权项目审批管理有关问题的通知》起，我国政府各部委连续多次发文，明确规定政府不得对外商投资项目提供固定投资回报率的保证。另一方面，由于已约定固定回报的内容并不属于《合同法》规定的合同无效的情形，因此固定回报的约定依然有效。然而，在实践中政府部门又往往依据政府部门发布的规范性文件执行，这些由于法律规定和实践做法的不一致也导致了项目履行的困难。可以预见，这些问题在一段时间内仍将会继续存在。

三、外资参与 PPP 和特许经营项目的优惠

根据《指导外商投资方向规定》的规定，对于鼓励类的外商投资 PPP 和特许经营项目，还可以获得以下一些优惠政策：

（1）依照有关法律、行政法规的规定享受优惠待遇；

（2）经批准，对于投资额大、回收期长的项目可以扩大与其相关的经营范围，这些项目主要包括：

①能源项目的建设、经营；

②交通项目的建设、经营；

③城市基础设施项目（煤炭、石油、天然气、电力、铁路、公路、港口、机场、城市道路、污水处理、垃圾处理等）的建设、经营的项目。

由此可见，外国投资者在参与 PPP 和特许经营项目的投标时，提前了解中央政府和地方政府的相关优惠政策可以更好地为投资决策提供有利的依据。

第八节　外资项目招标投标的其他注意事项

由于中国对招标投标以及市场准入机制的行政监管等诸多影响，实务中，对于涉及外商投资项目的招标和投标还有一些应当注意的其他问题需要提前了解，以便做好招标投标的准备工作，避免影响招投标的顺利进行。

一、人员的执业资格要求

中国对于承接工程设计、施工和服务项目的公司和个人都有相应的资格、资质的要求，并且都需要提供相应的执业资格证明。比如，按照规定，对于从事工程建设项目施工的企业，其现场项目经理必须具有国家认可的一级或者二级建造师资格；对于从事工程项目管理的人员，应当具有城市规划师、建筑师、工程师、建造师、监理工程师、造价工程师等一项或者多项执业资格。

鉴于中国还没有与其他国家开展专业人员的执业资格互认工作，比如工程领域的 RICS、CIOB 等。因此，短期内，外国企业参与中国工程建设项目的投标，仍然需要雇佣具有中国相关执业资格的专业人员。只有在某些特殊情况下，经政府主管部门核准后才会认可其在国外获得的资质。比如，注册建筑师、注册工程师，但应当提供有效的学历证书、注册建筑师或注册工程师注册证书、注册建筑师或注册工程师所在学会（协会、注册管理机构等）出具的证明、就业许可证，以及相应的注册建筑师、注册工程师的工程设计业绩。

二、投标货币与汇率风险

在外商投资的工程项目招标投标过程中，招标人和投标人还需要注意和考虑区分投标货币、评标货币、合同支付货币的不同，规避潜在的汇率风险，比如：

（1）在投标报价时，原则上，投标人在中国境内从事工程项目施工，以及提供的货物和服务应该用中国的法定货币进行报价；特殊情况下，比如招标人和投标人都是外国企业，则可以在招标文件中约定其他币种；

（2）在评标过程中，针对以多种货币的报价，应当按照中国银行在开标当日公布的汇率中间价换算成人民币；招标文件应对汇率标准和汇率风险作出规定；未作规定的，汇率风险由投标人承担。换言之，对于多币种或者非中国法定币种进行投标的项目，投标人应承担投标当天至开标当天期间投标货币与评标基准货币之间的汇率风险。

三、投标担保的安排

目前，中国的工程建设项目招标投标实践中，招标文件都会要求投标人提供其认可的投标担保。投标担保可以是现金、银行或者担保公司出具的保函。在实践中，招标人和招标代理会首先选择现金，其次是银行保函，最后是担保公司出具的担保保函。

而在上述非现金担保中，招标人对于国有银行、工程项目所在地的大型商业银行提供的银行保函的认可度较高。这对于中国内资企业来讲，在操作上相对较为简便，并且中国的内资企业可能会因为与这些银行长期、良好的业务合作关系而获得相关银行的授信。

但如果是外商投资企业，其多数会在境外银行、中国境内的外资银行开立资金账户，对于这些银行提供的投标担保要想获得招标人和招标代理人的认可存在一定障碍，需要补充提交一些证明文件。而且，如果外商投资企业以现金或者支票方式提供的投标保证金不是从国内的基本账户转出，则还会涉及外汇管制等问题。

因此，外国投资者在参与中国建设工程项目的投标，有必要提前了解招标人和招标文件对提供投标担保的要求，或者从长远发展的角度来看，可以考虑和安排与中国银行的合作，以便及时提供满足条件的投标担保。

四、使用国际组织或外国政府贷款的招标

与纯粹的私人外国资本类似，中国使用国际组织或者外国政府资金进行建设的基础设施和公用事业项目等工程建设，也属于依法必须招标的项目范围。具体来说，主要包括以下几类：

（1）使用世界银行、亚洲开发银行等国际组织贷款资金的项目；

（2）使用外国政府及其机构贷款资金的项目；

（3）使用国际组织或者外国政府援助资金的项目；

（4）国际金融组织贷款，主要是指财政部经国务院批准代表国家向世界银行、亚洲开发银行、国际农业发展基金、欧洲投资银行等国际金融组织统一筹措并形成政府外债的贷款，以及与上述贷款搭配使用的联合融资；

（5）国际金融组织赠款，主要是指财政部或者财政部经国务院批准代表国家作为受赠方接受的由世界银行、亚洲基础设施投资银行、亚洲开发银行、国际农业发展基金、欧洲投资银行、全球环境基金等国际金融组织直接提供或者其他多、双边机构通过上述国际金融组织提供的赠款。

此外，在实践中还需要注意的一点是，对于使用上述国际组织或者外国政府贷款、援助资金的基础设施建设项目进行招标，贷款方、资金提供方对招标投标的具体条件和程序可能会有特别的规定。比如，联合国、亚洲开发银行、世界银行都有资金使用、招标投标的相关规定。如果国际组织或者外国政府的规定与我国《招标投标法》的规定存在不一致，则可以优先适用提供贷款或援助资金的有关国际组织或外国政府的规定。这是对《招标投标法》所规定的凡是在中国境内进行的招标投标活动均应适用《招标投标法》的例外规定。

当然，不可忽视的是，在适用上述贷款方、资金提供方的招标条件和程序规定时也不得违背中华人民共和国的社会公共利益。

9

CHAPTER

第九章

项目采购中的特殊问题

在PPP项目和工程建设项目的招标投标采购中，除了本书前面几个章节中所述的实体和程序等规定，以及招标人、投标人应当予以注意的事项外，还有一些特殊的法律问题也应当引起各方主体充分的重视，比如招标代理费、投标保证、联合体投标、工程总承包、暂列金额项目、二次招投标、肢解发包，以及新型的电子招标投标等。

这些特殊问题不仅与招标投标程序本身密切相关，同时还会涉及后续的合同的签署和履行，对于招标人和投标人的风险承担、权利义务的分配等也有着密不可分的关系。因此，招标人在前期的招标策划和决策时，就有必要提前考虑和安排，避免因为前期考虑不周到而给后期的合同履行带来不确定性和风险。

第一节　招标代理费

招标代理费是指招标代理机构接受招标人的委托，为其提供项目招标代理服务，包括编制招标文件、审查投标人资格、组织投标人踏勘现场并答疑、组织开标、评标、定标，以及提供招标前期咨询、协调合同的签订等招标投标服务所收取的费用。实务中，招标人和投标人在处理招标代理费问题时最终需要解决的是由谁来承担招标代理费以及招标代理费的金额确定两个方面的问题。

一、招标代理费的性质

招标代理费在本质上是招标代理机构为招标人办理招标事务所取得的报酬，招标人与招标代理机构之间是民事委托法律关系。因此，按照民事委托合同“谁委托谁付费”的原则，招标代理费由招标人支付给招标代理机构应该没有争议。并且，在工程建设领域，通常情况下，招标代理服务费作为工程项目的前期费用列支，列入建安成本中的企业管理费和财务费用中，由投标人计入报价中，并最终由招标人支付。

同样，根据《招标代理服务收费管理暂行办法》的规定，招标代理服务费用应当由招标人支付。但是，招标人、招标代理机构与投标人另有约定的，则从其约定。对于招标代理费用的承担这个问题，该办法分别给出了原则和例外的规定。而对于允许“另行约定”这一例外规定，实际上给实务操作带来了一定的困扰，使得招标代理费成为投标人的额外负担。

二、招标代理费的承担与涉他合同

如前所述，招标代理费的支付可以由招标人、招标代理机构与投标人另外约定。在招标投标法律实务中，招标人和招标代理机构也经常在招标文件中规定由中标人承担招标代理费。如果招标文件中有这一项规定，那么就会涉及《合同法》上的涉他合同的处理。

涉他合同是指双方当事人约定由第三人向债权人履行义务的合同，如果第三人不履行义务或者履行义务不符合约定，债务人应当向债权人承担违约责任。即在招标代理关系中，招标人和招标代理机构约定由中标人承担支付招标代理费的义务。严格来讲，民事合同具有相对性的特点，合同内容并不能约束合同以外的第三人。因此，对于招标代理合同中由第三人付费的约定，中标人并不必然承担支付招标代理费的义务。况且，在这种涉他合同中，如果中标人未能支付招标代理费，那么依照《合同法》的规定，招标人仍然应当向招标代理机构承担违约和赔偿责任。

实务中有些招标代理机构也会以中标人支付代理费作为发放中标通知书的条件，并且以中标人未支付招标代理费为由，拒绝向中标人送达中标通知书，但是这些做法当中包含了诸多不利因素，不仅违反了法律的规定，也给招标人带来了潜在的风险。对招标代理机构而言，虽然有助于其控制和减少招标代理费的支付风险，但是，对于招标人而言，不论是从法律上，还是从经济上来看，都只是增加了风险。

而且，应当注意的是，即使最后由中标人支付了招标代理费，也并不意味着招标人省却了这笔费用。换句话说，如果招标人在招标文件中明确了由中标人承担招标代理费，投标人仍然会在报价中增加这笔费用。由此可见，在招标文件中规定由中标人向招标代理机构支付招标代理费，招标人并不一定从成本上得到节省，但是相应的风险却有可能会增加。

三、招标代理费的构成

从实务来看，招标代理服务收费按照招标代理业务性质划分，通常包括以下三类：

（1）各类土木工程、建筑工程、设备安装、管道线路敷设、装饰装修等建设以及附带服务的工程招标代理服务收费。

（2）原材料、产品、设备和固态、液态或气态物体和电力等货物及其附带服务的货物招标代理服务收费。

（3）工程勘察、设计、咨询、监理，矿业权、土地使用权出让、转让和保险等工程和货物以外的服务招标代理服务收费。

在招标投标实务中，招标代理费通常由招标代理机构人员薪酬和企业费用、招标文件印刷费用、自身的费用、评审专家费用、开标评标会务费、招标公告刊登费用组成。招标代理机构按规定收取上述招标代理费用和出售招标文件后，不得再要求招标人无偿提供食宿、交通等或收取其他费用，也不得要求投标人支付任何其他费用。

此外，在招标投标实务中，大多数招标文件也仅规定招标代理费按照发改委《招标代理服务收费管理暂行办法》及配套的规定计算，并由中标人支付，但却没有写明具体的招标代理费的金额。根据《招标代理服务收费管理暂行办法》的规定，招标代理费实行政府指导价，并且实行差额定率累进计费方式。但自 2015 年 3 月 1 日起，中国发改委决定全面放开招标代理费的收费机制，实行市场调节价。因此，招标代理费的金额更多地将由市场和双方当事人自行协商确定。而这一变化也给招标代理费的计算和支付带来了不确定性，对于招标人和投标人而言，也同样相应地增加了风险。

四、不得以营利为目的出售招标文件

招标文件以及配套的相关图纸、清单等资料是投标人必备的参考文件，也是投标人用于衡量工作内容、报价的基础。出售招标文件的费用与招标代理费属于不同的收费项目。所有潜在的投标如需购买资格预审文件、招标文件，就必须支付购买费用。

针对实践中存在的高价售卖资审文件、招标文件的情形，《招标投标法实施条例》特别规定，招标人发售资格预审文件、招标文件收取的费用应当限于补偿印刷、邮寄的成本支出，不得以营利为目的。对于招标文件所附的设计文件，招标人可以向投标人酌情收取押金，对于开标之后投标人退还设计文件的，招标人应当向投标人退还押金。如果是招标人委托代理人进行的招标，招标代理人同样也要遵守该条规定，如果违反此规定，则招标人将要承担相应的连带责任。

但是，《招标投标法》以及其他相关法规和规章并没有规定具体的收费标准，目前国内也尚无统一的标准。2008 年 6 月，北京市发展和改革委员会发布了《关于进一步明确招标代理服务收费标准的通知》，对招标代理机构出售招标文件的费用进行了规定：

（1）单项合同估算价在人民币 1000 万元以下（含 1000 万元）的，招标文件的售价为人民币 200 元；

（2）单项合同估算价在人民币 1000 万元至 5000 万元（含 5000 万元）的，招标文件的售价为人民币 300 元；

（3）单项合同估算价在人民币 5000 万元至 1 亿元（含 1 亿元）的，招标文件的售价为人民币 350 元；

（4）单项合同估算价在人民币 1 亿元以上的，招标文件的售价为人民币 400 元。

因此，实务中，招标人和招标代理机构还应当注意项目所在地政府及其主管部门制定的有关收费标准，同样，投标人也需要关注此项费用，以节约投标成本。

第二节　投标保证

投标保证是在招标投标过程中，由投标人提交的用于保证其按照招标文件的要求提供投标文件，履行投标文件的承诺，遵守招标投标相关规定所做的担保方式。其目的是确保投标人能够按照招标文件的要求投标，并在中标后依法签署中标合同。

形式上，投标保证包括投标保证金和投标保函，对此，法律法规没有明文的禁止或限制性规定，采用何种形式，则由招标人自行决定。实务中，除非法律法规另有规定或者招标文件有特殊要求，投标人可以选择采用投标保证金的方式或者投标保函作为其投标的担保。

一、投标保证金①

投标保证金是比较常用的投标保证形式。如果招标人在招标文件中要求投标人提交投标保证金的，投标保证金不得超过招标项目估算价的2%，并且设计项目的投标保证金不得超过人民币10万元，施工项目投标保证金最高不得超过人民币80万元②。

招标人和投标人应当注意的是，根据规定，投标保证金的计算不再以投标报价基数，而改以招标项目估算价格为计算的依据，这一做法可以避免泄露投标人报价信息的情形，避免了投标人各自提交的保证金金额的差异，在一定程度上也可以预防串标行为，但是，这一做法也容易使得招标项目的标底或者合同价款事先被透露。投标人提交投标保证金的形式可以是现金、支票、银行汇票等。不过，需注意的是，不同于工程建设项目的招标投标，在政府采购的工程项目中，投标保证应当以支票、汇票、本票或者金融机构、

---

① 2016年，住建部和财政部联合颁布了《关于开展工程建设领域各类保证金清查工作的通知》（建市〔2016〕63号），对工程建设领域的保证金进行清查和整顿，这其中就包括投标保证金。对于后续相关的处理结果和实际效果还有待进一步观察。

② 就PPP项目和特许经营权招投标而言，目前则尚无具体的投标保证金的金额规定，实践中存在不同的做法，比如要求投标人提供高额的保证金，由此也引发了较多的争议。

担保机构出具的保函等非现金形式提交。

（一）投标保证金的性质

投标保证是投标人向招标人提供的确保其在中标后依据招投标文件确定的条件和中标通知书的要求签署工程合同的担保方式。依据法律法规的规定，投标保证金的有效期应当与投标有效期一致。通常情况下，投标有效期由招标人在招标文件中确定，但是按照相关的规定，投标有效期最低不应少于投标截止日后的120天，这其中已经包括了发出中标通知书后为签署工程合同所准备的30天，从这些规定和实际措施来看，投标保证金在法律上具有立约保证的功能。

（二）投标保证金的提交

实践中，为了避免因投标保证金不足导致投标无效或被否决的不利后果，投标人应当查阅招标文件的要求，严格按照要求提供投标保证金，防止出现投标保证金的金额不足或者提交的投标保证金不符合招标文件规定的情形。

现行法律法规还要求依法必须进行施工招标的项目的境内投标单位，如果以现金或者支票形式提交投标保证金，则应当从其基本账户转出。此外，尤其需要注意的是，对于集团公司项下不同投标人参与同一项目的投标时，投标人若是以支票、汇票等方式提供，应当从其各自的基本账户中汇出，避免被误认为是串标。而在PPP项目采购中，应当特别注意，社会资本合作方缴纳保证金的，应当以支票、汇票、本票或者金融机构、担保机构出具的保函等非现金形式，并且保证金数额不得超过项目预算金额的2%。

提交投标保证金的时间一般是与投标文件一起，至少应当在投标截止日之前。实务中，投标人需要提供将投标保证金汇入指定账户的证明文件。在招标人按照两阶段法进行招标的技术复杂或者无法精确拟定技术规格的项目中，如果招标人要求投标人提交投标保证金的，则应当在第二阶段提出。在工程施工项目的投标中，如果投标人以联合体名义投标的，则应当以联合体各方或者联合体中牵头人的名义提交投标保证金，以联合体中牵头人名义提交的投标保证金，对联合体各成员具有约束力。

（三）投标保证金的退还

如前所述，投标保证金的目的在于确保工程合同的签署，一旦招标人和中标人签署了工程合同，投标保证金即达到了效果。因此，招标人就应当在与中标人签订工程合同后，向中标人和未中标的投标人退还投标保证金本金及银行同期存款利息。此处的“银行同期存款利息”从投标人递交投标保证金之日起至招标人实际退还保证金之日，最晚不得超过双方签署合同后 5 日。

此外，还需要注意的一点是，投标人在投标截止时间前撤回已提交的投标文件，招标人应当自收到投标人书面撤回通知之日起 5 日内退还已收取投标保证金的。笔者认为，这是招标人的法定义务，也是投标人的法定权利，招标人不得以投标人撤回投标为由没收投标保证金，如果招标文件有此等约定的，也不具有法律的约束力。

在实务中，投标人的投标保证金一般都提交给招标代理机构，由其统一管理。在《招标投标法实施条例》颁布之前，法律、法规并没有明确规定投标保证金利息的归属，因此，实务中的多数情况下，这些利息都由招标代理机构处理。《招标投标法实施条例》的颁布和实施则为投标保证金的处理提供了法律依据。

（四）投标保证金的没收

《招标投标法实施条例》和《工程建设项目施工招标投标办法》分别对没收投标保证金的事项进行了规定，具体情形包括：

（1）在投标有效期终止之后，投标人撤销投标文件的；

（2）中标人无正当理由不与招标人订立合同；

（3）在签订合同时向招标人提出附加条件；

（4）中标人不按照招标文件要求提交履约保证金的。

此外，根据《工程建设项目施工招标投标办法》的规定，在原投标有效期结束前，出现特殊情况的，招标人可以书面形式要求所有投标人延长投标有效期；投标人可以接受也可以拒绝延长，如果投标人拒绝延长的，则招标人不得没收投标保证金。

需要注意的是，在PPP项目的采购中，如果投标人出现下列情形之一的，则保证金不予退还：

（1）供应商在提交响应文件截止时间后撤回响应文件的；

（2）供应商在响应文件中提供虚假材料的；

（3）除因不可抗力或谈判文件、询价通知书认可的情形以外，成交供应商不与采购人签订合同的；

（4）供应商与采购人、其他供应商或者采购代理机构恶意串通的；

（5）采购文件规定的其他情形。

在招标投标实务中，有些招标人和招标代理机构可能会在招标文件中规定，在投标文件出现大小写错误、单价和总价计算错误时，招标人有权予以修正，如果投标人不同意修正的，则否决投标，并没收投标保证金。对此，笔者认为，没收保证金是单方行为，具有惩罚性质，对于不同意修正错误的招标人有权予以否决，但是无权没收保证金。

（五）投标保证金的权益

招标人和投标人是招标投标法律关系的主体，投标人的所有行为都应当是为了响应招标人的要约邀请而做出的。

投标保证金的所有权属于投标人，投标保证金提交招标人并不意味着投标保证金所有权的转移，招标代理机构作为招标人的代理人只是代为保管投标保证金，不能享受保证金下的任何利益，也不得挪用投标保证金。

据此，投标人递交的投标保证金在投标有效期内产生的收益（如利息）依法应当归投标人所有，而投标人因违反招标文件的规定而被没收的投标保证金也只能归招标人所有。如果招标代理机构直接将投标保证金的收益或没收后的保证金归自己所有，这在法律上应当构成不当得利。对此，招标人和投标人有权根据具体情形依法要求招标代理机构返还。

二、投标保函

除采用投标保证金形式外，投标人在提交投标文件时，也可以通过银行等担保机构向招标人提供投标担保文件，即投标保函，以表明投标人有信用和诚意履行投标义务。

投标保函也是投标保证的另一形式，与投标保证金相比，这也是实践当中较为常见的保证形式。住建部也强调以投标保函的方式，以减少现金作为投标担保的弊端。作为对招标文件实质性响应的重要内容，投标人不仅需要按照法律规定，还应当按照招标文件要求的方式和金额，将投标保函随投标文件一起提交给招标人。

现行《招标投标法实施条例》只规定了“投标保证金”，但没有提及“投标保函”。严格来讲，投标保函和投标保证金一样，都属于投标担保的形式，因此，“投标保证金”应当理解为包括现金、支票等形式，也包括保函形式。对此，实践中，不论是招标人、投标人还是主管机关和招标代理机关都应当注意。

（一）投标保函的担保功能

投标保函的主要功能在于约束和担保投标人的投标行为，如出现不符合招标文件和法律规定的情形，担保人将承担保证责任。因此投标人在准备投标文件的同时，需要寻找一家信誉较好的银行或者其他机构作为投标担保单位。

实务中，具体来说，投标保函主要保证下列行为：

（1）投标人在投标截止日以前投递的标书，在投标有效期内不得撤回和撤销。

（2）因特殊情况需要延长投标有效期，且投标人同意延长的，需同时相应延长其投标保证金的有效期；投标人拒绝延长的，其投标失效，但投标人有权收回其投标保证金。

（3）投标人中标后，必须在收到中标通知后的规定时间内与招标人签订合同。

（4）在签署正式合同时，按照要求提供一份履约保函，作为合同履行的担保。

如果投标人不能履行以上责任，则业主有权向开具投标保函的银行或其他担保机构要求支付担保金额以内的费用。

（二）投标保函的有效期限

根据《招标投标法实施条例》的规定，投标保证金有效期应当与投标有效期一致。上述关于投标保证金有效期与投标有效期相一致的规定不同于以往的实践。其主要考虑的原因是：

（1）有利于防止投标保证金被误用或滥用，有效遏止招标人强行要求投标人在购买招标文件或资格预审文件时提交投标保证金；

（2）有利于招标人自觉增加招标工作的计划性和前瞻性；

（3）有利于投标保证金的及时返还。

此外，在实践中，如果由于评标时间过长，而使保函到期，业主要通知承包商延长保函有效期。在投标保函允许延长投标保函有效期的范围内，延长投标保函的有效期无须通知担保人。但是，如果投标保函载明的实效时间为一个固定日期，此时如果需延长的话，可以通过担保机构出具延长有效期的文件或重新出具投标保函加以解决。

（三）投标保函格式

一般情况下，招标人会在招标文件附带提供投标保函的格式、内容等方面的要求，因此，投标人提供的投标保函应当符合招标文件的具体要求。

实践中，投标保函的格式具体是指投标保函的担保条件。通常投标保函中的担保条件会以下列方式表述：

（1）如果投标人在投标书规定的投标有效期内撤回其投标；

（2）如果投标人在投标有效期内收到雇主的中标通知后不能或拒绝按投标须知的要求签署合同协议；或不能或拒绝按投标须知的规定提交履约保证金。

一旦招标人表示投标人存在上述情况，则担保人应当在接到招标人的书面要求后支付上述数额之内的任何金额。当然，实践中，基于银行等担保机构的风险控制体系，是否需要招标人提供相关的证明文件、担保人的担保是否附条件都会视情况不同而有所区别。

（四）投标保函的退还和没收

如前所述，投标保证包括保证金和保函，因此，投标保函的退还和没收应当遵循同样的规则。投标保函在招标人确定中标人之后应退还给承包商，一般有两种情况：

（1）未中标的投标者可向招标人索回投标保函，以便向银行办理注销或使押金解冻；

（2）中标的承包商在签订合同时，向招标人提交履约保函，招标人即可退回投标保函。

对于投标人来讲，应当提前了解招标文件中有关投标保函退还和没收的规定，避免出现因不了解规则导致不利的后果，同样，对于招标人和招标代理机构无故不退还或者没收投标保函的情形，也应当及时提出，以免在银行等担保机构留下不良记录。

第三节　工程总承包招投标

与传统的设计、施工承发包模式不同，随着建筑业发展的需要和承包人综合能力的提高、业主的需求等多方面的变化，建设项目实行工程总承包也变得越来越普遍。根据《建筑法》的规定，国家提倡对建筑工程实行总承包。其中第 24 条还明确规定，建筑工程的发包单位可以将建筑工程的勘察、设计、施工、设备采购一并发包给一个工程总承包单位，也可以将建筑工程勘察、设计、施工、设备采购的一项或者多项发包给一个工程总承包单位。

2016 年以来，随着建筑信息模型（BIM）等新技术的运用，国家大力推进和规范建筑市场，再度提出推动工程总承包管理模式的发展。但是由于中国现行的法律法规的规定以及行政管理的体制，工程建设领域实行严格的市场准入和分级制度，因此，工程总承包的真正全面实行和推广还受到一定的限制，尤其是在资质和招标投标两个方面。

一、工程总承包的形式

关于工程总承包的形式并没有固定和统一的标准，从工程实践来看，具体采用的模式主要取决于项目业主对设计、施工、项目管理等工作和内容的分配和安排。事实上，原建设部早在2003年就颁布了《关于培育发展工程总承包和工程项目管理企业的指导意见》，提倡和鼓励进行总承包管理，具体包括：

（1）提倡由承包人采用设计采购施工（EPC）/交钥匙总承包（TUREKEY），承担工程项目的设计、采购、施工、试运行服务等工作，并对承包工程的质量、安全、工期、造价全面负责。

（2）设计—施工总承包（D–B），即由工程总承包企业按照合同约定，承担工程项目设计和施工，并对承包工程的质量、安全、工期、造价全面负责。根据工程项目的不同规模、类型和业主要求，工程总承包还可采用设计—采购总承包（E–P）、采购—施工总承包(P–C)等方式。

（3）项目管理承包（PMC）：项目管理承包是指工程项目管理企业按照合同约定，除完成项目管理服务（PM）的全部工作内容外，还可以负责完成合同约定的工程初步设计（基础工程设计）等工作。对于需要完成工程初步设计（基础工程设计）工作的工程项目管理企业，应当具有相应的工程设计资质。

就项目实践来看，在以PPP和特许经营模式投资、建设的大型基础设施建设项目中，采用PPP+EPC总承包的模式较为常见。另外，在一些比较成熟的工业工程项目中，也有采用DB、EPCM模式的情形，在后一种总承包形式中，除了需要总承包人具体完成设计和施工两项工作外，还需要总承包提供相应的项目管理服务，更加侧重和强调总承包人的项目管理能力和协调能力。

实务中，需要特别注意施工总承包和工程总承包的区别。施工总承包仅仅涉及工程施工以及与工程施工有关的设备、材料的采购，如《招标投标法实施条例》第 29 条所规定的“招标人可以依法对工程以及与工程建设有关的货物、服务全部或者部分实行总承包招标”，其强调的仍然是传统的施工能力和对分包商、材料设备供货商的管理；而工程总承包的范围更为广泛，可以包括设计、施工、采购以及工程项目管理等诸多内容，涵盖了施工总承包的范围和内容。与此相对应，在施工总承包和工程总承包两种模式下，发包人、承包人各自的工作内容、权利和义务安排、风险、责任等方面存在很多的差异。

二、工程总承包的资质

由于工程总承包往往需要涵盖工程设计和工程施工两个方面的工作内容，因此，在中国法律环境下，不论是否采用招标投标的方式，招标人在选择合适的工程总承包投标人的时候，首先需要考虑的是工程总承包人的资质问题，以免出现没有资质或者超越资质导致工程合同无效的情形。

原建设部在《关于印发〈工程总承包企业资质管理暂行规定〉（试行）的通知》中对工程总承包企业的资质作了相应的规定，并颁发了一批工程总承包资质。但后来又停止了工程总承包资质的认定。其后，原建设部专门发函明确指出，具有工程勘察、设计或施工总承包资质的企业可以在其资质等级许可的工程项目范围内开展工程总承包业务。因此，工程设计企业可以在其工程设计资质证书许可的工程项目范围内开展工程总承包业务，但工程的施工应由具有相应施工承包资质的企业承担。然而，遗憾的是，上述规定并没有对施工企业作为工程总承包，并进行设计分包作出明文的规定。

通常来讲，具备与发包工程规模相应的工程设计资质（工程设计专项资质和事务所资质除外）或施工总承包资质，且具有相应的组织机构，项目管理体系、项目管理人员和工程业绩的企业均可作为工程总承包。①

另外，由于中国目前对工程设计资质和工程施工资质的分管体制的现状，能够同时具有设计和施工资质的企业，即使是大型的央企，也仍然是少数，大多数情况下则可能是系统内（如民航、铁路、港口等）的各个子公司

① 《房屋建筑和市政基础设施项目工程总承包管理办法》（征求意见稿）第 11 条。

各自拥有相关的设计资质和施工资质。因此，在实务当中，工程总承包通常由设计公司牵头，联合施工单位或者再单独采用施工招标的方式进行建设。当然，根据以往的经验以及当前国家大力推广 PPP 项目融资的发展趋势，在一些大型的基础设施类项目中，由施工承包人担任工程总承包的牵头人联合金融机构、设计单位组成项目公司等形式提供 PPP 项目的建设也都是比较普遍的做法。

三、工程总承包的投标

正如本书前面所述，中国的工程建设市场实行严格的招标投标制度，这也同样反映在对工程总承包建设市场的监管方面。根据《招标投标法实施条例》的规定，招标人可以依法对工程以及与工程建设有关的货物、服务全部或者部分实行总承包招标。而《工程建设项目勘察设计招标投标办法》第 8 条进一步规定，依法必须招标的工程建设项目，招标人可以对项目的勘察、设计、施工以及与工程建设有关的重要设备、材料的采购，实行总承包招标。这些规定为工程总承包招标投标提供了法律依据。而《房屋建筑与市政基础设施项目工程总承包管理办法》（征求意见稿）也规定了工程总承包范围内的设计、采购或施工中有任一项属于依法必须招标的，则应当采用招标的方式选择工程总承包单位。

此外，政府部门也积极鼓励具有工程勘察、设计或施工总承包资质的勘察、设计和施工企业，通过改造和重组等方式，建立与工程总承包业务相适应的组织机构、项目管理体系，充实项目管理专业人员，提高融资能力，发展成为具有设计、采购、施工（施工管理）综合功能的工程公司，在其勘察、设计或施工总承包资质等级许可的工程项目范围内开展工程总承包业务。

住建部在 2014 年《关于推进建筑业发展和改革的若干意见》中也提出，加大工程总承包推行力度。倡导工程建设项目采用工程总承包模式，鼓励有实力的工程设计和施工企业开展工程总承包业务。工程总承包合同中涵盖的设计、施工业务可以不再通过公开招标的方式确定分包单位。但是，除了《招标投标法实施条例》第 9 条规定的已采用招标投标方式选择特许经营权人的项目，可以免于二次招标投标的情况外，由于《招标投标法》

及其实施条例均没有具体规定工程总承包中的设计、施工可以不再进行招标投标，司法实践对此也尚无统一的裁量标准。因此，在实践中，对于相应的工程设计和工程施工项目，工程总承包人仍然需要注意结合自身的资质条件确定是否进行再招标，避免因为违反法定的招标投标程序而导致合同无效的后果。

四、工程总承包招投标的模式

在进行工程总承包招标时，招标人需要提前进行市场调研，了解符合相应工程总承包资质和业绩等要求的潜在投标人的情况，而投标人也需要结合项目的特点和招标人的要求，根据自身具备的资质和业绩等条件决定是否投标。如果决定以工程总承包方式参加项目投标，则还可以考虑采用不同的投标模式。

（一）先总承包再进行分包

根据住建部的相关规定，工程总承包商也可以通过先总包再分包的方式进行 EPC 项目的总承包，具体可以分为两个阶段：

（1）工程设计企业在其工程设计资质证书许可的工程项目范围内承揽工程总承包业务；

（2）中标后，再将工程的施工部分分包给具有相应施工承包资质和能力的建筑企业承担。

实践操作中，采用此种总分包模式进行 EPC 项目的总承包，往往是工程总承包商仅有单一的设计资质，而没有相应的施工资质和能力，有些设计企业缺乏经验和管理水平，在承揽到工程后，由于对施工阶段市场行情不了解，施工管理经验不如承包商，也往往出现无法有效管理施工企业而导致自己处于被动地位的情况。

当然，在招标投标实践和工程建设领域中，有实力的工程施工承包人也可以作为工程总承包人，在中标后再依法将工程设计项目进行分包，这也是常见的工程总承包操作模式。

（二）具有综合能力的工程公司总承包

除了上述总分包模式下的工程总承包外，根据《关于培育发展工程总承包和工程项目管理企业的指导意见》的规定，将企业发展为同时具备设计、采购、施工等综合能力的工程公司同样也是总承包商承担 EPC 项目的一种模式。

在此种模式下，总承包商可以将具有工程勘察、设计或施工总承包资质的勘察、设计和施工企业发展成为具有设计、采购、施工（施工管理）综合功能的工程公司，也就是同时具备设计、施工等多项资质，从而在勘察、设计或施工总承包资质等级许可的工程项目范围内开展工程总承包业务。

但是，中国目前具备上述综合能力的总承包公司数量还很少，为了提高作为工程总承包的资质和业绩、竞争力等，工程承包企业除了依靠自身的积累，还可以考虑采用合并、收购、重组等方式实现工程相关资质的整合、转移和继承，较快地实现在勘察、设计、施工等方面的资质条件和等级的提升。打造具有综合能力的工程总承包公司，也是增加工程总承包投标和中标机会的重要途径。

第四节　联合体招投标

与工程总承包一样，联合体承包也是工程承发包中较为常见的形式。联合体是指经发包人同意由两个或两个以上法人或者其他组织组成的，作为工程承包人的临时机构，联合体各方向发包人承担连带责任。联合体投标和工程总承包的招标投标也有诸多需要注意的事项。实践中两者密切相关，联合体承包方式能够在一定程度上解决工程总承包模式中的资质条件问题。根据《招标投标法》第 31 条的规定，两个以上法人或者其他组织可以组成一个联合体，并且以一个投标人的身份共同投标。这为工程建设项目中的联合体招投标提供了法律依据。

一、联合体的法律性质

关于工程项目联合体的组成形式和法律性质，法律并无明文规定。根据《民法通则》的规定，企业间的联营分为三种情况：

（1）法人型联营，即企业之间或者企业、事业单位之间联营，组成新的经济实体，独立承担民事责任、具备法人条件的，经主管机关核准登记，取得法人资格。

（2）合伙型联营，企业之间或者企业、事业单位之间联营，共同经营、不具备法人条件的，由联营各方按照出资比例或者协议的约定，以各自所有的或者经营管理的财产承担民事责任。依照法律的规定或者协议的约定负连带责任的，承担连带责任。

（3）契约型联营，企业之间或者企业、事业单位之间联营，按照合同的约定各自独立经营的，它的权利和义务由合同约定，各自承担民事责任。

从实务和法律角度来看，以联合体形式承包项目建设，一般情况下，各联合体成员之间属于契约型、非法人的合作关系，因此属于民法中的联营关系。但是，承包人联合体之间具体属于合伙型联营还是契约性联营并没有明确的界定，联合体的法律属性会基于联合体协议约定的不同而不同。

从法律效果上来看，区分合伙型联营和契约性联营的意义在于两者承担责任的形式不同，如果是前者，则联合体成员之间承担连带责任，招标人可以要求任何一个或者全部联合体成员承担责任；如果是后者，那么招标人只能要求联合体成员各自承担相应的责任。结合现行的《招标投标法》的规定，联合体中标，联合体各方应当共同与招标人签订合同，就中标方案向招标人承担连带责任。

当然，也有观点提出，联合体之间也可以成立独立的项目公司等法人机构，独立承担民事责任的联营企业办理企业法人登记，由联营企业的组建负责人申请。但是，应当注意的是，中国目前的工程建设领域有着严格的市场准入机制，如果联合体之间协商成立一家具有独立法人资格的项目公司来参与投标，虽然，这一做法可以避免联合体各成员所承担的连带责任，但是，由于新成立的公司本身并不具备相应的设计、施工资质，因此，实际上无法满足组建联合体参与工程项目投标的目的和初衷。

二、联合体的组成

根据法律的规定，联合体的组成遵守自主、自愿的原则，任何机构、组织，包括招标人、招标代理机构以及政府监管部门都无权强制要求投标人组成联合体共同进行投标。换言之，是否组成联合体投标的决定权在于投标人。

投标人一旦组成联合体参加项目投标，那么联合体就成为投标的唯一主体。也就是说，联合体虽然不是一个法人组织，但是，不论是采用合伙型还是契约型中的任何一种联合体形式，对外投标时都应当以所有成员组成的联合体名义进行，而不能以其中任何一个成员或者多个成员的名义进行，即联合体全体成员对外应当“以一个投标人的身份共同投标”，中标之后“共同与招标人签订合同”。至于联合体内部各成员之间的权利、义务、责任的分配和承担等问题，则以联合体各方订立的合同为依据。

对于招标人而言，接受联合体投标的原因不仅在于联合体各方的自身实力，也更看重联合体组成之后的综合实力，以便更有效地实现项目和业主的需求。因此，确保联合体的稳定性也应当是重点关注的事项。否则，如果在招标投标过程中或者中标后联合体成员发生增减或更换成员等变更，则势必会影响业主接受联合体的初衷和招标的公平竞争。

另外，这里还需要说明的是，虽然联合体不是必需的形式，招标人也不得强行要求承包人组成联合体进行投标。但是，同样道理，招标人也有权决定是否接受联合体投标，任何人不得强制招标人接受联合体投标。为此，《招标投标法实施条例》也明确规定，招标人应当在资格预审公告、招标公告或者投标邀请书中载明是否接受联合体投标。

（一）联合体的形式

参加联合体投标的联合体各方通常是设计单位、施工单位等法人或者法人之外的其他组织。联合体的具体组成形式受到投标人之间的合作方式、招标项目的特点、项目业主的需求等诸多因素的影响。

关于联合体的业态组合形式，《建筑法》仅规定，大型建筑工程或者结构复杂的建筑工程，可以由两个以上的承包单位联合共同承包。但是没有明确提出这里的联合共同承包是指设计单位之间的联合，还是施工单位之间的联合，抑或是工程设计和工程施工的联合承包。笔者认为，《建筑法》虽然没有界定联合承包的内涵和外延，也没有指明设计单位和施工单位组成联合体的情形，但是依据"法无明文禁止即可为"的原则，该条规定不影响设计和施工的联合承包，甚至也不排除设计、施工与大型设备供应商等组成联合体，整合各自资源和优势，提供更能符合项目特点和满足业主需求的投标。

从工程实务和工程业态上来看，联合体承包可以分为同业联合和跨界联合，前者主要是指工程施工承包人之间的联合，如公路工程承包人与房建工程承包人，或者设计承包人之间的联合；后者则是指工程设计承包人和工程施工承包人之间的联合，比如民航设计和民航相关的工程施工承包人之间的联合。

（二）联合体的组成规则

如前文所述，是否组成联合体属于参与项目投标的全体合作参与者协商一致的结果，联合体在招标投标过程中的法律行为的后果也由联合体成员共同承担。而招标人是否接受联合体投标的信息在资格预审公告、招标公告或者投标邀请书中也已经载明，通常情况下，招标人不会在发出招标文件后再对是否接受联合体作出变更。

因此，投标人在获得资格预审公告、招标公告或者投标邀请书的第一时间就可以考虑是否组建联合体事宜。同时，投标人还应当特别注意的是：

（1）招标人接受联合体投标并进行资格预审的，联合体应当在提交资格预审申请文件前组成；

（2）招标文件或者资格预审文件中没有明确拒绝接受联合体投标的，则视为招标人接受联合体投标；

（3）如果招标人不进行资格预审，联合体的组成文件应当与投标文件一并提交；

（4）资格预审后和提交投标文件后，联合体不得再行变更，任何增减、更换成员将导致投标无效；

（5）联合体投标后，成员方不得再以自己名义在同一项目中单独投标或提交响应文件，否则投标无效；

（6）联合体各方签订共同投标协议后，不得再组成新的联合体或参加其他联合体在同一项目中投标。

（三）联合体的资质

PPP项目招标投标实务中，组建联合体的原因就是为了满足工程资质的条件和要求。所以，投标人在联合体承包中首先需要关注的是资质问题。由于联合体本身不是一个独立的法人，不具有独立的工程设计或者工程施工的承包资质。因此，联合体成员各自具备的资质和等级直接关系到能否承担工程项目以及承担哪一方面或者哪一等级的工程内容。

根据《建筑法》的规定，两个以上不同资质等级的单位实行联合共同承包的，应当按照资质等级低的单位的业务许可范围承揽工程。《招标投标法》也同样规定，联合体各方均应当具备承担招标专案的相应能力；国家有关规定或者招标文件对投标人资格条件有规定的，联合体各方均应当具备规定的相应资格条件；由同一专业的单位组成的联合体，按照资质等级较低的单位确定资质等级。

考虑到联合体承包中的同业联合和跨界联合的情况，如果是由设计人和施工人组成联合承包，则联合体各方都应当具备对应的工程设计、工程施工的资质和等级条件。据此，在实务当中，联合体的资格条件有两种要求：

（1）不同专业组成的，各方均应具备规定的相应资格条件；

（2）相同专业的，则应按照资质等级较低的单位确定资质等级。

这一规则在外商投资企业参与工程建设项目中也同样适用。根据《外商投资建筑业企业管理规定》第19条的规定，外商投资建筑业企业与其他建筑业企业联合承包，应当按照资质等级最低的企业的业务许可范围承包工程。

可见，尽管联合体投标对于加强投标人的投标竞争力，实现了优势互补，但是，由于联合体各成员自身的资质仍然会对联合体整体的资质产生影响，因此，投标人在组建联合体进行投标前，还应当特别需要根据招标项目的规模、项目特征等提前论证和分析联合体投标的可行性。

三、联合体协议

如前所述，参与项目投标的联合体毕竟不是独立的法人，是通过订立合同建立起来的基于协作关系的临时组织，联合体成员内部之间的法律关系近似于合伙性质，并且联合体成员之间承担连带责任，因此，联合体内各成员之间的分工、责任、权利、义务等事项都有必要以合同或者协议的方式予以固定和明确。

（一）投标阶段的联合体协议

根据《招标投标法》第31条的规定，联合体各方应当签订共同投标协议，明确约定各方拟承担的工作和责任，并将共同投标协议连同投标文件一并提交招标人。此处的“共同投标协议”也称为“联合体协议”。通常情况下，联合体各方在得到招标信息开始投标之前，会就共同投标事项签署一份“意向性”或者最终的投标协议。

联合体协议的内容因招标项目和合作方的不同而不同，一般情况下，联合体协议应当至少就下列内容进行约定：

（1）对拟组建的联合体形式的意见；

（2）对招标文件的意见和响应；

（3）联合体的牵头人；

（4）投标保证金的给付；

（5）联合体成员之间在投标过程中的具体分工和合作；

（6）投标文件的编制；

（7）中标后联合体成员的协作等内容。

按照《招标投标法》的规定，尽管在投标阶段的联合体协议是“意向性”的，但是，联合体协议与其他投标文件一样对联合体所有成员都具有法定的约束力，其作为合同性质的法律文件经各方签署后即告成立，只是因联合体投标人是否中标存在不确定性而使该协议对招标人的约束力处于待定状态。

而一旦招标人确定联合体投标人中标，该联合体协议不仅对组成联合体的全体投标人产生法律约束力，同样也对招标人具有法律约束力。

（二）中标后的联合体协议

正如前文所述，投标阶段的联合体协议或者共同投标协议或许只是“意向性”的文件，其内容并不一定足够详尽。因此，一旦联合体中标，那么就有必要对联合体全体成员之间的工作分工和协调，各自的权利、义务等内容作出进一步的明确约定，以免在后续的合同履行过程中发生争议。

《招标投标法》等法律法规对于联合体协议的具体内容并无专门的规定，通常情况下，中标后的联合体协议应当以书面形式明确约定下列内容：

（1）联合体成员之间关于各自工作内容的划分和协调；

（2）牵头人的选择、地位和管理职责；

（3）项目部的组建和决策机制；

（4）各项款项的收取和支付条件、时间、比例；

（5）项目现场的对内和对外的管理职责；

（6）各方的违约责任情形和责任分配；

（7）联合体成员之间的争议解决方式等。

另外，实务中还需要注意的一点是，如果在联合体协议中对联合体成员的具体分工有着明确的约定，并随同投标文件一并提交给招标人，那么，如果联合体在中标之后就各自的具体分工进行调整时，应当谨慎行事，避免出现对投标文件的实质性变更，导致影响中标结果和合同效力的不利后果。

四、联合体投标涉及的法律关系

根据《招标投标法》的规定，联合体中标的，联合体各方应当共同与招标人签订合同，就中标项目向招标人承担连带责任。具体而言，联合体各方与招标人之间的关系如下：

（1）招标人不得强制投标人组成联合体共同投标，不得限制投标人之间的竞争；

（2）工程建设联合体各方就中标项目向招标人承担连带责任：

①招标人有权要求联合体的一方履行全部合同义务或者要求联合体的各方一并承担全部合同义务；

②联合体的任何一方不得以其内部联合体协议的约定对招标人行使抗辩，即联合体的各方均无权要求增加自身的权利或者减少自身的义务。

（一）联合体成员之间的法律关系

联合体之间的分工和权限主要依据联合体协议的具体约定，不论是同业联合还是跨界联合，联合体各成员所承担的工作内容必须是其资质范围和业务领域内能够胜任的工作。而且，各成员通常仅对各自承担的工作负责。

但是，联合体协议中有关各成员之间的责任的界定和划分并不免除联合体成员依照法律规定应当对业主承担的连带责任，在这种情况下，联合体协议的约定将成为明确各成员的具体责、权、利的重要准则。

（二）业主与联合体成员之间的法律关系

《招标投标法》明确规定，两个以上法人或者其他组织可以组成一个联合体，以一个投标人的身份共同投标。因此，从联合体的对外法律关系来看，联合体是作为一个投标主体参与到工程项目中，而在联合体内部，则是联合体全体成员就承包的工程项目共同对业主承担连带责任，而不论联合体成员之间的工作划分和对责任的内部约定。

（三）牵头人的法律地位

对于由联合体承建的项目，一般都需要确定牵头人，以便于工程管理。比如，《工程建设项目勘察设计招标投标办法》即规定了联合体中标的，应指定牵头人或代表，授权其代表所有联合体成员与招标人签订合同，负责整个合同实施阶段的协调工作。但是，需要向招标人提交由所有联合体成员法定代表人签署的授权委托书。严格来说，联合体牵头人的主要作用在于负责工程建设过程和合同实施过程中的各成员之间的总体协调和管理智慧，更多的是侧重工程管理的角度。相对来说，其具体的实体权利仍然由各成员保留和享有。

五、联合体的终止

诚如前文所述，联合体的组成基于联合体协议，那么联合体的终止也会因为联合体协议的终止而终止。但是，实务中还需要考虑和注意一种特殊情形，即由于联合体一方的原因导致联合体的严重违约，并发生合同的终止的处理。

实践中有观点认为，如果因联合体成员一方的原因构成可解除合同的情形时，业主方可以直接向牵头方送达解除通知，或者单独与牵头人签署解除协议即可达到解除工程合同的目的。笔者认为，此观点有待商榷。

首先，对于合同解除情况，除了法律规定外，还需要视工程合同、联合体协议中的约定而定，不能一概而论。

其次，联合体在法律上并不具备独立的法人资格，各联合体成员的法律地位仍然是独立的，没有附属、上下级关系。

而且，从工程实践来看，联合体的内容更多的是基于工程管理的需要对工作内容的划分、协调，而对于影响双方实体权利的签约、变更、终止等，仍然应当由联合体各方的一致同意，因此，业主因联合体一方成员违约而径直通知牵头人以解除整个合同的做法仍然值得商榷。

六、PPP 项目中的联合体①

与一般的工程项目的联合体投标不同，在大型基础设施融资建设项目中，特别是 PPP 模式，联合体投标有着较为特殊的内容，需要引起招标人和投标人的注意。

PPP 等模式中的联合体成员通常包括了工程设计人、工程施工人，有时

---

① 对于不涉及工程项目的建设，仅由社会方提供公共服务，而由政府支付费用的 PPP 项目中，在适用《政府采购法》时也应当注意，两个以上的自然人、法人或者其他组织可以组成一个联合体，以一个供应商的身份共同参加政府采购。以联合体形式进行政府采购的，参加联合体的供应商均应当具备《政府采购法》第 22 条规定的条件，并应当向采购人提交联合协议，载明联合体各方承担的工作和义务。联合体各方应当共同与采购人签订采购合同，就采购合同约定的事项对采购人承担连带责任。

候还有成员专门负责为项目建设投资或融资。实践中，通常情况下，投标联合体会在中标之后以组建项目公司的形式履行 PPP 合同，从事具体的融资和设计、施工。这就造成投标前和投标后主体不一致的情形，前者联合体成员之间是以联合体协议为纽带的合同关系，各自身份和主体资格独立；而后者则是一个新的主体，在中国现有的法律体系和法律规定下，其实际签署和参与项目的合法性有待论证。

当然，不管如何，对于 PPP 项目中的联合体成员的分工和权责的划分仍然是关键的事项，如果是涉及工程设计、施工的工作，对于各自承担的工作内容也需要明确界面划分和衔接，并且具体参与实施的各方主体必须具备相应的资质，避免出现挂靠、转包等情形，否则，不仅影响到工程的质量、安全，而且也会影响到工程合同的效力。

第五节　暂列金额 / 暂估价的招标投标

工程建设项目实务中，在合同中开列暂列金额和暂估价项目是较为常见的做法。暂列金额和暂估价项目的设置和招投标安排与整个项目的前期准备工作有着重要的联系。如果招标人在进行总承包招标的同时又确定了暂列金额和暂估价项目，那么在实际的项目操作中就需要提前考虑这部分项目的招投标采购的安排。

一、暂列金额 / 暂估价的确定

在实务中，出于项目建设的进度要求考虑，还会出现签署工程合同时，工程设计尚未全部完成，或设计深度尚未到位，或项目功能定位尚未完全确定，或业主需求还没有最终决定等情形。在这些情况下，对于某些设备、材料或专业工程项目是否需要实施还存在不确定性，也不确定具体实施该项专业工程项目的实际金额，为了避免引发争议，招标人一般都会在工程合同中做出暂列金额、暂估价的安排，待后续条件成熟时再决定是否实施以及由谁来实施。

对于暂列金额和暂估价项目，最终的费用由招标人另行结算和支付。招标文件通常会将它们列入工程总包合同的范围内容，虽然，投标人在报价时不需要对这暂列金额和暂估价项目进行估计，一般只需开列上述项目即可，但是，投标人仍然需要考虑承担暂列金额和暂估价项目，以及提供与其相应的现场配合、服务所需的费用等问题。

另外，还应当特别注意的是，通常情况下，招标人在开列暂列金额和暂估价项目时，可根据工程的复杂程度、设计深度、工程环境条件进行估算，一般可按照分部分项工程费用和措施费用的一定比例进行计算，过高会对项目造价控制造成影响，如果超过30%，在某些地方还可能会被认为不具备招标条件。

二、暂列金额 / 暂估价的定义

工程实务中对于暂列金额和暂估价的界定主要是借鉴了国际工程的惯例和国内工程建设的实践做法。暂列金额和暂估价两者并没有明确的界限，在某些场合会出现两者混合使用的情形，在特定情况下也具有相同的效果。此外，《招标投标法实施条例》也没有区分暂列金额和暂估价，仅是规定了暂估价而未规定暂列金额。现行的工程合同文件对于暂列金额和暂估价的相关规定也不尽相同。

（一）暂列金额

通常理解，暂列金额是指在工程合同文件和工程量清单中载明的，金额暂定但包括在工程合同价款中的款项。广义上，该款项用于施工合同签订时尚未确定或者不可预见的所需材料、工程设备、服务的采购，施工中可能发生的工程变更、合同约定调整因素出现时的工程价款调整以及发生的索赔、现场签证确认等的费用。

对此，发改委2007版标准合同和2012版设计施工合同也规定，暂列金额是用于在签订协议书时尚未确定或不可预见变更的施工及其所需材料、工程设备、服务等的金额，包括以计日工方式支付的金额。

对于暂列金额项目所涉及的金额归招标人所有和支配。投标人在投标报价时不应对暂列金额的暂定金额做任何修改，应按照招标人给定的暂列金额的暂定金额直接计入投标报价中。

（二）暂估价

暂估价一般是指用于支付必然发生但暂时不能确定价格的材料、设备以及专业工程的金额。《招标投标法实施条例》明确其是总承包招标时不能确定价格而由招标人在招标文件中暂时估定的工程、货物、服务的金额。实务中，根据暂估价项目具体对应的事项主要包括材料暂估单价、工程设备暂估单价、专业工程暂估单价三类。

需要注意的是，在相应的标准化工程合同中，2007 版标准合同、2012 版设计施工合同和 2017 版工程施工合同都规定了暂列金额和暂估价项目，但是唯有 2011 版工程总承包合同没有提及暂列金额和暂估价，因此，这也是招标人选择招标合同条件时考虑的因素之一。

对于暂估价项目，投标人在获得相关的招标文件后，应当注意此类项目是属于招标人供应还是由中标人自行采购，不同的采购方式也决定了不同的投标报价和合同管理体系。

（三）暂列金额和暂估价的区别

结合上述关于暂列金额和暂估价项目的定义可知，两者既有联系又有区别。具体来说，招标人在确定暂列金额项目时，其本身是否实施是不确定的。投标人中标后，暂列金额项目可能实施，也可能不实施，因此其价格在总包项目招标时也是不确定的，而暂估价项目是确定要实施的项目，确定要采购的设备、材料，只不过暂时无法确定金额。

因此，在实践中，如果招标项目涉及暂列金额或者暂估价项目，那么招标人就需要选择适当的招标合同条件，对相关的暂列金额和暂估价内容作出明确的约定，而投标人也需要区分暂列金额和暂估价项目，并针对两者分别做出不同的投标策略。

三、暂列金额/暂估价项目的招标标准

根据《招标投标法实施条例》的规定，招标人可以依法对工程以及与工程建设有关的货物、服务全部或者部分实行总承包招标，也可以将进行总承

包招标时不能确定价格的工程、货物、服务，由总承包商按照暂估价或者暂列金额的方式进行投标和报价，对于列入暂估价或者暂列金额范围的工程、货物、服务，如果属于依法必须进行招标的项目范围且达到国家规定规模标准的，应当依法进行招标。

虽然，该条规定仅涉及暂估价的工作，但是从招投标和工程实践来看，暂列金额的项目也同样适用该条关于招标投标的规定。

此外，原北京市建设委员会在《关于加强建设工程材料设备采购的招标投标管理的若干规定》中也规定，工程建设项目所需的材料和设备采购，属于国家和北京市规定的招标范围，并同时符合下列规定条件，必须依法进行招标：

（1）招标人对工程建设项目实行总承包招标时，未包括在总承包范围内的材料和设备；

（2）招标人对工程建设项目实行总承包招标时，以暂估价形式包括在总承包范围内的材料和设备。

对于判断暂列金额和暂估价项目是否属于必须招标的项目范围，则仍然需要依据《必须招标的工程项目规定》等确定的项目类型和规模标准。而就暂列金额/暂估价项目的具体招标采购方式，则可以选择由发包人或者承包人进行招标，也可以由承、发包双方联合招标。对于不属于依法招标范围内的暂列金额和暂估价项目，则一般交由承包人采购较为合适。

四、暂列金额/暂估价项目招标模式

依据现行《招标投标法》等法律规范的相关规定，暂列金额和暂估价项目如果属于必须招标投标的范围，那么其采购也应当依法进行招投标。至于具体的招标模式则可以根据不同的项目特点和业主需求作不同的安排。

在工程建设项目的招标投标法律实务当中，暂列金额和暂估价项目经常采用的招标形式可以分为如下三种：

（1）发包人招标。发包人通过招标投标方式直接选定中标人作为工程施工的承包人。

（2）承包人招标。这种方式常见于需要进行二次招标的专业工程的分包。

（3）承发包双方联合招标。在以此方式进行的施工招标中，发包人对采购的介入程度要比前者更为深入。

鉴于行政监管的要求，实务中，招标人还有必要提前了解项目所在地的行政主管部门的相关特别的规定，比如，上海市主管部门就明确规定施工暂估价招标应当由建设单位、施工总包单位或者建设单位和施工总包单位联合体作为招标人。

第六节　重新招标

重新招标在 PPP 项目和工程建设项目的招标投标中也并非不常见。引起重新招标的原因可能是出现法定的情形导致招标投标程序无法进行，也可能是因为招标人、投标人或者评标委员会的违法行为导致招投标或评标无效，最终需要重新招标。重新招标的目的在于确保招标投标活动符合公平、公正和诚实信用的基本原则，保障招标人、投标人的合法权益，实施国家对招标投标活动的监管。

一、法定重新招标的情形

招标投标实务中，导致重新招标的原因是多样的，就《招标投标法》等法律法规的规定，常见的重新招标的事由包括：

（1）通过资格预审的潜在投标人少于 3 人的。

（2）投标截止期满后，投标人少于 3 个。这里的“投标人少于 3 个的”，是指投标人只有 2 个、1 个或者没有的情况，不包括 3 个本数。

（3）同意延长投标有效期的投标人少于 3 个的。

（4）评标委员会经评审，认为所有投标都不符合招标文件要求，并可以否决所有投标的。

出现上述情况时，由于潜在的投标人数过少而不能保证必要的竞争程度，因此，招标人应当依法重新招标。

另外还需要注意实践当中出现的下述特殊情形，即参与投标的实际人数大于或等于 3 个，但在评标过程中出现个别投标人废标，导致有效投标人少于3人时的处理。对此，评标委员会有权决定是否继续进行招标程序。

二、因违法导致重新招标的情形

除了因为上述原因需要重新招标外，依据相关规定，如果在招标投标过程中出现如下法定情形时，也需要进行重新招标，这些情形主要包括：

（1）招标人编制的资格预审文件、招标文件的内容违反法律、行政法规的强制性规定，违反公开、公平、公正和诚实信用原则，影响资格预审结果或者潜在投标人投标的，依法必须进行招标的项目的招标人应当在修改资格预审文件或者招标文件后重新招标；

（2）国有资金占控股或者主导地位的依法必须进行招标的项目，排名第一的中标候选人放弃中标、因不可抗力不能履行合同、不按照招标文件要求提交履约保证金，或者被查实存在影响中标结果的违法行为等情形的，可以重新招标。

另外，因招标投标活动中的违法行为引起重新招标，主要是指招标人、招标带来机构、投标人和评标委员会没有遵守法律规定和招标文件的规定，严重的话还将导致招标无效、投标无效、评标无效、中标无效等后果。根据规定，依法必须进行招标的项目的招标投标活动违反《招标投标法》及其条例的规定，对中标结果造成实质性影响，且不能采取补救措施予以纠正的，招标、投标、中标无效，应当依法重新招标。

以上是法定的应当依法重新招标的情形，当然，法律法规也并不排除招标人在招标文件中另外规定予以重新招标的情形，具体则需要结合具体项目约定，但同时也应当注意避免出现不合法和不合理的情形。

三、未依法重新招标的后果

在出现依法应当重新招标的法定情形时，招标人应当重新招标。如果招标人违法规定，对依法应当重新招标而没有重新招标的，招标人和投标签署的合同将被认定无效，并且招标人、投标人还将承担行政罚款、限期改正等责任。

但是，同时也应当注意，上述关于重新招标的后果和责任承担也有例外的情形，具体注意包括：

（1）法律允许招标人就重新招标和重新评标进行选择的；

（2）经项目审批机关核准不进行招标的；

（3）不属于法定必须招标的项目的。

若属于上述三种法定事由，则招标人可以不再重新进行招标，只需由评标委员会重新评标或者直接选定中标人即可完成招标投标程序。

第七节　二次招标投标

二次招标投标是工程建设项目中经常遇到的问题，也是 PPP 和工程建设项目涉及施工、勘察、设计、监理服务以及货物采购的特殊情形。一般情况下，招标人通过招标投标程序后，即选定了中标人，由中标人承担项目有关的设计、施工和货物采购。但是，由于工程项目的复杂性、法律法规的不周全，以及政府监管等原因，招标人和投标人还应当对二次招标事项予以关注。

一、需要二次招标的情形

由于中国目前实行严格的招标投标管理体制，尤其是对于依法属于必须进行招标的项目类型和规模标准，进行二次招标并不鲜见。实务中需要进行二次招标的情况除了前述暂列金额项目外，还有一个涉及特许经营项目中的工程施工总承包和专业工程。

依据《招标投标法实施条例》的规定，特许经营项目的二次招标又可以分为几种不同的情形：

（1）特许经营项目本身已经依法进行了招标投标的，并且中标人自身在具备施工能力和资质条件的情况下，自行建设特许经营项目下的施工的，则不需要进行二次招标投标；

（2）特许经营项目本身已经依法进行了招标投标的，但是中标人自身不具备施工能力或资质，则需要进行再次招标；

（3）特许经营项目本身已经依法进行了招标投标的，但是中标人不是自行施工，而是另外委托承包人施工的，则需要进行再次招标。

特许经营项目本身没有经过招标投标程序，则该特许经营项目下的施工承包，均应当依据招标投标法律法规的规定，进行招标投标以确定工程施工承包人。

二、二次招标的解决

招标投标活动是一项系统工程，尤其是在采用PPP模式的大型基础设施项目中，鉴于中国当前招标投标法律体系不完善的现状，而PPP项目和工程建设项目本身需要结合投融资、设计、施工、采购和运营等诸多事宜，具有复杂性的特点，因此，为了顺利实施项目招标投标活动，对招标人而言，关键在于决定招标之前做好招标决策的相关统筹工作。

从实践中看，招标人进行招标决策时应当重点考虑如下因素：

（1）对招标人员的组织和安排，以及各部门之间的职能划分和资源分配的协调。

（2）在招标活动进行之前，对整个工程建设项目的招标活动提出纲领性的计划和安排。

（3）对各个招标项目以及相互各项目之间在合同权利义务方面的安排和分配。这是招标决策时比较重要的内容，其关系到各个招标项目之间能否顺利衔接，影响后续各类合同能否相互配合，同时也避免各承包商、供应商之间相互扯皮。

而对于投标人来说，也需要关注招标文件中对于具体招标项目的安排，在投标文件中有所体现，并在后续的合同履行过程中，严格遵守，必要时也可提出相应的索赔请求。

另外，二次招标的解决，也离不开法律、法规的健全，避免法律法规的规定不周全导致招标投标法律实务操作的困难。住建部在《关于推进建筑业发展和改革的若干意见》中也提出，加大工程总承包推行力度，倡导工程建设项目采用工程总承包模式，鼓励有实力的工程设计和施工企业开展工程总承包业务，工程总承包合同中涵盖的设计、施工业务可以不再通过公开招标方式确定分包单位。这一指导意见或许会为将来的二次招标问题解决带来一定的积极意义。

第八节　肢解发包的认定

肢解发包是中国现行法律明文禁止的行为，招标人在进行工程发包时，应当合理划分工程标段。根据《招标投标法》的规定，招标项目需要划分标段、确定工期的，招标人应当合理划分标段、确定工期，并在招标文件中载明。对工程技术上紧密相连、不可分割的单位工程不得分割标段。禁止肢解发包也是为了避免出现招标人将依法必须招标的项目化整为零规避招标的情形。但是，《招标投标法》和《招标投标法实施条例》并没有对何谓肢解发包做出清晰的界定，由此对肢解发包产生了不同的理解。

一、肢解发包的定义

肢解发包，是指发包人将应当由一个承包单位完成的建设工程分解成若干部分发包给不同的承包单位的行为。《建设工程质量管理条例》中明确规定，建设单位不得将建设工程肢解发包，与之相关的还有肢解分包。《建筑法》也同样明确禁止承包单位将其承包的全部建筑工程肢解以后以分包的名义分别转包给他人。《招标投标法》规定中标人不得将中标项目肢解后分别向他人转让。另外，《合同法》也有与《建筑法》相同的规定，即承包人不得将其承包的全部建设工程转包给第三人或者将其承包的全部建设工程肢解以后以分包的名义分别转包给第三人。由此可见，实施工程项目肢解行为的主体可以是业主，即肢解发包；在总分包合同关系下，肢解行为主体还可能是总承包人，即肢解分包，两者具有一定的联系和区别。

然而，应当注意到的是，尽管有上述法律法规的明文规定，但是在工程法律和管理实务中，如何理解肢解发包和肢解分包仍存在误区和不同的理解。换句话说，这其中涉及几个方面的问题：

（1）哪些工程项目可以进行拆分，交由不同的承包人实施？

（2）哪些工程项目不得进行拆分，必须由一个承包人完成？

（3）对这些工程项目进行合理拆分的依据是什么？

由于肢解发包和肢解分包行为属于合同规定的违反法律和行政法规强制

性规定的行为，最终将直接导致工程合同无效，关乎合同各方主体的实体权利和义务，因此，笔者认为，为了区分业主的发包行为或者总承包人的分包行为是否属于法律和行政法规明文禁止的肢解工程项目的行为，首先有必要从工程技术上区分和厘清建设工程项目的组成单位和具体划分，这对于分析和判断某项具体工作是否属于肢解发包或肢解分包至关重要。

二、建设工程的组成和划分①

按照现行的工程规范和标准，建设工程可分为单项工程、单位工程、分部（子分部）工程和分项工程。单项工程也称工程项目，它是指具有独立的设计文件，在竣工后能够独立发挥设计规定的功能的工程。比如，一座完整的办公楼、写字楼，这个也是建立工程发包承包合同关系的主要对象和标的物。

单位工程是指具备独立施工条件但不能形成独立使用功能的建筑物或构筑物。比如，地铁项目中的轨道工程、站台工程，公路工程中的桥梁工程、隧道工程，房屋建筑中的土建工程、安装工程等。以公路工程为例，每个合同段范围内的路基工程、路面工程、交通安全设施分别作为一个单位工程；特大桥、大桥、中桥、隧道以每座作为一个单位工程（特大桥、大桥、特长隧道、长隧道分为多个合同段施工时，以每个合同段作为一个单位工程）；互通式立体交叉的路基、路面、交通安全设施按合同段纳入相应单位工程，桥梁工程按特大桥、大桥、中桥分别作为一个单位工程。

单项工程和单位工程的区别在于竣工后能否独立地发挥整体效益或生产能力，单位工程是单项工程的组成部分。

分部工程是单位工程的组成部分，分部工程一般是按单位工程的结构形式、工程部位、构件性质、使用材料、设备种类等的不同而划分的工程项目。比如房屋建筑中的地基与基础、主体结构、建筑装饰装修、智能建筑、通风与空调、电梯、建筑节能等。在公路工程中，每个合同段的路基土石方、排水、小桥、涵洞、支挡、路面面层、标志、防护栏等分别作为一个分部工程；桥梁上部、下部各作为一个分部工程；隧道衬砌、总体各作为一个分部工程。

---

① 林立:《工程合同：法律、规则和实践》，北京大学出版社 2016 年，第 214~216 页。

分项工程是施工的最小单位，也是构成分部工程的基本单位。如结构部分的混凝土施工的模板制作、钢筋绑扎工作等。

但由于目前法律法规并没有统一的标准，因此，在实务理解和应用上，上述划分仍然存在差异和不一致的地方。部分地方政府对此也会有相应的规定，比如，北京市建委在相关的规范性文件中就提出了单位工程的范围和划分标准：

（1）房屋建筑工程。依据《建筑工程施工质量验收统一标准》中关于单位工程的认定标准，9个分部工程以及红线内的市政工程，均应包含在单位工程的范围内；房屋建筑工程竣工验收后再行发包的精装修工程、旧房改造的装修工程，可以作为单位工程单独发包。

（2）新建的城市道路工程。所有的专业管线都应当纳入施工总承包范围内统一发包；单独的管线改造或单一管线施工可以由建设单位单独发包。

（3）城市桥梁工程、给水排水管道工程。其施工总承包范围，参照新建的城市道路工程。

（4）城市轨道交通工程。其中的土建工程（地基与基础、防水工程、主体结构、二次结构、建筑装饰装修、建筑屋面等）应当发包给一个施工总承包单位；轨道交通工程中的建筑设备安装工程（建筑给排水及采暖、建筑电气、通风与空调工程等）可以与土建工程一并发包，也可以由建设单位统一发包给一个建筑设备安装工程总承包单位。

三、界定肢解分包的标准

在工程法律实践中，肢解发包和肢解分包所涉及的专业评定标准较为一致，肢解发包所涉及的专业划分与总承包合同关系下的专业划分也基本相通。其中，可能涉及肢解行为的环节主要集中在单位工程、分部工程方面。对此，招标人需要注意项目所在地政府和主管部门的相关规定。以上海市为例，《上海市建设工程承发包管理办法》就明确规定，不得肢解发包的建设工程业务包括：

（1）单项工程的设计业务；

（2）单位工程的施工业务；

（3）限额以下建设工程勘察、设计、施工业务；

（4）丙级资质的勘察、设计单位承包的勘察、设计业务；

（5）四级、专业级或者非等级资质的施工单位承包的施工业务。

另外，一般来说，在分部工程方面会涉及较多的专业工程，依据现行法律规范的规定，分部工程项目的专业分包属于许可的范围。通常，施工方的总承包业务可以以建设工程中的单位工程为最小标的，分包给多个施工单位。但是，不得违反关于禁止肢解发包的规定，具体来说：

（1）单项工程的设计业务不得分包；

（2）单位工程的施工业务不得分包。

当然，实践中对此也有不同的理解。比如，按照《建设工程安全生产管理条例》的规定，总承包单位应当自行完成建设工程主体结构的施工，但是，对于主体结构是否应当包括地基和基础工程部分也有不同理解。另外，也有观点认为即使主体结构不包括地基工程，但是主体结构和地基基础工程密不可分，所以地基基础工程不能分包，否则就属于违法对主体结构进行分包。对此，笔者认为，结合上述工程项目的划分和组成单位，从专业技术角度看，地基基础，如桩基工程虽然与主体结构有一定的联系，但是也并非完全不可分离，而且原建设部的《专业承包企业资质等级标准（2010年）》也专门规定了地基和基础工程的专业承包资质。而在住房和城乡建设部最新颁布的《建筑业企业资质标准（2014）》专业承包序列资质标准中也有地基基础工程。由此可见，基础工程应当属于可以进行专业分包的范围。以此类推，笔者认为列入《建筑业企业资质标准（2014）》的专业都可以进行分包。

另外，在工程实务中，有较多争议的可能是没有在《建筑业企业资质标准（2014）》列明的分部工程以及分项工程能否进行分包的问题上。对于前者，需要结合项目建设的实际情况和所属专业的特性加以区分；对于后者，则可以考虑参考《建筑业劳务分包企业资质标准（2001年）》以及《建筑业企业资质标准（2014）》中有关劳务承包的规定，结合劳务分包问题加以解决。

第九节 电子招投标中的特殊规定

本书第一章中对电子招标投标的法律性质、行政管理和实践中的问题作了简述。自2013年5月《电子招标投标办法》正式施行以来，电子招标投标已经在工程建设领域得到了普遍的认可和较为广泛的运用。

严格来讲，电子招标投标只是对传统招标投标方式的补充，其本质是以无纸化办公的方式处理招标投标活动。因此，电子招标投标仍然应当遵循《招标投标法》及其实施条例的一般原则和规定，以及有关设计、施工、货物招标投标的相关规定。

一、电子招标

与传统的招标活动相比，电子招标系统可以提供电子标书、数字证书加密和解密、计算机辅助开标和评标等技术，因此，招标人和招标代理机构编制的资格预审文件和招标文件可以通过电子系统平台进行公布。具体主要依靠电子交易平台实现，因此在运用电子招标投标时，交易平台的正常运作至关重要。

如果招标人需要对资格预审文件、招标文件进行澄清或者修改的，应当通过电子招标投标交易平台以醒目的方式公告澄清或者修改的内容，并以有效方式通知所有已下载资格预审文件或者招标文件的潜在投标人。至于招标人澄清、修改的时限仍然是提交资格预审文件截止日前至少3天，或者投标截止日前至少15天。

通常情况下，如果某些招标项目采用电子招标投标方式，那么所有的招标程序都应当按照《电子招标投标办法》的规定执行，不宜混合使用传统的招标程序和电子招标程序，以免出现程序上的瑕疵和弊端。

二、电子投标

早在《电子招标投标办法》实施之前，实务中也有电子形式提交投标文件的方式，常见的是要求投标人提交纸质版的投标文件时，一并提供一份电子版的文件。不过，这与目前推广的电子招标投标仍然有着本质的区别。

在电子招标投标形式下，投标人应当通过资格预审公告、招标公告或者投标邀请书载明的电子招标投标交易平台递交数据电文形式的资格预审申请文件或者投标文件。并且，投标人应当按照招标文件和电子招标投标交易平台的要求编制并加密投标文件。投标人未按规定加密的投标文件，电子招标投标交易平台应当拒收并提示。

采用电子招标投标形式也同样会规定投标人提交投标文件的截止日期，因此，投标人应当在规定的投标截止时间前完成投标文件的传输递交，并可以补充、修改或者撤回投标文件。投标截止时间前未完成投标文件传输的，视为撤回投标文件；投标截止时间后送达的投标文件，电子招标投标交易平台应当拒收。在投标截止时间前，除投标人补充、修改或者撤回投标文件外，任何单位和个人不得解密、提取投标文件。

对于投标人送达的投标文件，交易平台应当即时向投标人发出确认回执通知，并妥善保存投标文件。由于使用电子招标投标，招标人和投标人都有赖于交易平台，对投标人来讲，因交易平台或者传输系统的不稳定等影响因素也会给投标活动带来一定的风险。

三、电子招投标的评定

电子开标需要在交易平台公开进行，并且所有的投标人都应当准时在线参加开标。否则其投标将被否决。对于开标时无法解密投标文件时，根据不同的情况区别对待：

（1）如果由于投标人原因造成投标文件未解密的，则视为撤销其投标文件；

（2）因投标人之外的原因造成投标文件未解密的，视为撤回其投标文件，投标人有权要求责任方赔偿因此遭受的直接损失；

（3）部分投标文件未解密的，其他投标文件的开标可以继续进行。

但是，对于此类非投标人原因导致无法解密的处理，《电子招标投标法》并无进一步的规定，基于电子交易平台的特殊地位，这也将影响招标投标争议的解决。

传统招标投标中，评标委员会根据招标文件的规定对投标人进行评定，以确定合格的中标人。这在电子评标中仍然适用，也就是说，采用电子招标投标的项目，评标时仍然由评标委员会组织实施，电子招投标只是转变了工作媒介，为评标等工作提供电子化的服务。如果评标中需要投标人对投标文件澄清或者说明的，招标人和投标人应当通过电子招标投标交易平台交换数据电文。

此外，在招标人确定中标人后，也应当通过电子招标投标交易平台以数据电文形式向中标人发出中标通知书，并向未中标人发出中标结果通知书，并且 招标人应当通过电子招标投标交易平台，以数据电文形式与中标人签订合同。上述电子形式的中标通知书和合同文件可以取代纸质文件，但是，考虑到合同履行和管理的实际需要，并不排除招标人和投标人签署一份书面的纸质合同。

第十节　招标免责事项的处理

在招标投标过程中，招标人在招标文件中明示免责事项的情况也并不少见。实务中常见的免责事项包括招标人有权不选择任何一个投标人、招标人有权随时终止或暂停招标工作而不予补偿、招标人不对招标文件的正确性负责等。

尽管在招标投标过程中，招标人和投标人并没有形成合同法律关系，但是，对于招标人和投标人来说，招标文件具有特定的法律效力，双方都要遵守招标文件中的内容，并且一旦中标，招标文件的内容也将构成工程合同的重要组成部分。因此，如果招标文件中规定了上述免责事项，笔者认为可以借鉴免责条款进行处理。

一、免责条款的效力

从原则上讲，按照民事合同法律的规定，任何一方当事人都有履行合同的义务，如果违反了合同约定就应当承担相应的违约和赔偿责任，违约一方无权免除或者限制自己因违约所承担的不利法律后果，否则对守约方即为不公。而免责条款则是对该原则的例外，它多用于排除和限制己方因不履行或者不当履行合同等违约行为而可能给合同守约方造成损失时所承担的责任。

现行《合同法》对免责条款有明确的规定，即如果双方在合同中约定免除一方因故意或者重大过失造成对方财产损失的责任或者免除一方在造成对方人身伤害时的损害责任，那么此类免责条款依法无效。结合中国法律规定和实践也可以发现，对于免责条款的适用并没有限定在格式条款或者纯消费合同的情形下。因此，可以理解法律关于严格限制使用免责条款的规定在一定程度上也同样适用于工程领域的招标投标活动以及基于招标投标而成立的工程合同当中。

据此，如果招标文件中的免责条款免除招标人因故意或者重大过失造成投标人财产损失的责任，那么此类规定并不具有法律效力。

二、招标和公平交易

招标投标活动应当遵循诚实信用原则和公平交易。正如本书前文所述，由于目前中国的工程建设项目的招标投标并不区分公共资金和私人资金，并且招标投标具有很强的行政强制监管效力，这在一定程度上导致了招标人在招标投标过程中借助法律、法规的规定而实际占据了强势地位，投标人对于招标人的免责事项只有接受的义务而没有反对、质疑或者提出偏离的可能。

笔者理解，招标投标活动所遵循的公平原则，不仅是指所有的投标人都有公平参与和竞争的机会，同时也应当适用于招标人与投标人之间的公平交易，杜绝招标人利用法律规定而享有进行不公平交易的便利。

对此，笔者认为，行政监管部门和司法机构、仲裁机构在处理类似的争议时，应当区分不同的情况，必要时对于招标文件中的不当免责事项、招标投标过程中的不公平情形依法予以适当的规制和纠正，以维护招标人和投标人双方的合法权益。

10

CHAPTER

第十章

项目采购的司法审查和救济

法谚有云“无救济即无权利”。在 PPP 和基础设施建设项目的招标投标过程中，对于招标人和投标人的合法权益遭受损害的情形，法律法规就需要设立相应的矫正机制，行政机关和司法机关也应该给予相应的救济。而给予招标人和投标人相应的权利救济，维护招标投标规则，保护工程建设市场的健康发展是招标投标法律制度不可或缺的内容，也是政府机关和司法机关的重要职责所在。

除了本书其他章节中所述的有关招标投标的违法、违规行为外，实务中还有一些经常出现的涉及招标投标程序和实体问题的事项，包括强制招标范围的认定、招标人和投标人的实质性谈判、规避招标的“黑白合同”、投标人主体资质的适格性、非法转包、违法分包等现象，对这些事项的合法性、合规性审查和定性都会对工程合同的成立、效力等产生至关重要的影响。而一旦被认定存在上述违法违规的行为，那么对于招标人和投标人来讲，不仅要承担相应的罚款、被责令停工等行政责任，并且还可能导致工程合同无效的结果，招标人、投标人也将承担相应的缔约过失、损害赔偿等民事责任。

第一节　招投标采购的权利救济

招标投标法具有程序法的特点，招标投标活动合法性的一个重要前提条件就是遵守程序规则，给予所有的潜在投标人公平竞争的机会。

如果招标人、投标人的行为违反了法律、法规的规定，或者招标投标的程序没有遵守既定的规则，或者招标人滥用招标程序而损害投标人的利益，除了当事人的自力救济和政府机关提供行政矫正外，寻求司法救济也是招标人和投标人维护自身合法权益的重要途径。法院对于上述事项的态度、司法观点和处理结果反过来也会影响招标投标制度的健全完善，对于规范招标人和投标人的行为也有预测、指引和警示的积极意义。

一、权利救济

权利救济是指在权利人的实体权利遭受侵害时，由有关机关或个人在法律允许的范围内采取一定的补救措施消除侵害，使得权利人获得一定的补偿或者赔偿，以保护权利人的合法权益。招标人和投标人实体权利受到侵害的原因即可能来自招标投标程序上的缺陷或瑕疵，或者招标人、投标人、招标代理机构，甚至是行政机关的违法行为。

通常来讲，权利救济的主要方式包括：

（1）自力救济。也就是招标人和投标人凭借自身的力量以实现保护合法权益的方式。较为典型的自力救济方式应属招标人没收投标保证金的情形。

（2）行政救济。在招标投标阶段，不论是招标人还是投标人都可以寻求行政机关对违反招标投标法律规范的行为进行处理，借此纠正违法、违规行为。

（3）司法救济。通过法院请求停止损害、赔偿损失等方式显然就是更为有力的权利救济方式，也是各方权利保障的最后一道屏障。

在上述权利救济方式中，法律并没有限制或者禁止招标人、投标人的选择权利，招标人和投标人可以选择其中一种，也可以选择两种或者两种以上的方式，以实现权利保护的终极目标。即使是同一种权利救济方式，其最终能够保护招标人和投标人的措施和途径也具有多样性的特点，这在行政救济方式中尤为突出。

二、行政救济

行政机关对于招标投标活动具有很强的监管力度。在中国的招标投标实务中，行政机关从基础设施项目的立项到竣工验收实行全过程的监督，对招标投标活动同样实行严格的监管，并且行政救济也与行政监管相辅相成。

行政机关的救济方式主要包括对招标投标过程中的投诉、质疑的处理，以及对招投标违法行为的行政处罚。

此外，对于招标人和投标人而言，也应当特别注意，根据中国《行政处罚法》的规定，法律可以设定各种行政处罚，国务院的行政法规可以设定除行政拘留之外的处罚，地方性法规可以设定除限制人身自由和吊销企业营业执照外的处罚，部委行政规章、地方政府规章可以在法律和行政法规规定的行政处罚行为、种类和幅度范围内作出具体规定，除此之外，任何其他规范性文件都不得设定行政处罚。因此，如果政府机关超越权限作出行政处罚的，招标人和投标人则有权依法申请行政复议和提起行政诉讼。

关于投诉、质疑的处理，以及行政处罚，本书第一章中已有阐述，此处不再赘述。

三、司法救济

司法终局是法治的终极目标之一。1948 年《世界人权宣言》第 8 条就明确规定："任何人当宪法或法律赋予他的基本权利遭受侵害时，有权由合格的国家法庭对这种侵害行为作有效的补救。"

由于招标投标活动，尤其是属于必须依法招标投标的项目，具有强制性的规范效力，因此，法院在处理相应的招标投标争议以及后续工程合同履行过程中发生相关争议时，通常还会回溯到招标投标过程中的程序规则和实体条件方面的事项，以便确定相关合同的成立、效力等基本事实。而如果在招标投标阶段存在违法、违规等情形，轻者承担损害赔偿责任，重者对于合同的成立、效力有着至关重要的影响，将导致合同无效，更有甚者，司法机关还可能对招标人和投标人施以相应的司法制裁。比如，最高人民法院在《关于审理建设工程施工合同纠纷案件适用法律问题的解释》中也明文规定，投标人没有资质而借用有资质的建筑施工企业名义投标，并中标签订建设工程施工合同，不仅合同行为无效，受案法院还可以根据《民法通则》第 134 条的规定，收缴当事人已经取得的非法所得。

除了在招标人和投标人之间，或者招标代理机构与投标人之间发生争议时由法院提供司法救济的情况之外，如果是政府机关及其工作人员对招标投标活动进行非法的干预，或者其他不当行为损害招标人和投标人的合法权利，则受害一方还可以依法提起行政复议、行政诉讼，以寻求司法机关的救助。

四、合同效力的认定依据

在处理工程项目招标投标和工程合同争议时，最常见的问题是就是关于经过招标投标程序的合同效力的认定，这主要依赖于法院的司法救济。合同经要约、承诺后成立，如果没有特别约定，合同成立即生效。根据《合同法》第 52 条的规定，导致合同无效的情形包括以下五种：

（1）一方以欺诈、胁迫的手段订立合同，损害国家利益的；

（2）恶意串通，损害国家、集体或者第三人利益的；

（3）以合法形式掩盖非法目的的；

（4）损害社会公共利益的；

（5）违反法律、行政法规的强制性规定的。

由于实践中对何为“违反法律、行政法规的强制性规定的”的内容有着不同的理解，并容易引发争议，为此，最高人民法院明确规定，合同法实施以后，人民法院确认合同无效，应当以全国人大及其常委会制定的法律和国务院制定的行政法规为依据，不得以地方性法规、行政规章为依据。并且，这里的“强制性规定”，是指效力性强制性规定。

不可否认，中国关于招标投标和工程建设行政管理的文件纷繁复杂，国务院各部委、地方人大和政府制定的规范性文件也层出不穷，出于行政管理的目的和需要，这些规范性文件中也会规定各种违法招标投标无效的行为和情形，为此，招标人和投标人在处理相关的争议时，或者寻求法院的司法救济时也需要理解和注意区分。

第二节　招标投标与合同成立

正如前文所述，尽管理论和实务中对于招标和投标的法律性质有着不同的理解和看法，但是，可以肯定的一点是，工程合同与其他类型的商事合同一样，其成立也应当遵循“要约—承诺”的法定程序。同时，在处理有关招标投标与合同成立的争议时，还会涉及中标通知书的属性、根据中标通知书和招投标文件的要求签署书面合同等形式对于合同成立的定性等诸多法律问题。

一、工程合同的成立

“契约即承诺”，一份合同的成立始于受要约人的承诺，只要受要约人承诺，那么合同就告成立。对于需要进行招标投标，包括公开招标和邀请招标的工程建设项目，其工程合同的成立，也应当遵循要约、承诺的一般程序。

按照合同法成立的原则和通常的理解，招标人发出的招标文件属于要约邀请，投标人的投标文件属于要约，招标人发出的中标通知书是承诺。但是，《招标投标法》又规定：“招标人和中标人应当自中标通知书发出之日起三十日内，按照招标文件和中标人的投标文件订立书面合同。”此外，《合同法》第270条规定：“建设工程合同应当采用书面形式。”在实践中，对于上述规定有一种误解，认为“书面合同是由合同双方当事人签署的纸质的合同书”。但是，事实上，如前所述，法律规定的书面形式并不仅限于合同书。《合同法》将书面形式界定为：“合同书、信件和数据电文（包括电报、电传、传真、电子数据交换和电子邮件）等可以有形地表现所载内容的形式。”

因此，笔者认为，《合同法》规定建设工程合同应当采用书面形式，主要考虑到工程合同的复杂性，采用书面形式能够避免出现因合同形式的瑕疵导致争议的发生和扩大，另外，《合同法》也没有将建设工程合同限定为纸质的合同书形式。而《招标投标法》所规定的双方应当订立书面合同的规定，其着眼点在于要求招标人和投标人不得另行签订违背招标文件和投标文件内容的合同，而不是强调合同的书面形式。事实上，投标文件对于招标文件无法进行变更，而招标人评标和定标时也不得对投标文件进行变更，根据招标文件和投标文件的内容已经能够确定工程合同的内容，合同成立已无争议，即使有部分不确定的内容，那也已经不是合同成立所需要关注的事项了。

在招标投标法律实务中，招标人还有可能在招标文件中明确合同成立的条件，比如“合同协议书经招标人、中标人双方法定代表人或其委托代理人签署及加盖单位公章后，合同成立”。但是，对于此类约定是否具有法律效力，仍有待商榷。

当然，在不属于必须强制招标投标的项目而直接授予合同的情况下，以及招标人只是参考《招标投标法》的程序进行采购的工程项目中，要约和承诺的过程可能不是单向的，而是在招标人和投标人之间往返多轮的诸如“要约—新要约—承诺”程序，直至双方达成一致意见，最终成立合同。在这种情况下，招标人和投标人之间的合同关系自然就更无须考虑招标投标程序对合同成立的影响，但为免发生争议和解决争议，双方签署书面的工程合同仍然是必要的风险防范措施。

二、招投标合同条件与格式条款

实践中，需要注意的是按照目前的法律制度和工程惯例，大多数工程项目都采用招标投标方式进行采购，而招标人将标准化的工程合同或者经过修改的标准化工程合同作为招标文件的重要组成部分也早已经成为常态。

正如笔者在本书第三章中所述，招标投标中所使用的标准合同条件本身并不属于格式合同，但是，根据招标投标的基本规则，投标人必须对招标文件进行实质性响应，否则投标文件将被否决。因此，在实务当中就需要注意招标文件所使用的标准化合同条件与格式合同或格式条款的区分。

依据《合同法》的规定，格式条款是当事人为了重复使用而预先拟定，并在订立合同时未与对方协商的条款。其特点在于不可协商性。也就是说，对于一方提供的格式条款，合同相对方只有选择接受而没有不接受或者进行修改的权利，除此之外没有折中的方式。而采用招标投标方式的工程项目的招标文件和合同条件正符合这样的特点。

同时，按照《合同法司法解释二》进一步规定，提供格式条款的一方当事人违反合同法关于提示和说明义务的规定，导致对方没有注意免除或者限制其责任的条款，对方当事人申请撤销该格式条款的，人民法院应当支持；如果提供格式条款的一方当事人未尽提示和说明义务，并具有免除自身责任、加重对方责任、排除对方主要权利的情形之一的，人民法院应当认定该格式条款无效。

笔者认为，招标人和招标代理机构在编制招标文件和确定评标办法时，应当避免凭借其在招标投标活动中的便利条件，将招标文件和合同条件修改成格式条款。并且，招标人和投标人都应当对招标文件和合同条件引起足够的重视，法院、仲裁庭也有必要进行限制和救济，除了在双方对合同条款的理解和执行发生争议时倾向于做出不利于提供合同条件的一方的解释外，还应当赋予投标人变更或者撤销相应条款的权利。

结合中国目前众多基础设施、公用事业项目及一般的工程建设项目的招标投标采购现状，减少设置不必要的不合理条款，给予投标人充分的保障和救济，对于促进政府部门依法守约和法治建设、规范招标投标制度、保障工程建设领域的健康发展等都具有重要的示范效应，同时也有利于中标之后后续项目建设的顺利进展以及工程争议的预防和解决。

第三节　招投标和实质性谈判

工程建设项目采用招标投标方式，包括公开招标和邀请招标，由招标人随机抽取专家组成评标委员会，并实行回避制度等一系列制度，其目的即在于通过公平、公开的竞争方式，选定合适的投标人，避免出现招标人和投标人相互串通或者私相授受的情形。因此，禁止招标人和投标人在投标过程中对招投标文件和合同条件进行实质性谈判就成为工程建设项目招标投标的重要制度之一。

一、实质性谈判的认定

《招标投标法》规定，在确定中标人前，招标人不得与投标人就投标价格、投标方案等实质性内容进行谈判。但是，《招标投标法》本身并没有对何谓“实质性内容”以及“实质性内容”的内涵和外延作出界定，由此，实践中对该条规定产生了不同的理解，导致相关争议的发生。

从招标投标过程中可以得知，招标文件和投标文件中涉及价格和方案的内容主要集中在合同条件当中，而根据《合同法》的相关规定，工程施工合同的内容包括工程范围、建设工期、中间交工工程的开工和竣工时间、工程质量、工程造价、技术资料交付时间、材料和设备供应责任、拨款和结算、竣工验收、质量保修范围和质量保证期、双方相互协作等条款。工程设计合同的内容包括提交有关基础资料和文件（包括概预算）的期限、质量要求、费用以及其他协作条件等条款。然而，对于工程施工合同和工程设计合同的上述内容是否都属于实质性条款并无定论：如果是，那么所涉及的范围有可能过于宽泛；如果不是，那么就需要确定哪些条款属于不可协商的实质性条款。为进一步解决分歧，《招标投标法实施条例》第57条规定，合同的标的、价款、质量、履行期限等主要条款应当与招标文件和中标人的投标文件内容保持一致。

在司法实践中，最高人民法院和各地的法院也对此做了一些分析和解释。比如，在中国对外建设有限公司与鞍山华创德隆房产开发有限公司建设工程施工合同纠纷上诉案件[①]中，最高人民法院认为有关工程范围、价款、质量、管辖争议条款等均是合同的实质性内容。类似的司法观点还在其他一些司法审判中有所体现[②]。此外，最高人民法院还明确指出招标人和中标人另行签订改变工期、工程价款、工程项目性质等影响结果实质性内容的协议，导致合同双方当事人就实质内容享有的权利义务发生较大变化的，应认定为变更中标合同实质性内容。这些观点在2019年2月1日施行的《最高人民法院关于审理建设工程施工合同纠纷案件适用法律问题的解释（二）》中也再次得到明确。部分地方法院的司法指导意见也对实质性内容提供了参考依据。比如，江苏省高院就指出建设工程中事关当事人权利义务的核心条款是工程结算，而影响工程结算的主要涉及三个方面：工程质量、工程期限和计价方式。如果备案和未备案的两份施工合同在建设工期、施工质量、计价方式等方面发生变化，应当属于实质性内容的变化。

二、实质性谈判与清标

清标，一般是指在招标投标过程中，招标人和评标委员会对于投标文件的内容进行的修正。严格来讲，清标是招投标中可能发生的对特殊事件的处理方式，而不是法律术语。

---

① 中国对外建设有限公司与鞍山华创德隆房产开发有限公司建设工程施工合同纠纷上诉案件，最高人民法院（2014）民一终字第00067号民事裁定书。

② 比如，华丰建设股份有限公司与上海百协中闸置地发展有限公司施工合同纠纷案，最高人民法院（2014）民申字第504号民事判决书。

对于清标，法律上并无明确的界定，实践中，清标涉及的范围和内容也是千差万别，有些清标行为实际上属于对招投标文件的澄清、答疑，有些则涉及具体合同条件，因此，对于清标所涉及的内容是否合法则还需要结合实际情况加以区分。

同时，在清标时，实务中应当避免对招标文件和投标文件的实质性内容进行磋商，避免因清标行为对后续工程合同的履行带来负面影响。

三、实质性谈判的法律后果

实质性谈判违背了招标投标的初衷和公平竞争的原则，因此，根据《招标投标法》规定，依法必须进行招标的项目，招标人违反本法规定，与投标人就实质性内容进行谈判，并影响中标结果的，中标无效。

实务中，实质性谈判经常与“黑白合同”相混淆。招标人和投标人有必要注意两者不同的表现形式。笔者认为两者既有联系，也有区别：如果招投标双方在招标投标过程中改变招标文件和投标文件的内容，对招投标的实质性条件和内容进行谈判，其谈判的结果可能直接体现在最终签署的合同中，依法办理备案并作为双方实际履行的依据，在这种情况下，属于违反禁止在招标投标过程中进行实质性谈判的行为，而并不构成“黑白合同”的情形。如果招标人和投标人在招标投标过程中对实质性内容进行了谈判和变更，虽然没有将谈判达成的结果直接反映在签署和备案的合同中，但是，双方在备案合同之外另行签署一份有关变更实质性内容的合同，那就同时构成了实质性谈判和“黑白合同”的情形。

不管是以上任何一种情形，只要是在招标投标过程中对实质性内容进行了谈判，并且谈判的结果影响了最终的中标决定，就应当认定为中标无效，据此，招标人和中标人依据实质性谈判后的结果签署的工程合同也一并归于无效。

第四节　“黑白合同”的认定及处理

“黑白合同”也是工程领域中常见的情形，它是指在项目招标之前、招标投标过程中或者中标之后，包括合同履行过程中，招标人和投标人在依法备案的合同之外又签署与备案合同的内容相背离的合同的情形。引起“黑白合同”的原因之一即在于招标投标法律制度对工程承发包的诸多合规性要求、招投标合同备案制度，以及招标人与中标人之间不正当的交易，它也是工程领域主要的争议问题。

一、“黑白合同”的认定

在实务中，判断“黑白合同”情形的主要依据在于双方实际履行的合同内容与招标投标确定的合同条件、经依法备案的合同之间，是否存在内容不一致的情形。根据《招标投标法》第46条和第59条的规定，招标人和中标人应当自中标通知书发出之日起三十日内，按照招标文件和中标人的投标文件订立书面合同；招标人和中标人不得再行订立背离合同实质性内容的其他协议。如果两者存在实质性的不一致，那就属于“黑白合同”的情形。

关于“黑白合同”中的实质性内容的界定与实质性谈判的判断标准相同，即通常情况下集中在工程范围、工程质量、工程价款和工程期限等方面。但鉴于法律、行政法规并未对何谓“实质性内容”做出统一的规定，招投标当事人还应注意最高人民法院、各地司法机关在认定“黑白合同”的实质性内容时存在的不同标准，比如：中标人作出的以明显高于市场价格购买承建房产、无偿建设住房配套设施、让利、向建设方捐款等承诺，承包人就招投标工程承诺对工程价款予以大幅度让利的，都属于对工程价款的实质性变更。

二、“黑白合同”的例外情形

根据《招标投标法》的规定，以及司法实践，并非所有的实际履行的合同，或者招标人与中标人之间签署与中标备案合同不一致的情况都属于“黑白合同”。实务中还存在一些虽然合同内容发生变更，但不属于“黑白合同”的例外情况。

（一）非实质性合同内容的变更

从实践中相关“黑白合同”涉及的争议来看，黑合同与白合同之间的内容变化千差万别，有些黑合同只是与中标备案的白合同存在细小差别，内容上没有实质性变化；而有些黑合同则在工程价款、工程质量或者工期等方面对白合同进行了重大实质性的修改、调整，“黑白合同”的内容之间存在较大差异。

根据《招标投标法》的规定，招标人和中标人不得另行订立背离合同实质性内容的其他协议。其强调的重点是合同实质性内容违背的禁止，而不是对一般合同内容变更的限制。因此，在考虑除了上述关于合同实质性内容的定性分析之外，还需要从内容变化的定量比较。

为严格把握合同效力的认定问题，最高人民法院也认为对于实质性变更的判断，除把握变更内容外，也需要把握变更的量化程度，合同双方变更计价方式，但是变更内容没有达到法律所禁止的“实质性变更”的严重程度，也不会导致合同当事人之间权利义务关系的显失平衡，则不应认定构成实质性变更。[①] 在具体量化“黑白合同”与依法变更合同的界限上，在一定程度上存在着法官的自由裁量权，需要法官正确把握裁量的标准。

（二）非必须招标项目合同的变更

严格来讲，“黑白合同”的认定规定仅适用于依法必须进行招标投标的项目，如果认定为“黑白合同”，则会对合同的效力产生根本性的影响。如果属于非必须招标投标的项目，即使合同实质性内容发生变更，一般不会牵涉“黑白合同”的定性以及合同效力问题。但具体到实践，非必须招标项目合同内容的变更还需要进一步区分自主招标中的“黑白合同”和自主备案中的“黑白合同”。

对此，《最高人民法院关于审理建设工程施工合同纠纷案件适用法律问题的解释（二）》规定，发包人将依法不属于必须招标的建设工程进行招标后，与承包人另行订立的建设工程施工合同背离中标合同的实质性内容，当事人有权请求以中标合同作为结算建设工程价款依据。但是，对于上述两种

---

① 四川尚高建设有限公司与北川羌族自治县城乡规划建设和住房保障局工程施工合同纠纷再审案，最高人民法院（2014）民申字第 842 号民事判决书。

不同的情形，笔者认为都是当事人意思自治的体现，并不违反法律禁止性规定，备案是为了满足行政监管的需求，当事人参照《招标投标法》的规定进行招标投标，其原因和目的不一而足，但既然法律并没有强制其必须进行招标投标，自然其招标投标的程序、结果也不具有强制的约束力，因此，即使当事人实际签署的合同与招投标合同、备案合同实质性内容不同，也不能简单地作为“黑白合同”而认定其无效。

（三）合同履行过程中的变更

在实践中还存在一些对上述《招标投标法》规定的误解。比如，有人认为，既然《招标投标法》规定招标人和中标人除了按照招标投标文件的要求签署中标合同外，不得再签署与中标合同不一致的合同或条款，那么合同履行过程中也不应当对中标合同的内容进行修改和调整。笔者认为，这种观点不仅是对招标投标法律制度的误解，也是对工程法律实务的误解，忽略了工程项目在建造过程中经常发生的变更等情形的特殊性。

合同法的基本原则是“当事人意思自治”。按照《合同法》的规定，双方当事人经协商一致，可以变更合同。因此，在工程合同的履行过程中，双方当事人协商变更合同内容并不违反法律的规定。

事实上，实务中对招标投标合同履行过程中的变更存在着不同的观点，第一种观点认为：已签订并备案的中标合同，由于项目建设或业主需求的变化，合同双方经协商一致后可以变更合同内容。如果此变更属于非实质性内容的改变，不需要进行备案；如果属于实质性内容的变更，则根据当事人双方的意思表示判定：如果双方同意将变更后的合同作为结算依据，应予以准许；如果双方对变更结算发生争议，而此变更是基于正当理由做出的，应当准许，变更是否合法仅以法律、行政法规为判断依据，即缩小“黑合同”的适用范围。

第二种观点认为：任何性质的背离中标合同实质性内容的变更协议都违背了该条的禁止性规定，均属于“黑合同”。从目前建设业的行政管理规定看，只规定了中标合同签订的备案，而没有规定合同变更的备案。因此，不能仅以合同发生变更作为判断合同或部分合同条款效力的标准。当然，如果变更调整的内容突破了中标合同的约定，且是实质性的变化，则应当以“黑合同”论，以维护《招标投标法》的严肃性。事实上，实质性内容的变更是解决问题的核心和关键，影响双方经济支出的界定双方责权利的条款均构成实质性内容，不仅限于承包范围、合同价款、工程期限、质量标准。

按照现行法律法规的规定，只要求对中标合同进行备案。在施工过程中如果确实需要变更合同的，该变更是否需要经过备案，未备案的变更是否能够作为合同依据目前尚没有明文的依据。笔者认为，结合招标投标禁止性规定的适用对象和目的，上述第二种观点比较可行，同时，在具体应用时还应结合该项变更是否足以影响招投标秩序来评定。

另外，在最高人民法院的司法指导意见中也指出，建设工程开工后，工程合同的双方当事人因设计变更、建设工程规划指标调整等原因，通过补充协议、会谈纪要、往来函件、签证等形式变更工期、工程价款、工程项目性质的，不应认定为变更中标合同的实质性内容。

综上，正确界定合同的“实质性变更”，区分“白合同”签订后对合同的变更协议是“黑合同”还是合法变更，以及“工程变更”程度的量化，将直接关系到承发包双方实际的利益。所以，发包人和承包人双方需要特别注意，正确把握“黑白合同”与履行过程中的合同变更的区别，同时也有待于相关的立法部门对此进行明确、统一的规定。

三、“黑白合同”的效力

正如前文所述，“黑白合同”的认定需要考虑是否属于强制招标项目、其变更是否构成实质性变更，而一旦被认定属于在中标之前进行实质性谈判的“黑白合同”情形，按照《招标投标法》的规定，中标无效，双方签署的“黑白合同”因此也都无效。在这一问题上，立法和司法机关的观点较为一致。

但是，如果是在中标签约之后签署的黑合同，关于其效力的认定，法律、行政法规并没有做出明确的规定。从法院的司法观点来看，最高人民法院在《关于审理建设工程施工合同纠纷案件适用法律问题的解释》中也并没有直接对“黑白合同”的效力进行评判，而是从中标合同的备案与否，以及“黑白合同”涉及的价款结算的角度进行分析，即法定的强制招标投标项目的工程合同如果属于“黑白合同”，那么应当以备案的中标合同作为结算工程价款的根据。

从另一角度来看，司法机关有时候更侧重于从合同双方权益保障和司法救济的角度来解决“黑白合同”的纠纷问题。比如，在山东日建建设集团有限公司与日照君泰房地产（集团）有限公司建设工程施工合同纠纷申请再审一案[①]中，最高人民法院认为，讼争工程属于必须进行招标的工程，作为投标人在讼争工程正式招标之前和招标人就投标价格等实质性内容进行谈判，并签订了标前合同导致中标无效，随之备案的中标合同也应当被认定无效，但就工程款结算依据而言，《最高人民法院关于审理建设工程施工合同纠纷案件适用法律问题的解释》第21条适用的前提是备案的中标合同为有效合同，那么在本案中，中标备案合同无效的前提下，并不能适用该条的规定，不能以中标合同作为工程价款的结算依据。从实际履行情况看，招标人和投标人均是按照标前合同的约定结算工程进度款，也即双方实际履行的合同为标前合同，而非中标合同，故二审判决依据标前合同结算工程价款并无不妥。

虽然《招标投标法》和最高人民法院施工合同司法解释关于“黑白合同”的效力认定并没有涉及各种情形，但是，笔者认为，对于必须进行强制招标投标的工程项目，如果在中标合同之外另外签署与实质性内容相背离的“黑合同”，那么“黑白合同”就属于“以合法形式掩盖非法目的”的情形。而根据《合同法》的规定，以合法形式掩盖非法目的的合同无效，因此，尽管立法和司法没有直接规定某些特殊情形下的“黑白合同”的效力问题，但是如果“黑白合同”的签署系“以合法形式掩盖非法目的”，那么双方签署的合同亦应归于无效。

四、“黑白合同”的价款结算

“黑白合同”的认定以及“黑白合同”效力的确定，归根到底都是为了解决工程价款中的结算和支付纠纷。最高人民法院关于以备案合同为准的规

---

① 山东日建建设集团有限公司与日照君泰房地产（集团）有限公司建设工程施工合同纠纷申请再审一案，最高人民法院（2013）民申字第572号民事判决书。

定，其目的在于解决工程实践中的“黑白合同”之争。

就“黑白合同”的结算问题，“白合同”是依据招标投标这一法定形式确认，即使当事人双方请求按照“黑合同”结算工程款，“黑合同”也可能是当事人的真实意思表示，但由于“黑合同内容”规避法律规定、合同形式不合法，不能代替“白合同”的效力。

但是，如果仅有备案程序，而工程合同本身因违反法律、行政法规的强制性规定而无效时，那么此种备案合同仍然不能成为有效的结算依据。比如在浙江圣华建设集团有限公司与安徽环球房地产股份有限公司、浙江环球房地产集团有限公司建设工程施工合同纠纷案[①]中，最高人民法院认为以备案的中标合同作为结算依据的规定，是建立在备案的中标合同有效的前提之下，如果因招标、投标违法导致中标无效，即使中标的合同经过有关部门备案，该合同仍然不能作为结算工程价款的法定依据。

此外，最高人民法院施工合同司法解释虽然规定了工程款的结算以备案合同为准，但是对合同履行过程中双方签署的补充协议、备忘录等涉及原合同实质性条件的过程性文件是否属于合法的变更，是否必须备案，以及如果不备案，这些文件能否成为结算的依据也并没有做出具体规定，实践中存在不同的理解和争议。而 2019 年 2 月 1 日施行的《最高人民法院关于审理建设工程施工合同纠纷案件适用法律问题的解释（二）》则进一步明确了当事人签订的建设工程施工合同与招标文件、投标文件、中标通知书载明的工程范围、建设工期、工程质量、工程价款不一致，一方当事人请求将招标文件、投标文件、中标通知书作为结算工程价款的依据的，人民法院应予支持。

另外，为了解决“黑白合同”的结算争议问题，招标人和投标人也有必要根据工程项目所在地的管辖，提前关注当地法院对类似问题的司法观点和处理原则，以避免和减少风险。

---

① 浙江圣华建设集团有限公司与安徽环球房地产股份有限公司、浙江环球房地产集团有限公司建设工程施工合同纠纷案，最高人民法院 (2013) 民一终字第 117 号二审民事判决书。

第五节　招投标程序与合同效力

鉴于招标投标在中国工程领域的特殊地位，其程序本身也与工程合同的效力息息相关。纵观整个招标投标法律体系和制度，招标投标程序与合同效力主要涉及两个问题：一、是否必须进行招标投标来选择施工、设计和货物的提供者对合同效力的影响；二、招标投标程序中的缺陷或瑕疵导致合同无效的情形。

招标人和投标人都需要注意项目本身是否属于强制招标的范围，并留心招标投标过程中可能出现的被法律、法规禁止的行为，以避免因此类行为影响最终签署的工程合同的效力和履行。

一、导致工程合同无效的情形

按照招标投标法律制度的原则，对于那些属于法律法规规定的必须招标投标的项目，如果没有采用招标投标的方式或者肢解规避招标投标，或者因违法被认定为中标无效，那么合同双方据此签署的合同也将被依法认定为无效合同。对于除此之外的非强制招标项目，则可以由项目业主自行决定是否采用招投标方式，但最终是否采用招投标的方式并不成为影响合同效力的因素。

依据《招标投标法》和《招标投标法实施条例》的规定，除了应当招标而没有招标导致工程合同无效的情形外，还有可能因为招标人、投标人以及招标代理机构、评标委员会的违法行为导致招标无效、投标无效、评标无效和中标无效的情形，并最终导致工程合同无效的法律后果。有关招标无效、投标无效、评标无效和中标无效的内容，本书前面章节中已有阐述，此处不再重复。

结合上述法律和行政法规的规定，最高人民法院在《合同法》《招标投标法》及其实施条例等相关规定的基础上界定了七种导致工程施工合同无效的情形，其中即包括必须进行招标而未招标和中标无效。

上述规定从字面上看似乎除了中标无效，招标无效、投标无效、评标无效都不会导致工程施工合同无效。但是从逻辑上看，招标无效、投标无效、评标无效都将导致中标无效的后果，因此，这些规定也同样可以适用中标无效、施工合同无效的规则。当然，限于最高人民法院司法解释本身适用范围的局限性，并没有解决工程施工合同以外的勘察、设计、监理服务、货物的招标投标与合同效力的问题，对这些类型的工程合同的处理，则仍然需要依据《合同法》关于合同效力的基本原则进行判断。

二、确定项目合同无效的法律依据

《合同法》第 52 条规定了合同无效的五种情形。最高人民法院《合同法解释一》也明确规定，合同法实施以后，人民法院确认合同无效，应当以全国人大及其常委会制定的法律和国务院制定的行政法规为依据，不得以地方性法规、行政规章为依据。而根据《立法法》的规定，原国家计委颁布的规定，原则上依法属于行政规章，因此确定民事合同是否有效，不应当以国家发改委颁布的《必须招标的工程项目规定》为准。

但是，笔者认为，在工程招标投标领域，不能把发改委的规定当作简单的部门规章，原因在于《招标投标法》明确授权必须招标项目的具体范围和规模标准，由国务院发展计划部门会同国务院有关部门制定，报国务院批准施行。因此，其效力要高于一般的部门规章，可视为具有行政法规性质的法律文件，并可作为确定合同效力的依据。在司法实践中，认定是否属于必须招标的项目也应依据《必须招标的工程项目规定》。并且，这一观点也已经成为司法审判和仲裁的共识。

至于除此之外的因中标无效导致合同无效的后果，《招标投标法》及其实施条例也都规定了具体的表现形式，并明确了招标无效、投标无效、评标无效和中标无效的结果，在发生争议时，这些规定自然应当作为认定合同效力的合法依据。

三、因招投标程序导致合同无效的处理

一旦合同被认定为无效，那么合同自始至终不具有法律约束力，并应予以恢复原状，返还财产，或者折价补偿。但就工程项目而言，恢复原状、返还财产显然不符合现实。为了解决这一矛盾，最高人民法院对于工程施工合

同无效的处理，制定了相应的特别处理规则：

（1）建设工程施工合同无效，但建设工程经竣工验收合格，承包人请求参照合同约定支付工程价款的，应予支持；

（2）建设工程施工合同无效，且建设工程经竣工验收不合格的，修复后的建设工程经竣工验收合格，发包人请求承包人承担修复费用的，应予支持；

（3）建设工程施工合同无效，且建设工程经竣工验收不合格的，修复后的建设工程经竣工验收不合格，承包人请求支付工程价款的，不予支持。

从上述规则来看，对于因招标投标程序缺陷导致施工合同无效的，中标人如果最终能够确保工程质量达到验收标准，则仍然可以参照施工合同中的结算方式获得相应的工程价款。这也从另一方面反映了工程质量在工程领域的关键地位。当然，这一做法绝不是"无效合同有效化"的处理，而是对无效合同折价补偿的考虑。

四、非强制性招标项目的合同效力

尽管实践中，大部分工程项目都采用了招标投标的方式，但就目前中国的招标投标法律制度来看，其主要规范和调整的是必须强制招标投标的项目，如果是非强制性招标的工程项目，则完全可以由招标人选择采用直接发包或者议标的方式自行选择中标人。

直接发包即合同双方一对一地进行协商确定合同条件。而议标，简言之就是由招标人邀请若干投标人就项目承发包事宜，包括合同条件、价格等进行协商。议标介于直接发包和招标投标之间，可以说是非正式的招标投标活动。但是，议标的工程建设项目必须是依法强制招标投标范围之外的工程，否则，就有可能属于规避招标投标的行为，影响工程合同的效力。

如果是非强制性招标的工程项目，招标人和投标人是否采取招标投标程序，以及招标过程中对招投标文件的澄清、修改，评审程序和标准等都具有很强的自主性，即使招标人决定依据《招标投标法》规定的程序进行，也只是其内部管理的需要，并不意味着此类项目就转变为法定的必须招标项目，当事人也有选择改变或者不予遵循相关程序内容的权利和自由，而且也不会因为招标投标过程存在瑕疵而导致中标无效的结果，更不会影响到工程合同的效力。

第六节　投标资质与合同效力

如本书前文中所述，在中国的基础设施建设领域，投标人的资质对于招标投标以及合同履行具有举足轻重的地位和作用。由于招标项目本身的规模、特征不同，所采用的招标和合同模式的不同，单个和联合体的投标人的资质问题就变得尤为重要，一旦投标资质出现问题，不仅影响到评标和中标，还将对后续工程合同的签署、履行和争议解决等问题带来极大的隐患。

一、投标资质的法定要求

投标资质是法定的要求，这体现在两个方面：一是作为招标人的项目业主应当将工程发包给具有相应资质和等级的单位，这也包括了禁止总承包单位将工程分包给不具备相应资质条件的单位；二是从事建设工程勘察、设计、施工、工程监理的投标人应当依法取得相应等级的资质证书，并在其资质等级许可的范围内承揽工程，并且禁止没有资质的投标人借用他人资质或者超越资质进行投标和承揽项目的行为。

对于上述违法行为，《建筑法》《建设工程质量管理条例》都规定行政机关有权根据具体情形给予责令改正、罚款，甚至是吊销资质证书、没收违法所得等处罚。但是，《建筑法》和《建设工程质量管理条例》都没有进一步规定上述行为是否将导致招标无效、投标无效和合同无效的法律后果。

与之类似，《招标投标法》也没有对投标人自身欠缺相关资质进行投标的效力进行规定，而仅明确了投标人以他人名义投标或者以其他方式弄虚作假，骗取中标的，中标无效。《招标投标法实施条例》规定投标人发生合并、分立、破产等重大变化导致不再具备资格预审文件、招标文件规定的资格条件时，其投标无效。

在前文有关合同效力的认定中提到，只有违反法律和行政法规的效力性的强制规定才会导致合同无效，而不包括违反行政管理类强制性规定的情形。判断效力性强制规定的通常标准，但不是法定标准，一般的理解是法律和行政法规是否明确规定“违反即无效”的法律后果。如果严格从字面规定来看，在上述法律和行政法规的规定中，投标人没有资质似乎并不是导致招标投标无效和合同无效的依据。

二、资质与合同效力的司法界定

考虑到基础设施建设项目的特殊性，其质量和安全问题是工程项目的关键，而投标人是否具有相应的工程资质则是事先预防、衡量和判断工程质量以及安全的方式之一。因此，最高人民法院在施工合同司法解释中明文规定，属于下列情形的施工合同无效：

（1）承包人未取得建筑施工企业资质的；

（2）超越资质等级的；

（3）没有资质的实际施工人借用有资质的建筑施工企业名义的。

这一规定不仅适用于招标投标的项目，同样也适用于非强制招标投标的项目。当然，需要注意的是，最高人民法院的司法解释仅适用于工程施工项目中投标人的资质与合同效力的认定，而不包括招标投标和工程领域其他资质问题的认定，比如勘察、设计、监理、招标代理、项目管理等，更不涉及本身并无资质规定和要求的提供设备、材料的投标人。

三、禁止挂靠行为

挂靠是工程业界的常见行为。它是指单位或个人以其他有资质的施工单位的名义，参与投标、订立合同、办理有关施工手续、从事施工等活动。在实务中，挂靠分为自身有资质的挂靠和自身无资质的挂靠两种情形。

（一）挂靠行为的表现形式

严格来讲，挂靠属于法律、法规严令禁止的行为，按照《建筑法》《建设工程质量管理条例》以及住建部《建筑工程施工发包与承包违法行为认定查处管理办法》（2019 年 1 月）的相关规定，挂靠行为主要有以下几种情形：

（1）没有资质的单位或个人借用其他施工单位的资质承揽工程的；

（2）有资质的施工单位相互借用资质承揽工程的，包括资质等级低的借用资质等级高的，资质等级高的借用资质等级低的，相同资质等级相互借用的；

（3）施工总承包单位或专业承包单位未派驻项目负责人、技术负责人、质量管理负责人、安全管理负责人等主要管理人员，或派驻的项目负责人、技术负责人、质量管理负责人、安全管理负责人中一人及以上与施工单位没有订立劳动合同且没有建立劳动工资和社会养老保险关系，或派驻的项目负责人未对该工程的施工活动进行组织管理，又不能进行合理解释并提供相应证明的；

（4）合同约定由承包单位负责采购的主要建筑材料、构配件及工程设备或租赁的施工机械设备，由其他单位或个人采购、租赁，或施工单位不能提供有关采购、租赁合同及发票等证明，又不能进行合理解释并提供相应证明的；

（5）专业作业承包人承包的范围是承包单位承包的全部工程，专业作业承包人计取的是除上缴给承包单位“管理费”之外的全部工程价款的；

（6）承包单位通过采取合作、联营、个人承包等形式或名义，直接或变相将其承包的全部工程转给其他单位或个人施工的；

（7）专业工程的发包单位不是该工程的施工总承包或专业承包单位的，但建设单位依约作为发包单位的除外；

（8）专业作业的发包单位不是该工程承包单位的；

（9）施工合同主体之间没有工程款收付关系，或者承包单位收到款项后又将款项转拨给其他单位和个人，又不能进行合理解释并提供材料证明的。

（二）司法实践对挂靠的认定

司法实践中，法院对挂靠的认定也有不同的规定。比如，北京市高院规定的“挂靠”行为主要有以下几种情形：

（1）不具有从事建筑活动主体资格的个人、合伙组织或企业以具备从事建筑活动资格的建筑施工企业的名义承揽工程的；

（2）资质等级低的建筑施工企业以资质等级高的建筑施工企业的名义承揽工程的；

（3）不具有施工总承包资质的建筑施工企业以具有施工总承包资质的建

筑施工企业的名义承揽工程的；

（4）有资质的建筑施工企业通过名义上的联营、合作、内部承包等其他方式变相允许他人以本企业的名义承揽工程的。

当然，实务中“挂靠”还会有多种多样的表现形式，不能在此一一穷尽。

（三）挂靠的法律后果

最高人民法院在《关于审理建设工程合同纠纷案件的暂行意见》中规定，以被挂靠建筑企业名义签订的建筑工程合同无效。

对于以挂靠形式承包工程项目的，其主要是没有资质的主体借用他人资质进行工程承包活动，按照现行的法律法规和最高人民法院司法解释的相关规定，对于此类行为，应当属于违反《合同法》第52条规定的行为，依法属于无效；从程序法上来看，不具有资质的挂靠人和有资质的被挂靠人应作为共同诉讼人，共同承担相应的民事责任。

对于挂靠人本身也具有工程相应资质的挂靠行为，北京市高院在其司法指导意见中对挂靠行为做了分类，明确规定可以认定为有效的挂靠经营行为包括：

（1）挂靠者虽然以被挂靠者的名义签订建设工程施工合同，如果挂靠人本身具备建筑等级资质，且实际承揽的工程与其自身资质证书等级相符；

（2）被挂靠者提供工程技术图纸、进行现场施工管理，并由开发单位直接向被挂靠者结算。

四、工程设计的招投标资质

与工程施工合同略有不同，由于法律和行政法规对工程设计合同主体的投标资质与合同效力并无明确的规定，而最高人民法院的司法解释也并不解决工程设计合同争议，因此，在实践中对工程设计的投标人不具有资质时签署的设计合同是否有效产生不同的观点和处理意见，不仅在法院和法院之间，在法院和仲裁机构之间也会出现不同的裁判结果。

就资质本身和合同效力关系的问题，从最高人民法院的司法指导意见中可见一斑。最高人民法院在《关于当前形势下审理民商事合同纠纷案件若干问题的指导意见》中提出，合同法第52条第5项中的“违反法律、行政法规的强制性规定”，关系到民商事合同的效力维护以及市场交易的安全和稳定。法院应当注意根据《合同法解释二》第14条之规定，注意区分效力性强制规定和管理性强制性规定，违反效力性强制性规定的，法院应当认定合同无效；违反管理型强制规定的，法院应当根据具体情形认定其效力。

法院应当综合法律法规的意旨，权衡相互冲突的权益，诸如权益的种类、交易安全以及其所规制的对象等，综合认定强制性规定的类型：

（1）如果强制性规范规制的是合同行为本身即只要该合同行为发生即绝对地损害国家利益或者社会公共利益的，法院应当认定合同无效；

（2）如果强制性规定规制的是当事人的“市场准入”资格而非某种类型的合同行为，或者规制的是某种合同的履行行为而非某类合同行为，法院对于此类合同效力的认定，应当慎重把握，必要时应当征求相关立法部门的意见或者请示上级法院。

由此可见，法院在对资质和合同效力的认定态度上已有较大的变化，从发展趋势上看司法态度更为宽松，而在实践中，也开始有少数法院和仲裁机构不再以投标人缺少工程设计资质而认定合同无效。

第七节　拒绝和变更中标结果

在招标投标程序中，投标人处于相对被动和消极的地位。投标人按照要求提交投标文件后，如何评标、能否中标就完全取决于招标人。而一旦招标人发出中标通知书，则不仅在招标人和投标人之间发生法律约束力，同时也会对其他未中标的投标人产生影响。而如果招标人或者投标人任何一方拒绝承认中标结果或者拒绝签署合同，那么就将导致整个招标投标活动归于失败。

一、投标人拒绝和变更中标结果

投标人在提交投标文件时应该是深思熟虑并且应该考虑招标投标以及合同签署、履行的相关风险。而一旦正式提交投标文件，投标人就应当遵守招标投标规则的约束，包括不得中途撤销投标文件，在被选定为中标人后，应当与招标人签署合同。

然而在现实的项目招标投标中，中标人可能基于各种原因和理由拒绝和变更中标结果，具体可以表现为如下几种情形：

（1）中标人无正当理由不与招标人签订合同的；

（2）中标人向招标人提出超出其投标文件中主要条款的附加条件，以此作为签订合同的前提条件；

（3）中标人拒不按照要求提交履约保证金的。

中标人如有上述情形属于不按照招标文件和中标人的投标文件订立合同的情形，取消其中标资格，投标保证金不予退还，对于这些不按照招标文件和中标人的投标文件订立合同，以及招标人和中标人订立背离招投标文件实质性内容的协议的行为，由行政监管部门责令当事人改正，并可以处中标项目金额 0.5% 以上 1% 以下的罚款。

二、招标人拒绝和变更中标结果

中标人的确定有两种方式，即由招标人授权评标委员会直接确定中标人，或是招标人在评标委员会推荐的中标候选人中确定中标人。招标人根据评标委员会的决定和推荐，确定中标人之后，即应当签发中标通知书，并在 30 日内和中标人签署书面合同。

现实中，并非只有中标人会提出拒绝中标结果，拒绝签署合同的情形。招标人也可能拒绝中标或变相拒绝中标结果，以及变更已经确定的中标人，实务中，常见的具体情形可以包括以下几种：

（1）拒不按照评标委员会的评审决定确定中标人。如果招标人不向评标委员会确定的中标人签发中标通知书，或者不在评标委员会推荐的候选人中确定中标人，或者依法必须进行招标的项目在所有投标被评标委员会否决后自行确定中标人的，中标无效。

（2）必须招标的项目，招标人在发出中标通知书后无正当理由拒绝签署中标合同。

对于此行为，招标人应当向中标人退还投标保证金；如果给中标人造成损失的，还应当赔偿损失。

（3）招标人在中标通知书发出后无正当理由改变中标结果，由有关行政监督部门责令改正，可以处中标项目金额10‰以下的罚款；造成投标人损失的，依法承担赔偿责任。

（4）招标人以压低勘察设计费、增加工作量、缩短勘察设计周期等作为发出中标通知书的条件。

（5）招标人向中标人提出超出招标文件中主要合同条款的附加条件，以此作为签订合同的前提条件。

对于上述情形，可由行政机关予以相应的处罚。至于由于招标人拒绝中标和变更中标给中标人造成的损失赔偿的确定，则需要投标人提供相应的证据。如前所述，投标保证金具有立约保证的属性，中标人拒绝签署合同将被没收投标保证金。笔者认为，从投标保证金的功能和法律要件上看，投标保证金在法律上具有“定金”的属性。支付定金的目的就在于促进双方达成交易和签署合同，任何一方拒绝按照原定的交易条件签署合同，就可以启动“定金罚则”，即给付定金的一方不履行约定的债务的，无权要求返还定金；收受定金的一方不履行约定的债务的，应当双倍返还定金。根据该规则，若招标人拒绝中标结果，则应双倍返还投标保证金，这一规则符合招标投标阶段双方的地位、意思表示，同时也可以为招投标阶段的争议提供快速、有效的解决方案。

第八节　非法转包和违法分包

非法转包和违法分包等行为在工程建设领域屡见不鲜，也屡禁不止。实务中，非法转包和违法分包的表现形式多种多样，为便于行政监管，政府行政主管单位也对此做了类型化的规定，明确了属于非法转包和违法分包的具体情形。

而《招标投标法》也规定中标人应当按照合同约定履行义务，完成中标项目，不得向他人转让中标项目；中标人按照合同约定或者经招标人同意，可以将中标项目的部分非主体、非关键性工作分包给他人完成。《建设工程勘察设计管理条例》也规定，除建设工程主体部分的勘察、设计外，经发包方书面同意，承包方可以将建设工程其他部分的勘察、设计再分包给其他具有相应资质等级的建设工程勘察、设计单位。但是，勘察、设计单位不得转包或者违法分包所承揽的工程。

综上可知，从原则上来看，法律并不禁止非主体工作内容的合法分包，但是，转包和肢解发包等属于严格禁止的行为，不仅行政机关要予以处罚，司法机关在解决由此发生的相关争议时也会对当事人处以一定的司法制裁。

一、禁止转包行为

转包，是指承包单位承包建设工程后，不履行合同约定的责任和义务，将其承包的全部建设工程转给他人或者将其承包的全部建设工程肢解以后以分包的名义分别转给其他单位或个人承包的行为。《建筑法》也明令禁止承包单位将其承包的全部建筑工程转包给他人。

（一）转包行为的表现形式

由于《建设工程质量管理条例》对转包行为仅做了原则性的禁止性规定，但对哪些属于转包并无明确的界定。工程实务中，对此类行为的定性较难把握，因此在理解和适用上造成了一定的困难。

为了统一标准，规范各地的行政监管和执法尺度，住建部于 2014 年颁布了《建筑工程施工转包违法分包等违法行为认定查处管理办法（试行）》，2019 年 1 月又颁布了《建筑工程施工发包与承包违法行为认定查处管理办法》，详细列举了属于非法转包的行为，具体包括：

（1）承包单位将其承包的全部工程转给其他单位（包括母公司承接建筑工程后将所承接工程交由具有独立法人资格的子公司施工的情形）或个人施工的；

（2）承包单位将其承包的全部工程肢解以后，以分包的名义分别转给其他单位或个人施工的；

（3）施工总承包单位或专业承包单位未派驻项目负责人、技术负责人、质量管理负责人、安全管理负责人等主要管理人员，或派驻的项目负责人、技术负责人、质量管理负责人、安全管理负责人中一人及以上与施工单位没有订立劳动合同且没有建立劳动工资和社会养老保险关系，或派驻的项目负责人未对该工程的施工活动进行组织管理，又不能进行合理解释并提供相应证明的；

（4）合同约定由承包单位负责采购的主要建筑材料、构配件及工程设备或租赁的施工机械设备，由其他单位或个人采购、租赁，或施工单位不能提供有关采购、租赁合同及发票等证明，又不能进行合理解释并提供相应证明的；

（5）专业作业承包人承包的范围是承包单位承包的全部工程，专业作业承包人计取的是除上缴给承包单位“管理费”之外的全部工程价款的；

（6）承包单位通过采取合作、联营、个人承包等形式或名义，直接或变相将其承包的全部工程转给其他单位或个人施工的；

（7）专业工程的发包单位不是该工程的施工总承包或专业承包单位的，但建设单位依约作为发包单位的除外；

（8）专业作业的发包单位不是该工程承包单位的；

（9）施工合同主体之间没有工程款收付关系，或者承包单位收到款项后又将款项转拨给其他单位和个人，又不能进行合理解释并提供材料证明的。

此外，《招标投标法》第 48 条也明确规定非法转包的主要形式包括中标人将中标项目全部转让给他人的，或者将中标项目肢解后全部或分别转让给他人的。这两种表现形式实际上都是将合同的全部权利义务转让给第三人，转让人自己并不承担合同的履行义务，只不过两者的区别在于前者的受让方是单一主体，而后者的受让方则既可以是单一主体，也可以是多个主体。

但是，仅有上述规定，并不能完全解决实务中如何界定转包行为的纷争。为规避行政监管部门的规定，实践中会有承包人在现场设立项目管理部，并视具体情况派驻或不派驻相应的管理人员，但具体的施工活动仍然由第三人实施，因此，这种形式上的承包人管理仍然属于转包行为。

（二）区分转包和分包

区分转包和分包的意义在于确定其行为的合法性，其重要判断标准是两者在工作内容上的划分，如果承包人将工程主体结构、关键性工作转交由第三人实施，就应当属于明令禁止的转包行为。具体来说，转包与分包的根本区别在于转包行为中，原承包单位将其工作全部倒手转给他人，自己并不履行合同约定的责任和义务；而在分包行为中，承包单位只是将承包工程的某一部分或几部分分包给其他承包单位，原承包方仍要就承包合同约定的全部义务的履行向发包方负责。但是，从工程技术层面上分析，哪些属于主体结构和关键性工作，则可能会需要结合具体项目的实际情况、技术标准，甚至是技术发展的客观情况来进行划分和界定，在必要的时候也可由合同当事人按照法律规定在专用合同条款中予以明确。

此外，根据相关的规定，分包工程发包人将工程分包后，未在施工现场设立相关管理机构和派驻相应人员，并未对该工程的施工活动进行组织管理的，也视同转包行为。这就属于典型的名为分包实为转包的行为。

二、禁止违法分包

承包人对工程进行分包的权利来源和依据根植于法律的规定和合同的约定，否则，就有违法分包的嫌疑。《合同法》第 253 条规定，承揽人应当以自己的设备、技术和劳力，完成主要工作，但当事人另有约定的除外。《建设工程质量管理条例》第 25 条规定，施工单位不得转包或者违法分包工程。《建筑法》第 29 条也规定禁止总承包单位将工程分包给不具有相应资质条件的单位。当然，如前所述，《合同法》和《建筑法》等法律法规也鼓励和倡导进行专业工程的分包。

（一）违法分包的表现形式

如前文所述，分包行为是允许的，法律所禁止的是违法分包行为。从现有的《建筑法》《建设工程质量管理条例》以及住建部《建筑工程施工发包与承包违法行为认定查处管理办法》等法律规范来看，违法分包主要是指未征得发包人同意的分包以及分包人不具备法定资质的情形。

（1）总承包单位或者专业承包单位将建设工程分包给个人或者发包给不具备相应资质条件的单位。这是《合同法》规定的“禁止承包人将工程分包给不具备相应资质条件的单位”的体现。分包人没有资质，意味着分包人不具有法律规定的民事权利能力。因此，将工程分包给不具有民事权利能力的分包人的行为无效。个人严禁承揽工程项目是目前中国法律最低限度的规定，法律法规多有明确的规定。

（2）总承包单位将中标项目的工程主体结构、关键性的施工分包给他人。工程建设项目的主体结构关系到建筑物的整体安全，因此必须要由总承包人亲自完成，也就是说应当由总承包人亲自组织、安排主体结构的施工生产活动。《合同法》明确规定，合同一方只有经对方同意，才可以将合同权利和义务转让给第三人。但这种转让也并非没有限制。也就是说，承包人能够转让的只能是工程合同中的非主要工作内容。此外，在一些特殊的建筑结构中，进行分包的行为并不被认定为违法分包行为。比如，钢结构工程的分包，可能会被认定为违法分包行为，但是，随着技术的发展，钢结构工程已经成为一个重要的专业工程类别，因此按照规定已经属于合法的分包行为。

（3）未经发包人同意进行分包。依据《建设工程质量管理条例》的规定，建设工程总承包合同中未有约定，又未经建设单位认可，承包单位将其承包的部分建设工程交由其他单位完成的，属于违法分包行为。同样，这种行为也可能属于违约行为。

但是，承包人没有取得发包人的同意擅自分包部分工程，其签署的分包合同是否应当一概被认为是无效合同。笔者认为，对于分包行为应当从严把握，对于违法将工程主体、关键性工作分包给第三人的行为应作为无效法律行为处理，而对于未经发包人同意的分包行为可视具体情况允许其有效性。

除了上述违法分包行为之外，在实践过程中，不排除其他新型的属于违法分包的行为。因此，承包人有必要引起重视，避免可能发生的违法分包行为，从而影响合同的效力以及自身的合法权益。同样，承包人对于法律法规的有关违法分包的规定也应引起注意，合理利用法律规范的变更，维护合法的权益。

（二）违法进行劳务分包的情形

如前文所述，依据中国法律规范的规定，劳务分包属于工程分包的特殊表现形式，一般来说，劳务分包属于合法行为，但前提是劳务分包的承包人应当具备相应的资质条件，否则合同无效。

相对专业工程分包的复杂性而言，劳务分包的违法形态较为简单。在工程实践中，除了资质条件外，还需要注意区分“重包”和“清包”行为。在前一种形式下，劳务分包单位除计取劳务作业费用外，还计取主要建筑材料款、周转材料款和大中型施工机械设备费用。严格来说，“重包”更类似于或接近于工程分包，会被归入违法分包的范畴而作无效处理。住建部将此类行为定性为违反分包行为。相比较而言，后一种“清包”形式与劳务分包，以及单纯的承包人内部的劳务作业分工更为接近，大多数情况下不会被认定为无效行为。

在北京渝京诚劳务分包有限公司诉朱维勤等装饰装修合同纠纷案①中，重庆建工第二建设有限公司承建了三一重工宿舍装修工程，后重庆建工第二建设有限公司将该装修工程分包给邹顺虎，邹顺虎系挂靠在渝京诚公司名下的个人。2012 年 4 月 28 日，渝京诚公司与朱维勤签订班组协议，约定：甲方：渝京诚公司，乙方：水电工班组。一、经甲乙双方如下：北京昌平南口三一重工宿舍楼 2 某楼一、二层，3 某楼一、二层，全部水电制作和安装全部工程交与乙方完成。二、甲乙双方达成协议以上工程人工费总计 56 万元。三、付款方式：随三一重工宿舍装修工程每月进度款支付乙方每月工程量的 80%。四、甲乙双方认同：完工后甲方支付乙方 80% 工程款，余 20% 等甲方三一重工验收合格后待尾款到账一次性支付乙方，无维修款。协议尾部甲方盖有渝京诚公司公章，甲方签字处有“邹顺虎、王中清”的签名，乙方签字处有“朱维勤”的签字。协议签订后，朱维勤如约进入三一重工宿舍楼进行水电施工。2012 年 6 月 27 日，重庆建工第二建设有限公司下发了《关于南口宿舍精装修工程中途停工的确认报告》，要求“从 2012 年 6 月 20 日起开始停工，至建设单位出具复工通知为止”。后朱维勤停止对南口三一重工宿舍楼 2 某、3 某楼的水电制作和安装施工，并撤出场地。后双方

① 北京渝京诚劳务分包有限公司诉朱维勤等装饰装修合同纠纷案，北京市第一中级人民法院 (2015) 一中民终字第 01259 号民事判决书。

对工程量和价款发生争议而诉至法院。

法院经审理后认为，依法成立的合同受法律保护。朱维勤与渝京诚公司所签“协议”系双方真实意思表示，且不违反法律、法规的强制性规定，应为有效，双方当事人应依协议约定履行各自义务。本案所涉工程因发包方原因导致停工，双方应对已完成的工程量进行结算。现朱维勤依据上述“班组协议”约定履行了相应义务，且其工作量已经鉴定确定，故作为本案所涉工程的承包人邹顺虎应支付朱维勤相应工程款。鉴于邹顺虎系挂靠在渝京诚公司名下，故渝京诚公司应对邹顺虎上述支付款项承担连带给付责任。

三、禁止管理分包

随着工程技术和经济的发展，工程项目管理的方式也发生了重大的变化。如前文所述，除了传统的总承包以及总包—分包模式外，管理承包在现实中的需求也在增加。中国住建部曾总结和归纳了鼓励和支持发展的工程项目管理方式，主要包括以下几种：

（1）项目管理服务（PM）。项目管理服务是指工程项目管理企业按照合同约定，在工程项目决策阶段，为业主编制可行性研究报告，进行可行性分析和项目策划；在工程项目实施阶段，为业主提供招标代理、设计管理、采购管理、施工管理和试运行（竣工验收）等服务，代表业主对工程项目进行质量、安全、进度、费用、合同、信息等管理和控制。

（2）项目管理承包（PMC）。项目管理承包是指工程项目管理企业按照合同约定，除完成项目管理服务（PM）的全部工作内容外，还可以负责完成合同约定的工程初步设计（基础工程设计）等工作。对于需要完成工程初步设计（基础工程设计）工作的工程项目管理企业，应当具有相应的工程设计资质。

倡导上述管理方式有助于提升企业的综合管理能力，但是，如本书前文所述，不容忽视的是，在中国目前的法律环境下，项目管理承包存在被认定为非法转包的风险。相反，项目管理服务则是一直以来鼓励和加以推广的方式。

结合住建部的相关规定，在现有的规定下，区分转包和项目管理合同的标准之一是项目管理企业是否与总承包企业或者设计、施工企业签署合同。作为项目管理企业，其职责是协助业主进行项目管理，但如果其在与业主签署的协议中并不是协助而是具体实施工程的设计、施工，同时又与设计、施工的承包人签署工程合同，由设计、施工的承包人完成工作，则属于转包行为。

四、禁止再分包

从现有的中国法律来看，倡导的是施工总承包和专业分包，但是禁止分包单位将其承包的工程再分包。《建筑法》第 29 条也明文规定："禁止分包单位将其承包的工程再分包。"接受分包的人应当具备相应的资质条件，并不得再次分包。

禁止再分包的主要目的首先就是保证工程的质量，避免层层分包，导致豆腐渣工程。通常来讲，实务中常见的属于违法再分包的行为包括：

（1）专业分包单位将其承包的专业工程中非劳务作业部分再分包的；

（2）劳务分包单位将其承包的劳务再分包的。

然而，不可否认的是，现代工程科学技术的纵向发展使得专业化的程度越来越深，必要的再分包已经成为工程建设不可或缺的一部分，纯粹地禁止再分包未必符合客观的技术发展和市场需求。而对再分包的禁止性规定反映到合同法律关系和工程管理上，也造成了一定的混乱，增加了交易成本和管理难度。因此，笔者认为，有必要减少对再分包合同的限制和无效性认定。

五、实际施工人

实际施工人是中国工程建设领域较为有特色的术语。由于中国现有的管理体制只承认公司等实体组织和机构才可以申请施工资质（如公司、联营机构等），而不承认自然人个人。自然人不具有承担工程项目施工、设计（主要是施工图设计）等工作的资格，这些实际承担了相应工作的自然人通常被称为实际施工人。另外，实际施工人也不仅限于自然人，没有资质或者超越资质等级或借用他人资质的组织、企业、公司等机构也都可能成为实际施工人。而从实际施工人的形成原因来看，也主要是因为存在违法分包、非法转包、借用资质等不被法律许可或不被发包人认可的情况。

（一）实际施工人的范围

最高人民法院的施工合同司法解释赋予了实际施工人诉讼主体的地位，是对合同相对性原则的重大突破。但是在实践中，实际施工人的范围有被误读和扩大化的趋势，突破了当初最高人民法院制定司法解释的初衷，因此，笔者认为有必要对实际施工人的范围做进一步的限定。

目前有些地方法院对实际施工人的范围做了明确的界定，比如北京市高院规定，实际施工人是指无效建设工程施工合同的承包人，即违法的专业工程分包和劳务作业分包合同的承包人、转承包人、借用资质的施工人（挂靠施工人）；建设工程经数次转包的，实际施工人应当是最终实际投入资金、材料和劳力进行工程施工的法人、非法人企业、个人合伙、包工头等民事主体。法院应当严格规范实际施工人的认定标准，不得随意扩大《解释》第 26 条第 2 款的适用范围。对于不属于前述范围的当事人依据该规定以发包人为被告主张欠付工程款的，应当不予受理，已经受理的，应当裁定驳回起诉。

但是，更多的地方法院并没有对此做出明确的规定。为了避免出现更多的争议，影响最高人民法院司法解释的适用，笔者认为应当将实际施工人限定在承包人、专业和劳务分包人的范围之内，其余的材料、设备供货商等则不属于实际施工人的范畴。

（二）实际施工人的处理

对于实际施工人签署的工程合同，按照最高人民法院在施工合同司法解释中的规定，没有资质的实际施工人借用有资质的建筑施工企业名义签订的施工合同也属于无效。因非法转包、违法分包建设工程导致签署的合同被认定为无效之后，首先应当遵循《合同法》中有关合同无效的处理原则。

但是，工程项目建设有其特殊性，因此需要变通的处理方式。比如，安徽省高院规定，实际施工人与承包人约定以承包人与发包人之间的结算价款作为双方结算依据的，应按该约定确定实际施工人应得的工程价款；实际施工人举证证明承包人与发包人之间的结算结果损害其合法权益的，人民法院可根据实际施工人的申请，依据承包人与发包人之间的合同及相关签证确定实际施工人应得的工程价款。

六、违反禁止性规定的法律后果

依据《合同法》和最高人民法院《合同法解释一》的相关规定，违反法律、行政法规的强制性、禁止性规定的合同依法应当认定为无效。最高人民法院的施工合同司法解释也规定，承包人非法转包、违法分包建设工程与他人签订建设工程施工合同的行为无效。另外，还应当注意到，法院对于非法转包、违法分包、挂靠等行为，还有权依法收缴违法所得，不过对于招标人和中标人肢解分包的行为，则不采取收缴违法所得的措施，这也体现了法院对上述不同违法行为的不同态度。

与之相对应，如果各方签署的工程合同，包括专业分包、劳务分包，仅仅违反了法律、行政法规的管理性规定，或者违反了行政规章、地方法规和地方规章，合同的效力并不因此受到影响。但是，需要注意和考虑的是，此类行为或许要受到行政处罚，如罚款、责令停工等，进而对工程合同的履行和工程的顺利建设造成不利的影响。

第九节 招标投标活动中的缔约过失责任

前文中，笔者对经过招标投标的工程合同的成立时间做了相应的阐述，之所以要区分工程合同的成立时间和标志，关键在于明确中标人在收到中标通知书后放弃中标时，对招标人的权利救济，或者招标人擅自改变中标结果时，对中标人的权利救济。

在这里，主要涉及合同法上的违约责任和缔约过失责任的认定和适用。如果发出中标通知书标志着合同成立，那么，中标人放弃中标，或者招标人擅自改变中标结果就是违约行为，应当承担违约责任；反之，则应当承担缔约过失责任。

一、缔约过失的构成

缔约过失是指当事人因自己过失致使契约不成立者，对信其契约为有效成立的相对人，应赔偿基于此项信赖而产生的损害。[①]我国《合同法》第42条也确立了缔约过失责任，即当事人在订立合同过程中，因违背诚实信用原则导致合同不成立、被撤销、无效等后果，由此给对方造成损失时应当承担损害赔偿责任。从法律上看，缔约过失责任与违约责任不同，缔约过失责任以先合同义务作为成立前提，违约责任则是以合同债务为成立前提。[②]

（一）缔约过失的构成要件

从缔约过失责任的构成上来看，其应当具备如下几个要件：

（1）缔约过失发生在合同订立过程中，即合同尚未成立，或者虽然合同成立，但是由于其不符合法定的合同生效要件而被确认为无效或者被撤销[③]；

（2）必须有缔约过失行为的存在，有违反法定附随义务和先合同义务的行为；

（3）缔约过失的行为人在主观上存在故意或过失等过错；

（4）违反先合同义务的行为给对方造成了信赖利益的损失。[④]

（二）先合同义务

先合同义务不是合同项下的义务，它主要是为了合同的成立、履行而附随的义务。这些义务源自诚实信用原则，产生的基础是为了订立合同，一方实施了某种行为，而另一方对此有合理的信赖。[⑤]

---

① 王泽鉴:《民法学说与判例研究》(第1册)，中国政法大学出版社1998年版，第79页。

② 魏振瀛:《民法》(第四版)，高等教育出版社2010版，第455~456页。

③ 陈小君:《合同法学》，高等教育出版社2003年版，第109页。理论上，也有不同的观点，依据缔约过失责任承担时合同是否成立或者生效，可分为以下三种情形：合同未成立、合同有效、合同无效。参见赵光明:《浅议缔约过失责任》，载《山西省政法管理干部学报》2015年第2期。

④ 也有观点认为，缔约过失所造成的损失除了信赖利益外，还包括固有利益。参见吴一平:《论缔约过失责任之构成要件》，载《中南大学学报》2012年第18卷第2期。

⑤ 王利明、崔建远:《合同法》，中国政法大学出版社2000年版，第172页。

在合同订立之前，当事人为订立合同必然需要进行接触、协商，本着签订合同的初衷和目的，双方之间即由普通关系进入一种特殊的合理信赖关系，双方均应当依据诚实信用原则互负一定的协助、合作、保护、告知、保密等义务，这些义务一般称为附随义务，或者先合同义务。若当事人违背了其承担的上述先合同义务，则会破坏缔约关系，就构成了缔约过失，进而应当承担相应的责任。

（三）信赖利益

缔约过失人承担损害赔偿责任，一般也要以损害发生为条件，其责任方式也仅有一种，即赔偿损失，而这种赔偿的对象主要是信赖利益的损失。信赖利益损失，是指相对人因信赖合同会有效成立却由于合同最终不成立或无效而受到的利益损失，这种信赖利益必须是基于合理的信赖而产生的利益，即在缔约阶段因为一方的行为已使另一方足以相信合同能成立和生效。这里的信赖是一种心理状态，即缔约关系的当事人有理由相信合同能够成立和有效，或者说对合同不成立和无效的原因不知情即善意，信赖利益是在信赖基础上产生的①。给予信赖利益保护的目的则是使受害一方恢复到与承诺做出之前相同的状态和境地。②

作为缔约过失所依赖的信赖利益主要有以下几个特点：

（1）信赖利益是一种消极的避免财产不当减少的利益，其基础在于对予信行为人的信任；

（2）对信赖利益进行保护的目的在于对产生该信赖的予信行为人的约束和对信赖人的保护；

（3）基于信赖利益遭受的损失是因为信赖人自己因为信赖而使自己的利益状态发生变化③。

---

① 杨琴：《论合同中的信赖利益与期待利益》，载《杭州商学院学报》2003 年第 3 期（总第 60 期）。

② 〔美〕L. L. 富勒，《合同损害赔偿中的信赖利益》，载梁慧星主编：《民商法论丛》（第 6 卷），法律出版社 1997 年版，第 410~461 页。

③ 陈小君：《合同法学》，高等教育出版社 2003 年版，第 112 页。

二、缔约过失的适用情形

现行《合同法》第42条原则上规定了适用缔约过失责任的三种情形，即假借订立合同，恶意进行磋商；故意隐瞒与订立合同有关的重要事实或者提供虚假情况；其他情形。

结合法律实践，缔约过失还可以包括下列几种表现形式：

（1）未尽说明义务导致对方受到损害；

（2）以意向书的方式使对方产生合理的信赖导致的损害；

（3）无权代理致使对方造成损害；

（4）缔约之际未尽保护义务而致使他人遭受损害；

（5）合同被认定无效和被撤销[①]；

（6）违反有效的要约邀请或者要约人违反有效要约[②]。

本质上，引发缔约过失责任的都属于违背诚实信用原则的行为，其表现形式并不拘泥于上述列举的行为。比如，在工程合同的订立过程中，如果招标人在招标信息中故意隐瞒工程现场的不利地质条件、利用工程量清单的不完整性或错误等都属于违反先合同义务的行为。另外，招标人泄露了其知悉的投标人的信息，按照《合同法》的规定，也会因违反保密等义务而构成缔约过失责任。

三、缔约过失的法律救济

明确法律对于缔约过失的构成要件和适用情形的规定，在于确定招标投标过程中的某种行为是否属于缔约过失，即进行定性分析。而在确定缔约过失的性质后，一方面需要寻求探究法律对缔约过失责任的救济措施，另一方面也是为了给招标投标过程中因缔约过失而遭受损失的招标人或者投标人提供实际的法律救济。

---

① 笔者认为，严格来讲，缔约过失应该限于合同成立之前，如果是合同成立之后生效之前，或者是生效之后，则应该归入违约责任，而非缔约过失责任。因此，对于合同成立之后被认定无效或者被撤销的，对于过错方应当承担违约责任。

② 钟奇江：《论缔约过失责任的构成要件与适用范围》，载《湘潭师范学院学报》2005年第27卷第2期。

（一）缔约过失责任认定原则

缔约过失是一种法定的责任，因此，合同的双方当事人不能约定排除适用。对于缔约过失责任的损失认定，则需遵循下述两个原则：

（1）须有实际信赖利益的损失，实际损失是构成缔约过失责任的重要条件，如果没有给对方造成实际信赖利益的损失，缔约过失人就无须承担赔偿责任；

（2）实行完全赔偿原则，即受损害人遭受的全部损失都应由缔约过失人予以赔偿。

但是由于现行的法律并没有规定信赖利益的具体范围，因而在实践操作中，如何认定信赖利益的损失变成了一个比较棘手的问题，一方面需要当事人举证，另一方面又有赖于法庭或仲裁庭的自由裁量。

（二）缔约过失的赔偿范围

就一方信赖利益损失需承担的赔偿范围，通常包括直接损失和间接损失。其中直接损失主要包括：

（1）为了缔结合同而发生的费用，如现场勘察、投标费用等；

（2）准备履约和实际履约所支付的费用，如提前购买设备材料的费用，雇佣员工的费用；

（3）因合同无效、被变更或被撤销所造成的实际损失；

（4）因支出上述费用而发生的利息等。

而一方因缔约过失而遭受的间接损失则可以包括：

（1）因信赖合同有效成立而丧失其他商业机会而遭受的损失；

（2）利润损失，即无过错方在现有条件下从事正常经营活动所获得的利润损失。

就缔约过失责任中的可得利益的赔偿问题，在中信红河矿业有限公司、鞍山市财政局股权转让纠纷案[①]中，最高人民法院就认为缔约过失责任的赔

① 中信红河矿业有限公司、鞍山市财政局股权转让纠纷案，最高人民法院（2016）民终803号民事判决书。

偿范围包括可得利益损失，鞍山财政局对中信红河公司所主张的可得利益损失应予适当赔偿。至于直接损失或间接损失的具体金额的确定，在司法实践中还涉及举证责任的分配问题，即对缔约过失涉及的损失需要由主张权利一方承担举证责任。

第十节　招投标争议的管辖和法律适用

由于招标投标程序的特殊性，在招标投标过程中发生争议并寻求法院的司法救济或者申请仲裁解决时，就不得不考虑管辖和法律适用这两个基本的法律问题。实践中，常见的招标投标争议包括招标文件争议、招标过程争议、中标结果争议。根据《民事诉讼法》的规定，法院管辖遵循"原告就被告"的基本原则。而《招标投标法》也规定，在中国境内进行招标投标活动，适用该法。不过，在实务中，结合招标投标中争议的不同性质和类型，争议各方对管辖和法律适用都会有不同的选择。

一、招投标争议的法律属性

在处理招标投标争议的管辖和法律适用等问题前，首先有必要对招标投标的法律关系以及发生的争议的法律属性进行分析。

正如前文所述，笔者认为，根据招标投标程序，招标人和投标人的法律关系以中标通知书送达为界分为两种不同的情形：

（1）在送达中标通知书之前，招标人和投标人之间属于缔约关系，而没有建立合同法律关系，因此，双方发生的争议不属于合同纠纷。同时，在双方未订立合同的情况下，即使招标投标文件中有提交仲裁的意思表示，但因双方并没有达成最终的合意，自然就无法交由仲裁解决。

（2）在送达中标通知书之后，招标人和投标人的合同通过中标通知书得以确定，双方已经形成了合同关系。因此，在中标通知书发出之后的争议则可归入合同纠纷，并按照招标投标文件中约定的诉讼或者仲裁方式处理争议。

除了招标人和投标人之间会发生争议外，提供前期项目规划、招标投标过程服务、预算和工程量清单编制服务的机构，比如招标代理机构、工料测量师等也会与招标人和投标人之间产生一定的法律关系，也可能与投标人发生争议。对于前者，一般来讲，招标人与这些提供服务的机构会有委托服务合同，双方的争议可按照合同纠纷处理；而对于后者，由于前述服务机构的过错导致投标人的权益受到损害，或者基于投标人的原因造成服务机构损失时，鉴于双方并无合同关系，因此不适用合同纠纷处理，但是否属于招标投标买卖纠纷或者构成侵权，以及具体应当按照何种权利基础请求司法救济，则并无定论，有待实践验证。

二、招标投标争议的管辖

基于前述分析，尽管招标文件和投标文件对合同争议解决有约定，比如提交仲裁解决，但此约定通常针对合同成立之后的争议解决。因招标投标过程中，双方尚未签署合同，因此在涉及争议解决时，自然应当向法院提起诉讼。那么接下来的问题就需要考虑该由哪家法院来解决争议，此时就需要结合不同的争议性质进行分析。

（一）合同成立前管辖法院的确定

在合同成立之前，即招标人未签发中标通知书前，因为招标人和投标人之间没有合同关系，并不适用于合同纠纷的管辖确定原则。依据最高人民法院《民事案件案由规定》，可以按照缔约过失责任或者招标投标买卖纠纷提起诉讼解决，此类民事诉讼由被告所在地法院管辖。

但是，对于缔约过失责任诉讼或者招标投标诉讼具体属于何种性质的诉讼，法律并没有明确的规定。因此，也可以认为，在合同成立前的招标投标争议，招标人或者投标人还可以侵权为由提起诉讼向对方主张权利。此时，按照《民事诉讼法》的规定，由被告一方所在地法院或者侵权行为地法院行使司法管辖权。由于中国法下不能同时提起违约之诉和侵权之诉，因而招标人或者投标人在决定提起诉讼前，还需要考虑具体的诉请，择其一而为。

根据上述法律规定，在合同成立之前发生的争议，尽管有着不同的诉讼请求和依据，受到损害的一方都可以向被告方所在地法院提起诉讼。

（二）合同成立后管辖法院的确定

在合同成立之后，则需要根据招标文件和投标文件的规定确定诉讼或仲裁解决争议。如果是以诉讼方式解决争议，则属于合同纠纷之诉，由被告所在地法院或者合同履行地法院管辖。

中国法院在关于建设工程施工合同纠纷案件的管辖问题上，先后有过不同的观点。在过去的审判实践中，在建工程一直被视为不动产而适用专属管辖原则，由不动产所在地法院即建设工程所在地法院管辖。2004 年，最高人民法院颁布了施工合同司法解释，该司法解释改变了以往对建设工程合同纠纷案件的管辖原则，具体如下：

（1）在建工程因尚未获得产权证而不能被视为不动产，不应适用专属管辖原则；

（2）建设工程纠纷的管辖适用一般管辖原则，即被告所在地、合同签署地和合同履行地均有权管辖；

（3）建设工程施工合同纠纷以施工行为地为合同履行地。

然而，最高人民法院在 2012 年的民事诉讼法司法解释中则又明确规定建设工程施工合同纠纷按照不动产纠纷确定管辖，即由工程项目所在地法院专属管辖。不过上述司法解释并不包括工程勘察、设计、监理、项目管理服务、工程造价咨询服务等合同的管辖。故具体管辖法院仍可由当事人选择，在双方没有管辖协议约定的情况下，一般也由被告所在地法院或者合同履行地法院管辖。

三、涉外项目招标投标争议

对于涉外项目的争议解决，如果属于诉讼方式，其管辖同样也应当遵循“原告就被告”的基本原则，确定管辖法院。但也需要注意，对于在中国境内履行中外合资经营企业合同、中外合作经营企业合同以及中外合作勘探开发自然资源合同发生的争议，由中国法院专属管辖并只能适用中国法律。

关于涉外因素的确定，根据最高人民法院司法解释的规定，民事关系具有下列情形之一的，法院可以认定为涉外民事关系：

（1）合同当事人一方或双方是外国公民、外国法人或者其他组织、无国籍人；

（2）合同当事人一方或双方的经常居所地在中华人民共和国领域外；

（3）合同标的物在中华人民共和国领域外；

（4）合同的订立、履行、变更、转让或者合同权利义务的终止、违约行为发生在中华人民共和国领域外；

（5）可以认定为涉外合同的其他情形。

据此，对于具有涉外因素的项目招标投标争议，若以合同违约提起诉讼而当事人没有选择适用法律的，则以履行义务最能体现该合同特征的一方当事人经常居住地法律或者其他与该合同有最密切联系的法律为准；若以侵权提起诉讼，则适用侵权行为地法律。

四、PPP 项目和特许权争议

正如本书前文所述，理论界和实务中对于 PPP 项目和特许经营权的法律定性有着不同的观点，特别是关于特许经营权，一种观点认为，PPP 和特许经营权合同虽然属于政府投资合同，但是具有民事性；另一种观点则认为，政府投资合同属于行政合同，两者定性的不同也关系到争议解决途径的区别。

根据《基础设施和公用事业特许经营管理办法》和《政府采购法实施条例》的相关规定，国务院等行政机关都将基于政府采购发生的争议视为民事争议，不认为是行政争议。换言之，政府授予特许权本身与行政机关针对特许权作出的具体行政行为分属于不同法律性质的争议。而根据最高人民法院行政诉讼法司法解释的规定，公民、法人或者其他组织就政府特许经营协议提起行政诉讼的，法院应当依法受理。即司法机关认为特许经营权引发的争议属于行政争议，这其中自然也包括了与特许权经营协议有关的招标投标、获得、成立、生效和履行等情形。

可见，行政机关和司法机关在对待特许经营权的问题上存在较大的分歧。换句话来说，司法机关认为政府机关授予特许经营权的行为属于行政行为，由此发生的争议可以提起行政诉讼；而行政机关则认为特许经营权的取得属于民事合同的形成，并同时考虑到政府机关在其中的特殊地位，赋予特许权人可以针对行政机关干扰、侵害其权益的具体行政行为提起行政诉讼的权利。

同时，还需要注意的是，行政机关和司法机关都没有对 PPP 项目的招标投标过程中发生的争议性质进行说明和界定，这其中既有将 PPP 项目与特许经营权混为一谈的固有认识错误，也有立法不严谨的因素。由于行政机关和司法机关对于特许经营权招标投标争议的上述不同观点，以及对于 PPP 项目招标投标争议规定的空白，在实践中必将影响到招标投标相关争议的解决，不利于当事人权益的保护，最终将如何取舍，也仍有待立法的改进和司法实践的验证。

附录

基础设施项目招投标采购法律法规

1. 中华人民共和国招标投标法

（1999 年 8 月 30 日第九届全国人民代表大会常务委员会第十一次会议通过　根据 2017 年 12 月 27 日第十二届全国人民代表大会常务委员会第三十一次会议《关于修改〈中华人民共和国招标投标法〉、〈中华人民共和国计量法〉的决定》修正）

目　录

第一章　总　　则

第一条　为了规范招标投标活动，保护国家利益、社会公共利益和招标投标活动当事人的合法权益，提高经济效益，保证项目质量，制定本法。

第二条　在中华人民共和国境内进行招标投标活动，适用本法。

第三条　在中华人民共和国境内进行下列工程建设项目包括项目的勘察、设计、施工、监理以及与工程建设有关的重要设备、材料等的采购，必须进行招标：

（一）大型基础设施、公用事业等关系社会公共利益、公众安全的项目；

（二）全部或者部分使用国有资金投资或者国家融资的项目；

（三）使用国际组织或者外国政府贷款、援助资金的项目。

前款所列项目的具体范围和规模标准，由国务院发展计划部门会同国务院有关部门制订，报国务院批准。

法律或者国务院对必须进行招标的其他项目的范围有规定的，依照其规定。

第四条　任何单位和个人不得将依法必须进行招标的项目化整为零或者以其他任何方式规避招标。

第五条　招标投标活动应当遵循公开、公平、公正和诚实信用的原则。

第六条　依法必须进行招标的项目，其招标投标活动不受地区或者部门的限制。任何单位和个人不得违法限制或者排斥本地区、本系统以外的法人或者其他组织参加投标，不得以任何方式非法干涉招标投标活动。

第七条　招标投标活动及其当事人应当接受依法实施的监督。

有关行政监督部门依法对招标投标活动实施监督，依法查处招标投标活动中的违法行为。

对招标投标活动的行政监督及有关部门的具体职权划分，由国务院规定。

第二章　招　　标

第八条　招标人是依照本法规定提出招标项目、进行招标的法人或者其他组织。

第九条　招标项目按照国家有关规定需要履行项目审批手续的，应当先履行审批手续，取得批准。

招标人应当有进行招标项目的相应资金或者资金来源已经落实，并应当在招标文件中如实载明。

第十条　招标分为公开招标和邀请招标。

公开招标，是指招标人以招标公告的方式邀请不特定的法人或者其他组织投标。

邀请招标，是指招标人以投标邀请书的方式邀请特定的法人或者其他组织投标。

第十一条　国务院发展计划部门确定的国家重点项目和省、自治区、直辖市人民政府确定的地方重点项目不适宜公开招标的，经国务院发展计划部门或者省、自治区、直辖市人民政府批准，可以进行邀请招标。

第十二条 招标人有权自行选择招标代理机构，委托其办理招标事宜。任何单位和个人不得以任何方式为招标人指定招标代理机构。

招标人具有编制招标文件和组织评标能力的，可以自行办理招标事宜。任何单位和个人不得强制其委托招标代理机构办理招标事宜。

依法必须进行招标的项目，招标人自行办理招标事宜的，应当向有关行政监督部门备案。

第十三条 招标代理机构是依法设立、从事招标代理业务并提供相关服务的社会中介组织。

招标代理机构应当具备下列条件：

(一)有从事招标代理业务的营业场所和相应资金；

(二)有能够编制招标文件和组织评标的相应专业力量。

第十四条 招标代理机构与行政机关和其他国家机关不得存在隶属关系或者其他利益关系。

第十五条 招标代理机构应当在招标人委托的范围内办理招标事宜，并遵守本法关于招标人的规定。

第十六条 招标人采用公开招标方式的，应当发布招标公告。依法必须进行招标的项目的招标公告，应当通过国家指定的报刊、信息网络或者其他媒介发布。

招标公告应当载明招标人的名称和地址、招标项目的性质、数量、实施地点和时间以及获取招标文件的办法等事项。

第十七条 招标人采用邀请招标方式的，应当向三个以上具备承担招标项目的能力、资信良好的特定的法人或者其他组织发出投标邀请书。

投标邀请书应当载明本法第十六条第二款规定的事项。

第十八条 招标人可以根据招标项目本身的要求，在招标公告或者投标邀请书中，要求潜在投标人提供有关资质证明文件和业绩情况，并对潜在投标人进行资格审查；国家对投标人的资格条件有规定的，依照其规定。

招标人不得以不合理的条件限制或者排斥潜在投标人，不得对潜在投标人实行歧视待遇。

第十九条　招标人应当根据招标项目的特点和需要编制招标文件。招标文件应当包括招标项目的技术要求、对投标人资格审查的标准、投标报价要求和评标标准等所有实质性要求和条件以及拟签订合同的主要条款。

国家对招标项目的技术、标准有规定的，招标人应当按照其规定在招标文件中提出相应要求。

招标项目需要划分标段、确定工期的，招标人应当合理划分标段、确定工期，并在招标文件中载明。

第二十条　招标文件不得要求或者标明特定的生产供应者以及含有倾向或者排斥潜在投标人的其他内容。

第二十一条　招标人根据招标项目的具体情况，可以组织潜在投标人踏勘项目现场。

第二十二条　招标人不得向他人透露已获取招标文件的潜在投标人的名称、数量以及可能影响公平竞争的有关招标投标的其他情况。

招标人设有标底的，标底必须保密。

第二十三条　招标人对已发出的招标文件进行必要的澄清或者修改的，应当在招标文件要求提交投标文件截止时间至少十五日前，以书面形式通知所有招标文件收受人。该澄清或者修改的内容为招标文件的组成部分。

第二十四条　招标人应当确定投标人编制投标文件所需要的合理时间；但是，依法必须进行招标的项目，自招标文件开始发出之日起至投标人提交投标文件截止之日止，最短不得少于二十日。

第三章　投　　标

第二十五条　投标人是响应招标、参加投标竞争的法人或者其他组织。

依法招标的科研项目允许个人参加投标的，投标的个人适用本法有关投标人的规定。

第二十六条　投标人应当具备承担招标项目的能力；国家有关规定对投标人资格条件或者招标文件对投标人资格条件有规定的，投标人应当具备规定的资格条件。

第二十七条　投标人应当按照招标文件的要求编制投标文件。投标文件应当对招标文件提出的实质性要求和条件作出响应。

招标项目属于建设施工的，投标文件的内容应当包括拟派出的项目负责人与主要技术人员的简历、业绩和拟用于完成招标项目的机械设备等。

第二十八条 投标人应当在招标文件要求提交投标文件的截止时间前，将投标文件送达投标地点。招标人收到投标文件后，应当签收保存，不得开启。投标人少于三个的，招标人应当依照本法重新招标。

在招标文件要求提交投标文件的截止时间后送达的投标文件，招标人应当拒收。

第二十九条 投标人在招标文件要求提交投标文件的截止时间前，可以补充、修改或者撤回已提交的投标文件，并书面通知招标人。补充、修改的内容为投标文件的组成部分。

第三十条 投标人根据招标文件载明的项目实际情况，拟在中标后将中标项目的部分非主体、非关键性工作进行分包的，应当在投标文件中载明。

第三十一条 两个以上法人或者其他组织可以组成一个联合体，以一个投标人的身份共同投标。

联合体各方均应当具备承担招标项目的相应能力；国家有关规定或者招标文件对投标人资格条件有规定的，联合体各方均应当具备规定的相应资格条件。由同一专业的单位组成的联合体，按照资质等级较低的单位确定资质等级。

联合体各方应当签订共同投标协议，明确约定各方拟承担的工作和责任，并将共同投标协议连同投标文件一并提交招标人。联合体中标的，联合体各方应当共同与招标人签订合同，就中标项目向招标人承担连带责任。

招标人不得强制投标人组成联合体共同投标，不得限制投标人之间的竞争。

第三十二条 投标人不得相互串通投标报价，不得排挤其他投标人的公平竞争，损害招标人或者其他投标人的合法权益。

投标人不得与招标人串通投标，损害国家利益、社会公共利益或者他人的合法权益。

禁止投标人以向招标人或者评标委员会成员行贿的手段谋取中标。

第三十三条　投标人不得以低于成本的报价竞标，也不得以他人名义投标或者以其他方式弄虚作假，骗取中标。

第四章　开标、评标和中标

第三十四条　开标应当在招标文件确定的提交投标文件截止时间的同一时间公开进行；开标地点应当为招标文件中预先确定的地点。

第三十五条　开标由招标人主持，邀请所有投标人参加。

第三十六条　开标时，由投标人或者其推选的代表检查投标文件的密封情况，也可以由招标人委托的公证机构检查并公证；经确认无误后，由工作人员当众拆封，宣读投标人名称、投标价格和投标文件的其他主要内容。

招标人在招标文件要求提交投标文件的截止时间前收到的所有投标文件，开标时都应当当众予以拆封、宣读。

开标过程应当记录，并存档备查。

第三十七条　评标由招标人依法组建的评标委员会负责。

依法必须进行招标的项目，其评标委员会由招标人的代表和有关技术、经济等方面的专家组成，成员人数为五人以上单数，其中技术、经济等方面的专家不得少于成员总数的三分之二。

前款专家应当从事相关领域工作满八年并具有高级职称或者具有同等专业水平，由招标人从国务院有关部门或者省、自治区、直辖市人民政府有关部门提供的专家名册或者招标代理机构的专家库内的相关专业的专家名单中确定；一般招标项目可以采取随机抽取方式，特殊招标项目可以由招标人直接确定。

与投标人有利害关系的人不得进入相关项目的评标委员会；已经进入的应当更换。

评标委员会成员的名单在中标结果确定前应当保密。

第三十八条　招标人应当采取必要的措施，保证评标在严格保密的情况下进行。

任何单位和个人不得非法干预、影响评标的过程和结果。

第三十九条　评标委员会可以要求投标人对投标文件中含义不明确的内

容作必要的澄清或者说明，但是澄清或者说明不得超出投标文件的范围或者改变投标文件的实质性内容。

第四十条 评标委员会应当按照招标文件确定的评标标准和方法，对投标文件进行评审和比较；设有标底的，应当参考标底。评标委员会完成评标后，应当向招标人提出书面评标报告，并推荐合格的中标候选人。

招标人根据评标委员会提出的书面评标报告和推荐的中标候选人确定中标人。招标人也可以授权评标委员会直接确定中标人。

国务院对特定招标项目的评标有特别规定的，从其规定。

第四十一条 中标人的投标应当符合下列条件之一：

（一）能够最大限度地满足招标文件中规定的各项综合评价标准；

（二）能够满足招标文件的实质性要求，并且经评审的投标价格最低；但是投标价格低于成本的除外。

第四十二条 评标委员会经评审，认为所有投标都不符合招标文件要求的，可以否决所有投标。

依法必须进行招标的项目的所有投标被否决的，招标人应当依照本法重新招标。

第四十三条 在确定中标人前，招标人不得与投标人就投标价格、投标方案等实质性内容进行谈判。

第四十四条 评标委员会成员应当客观、公正地履行职务，遵守职业道德，对所提出的评审意见承担个人责任。

评标委员会成员不得私下接触投标人，不得收受投标人的财物或者其他好处。

评标委员会成员和参与评标的有关工作人员不得透露对投标文件的评审和比较、中标候选人的推荐情况以及与评标有关的其他情况。

第四十五条 中标人确定后，招标人应当向中标人发出中标通知书，并同时将中标结果通知所有未中标的投标人。

中标通知书对招标人和中标人具有法律效力。中标通知书发出后，招标人改变中标结果的，或者中标人放弃中标项目的，应当依法承担法律责任。

第四十六条 招标人和中标人应当自中标通知书发出之日起三十日内，

按照招标文件和中标人的投标文件订立书面合同。招标人和中标人不得再行订立背离合同实质性内容的其他协议。

招标文件要求中标人提交履约保证金的，中标人应当提交。

第四十七条　依法必须进行招标的项目，招标人应当自确定中标人之日起十五日内，向有关行政监督部门提交招标投标情况的书面报告。

第四十八条　中标人应当按照合同约定履行义务，完成中标项目。中标人不得向他人转让中标项目，也不得将中标项目肢解后分别向他人转让。

中标人按照合同约定或者经招标人同意，可以将中标项目的部分非主体、非关键性工作分包给他人完成。接受分包的人应当具备相应的资格条件，并不得再次分包。

中标人应当就分包项目向招标人负责，接受分包的人就分包项目承担连带责任。

第五章　法律责任

第四十九条　违反本法规定，必须进行招标的项目而不招标的，将必须进行招标的项目化整为零或者以其他任何方式规避招标的，责令限期改正，可以处项目合同金额千分之五以上千分之十以下的罚款；对全部或者部分使用国有资金的项目，可以暂停项目执行或者暂停资金拨付；对单位直接负责的主管人员和其他直接责任人员依法给予处分。

第五十条　招标代理机构违反本法规定，泄露应当保密的与招标投标活动有关的情况和资料的，或者与招标人、投标人串通损害国家利益、社会公共利益或者他人合法权益的，处五万元以上二十五万元以下的罚款，对单位直接负责的主管人员和其他直接责任人员处单位罚款数额百分之五以上百分之十以下的罚款；有违法所得的，并处没收违法所得；情节严重的，禁止其一年至二年内代理依法必须进行招标的项目并予以公告，直至由工商行政管理机关吊销营业执照；构成犯罪的，依法追究刑事责任。给他人造成损失的，依法承担赔偿责任。

前款所列行为影响中标结果的，中标无效。

第五十一条　招标人以不合理的条件限制或者排斥潜在投标人的，对潜在投标人实行歧视待遇的，强制要求投标人组成联合体共同投标的，或者限制投标人之间竞争的，责令改正，可以处一万元以上五万元以下的罚款。

第五十二条 依法必须进行招标的项目的招标人向他人透露已获取招标文件的潜在投标人的名称、数量或者可能影响公平竞争的有关招标投标的其他情况的，或者泄露标底的，给予警告，可以并处一万元以上十万元以下的罚款；对单位直接负责的主管人员和其他直接责任人员依法给予处分；构成犯罪的，依法追究刑事责任。

前款所列行为影响中标结果的，中标无效。

第五十三条 投标人相互串通投标或者与招标人串通投标的，投标人以向招标人或者评标委员会成员行贿的手段谋取中标的，中标无效，处中标项目金额千分之五以上千分之十以下的罚款，对单位直接负责的主管人员和其他直接责任人员处单位罚款数额百分之五以上百分之十以下的罚款；有违法所得的，并处没收违法所得；情节严重的，取消其一年至二年内参加依法必须进行招标的项目的投标资格并予以公告，直至由工商行政管理机关吊销营业执照；构成犯罪的，依法追究刑事责任。给他人造成损失的，依法承担赔偿责任。

第五十四条 投标人以他人名义投标或者以其他方式弄虚作假，骗取中标的，中标无效，给招标人造成损失的，依法承担赔偿责任；构成犯罪的，依法追究刑事责任。

依法必须进行招标的项目的投标人有前款所列行为尚未构成犯罪的，处中标项目金额千分之五以上千分之十以下的罚款，对单位直接负责的主管人员和其他直接责任人员处单位罚款数额百分之五以上百分之十以下的罚款；有违法所得的，并处没收违法所得；情节严重的，取消其一年至三年内参加依法必须进行招标的项目的投标资格并予以公告，直至由工商行政管理机关吊销营业执照。

第五十五条 依法必须进行招标的项目，招标人违反本法规定，与投标人就投标价格、投标方案等实质性内容进行谈判的，给予警告，对单位直接负责的主管人员和其他直接责任人员依法给予处分。

前款所列行为影响中标结果的，中标无效。

第五十六条　评标委员会成员收受投标人的财物或者其他好处的，评标委员会成员或者参加评标的有关工作人员向他人透露对投标文件的评审和比较、中标候选人的推荐以及与评标有关的其他情况的，给予警告，没收收受的财物，可以并处三千元以上五万元以下的罚款，对有所列违法行为的评标委员会成员取消担任评标委员会成员的资格，不得再参加任何依法必须进行招标的项目的评标；构成犯罪的，依法追究刑事责任。

第五十七条　招标人在评标委员会依法推荐的中标候选人以外确定中标人的，依法必须进行招标的项目在所有投标被评标委员会否决后自行确定中标人的，中标无效。责令改正，可以处中标项目金额千分之五以上千分之十以下的罚款；对单位直接负责的主管人员和其他直接责任人员依法给予处分。

第五十八条　中标人将中标项目转让给他人的，将中标项目肢解后分别转让给他人的，违反本法规定将中标项目的部分主体、关键性工作分包给他人的，或者分包人再次分包的，转让、分包无效，处转让、分包项目金额千分之五以上千分之十以下的罚款；有违法所得的，并处没收违法所得；可以责令停业整顿；情节严重的，由工商行政管理机关吊销营业执照。

第五十九条　招标人与中标人不按照招标文件和中标人的投标文件订立合同的，或者招标人、中标人订立背离合同实质性内容的协议的，责令改正；可以处中标项目金额千分之五以上千分之十以下的罚款。

第六十条　中标人不履行与招标人订立的合同的，履约保证金不予退还，给招标人造成的损失超过履约保证金数额的，还应当对超过部分予以赔偿；没有提交履约保证金的，应当对招标人的损失承担赔偿责任。

中标人不按照与招标人订立的合同履行义务，情节严重的，取消其二年至五年内参加依法必须进行招标的项目的投标资格并予以公告，直至由工商行政管理机关吊销营业执照。

因不可抗力不能履行合同的，不适用前两款规定。

第六十一条　本章规定的行政处罚，由国务院规定的有关行政监督部门决定。本法已对实施行政处罚的机关作出规定的除外。

第六十二条　任何单位违反本法规定，限制或者排斥本地区、本系统以外的法人或者其他组织参加投标的，为招标人指定招标代理机构的，强制招标人委托招标代理机构办理招标事宜的，或者以其他方式干涉招标投标活动的，责令改正；对单位直接负责的主管人员和其他直接责任人员依法给予警告、记过、记大过的处分，情节较重的，依法给予降级、撤职、开除的处分。

个人利用职权进行前款违法行为的，依照前款规定追究责任。

第六十三条 对招标投标活动依法负有行政监督职责的国家机关工作人员徇私舞弊、滥用职权或者玩忽职守，构成犯罪的，依法追究刑事责任；不构成犯罪的，依法给予行政处分。

第六十四条 依法必须进行招标的项目违反本法规定，中标无效的，应当依照本法规定的中标条件从其余投标人中重新确定中标人或者依照本法重新进行招标。

第六章 附　　则

第六十五条 投标人和其他利害关系人认为招标投标活动不符合本法有关规定的，有权向招标人提出异议或者依法向有关行政监督部门投诉。

第六十六条 涉及国家安全、国家秘密、抢险救灾或者属于利用扶贫资金实行以工代赈、需要使用农民工等特殊情况，不适宜进行招标的项目，按照国家有关规定可以不进行招标。

第六十七条 使用国际组织或者外国政府贷款、援助资金的项目进行招标，贷款方、资金提供方对招标投标的具体条件和程序有不同规定的，可以适用其规定，但违背中华人民共和国的社会公共利益的除外。

第六十八条 本法自 2000 年 1 月 1 日起施行。

2. 中华人民共和国招标投标法实施条例

（2011 年 12 月 20 日中华人民共和国国务院令第 613 号公布 根据 2017 年 3 月 1 日《国务院关于修改和废止部分行政法规的决定》第一次修订 根据 2018 年 3 月 19 日《国务院关于修改和废止部分行政法规的决定》第二次修订）

第一章 总 则

第一条 为了规范招标投标活动，根据《中华人民共和国招标投标法》（以下简称招标投标法），制定本条例。

第二条 招标投标法第三条所称工程建设项目，是指工程以及与工程建设有关的货物、服务。

前款所称工程，是指建设工程，包括建筑物和构筑物的新建、改建、扩建及其相关的装修、拆除、修缮等；所称与工程建设有关的货物，是指构成工程不可分割的组成部分，且为实现工程基本功能所必需的设备、材料等；所称与工程建设有关的服务，是指为完成工程所需的勘察、设计、监理等服务。

第三条 依法必须进行招标的工程建设项目的具体范围和规模标准，由国务院发展改革部门会同国务院有关部门制订，报国务院批准后公布施行。

第四条 国务院发展改革部门指导和协调全国招标投标工作，对国家重大建设项目的工程招标投标活动实施监督检查。国务院工业和信息化、住房城乡建设、交通运输、铁道、水利、商务等部门，按照规定的职责分工对有关招标投标活动实施监督。

县级以上地方人民政府发展改革部门指导和协调本行政区域的招标投标工作。县级以上地方人民政府有关部门按照规定的职责分工，对招标投标活动实施监督，依法查处招标投标活动中的违法行为。县级以上地方人民政府对其所属部门有关招标投标活动的监督职责分工另有规定的，从其规定。

财政部门依法对实行招标投标的政府采购工程建设项目的预算执行情况和政府采购政策执行情况实施监督。

监察机关依法对与招标投标活动有关的监察对象实施监察。

第五条 设区的市级以上地方人民政府可以根据实际需要，建立统一规范的招标投标交易场所，为招标投标活动提供服务。招标投标交易场所不得与行政监督部门存在隶属关系，不得以营利为目的。

国家鼓励利用信息网络进行电子招标投标。

第六条 禁止国家工作人员以任何方式非法干涉招标投标活动。

第二章 招　　标

第七条 按照国家有关规定需要履行项目审批、核准手续的依法必须进行招标的项目，其招标范围、招标方式、招标组织形式应当报项目审批、核准部门审批、核准。项目审批、核准部门应当及时将审批、核准确定的招标范围、招标方式、招标组织形式通报有关行政监督部门。

第八条 国有资金占控股或者主导地位的依法必须进行招标的项目，应当公开招标；但有下列情形之一的，可以邀请招标：

（一）技术复杂、有特殊要求或者受自然环境限制，只有少量潜在投标人可供选择；

（二）采用公开招标方式的费用占项目合同金额的比例过大。

有前款第二项所列情形，属于本条例第七条规定的项目，由项目审批、核准部门在审批、核准项目时作出认定；其他项目由招标人申请有关行政监督部门作出认定。

第九条 除招标投标法第六十六条规定的可以不进行招标的特殊情况外，有下列情形之一的，可以不进行招标：

（一）需要采用不可替代的专利或者专有技术；

（二）采购人依法能够自行建设、生产或者提供；

（三）已通过招标方式选定的特许经营项目投资人依法能够自行建设、生产或者提供；

（四）需要向原中标人采购工程、货物或者服务，否则将影响施工或者功能配套要求；

（五）国家规定的其他特殊情形。

招标人为适用前款规定弄虚作假的，属于招标投标法第四条规定的规避招标。

第十条　招标投标法第十二条第二款规定的招标人具有编制招标文件和组织评标能力，是指招标人具有与招标项目规模和复杂程度相适应的技术、经济等方面的专业人员。

第十一条　国务院住房城乡建设、商务、发展改革、工业和信息化等部门，按照规定的职责分工对招标代理机构依法实施监督管理。

第十二条　招标代理机构应当拥有一定数量的具备编制招标文件、组织评标等相应能力的专业人员。

第十三条　招标代理机构在招标人委托的范围内开展招标代理业务，任何单位和个人不得非法干涉。

招标代理机构代理招标业务，应当遵守招标投标法和本条例关于招标人的规定。招标代理机构不得在所代理的招标项目中投标或者代理投标，也不得为所代理的招标项目的投标人提供咨询。

第十四条　招标人应当与被委托的招标代理机构签订书面委托合同，合同约定的收费标准应当符合国家有关规定。

第十五条　公开招标的项目，应当依照招标投标法和本条例的规定发布招标公告、编制招标文件。

招标人采用资格预审办法对潜在投标人进行资格审查的，应当发布资格预审公告、编制资格预审文件。

依法必须进行招标的项目的资格预审公告和招标公告，应当在国务院发展改革部门依法指定的媒介发布。在不同媒介发布的同一招标项目的资格预审公告或者招标公告的内容应当一致。指定媒介发布依法必须进行招标的项目的境内资格预审公告、招标公告，不得收取费用。

编制依法必须进行招标的项目的资格预审文件和招标文件，应当使用国务院发展改革部门会同有关行政监督部门制定的标准文本。

第十六条 招标人应当按照资格预审公告、招标公告或者投标邀请书规定的时间、地点发售资格预审文件或者招标文件。资格预审文件或者招标文件的发售期不得少于5日。

招标人发售资格预审文件、招标文件收取的费用应当限于补偿印刷、邮寄的成本支出，不得以营利为目的。

第十七条 招标人应当合理确定提交资格预审申请文件的时间。依法必须进行招标的项目提交资格预审申请文件的时间，自资格预审文件停止发售之日起不得少于5日。

第十八条 资格预审应当按照资格预审文件载明的标准和方法进行。

国有资金占控股或者主导地位的依法必须进行招标的项目，招标人应当组建资格审查委员会审查资格预审申请文件。资格审查委员会及其成员应当遵守招标投标法和本条例有关评标委员会及其成员的规定。

第十九条 资格预审结束后，招标人应当及时向资格预审申请人发出资格预审结果通知书。未通过资格预审的申请人不具有投标资格。

通过资格预审的申请人少于3个的，应当重新招标。

第二十条 招标人采用资格后审办法对投标人进行资格审查的，应当在开标后由评标委员会按照招标文件规定的标准和方法对投标人的资格进行审查。

第二十一条 招标人可以对已发出的资格预审文件或者招标文件进行必要的澄清或者修改。澄清或者修改的内容可能影响资格预审申请文件或者投标文件编制的，招标人应当在提交资格预审申请文件截止时间至少3日前，或者投标截止时间至少15日前，以书面形式通知所有获取资格预审文件或者招标文件的潜在投标人；不足3日或者15日的，招标人应当顺延提交资格预审申请文件或者投标文件的截止时间。

第二十二条 潜在投标人或者其他利害关系人对资格预审文件有异议的，应当在提交资格预审申请文件截止时间2日前提出；对招标文件有异议的，应当在投标截止时间10日前提出。招标人应当自收到异议之日起3日内作出答复；作出答复前，应当暂停招标投标活动。

第二十三条 招标人编制的资格预审文件、招标文件的内容违反法律、行政法规的强制性规定，违反公开、公平、公正和诚实信用原则，影响资格预审结果或者潜在投标人投标的，依法必须进行招标的项目的招标人应当在修改资格预审文件或者招标文件后重新招标。

第二十四条　招标人对招标项目划分标段的，应当遵守招标投标法的有关规定，不得利用划分标段限制或者排斥潜在投标人。依法必须进行招标的项目的招标人不得利用划分标段规避招标。

第二十五条　招标人应当在招标文件中载明投标有效期。投标有效期从提交投标文件的截止之日起算。

第二十六条　招标人在招标文件中要求投标人提交投标保证金的，投标保证金不得超过招标项目估算价的2%。投标保证金有效期应当与投标有效期一致。

依法必须进行招标的项目的境内投标单位，以现金或者支票形式提交的投标保证金应当从其基本账户转出。

招标人不得挪用投标保证金。

第二十七条　招标人可以自行决定是否编制标底。一个招标项目只能有一个标底。标底必须保密。

接受委托编制标底的中介机构不得参加受托编制标底项目的投标，也不得为该项目的投标人编制投标文件或者提供咨询。

招标人设有最高投标限价的，应当在招标文件中明确最高投标限价或者最高投标限价的计算方法。招标人不得规定最低投标限价。

第二十八条　招标人不得组织单个或者部分潜在投标人踏勘项目现场。

第二十九条　招标人可以依法对工程以及与工程建设有关的货物、服务全部或者部分实行总承包招标。以暂估价形式包括在总承包范围内的工程、货物、服务属于依法必须进行招标的项目范围且达到国家规定规模标准的，应当依法进行招标。

前款所称暂估价，是指总承包招标时不能确定价格而由招标人在招标文件中暂时估定的工程、货物、服务的金额。

第三十条　对技术复杂或者无法精确拟定技术规格的项目，招标人可以分两阶段进行招标。

第一阶段，投标人按照招标公告或者投标邀请书的要求提交不带报价的技术建议，招标人根据投标人提交的技术建议确定技术标准和要求，编制招标文件。

第二阶段，招标人向在第一阶段提交技术建议的投标人提供招标文件，投标人按照招标文件的要求提交包括最终技术方案和投标报价的投标文件。

招标人要求投标人提交投标保证金的，应当在第二阶段提出。

第三十一条 招标人终止招标的，应当及时发布公告，或者以书面形式通知被邀请的或者已经获取资格预审文件、招标文件的潜在投标人。已经发售资格预审文件、招标文件或者已经收取投标保证金的，招标人应当及时退还所收取的资格预审文件、招标文件的费用，以及所收取的投标保证金及银行同期存款利息。

第三十二条 招标人不得以不合理的条件限制、排斥潜在投标人或者投标人。

招标人有下列行为之一的，属于以不合理条件限制、排斥潜在投标人或者投标人：

（一）就同一招标项目向潜在投标人或者投标人提供有差别的项目信息；

（二）设定的资格、技术、商务条件与招标项目的具体特点和实际需要不相适应或者与合同履行无关；

（三）依法必须进行招标的项目以特定行政区域或者特定行业的业绩、奖项作为加分条件或者中标条件；

（四）对潜在投标人或者投标人采取不同的资格审查或者评标标准；

（五）限定或者指定特定的专利、商标、品牌、原产地或者供应商；

（六）依法必须进行招标的项目非法限定潜在投标人或者投标人的所有制形式或者组织形式；

（七）以其他不合理条件限制、排斥潜在投标人或者投标人。

第三章　投　　标

第三十三条 投标人参加依法必须进行招标的项目的投标，不受地区或者部门的限制，任何单位和个人不得非法干涉。

第三十四条　与招标人存在利害关系可能影响招标公正性的法人、其他组织或者个人，不得参加投标。

单位负责人为同一人或者存在控股、管理关系的不同单位，不得参加同一标段投标或者未划分标段的同一招标项目投标。

违反前两款规定的，相关投标均无效。

第三十五条　投标人撤回已提交的投标文件，应当在投标截止时间前书面通知招标人。招标人已收取投标保证金的，应当自收到投标人书面撤回通知之日起 5 日内退还。

投标截止后投标人撤销投标文件的，招标人可以不退还投标保证金。

第三十六条　未通过资格预审的申请人提交的投标文件，以及逾期送达或者不按照招标文件要求密封的投标文件，招标人应当拒收。

招标人应当如实记载投标文件的送达时间和密封情况，并存档备查。

第三十七条　招标人应当在资格预审公告、招标公告或者投标邀请书中载明是否接受联合体投标。

招标人接受联合体投标并进行资格预审的，联合体应当在提交资格预审申请文件前组成。资格预审后联合体增减、更换成员的，其投标无效。

联合体各方在同一招标项目中以自己名义单独投标或者参加其他联合体投标的，相关投标均无效。

第三十八条　投标人发生合并、分立、破产等重大变化的，应当及时书面告知招标人。投标人不再具备资格预审文件、招标文件规定的资格条件或者其投标影响招标公正性的，其投标无效。

第三十九条　禁止投标人相互串通投标。

有下列情形之一的，属于投标人相互串通投标：

（一）投标人之间协商投标报价等投标文件的实质性内容；

（二）投标人之间约定中标人；

（三）投标人之间约定部分投标人放弃投标或者中标；

（四）属于同一集团、协会、商会等组织成员的投标人按照该组织要求协同投标；

（五）投标人之间为谋取中标或者排斥特定投标人而采取的其他联合行动。

第四十条 有下列情形之一的，视为投标人相互串通投标：

（一）不同投标人的投标文件由同一单位或者个人编制；

（二）不同投标人委托同一单位或者个人办理投标事宜；

（三）不同投标人的投标文件载明的项目管理成员为同一人；

（四）不同投标人的投标文件异常一致或者投标报价呈规律性差异；

（五）不同投标人的投标文件相互混装；

（六）不同投标人的投标保证金从同一单位或者个人的账户转出。

第四十一条 禁止招标人与投标人串通投标。

有下列情形之一的，属于招标人与投标人串通投标：

（一）招标人在开标前开启投标文件并将有关信息泄露给其他投标人；

（二）招标人直接或者间接向投标人泄露标底、评标委员会成员等信息；

（三）招标人明示或者暗示投标人压低或者抬高投标报价；

（四）招标人授意投标人撤换、修改投标文件；

（五）招标人明示或者暗示投标人为特定投标人中标提供方便；

（六）招标人与投标人为谋求特定投标人中标而采取的其他串通行为。

第四十二条 使用通过受让或者租借等方式获取的资格、资质证书投标的，属于招标投标法第三十三条规定的以他人名义投标。

投标人有下列情形之一的，属于招标投标法第三十三条规定的以其他方式弄虚作假的行为：

（一）使用伪造、变造的许可证件；

（二）提供虚假的财务状况或者业绩；

（三）提供虚假的项目负责人或者主要技术人员简历、劳动关系证明；

（四）提供虚假的信用状况；

（五）其他弄虚作假的行为。

第四十三条 提交资格预审申请文件的申请人应当遵守招标投标法和本条例有关投标人的规定。

第四章 开标、评标和中标

第四十四条 招标人应当按照招标文件规定的时间、地点开标。

投标人少于3个的，不得开标；招标人应当重新招标。

投标人对开标有异议的，应当在开标现场提出，招标人应当当场作出答复，并制作记录。

第四十五条　国家实行统一的评标专家专业分类标准和管理办法。具体标准和办法由国务院发展改革部门会同国务院有关部门制定。

省级人民政府和国务院有关部门应当组建综合评标专家库。

第四十六条　除招标投标法第三十七条第三款规定的特殊招标项目外，依法必须进行招标的项目，其评标委员会的专家成员应当从评标专家库内相关专业的专家名单中以随机抽取方式确定。任何单位和个人不得以明示、暗示等任何方式指定或者变相指定参加评标委员会的专家成员。

依法必须进行招标的项目的招标人非因招标投标法和本条例规定的事由，不得更换依法确定的评标委员会成员。更换评标委员会的专家成员应当依照前款规定进行。

评标委员会成员与投标人有利害关系的，应当主动回避。

有关行政监督部门应当按照规定的职责分工，对评标委员会成员的确定方式、评标专家的抽取和评标活动进行监督。行政监督部门的工作人员不得担任本部门负责监督项目的评标委员会成员。

第四十七条　招标投标法第三十七条第三款所称特殊招标项目，是指技术复杂、专业性强或者国家有特殊要求，采取随机抽取方式确定的专家难以保证胜任评标工作的项目。

第四十八条　招标人应当向评标委员会提供评标所必需的信息，但不得明示或者暗示其倾向或者排斥特定投标人。

招标人应当根据项目规模和技术复杂程度等因素合理确定评标时间。超过三分之一的评标委员会成员认为评标时间不够的，招标人应当适当延长。

评标过程中，评标委员会成员有回避事由、擅离职守或者因健康等原因不能继续评标的，应当及时更换。被更换的评标委员会成员作出的评审结论无效，由更换后的评标委员会成员重新进行评审。

第四十九条　评标委员会成员应当依照招标投标法和本条例的规定，按照招标文件规定的评标标准和方法，客观、公正地对投标文件提出评审意见。

招标文件没有规定的评标标准和方法不得作为评标的依据。

评标委员会成员不得私下接触投标人，不得收受投标人给予的财物或者其他好处，不得向招标人征询确定中标人的意向，不得接受任何单位或者个人明示或者暗示提出的倾向或者排斥特定投标人的要求，不得有其他不客观、不公正履行职务的行为。

第五十条 招标项目设有标底的，招标人应当在开标时公布。标底只能作为评标的参考，不得以投标报价是否接近标底作为中标条件，也不得以投标报价超过标底上下浮动范围作为否决投标的条件。

第五十一条 有下列情形之一的，评标委员会应当否决其投标：

（一）投标文件未经投标单位盖章和单位负责人签字；

（二）投标联合体没有提交共同投标协议；

（三）投标人不符合国家或者招标文件规定的资格条件；

（四）同一投标人提交两个以上不同的投标文件或者投标报价，但招标文件要求提交备选投标的除外；

（五）投标报价低于成本或者高于招标文件设定的最高投标限价；

（六）投标文件没有对招标文件的实质性要求和条件作出响应；

（七）投标人有串通投标、弄虚作假、行贿等违法行为。

第五十二条 投标文件中有含义不明确的内容、明显文字或者计算错误，评标委员会认为需要投标人作出必要澄清、说明的，应当书面通知该投标人。投标人的澄清、说明应当采用书面形式，并不得超出投标文件的范围或者改变投标文件的实质性内容。

评标委员会不得暗示或者诱导投标人作出澄清、说明，不得接受投标人主动提出的澄清、说明。

第五十三条 评标完成后，评标委员会应当向招标人提交书面评标报告和中标候选人名单。中标候选人应当不超过 3 个，并标明排序。

评标报告应当由评标委员会全体成员签字。对评标结果有不同意见的评标委员会成员应当以书面形式说明其不同意见和理由，评标报告应当注明该不同意见。评标委员会成员拒绝在评标报告上签字又不书面说明其不同意见和理由的，视为同意评标结果。

第五十四条 依法必须进行招标的项目，招标人应当自收到评标报告之日起 3 日内公示中标候选人，公示期不得少于 3 日。

投标人或者其他利害关系人对依法必须进行招标的项目的评标结果有异议的，应当在中标候选人公示期间提出。招标人应当自收到异议之日起 3 日内作出答复；作出答复前，应当暂停招标投标活动。

第五十五条 国有资金占控股或者主导地位的依法必须进行招标的项目，招标人应当确定排名第一的中标候选人为中标人。排名第一的中标候选人放弃中标、因不可抗力不能履行合同、不按照招标文件要求提交履约保证金，或者被查实存在影响中标结果的违法行为等情形，不符合中标条件的，招标人可以按照评标委员会提出的中标候选人名单排序依次确定其他中标候选人为中标人，也可以重新招标。

第五十六条 中标候选人的经营、财务状况发生较大变化或者存在违法行为，招标人认为可能影响其履约能力的，应当在发出中标通知书前由原评标委员会按照招标文件规定的标准和方法审查确认。

第五十七条 招标人和中标人应当依照招标投标法和本条例的规定签订书面合同，合同的标的、价款、质量、履行期限等主要条款应当与招标文件和中标人的投标文件的内容一致。招标人和中标人不得再行订立背离合同实质性内容的其他协议。

招标人最迟应当在书面合同签订后 5 日内向中标人和未中标的投标人退还投标保证金及银行同期存款利息。

第五十八条 招标文件要求中标人提交履约保证金的，中标人应当按照招标文件的要求提交。履约保证金不得超过中标合同金额的 10%。

第五十九条 中标人应当按照合同约定履行义务，完成中标项目。中标人不得向他人转让中标项目，也不得将中标项目肢解后分别向他人转让。

中标人按照合同约定或者经招标人同意，可以将中标项目的部分非主体、非关键性工作分包给他人完成。接受分包的人应当具备相应的资格条件，并不得再次分包。

中标人应当就分包项目向招标人负责，接受分包的人就分包项目承担连带责任。

第五章　投诉与处理

第六十条　投标人或者其他利害关系人认为招标投标活动不符合法律、行政法规规定的，可以自知道或者应当知道之日起 10 日内向有关行政监督部门投诉。投诉应当有明确的请求和必要的证明材料。

就本条例第二十二条、第四十四条、第五十四条规定事项投诉的，应当先向招标人提出异议，异议答复期间不计算在前款规定的期限内。

第六十一条　投诉人就同一事项向两个以上有权受理的行政监督部门投诉的，由最先收到投诉的行政监督部门负责处理。

行政监督部门应当自收到投诉之日起 3 个工作日内决定是否受理投诉，并自受理投诉之日起 30 个工作日内作出书面处理决定；需要检验、检测、鉴定、专家评审的，所需时间不计算在内。

投诉人捏造事实、伪造材料或者以非法手段取得证明材料进行投诉的，行政监督部门应当予以驳回。

第六十二条　行政监督部门处理投诉，有权查阅、复制有关文件、资料，调查有关情况，相关单位和人员应当予以配合。必要时，行政监督部门可以责令暂停招标投标活动。

行政监督部门的工作人员对监督检查过程中知悉的国家秘密、商业秘密，应当依法予以保密。

第六章　法律责任

第六十三条　招标人有下列限制或者排斥潜在投标人行为之一的，由有关行政监督部门依照招标投标法第五十一条的规定处罚：

（一）依法应当公开招标的项目不按照规定在指定媒介发布资格预审公告或者招标公告；

（二）在不同媒介发布的同一招标项目的资格预审公告或者招标公告的内容不一致，影响潜在投标人申请资格预审或者投标。

依法必须进行招标的项目的招标人不按照规定发布资格预审公告或者招标公告，构成规避招标的，依照招标投标法第四十九条的规定处罚。

第六十四条　招标人有下列情形之一的，由有关行政监督部门责令改正，可以处10万元以下的罚款：

（一）依法应当公开招标而采用邀请招标；

（二）招标文件、资格预审文件的发售、澄清、修改的时限，或者确定的提交资格预审申请文件、投标文件的时限不符合招标投标法和本条例规定；

（三）接受未通过资格预审的单位或者个人参加投标；

（四）接受应当拒收的投标文件。

招标人有前款第一项、第三项、第四项所列行为之一的，对单位直接负责的主管人员和其他直接责任人员依法给予处分。

第六十五条 招标代理机构在所代理的招标项目中投标、代理投标或者向该项目投标人提供咨询的，接受委托编制标底的中介机构参加受托编制标底项目的投标或者为该项目的投标人编制投标文件、提供咨询的，依照招标投标法第五十条的规定追究法律责任。

第六十六条 招标人超过本条例规定的比例收取投标保证金、履约保证金或者不按照规定退还投标保证金及银行同期存款利息的，由有关行政监督部门责令改正，可以处5万元以下的罚款；给他人造成损失的，依法承担赔偿责任。

第六十七条 投标人相互串通投标或者与招标人串通投标的，投标人向招标人或者评标委员会成员行贿谋取中标的，中标无效；构成犯罪的，依法追究刑事责任；尚不构成犯罪的，依照招标投标法第五十三条的规定处罚。投标人未中标的，对单位的罚款金额按照招标项目合同金额依照招标投标法规定的比例计算。

投标人有下列行为之一的，属于招标投标法第五十三条规定的情节严重行为，由有关行政监督部门取消其1年至2年内参加依法必须进行招标的项目的投标资格：

（一）以行贿谋取中标；

（二）3年内2次以上串通投标；

（三）串通投标行为损害招标人、其他投标人或者国家、集体、公民的合法利益，造成直接经济损失30万元以上；

（四）其他串通投标情节严重的行为。

投标人自本条第二款规定的处罚执行期限届满之日起 3 年内又有该款所列违法行为之一的，或者串通投标、以行贿谋取中标情节特别严重的，由工商行政管理机关吊销营业执照。

法律、行政法规对串通投标报价行为的处罚另有规定的，从其规定。

第六十八条 投标人以他人名义投标或者以其他方式弄虚作假骗取中标的，中标无效；构成犯罪的，依法追究刑事责任；尚不构成犯罪的，依照招标投标法第五十四条的规定处罚。依法必须进行招标的项目的投标人未中标的，对单位的罚款金额按照招标项目合同金额依照招标投标法规定的比例计算。

投标人有下列行为之一的，属于招标投标法第五十四条规定的情节严重行为，由有关行政监督部门取消其 1 年至 3 年内参加依法必须进行招标的项目的投标资格：

（一）伪造、变造资格、资质证书或者其他许可证件骗取中标；

（二）3 年内 2 次以上使用他人名义投标；

（三）弄虚作假骗取中标给招标人造成直接经济损失 30 万元以上；

（四）其他弄虚作假骗取中标情节严重的行为。

投标人自本条第二款规定的处罚执行期限届满之日起 3 年内又有该款所列违法行为之一的，或者弄虚作假骗取中标情节特别严重的，由工商行政管理机关吊销营业执照。

第六十九条 出让或者出租资格、资质证书供他人投标的，依照法律、行政法规的规定给予行政处罚；构成犯罪的，依法追究刑事责任。

第七十条 依法必须进行招标的项目的招标人不按照规定组建评标委员会，或者确定、更换评标委员会成员违反招标投标法和本条例规定的，由有关行政监督部门责令改正，可以处 10 万元以下的罚款，对单位直接负责的主管人员和其他直接责任人员依法给予处分；违法确定或者更换的评标委员会成员作出的评审结论无效，依法重新进行评审。

国家工作人员以任何方式非法干涉选取评标委员会成员的，依照本条例第八十条的规定追究法律责任。

第七十一条 评标委员会成员有下列行为之一的，由有关行政监督部门责令改正；情节严重的，禁止其在一定期限内参加依法必须进行招标的项目的评标；情节特别严重的，取消其担任评标委员会成员的资格：

（一）应当回避而不回避；

（二）擅离职守；

（三）不按照招标文件规定的评标标准和方法评标；

（四）私下接触投标人；

（五）向招标人征询确定中标人的意向或者接受任何单位或者个人明示或者暗示提出的倾向或者排斥特定投标人的要求；

（六）对依法应当否决的投标不提出否决意见；

（七）暗示或者诱导投标人作出澄清、说明或者接受投标人主动提出的澄清、说明；

（八）其他不客观、不公正履行职务的行为。

第七十二条　评标委员会成员收受投标人的财物或者其他好处的，没收收受的财物，处3000元以上5万元以下的罚款，取消担任评标委员会成员的资格，不得再参加依法必须进行招标的项目的评标；构成犯罪的，依法追究刑事责任。

第七十三条　依法必须进行招标的项目的招标人有下列情形之一的，由有关行政监督部门责令改正，可以处中标项目金额10‰以下的罚款；给他人造成损失的，依法承担赔偿责任；对单位直接负责的主管人员和其他直接责任人员依法给予处分：

（一）无正当理由不发出中标通知书；

（二）不按照规定确定中标人；

（三）中标通知书发出后无正当理由改变中标结果；

（四）无正当理由不与中标人订立合同；

（五）在订立合同时向中标人提出附加条件。

第七十四条　中标人无正当理由不与招标人订立合同，在签订合同时向招标人提出附加条件，或者不按照招标文件要求提交履约保证金的，取消其中标资格，投标保证金不予退还。对依法必须进行招标的项目的中标人，由有关行政监督部门责令改正，可以处中标项目金额10‰以下的罚款。

第七十五条　招标人和中标人不按照招标文件和中标人的投标文件订立

合同，合同的主要条款与招标文件、中标人的投标文件的内容不一致，或者招标人、中标人订立背离合同实质性内容的协议的，由有关行政监督部门责令改正，可以处中标项目金额 5‰以上 10‰以下的罚款。

第七十六条 中标人将中标项目转让给他人的，将中标项目肢解后分别转让给他人的，违反招标投标法和本条例规定将中标项目的部分主体、关键性工作分包给他人的，或者分包人再次分包的，转让、分包无效，处转让、分包项目金额 5‰以上 10‰以下的罚款；有违法所得的，并处没收违法所得；可以责令停业整顿；情节严重的，由工商行政管理机关吊销营业执照。

第七十七条 投标人或者其他利害关系人捏造事实、伪造材料或者以非法手段取得证明材料进行投诉，给他人造成损失的，依法承担赔偿责任。

招标人不按照规定对异议作出答复，继续进行招标投标活动的，由有关行政监督部门责令改正，拒不改正或者不能改正并影响中标结果的，依照本条例第八十一条的规定处理。

第七十八条 国家建立招标投标信用制度。有关行政监督部门应当依法公告对招标人、招标代理机构、投标人、评标委员会成员等当事人违法行为的行政处理决定。

第七十九条 项目审批、核准部门不依法审批、核准项目招标范围、招标方式、招标组织形式的，对单位直接负责的主管人员和其他直接责任人员依法给予处分。

有关行政监督部门不依法履行职责，对违反招标投标法和本条例规定的行为不依法查处，或者不按照规定处理投诉、不依法公告对招标投标当事人违法行为的行政处理决定的，对直接负责的主管人员和其他直接责任人员依法给予处分。

项目审批、核准部门和有关行政监督部门的工作人员徇私舞弊、滥用职权、玩忽职守，构成犯罪的，依法追究刑事责任。

第八十条 国家工作人员利用职务便利，以直接或者间接、明示或者暗示等任何方式非法干涉招标投标活动，有下列情形之一的，依法给予记过或者记大过处分；情节严重的，依法给予降级或者撤职处分；情节特别严重的，依法给予开除处分；构成犯罪的，依法追究刑事责任：

（一）要求对依法必须进行招标的项目不招标，或者要求对依法应当公开招标的项目不公开招标；

（二）要求评标委员会成员或者招标人以其指定的投标人作为中标候选人或者中标人，或者以其他方式非法干涉评标活动，影响中标结果；

（三）以其他方式非法干涉招标投标活动。

第八十一条　依法必须进行招标的项目的招标投标活动违反招标投标法和本条例的规定，对中标结果造成实质性影响，且不能采取补救措施予以纠正的，招标、投标、中标无效，应当依法重新招标或者评标。

第七章　附　　则

第八十二条　招标投标协会按照依法制定的章程开展活动，加强行业自律和服务。

第八十三条　政府采购的法律、行政法规对政府采购货物、服务的招标投标另有规定的，从其规定。

第八十四条　本条例自 2012 年 2 月 1 日起施行。

3. 关于印发《政府和社会资本合作项目政府采购管理办法》的通知

财库〔2014〕215 号

党中央有关部门，国务院各部委、各直属机构，全国人大常委会办公厅，全国政协办公厅，高法院，高检院，有关人民团体，各省、自治区、直辖市、计划单列市财政厅（局），新疆生产建设兵团财务局，各集中采购机构：

为了贯彻落实《国务院关于创新重点领域投融资机制　鼓励社会投资的指导意见》（国发〔2014〕60 号），推广政府和社会资本合作（PPP）模式，规范 PPP 项目政府采购行为，根据《中华人民共和国政府采购法》和有关法律法规，财政部制定了《政府和社会资本合作项目政府采购管理办法》。现印发给你们，请遵照执行。

2014 年 12 月 31 日

第一章　总　　则

第一条　为了规范政府和社会资本合作项目政府采购（以下简称 PPP 项目采购）行为，维护国家利益、社会公共利益和政府采购当事人的合法权益，依据《中华人民共和国政府采购法》（以下简称政府采购法）和有关法律、行政法规、部门规章，制定本办法。

第二条　本办法所称 PPP 项目采购，是指政府为达成权利义务平衡、物有所值的 PPP 项目合同，遵循公开、公平、公正和诚实信用原则，按照相关法规要求完成 PPP 项目识别和准备等前期工作后，依法选择社会资本合作者的过程。PPP 项目实施机构（采购人）在项目实施过程中选择合作社会资本（供应商），适用本办法。

第三条　PPP 项目实施机构可以委托政府采购代理机构办理 PPP 项目采购事宜。PPP 项目咨询服务机构从事 PPP 项目采购业务的，应当按照政府采购代理机构管理的有关要求及时进行网上登记。

第二章　采购程序

第四条　PPP 项目采购方式包括公开招标、邀请招标、竞争性谈判、竞争性磋商和单一来源采购。项目实施机构应当根据PPP项目的采购需求特点，依法选择适当的采购方式。公开招标主要适用于采购需求中核心边界条件和技术经济参数明确、完整、符合国家法律法规及政府采购政策，且采购过程中不作更改的项目。

第五条　PPP 项目采购应当实行资格预审。项目实施机构应当根据项目需要准备资格预审文件，发布资格预审公告，邀请社会资本和与其合作的金融机构参与资格预审，验证项目能否获得社会资本响应和实现充分竞争。

第六条　资格预审公告应当在省级以上人民政府财政部门指定的政府采购信息发布媒体上发布。资格预审合格的社会资本在签订 PPP 项目合同前资格发生变化的，应当通知项目实施机构。

资格预审公告应当包括项目授权主体、项目实施机构和项目名称、采购需求、对社会资本的资格要求、是否允许联合体参与采购活动、是否限定参与竞争的合格社会资本的数量及限定的方法和标准、以及社会资本提交资格预审申请文件的时间和地点。提交资格预审申请文件的时间自公告发布之日起不得少于 15 个工作日。

第七条　项目实施机构、采购代理机构应当成立评审小组，负责 PPP 项目采购的资格预审和评审工作。评审小组由项目实施机构代表和评审专家共 5 人以上单数组成，其中评审专家人数不得少于评审小组成员总数的 2/3。评审专家可以由项目实施机构自行选定，但评审专家中至少应当包含 1 名财务专家和 1 名法律专家。项目实施机构代表不得以评审专家身份参加项目的评审。

第八条　项目有 3 家以上社会资本通过资格预审的，项目实施机构可以继续开展采购文件准备工作；项目通过资格预审的社会资本不足 3 家的，项目实施机构应当在调整资格预审公告内容后重新组织资格预审；项目经重新资格预审后合格社会资本仍不够3家的，可以依法变更采购方式。

资格预审结果应当告知所有参与资格预审的社会资本，并将资格预审的评审报告提交财政部门（政府和社会资本合作中心）备案。

第九条 项目采购文件应当包括采购邀请、竞争者须知（包括密封、签署、盖章要求等）、竞争者应当提供的资格、资信及业绩证明文件、采购方式、政府对项目实施机构的授权、实施方案的批复和项目相关审批文件、采购程序、响应文件编制要求、提交响应文件截止时间、开启时间及地点、保证金交纳数额和形式、评审方法、评审标准、政府采购政策要求、PPP项目合同草案及其他法律文本、采购结果确认谈判中项目合同可变的细节、以及是否允许未参加资格预审的供应商参与竞争并进行资格后审等内容。项目采购文件中还应当明确项目合同必须报请本级人民政府审核同意，在获得同意前项目合同不得生效。

采用竞争性谈判或者竞争性磋商采购方式的，项目采购文件除上款规定的内容外，还应当明确评审小组根据与社会资本谈判情况可能实质性变动的内容，包括采购需求中的技术、服务要求以及项目合同草案条款。

第十条 项目实施机构应当在资格预审公告、采购公告、采购文件、项目合同中列明采购本国货物和服务、技术引进和转让等政策要求，以及对社会资本参与采购活动和履约保证的担保要求。

第十一条 项目实施机构应当组织社会资本进行现场考察或者召开采购前答疑会，但不得单独或者分别组织只有一个社会资本参加的现场考察和答疑会。项目实施机构可以视项目的具体情况，组织对符合条件的社会资本的资格条件进行考察核实。

第十二条 评审小组成员应当按照客观、公正、审慎的原则，根据资格预审公告和采购文件规定的程序、方法和标准进行资格预审和独立评审。已进行资格预审的，评审小组在评审阶段可以不再对社会资本进行资格审查。允许进行资格后审的，由评审小组在响应文件评审环节对社会资本进行资格审查。

评审小组成员应当在资格预审报告和评审报告上签字，对自己的评审意见承担法律责任。对资格预审报告或者评审报告有异议的，应当在报告上签署不同意见，并说明理由，否则视为同意资格预审报告和评审报告。

评审小组发现采购文件内容违反国家有关强制性规定的，应当停止评审并向项目实施机构说明情况。

第十三条　评审专家应当遵守评审工作纪律，不得泄露评审情况和评审中获悉的国家秘密、商业秘密。

评审小组在评审过程中发现社会资本有行贿、提供虚假材料或者串通等违法行为的，应当及时向财政部门报告。

评审专家在评审过程中受到非法干涉的，应当及时向财政、监察等部门举报。

第十四条　PPP 项目采购评审结束后，项目实施机构应当成立专门的采购结果确认谈判工作组，负责采购结果确认前的谈判和最终的采购结果确认工作。

采购结果确认谈判工作组成员及数量由项目实施机构确定，但应当至少包括财政预算管理部门、行业主管部门代表，以及财务、法律等方面的专家。涉及价格管理、环境保护的 PPP 项目，谈判工作组还应当包括价格管理、环境保护行政执法机关代表。评审小组成员可以作为采购结果确认谈判工作组成员参与采购结果确认谈判。

第十五条　采购结果确认谈判工作组应当按照评审报告推荐的候选社会资本排名，依次与候选社会资本及与其合作的金融机构就项目合同中可变的细节问题进行项目合同签署前的确认谈判，率先达成一致的候选社会资本即为预中标、成交社会资本。

第十六条　确认谈判不得涉及项目合同中不可谈判的核心条款，不得与排序在前但已终止谈判的社会资本进行重复谈判。

第十七条　项目实施机构应当在预中标、成交社会资本确定后 10 个工作日内，与预中标、成交社会资本签署确认谈判备忘录，并将预中标、成交结果和根据采购文件、响应文件及有关补遗文件和确认谈判备忘录拟定的项目合同文本在省级以上人民政府财政部门指定的政府采购信息发布媒体上进行公示，公示期不得少于 5 个工作日。项目合同文本应当将预中标、成交社会资本响应文件中的重要承诺和技术文件等作为附件。项目合同文本涉及国家秘密、商业秘密的内容可以不公示。

第十八条 项目实施机构应当在公示期满无异议后 2 个工作日内，将中标、成交结果在省级以上人民政府财政部门指定的政府采购信息发布媒体上进行公告，同时发出中标、成交通知书。

中标、成交结果公告内容应当包括：项目实施机构和采购代理机构的名称、地址和联系方式；项目名称和项目编号；中标或者成交社会资本的名称、地址、法人代表；中标或者成交标的名称、主要中标或者成交条件（包括但不限于合作期限、服务要求、项目概算、回报机制）等；评审小组和采购结果确认谈判工作组成员名单。

第十九条 项目实施机构应当在中标、成交通知书发出后 30 日内，与中标、成交社会资本签订经本级人民政府审核同意的 PPP 项目合同。

需要为 PPP 项目设立专门项目公司的，待项目公司成立后，由项目公司与项目实施机构重新签署 PPP 项目合同，或者签署关于继承 PPP 项目合同的补充合同。

第二十条 项目实施机构应当在PPP项目合同签订之日起2个工作日内，将 PPP 项目合同在省级以上人民政府财政部门指定的政府采购信息发布媒体上公告，但 PPP 项目合同中涉及国家秘密、商业秘密的内容除外。

第二十一条 项目实施机构应当在采购文件中要求社会资本交纳参加采购活动的保证金和履约保证金。社会资本应当以支票、汇票、本票或者金融机构、担保机构出具的保函等非现金形式交纳保证金。参加采购活动的保证金数额不得超过项目预算金额的 2%。履约保证金的数额不得超过 PPP 项目初始投资总额或者资产评估值的 10%，无固定资产投资或者投资额不大的服务型 PPP 项目，履约保证金的数额不得超过平均 6 个月服务收入额。

第三章 争议处理和监督检查

第二十二条 参加 PPP 项目采购活动的社会资本对采购活动的询问、质疑和投诉，依照有关政府采购法律制度规定执行。

项目实施机构和中标、成交社会资本在 PPP 项目合同履行中发生争议且无法协商一致的，可以依法申请仲裁或者提起民事诉讼。

第二十三条　各级人民政府财政部门应当加强对 PPP 项目采购活动的监督检查，依法处理采购活动中的违法违规行为。

第二十四条　PPP 项目采购有关单位和人员在采购活动中出现违法违规行为的，依照政府采购法及有关法律法规追究法律责任。

第四章　附　　则

第二十五条　本办法自发布之日起施行。

4. 政府采购货物和服务招标投标管理办法

中华人民共和国财政部令第 87 号

财政部对《政府采购货物和服务招标投标管理办法》(财政部令第 18 号)进行了修订，修订后的《政府采购货物和服务招标投标管理办法》已经部务会议审议通过。现予公布，自 2017 年 10 月 1 日起施行。

部长 肖捷

2017 年 7 月 11 日

第一章 总 则

第一条 为了规范政府采购当事人的采购行为，加强对政府采购货物和服务招标投标活动的监督管理，维护国家利益、社会公共利益和政府采购招标投标活动当事人的合法权益，依据《中华人民共和国政府采购法》(以下简称政府采购法)、《中华人民共和国政府采购法实施条例》(以下简称政府采购法实施条例)和其他有关法律法规规定，制定本办法。

第二条 本办法适用于在中华人民共和国境内开展政府采购货物和服务(以下简称货物服务)招标投标活动。

第三条 货物服务招标分为公开招标和邀请招标。

公开招标，是指采购人依法以招标公告的方式邀请非特定的供应商参加投标的采购方式。

邀请招标，是指采购人依法从符合相应资格条件的供应商中随机抽取 3 家以上供应商，并以投标邀请书的方式邀请其参加投标的采购方式。

第四条 属于地方预算的政府采购项目，省、自治区、直辖市人民政府根据实际情况，可以确定分别适用于本行政区域省级、设区的市级、县级公开招标数额标准。

第五条 采购人应当在货物服务招标投标活动中落实节约能源、保护环境、扶持不发达地区和少数民族地区、促进中小企业发展等政府采购政策。

第六条 采购人应当按照行政事业单位内部控制规范要求，建立健全本单位政府采购内部控制制度，在编制政府采购预算和实施计划、确定采购需求、组织采购活动、履约验收、答复询问质疑、配合投诉处理及监督检查等重点环节加强内部控制管理。

采购人不得向供应商索要或者接受其给予的赠品、回扣或者与采购无关的其他商品、服务。

第七条 采购人应当按照财政部制定的《政府采购品目分类目录》确定采购项目属性。按照《政府采购品目分类目录》无法确定的，按照有利于采购项目实施的原则确定。

第八条 采购人委托采购代理机构代理招标的，采购代理机构应当在采购人委托的范围内依法开展采购活动。

采购代理机构及其分支机构不得在所代理的采购项目中投标或者代理投标，不得为所代理的采购项目的投标人参加本项目提供投标咨询。

第二章 招　　标

第九条 未纳入集中采购目录的政府采购项目，采购人可以自行招标，也可以委托采购代理机构在委托的范围内代理招标。

采购人自行组织开展招标活动的，应当符合下列条件：

（一）有编制招标文件、组织招标的能力和条件；

（二）有与采购项目专业性相适应的专业人员。

第十条 采购人应当对采购标的的市场技术或者服务水平、供应、价格等情况进行市场调查，根据调查情况、资产配置标准等科学、合理地确定采购需求，进行价格测算。

第十一条 采购需求应当完整、明确，包括以下内容：

（一）采购标的需实现的功能或者目标，以及为落实政府采购政策需满足的要求；

（二）采购标的需执行的国家相关标准、行业标准、地方标准或者其他标准、规范；

（三）采购标的需满足的质量、安全、技术规格、物理特性等要求；

（四）采购标的的数量、采购项目交付或者实施的时间和地点；

（五）采购标的需满足的服务标准、期限、效率等要求；

（六）采购标的的验收标准；

（七）采购标的的其他技术、服务等要求。

第十二条 采购人根据价格测算情况，可以在采购预算额度内合理设定最高限价，但不得设定最低限价。

第十三条 公开招标公告应当包括以下主要内容：

（一）采购人及其委托的采购代理机构的名称、地址和联系方法；

（二）采购项目的名称、预算金额，设定最高限价的，还应当公开最高限价；

（三）采购人的采购需求；

（四）投标人的资格要求；

（五）获取招标文件的时间期限、地点、方式及招标文件售价；

（六）公告期限；

（七）投标截止时间、开标时间及地点；

（八）采购项目联系人姓名和电话。

第十四条 采用邀请招标方式的，采购人或者采购代理机构应当通过以下方式产生符合资格条件的供应商名单，并从中随机抽取 3 家以上供应商向其发出投标邀请书：

（一）发布资格预审公告征集；

（二）从省级以上人民政府财政部门（以下简称财政部门）建立的供应商库中选取；

（三）采购人书面推荐。

采用前款第一项方式产生符合资格条件供应商名单的，采购人或者采购代理机构应当按照资格预审文件载明的标准和方法，对潜在投标人进行资格预审。

采用第一款第二项或者第三项方式产生符合资格条件供应商名单的，备选的符合资格条件供应商总数不得少于拟随机抽取供应商总数的两倍。

随机抽取是指通过抽签等能够保证所有符合资格条件供应商机会均等的方式选定供应商。随机抽取供应商时，应当有不少于两名采购人工作人员在场监督，并形成书面记录，随采购文件一并存档。

投标邀请书应当同时向所有受邀请的供应商发出。

第十五条　资格预审公告应当包括以下主要内容：

（一）本办法第十三条第一至四项、第六项和第八项内容；

（二）获取资格预审文件的时间期限、地点、方式；

（三）提交资格预审申请文件的截止时间、地点及资格预审日期。

第十六条　招标公告、资格预审公告的公告期限为5个工作日。公告内容应当以省级以上财政部门指定媒体发布的公告为准。公告期限自省级以上财政部门指定媒体最先发布公告之日起算。

第十七条　采购人、采购代理机构不得将投标人的注册资本、资产总额、营业收入、从业人员、利润、纳税额等规模条件作为资格要求或者评审因素，也不得通过将除进口货物以外的生产厂家授权、承诺、证明、背书等作为资格要求，对投标人实行差别待遇或者歧视待遇。

第十八条　采购人或者采购代理机构应当按照招标公告、资格预审公告或者投标邀请书规定的时间、地点提供招标文件或者资格预审文件，提供期限自招标公告、资格预审公告发布之日起计算不得少于5个工作日。提供期限届满后，获取招标文件或者资格预审文件的潜在投标人不足3家的，可以顺延提供期限，并予公告。

公开招标进行资格预审的，招标公告和资格预审公告可以合并发布，招标文件应当向所有通过资格预审的供应商提供。

第十九条　采购人或者采购代理机构应当根据采购项目的实施要求，在招标公告、资格预审公告或者投标邀请书中载明是否接受联合体投标。如未载明，不得拒绝联合体投标。

第二十条　采购人或者采购代理机构应当根据采购项目的特点和采购需

求编制招标文件。招标文件应当包括以下主要内容：

（一）投标邀请；

（二）投标人须知（包括投标文件的密封、签署、盖章要求等）；

（三）投标人应当提交的资格、资信证明文件；

（四）为落实政府采购政策，采购标的需满足的要求，以及投标人须提供的证明材料；

（五）投标文件编制要求、投标报价要求和投标保证金交纳、退还方式以及不予退还投标保证金的情形；

（六）采购项目预算金额，设定最高限价的，还应当公开最高限价；

（七）采购项目的技术规格、数量、服务标准、验收等要求，包括附件、图纸等；

（八）拟签订的合同文本；

（九）货物、服务提供的时间、地点、方式；

（十）采购资金的支付方式、时间、条件；

（十一）评标方法、评标标准和投标无效情形；

（十二）投标有效期；

（十三）投标截止时间、开标时间及地点；

（十四）采购代理机构代理费用的收取标准和方式；

（十五）投标人信用信息查询渠道及截止时点、信用信息查询记录和证据留存的具体方式、信用信息的使用规则等；

（十六）省级以上财政部门规定的其他事项。

对于不允许偏离的实质性要求和条件，采购人或者采购代理机构应当在招标文件中规定，并以醒目的方式标明。

第二十一条 采购人或者采购代理机构应当根据采购项目的特点和采购需求编制资格预审文件。资格预审文件应当包括以下主要内容：

（一）资格预审邀请；

（二）申请人须知；

（三）申请人的资格要求；

（四）资格审核标准和方法；

（五）申请人应当提供的资格预审申请文件的内容和格式；

（六）提交资格预审申请文件的方式、截止时间、地点及资格审核日期；

（七）申请人信用信息查询渠道及截止时点、信用信息查询记录和证据留存的具体方式、信用信息的使用规则等内容；

（八）省级以上财政部门规定的其他事项。

资格预审文件应当免费提供。

第二十二条　采购人、采购代理机构一般不得要求投标人提供样品，仅凭书面方式不能准确描述采购需求或者需要对样品进行主观判断以确认是否满足采购需求等特殊情况除外。

要求投标人提供样品的，应当在招标文件中明确规定样品制作的标准和要求、是否需要随样品提交相关检测报告、样品的评审方法以及评审标准。需要随样品提交检测报告的，还应当规定检测机构的要求、检测内容等。

采购活动结束后，对于未中标人提供的样品，应当及时退还或者经未中标人同意后自行处理；对于中标人提供的样品，应当按照招标文件的规定进行保管、封存，并作为履约验收的参考。

第二十三条　投标有效期从提交投标文件的截止之日起算。投标文件中承诺的投标有效期应当不少于招标文件中载明的投标有效期。投标有效期内投标人撤销投标文件的，采购人或者采购代理机构可以不退还投标保证金。

第二十四条　招标文件售价应当按照弥补制作、邮寄成本的原则确定，不得以营利为目的，不得以招标采购金额作为确定招标文件售价的依据。

第二十五条　招标文件、资格预审文件的内容不得违反法律、行政法规、强制性标准、政府采购政策，或者违反公开透明、公平竞争、公正和诚实信用原则。

有前款规定情形，影响潜在投标人投标或者资格预审结果的，采购人或者采购代理机构应当修改招标文件或者资格预审文件后重新招标。

第二十六条　采购人或者采购代理机构可以在招标文件提供期限截止后，组织已获取招标文件的潜在投标人现场考察或者召开开标前答疑会。

组织现场考察或者召开答疑会的，应当在招标文件中载明，或者在招标文件提供期限截止后以书面形式通知所有获取招标文件的潜在投标人。

第二十七条 采购人或者采购代理机构可以对已发出的招标文件、资格预审文件、投标邀请书进行必要的澄清或者修改，但不得改变采购标的和资格条件。澄清或者修改应当在原公告发布媒体上发布澄清公告。澄清或者修改的内容为招标文件、资格预审文件、投标邀请书的组成部分。

澄清或者修改的内容可能影响投标文件编制的，采购人或者采购代理机构应当在投标截止时间至少 15 日前，以书面形式通知所有获取招标文件的潜在投标人；不足 15 日的，采购人或者采购代理机构应当顺延提交投标文件的截止时间。

澄清或者修改的内容可能影响资格预审申请文件编制的，采购人或者采购代理机构应当在提交资格预审申请文件截止时间至少 3 日前，以书面形式通知所有获取资格预审文件的潜在投标人；不足 3 日的，采购人或者采购代理机构应当顺延提交资格预审申请文件的截止时间。

第二十八条 投标截止时间前，采购人、采购代理机构和有关人员不得向他人透露已获取招标文件的潜在投标人的名称、数量以及可能影响公平竞争的有关招标投标的其他情况。

第二十九条 采购人、采购代理机构在发布招标公告、资格预审公告或者发出投标邀请书后，除因重大变故采购任务取消情况外，不得擅自终止招标活动。

终止招标的，采购人或者采购代理机构应当及时在原公告发布媒体上发布终止公告，以书面形式通知已经获取招标文件、资格预审文件或者被邀请的潜在投标人，并将项目实施情况和采购任务取消原因报告本级财政部门。已经收取招标文件费用或者投标保证金的，采购人或者采购代理机构应当在终止采购活动后 5 个工作日内，退还所收取的招标文件费用和所收取的投标保证金及其在银行产生的孳息。

第三章 投 标

第三十条 投标人，是指响应招标、参加投标竞争的法人、其他组织或者自然人。

第三十一条 采用最低评标价法的采购项目，提供相同品牌产品的不同投标人参加同一合同项下投标的，以其中通过资格审查、符合性审查且报价最低的参加评标；报价相同的，由采购人或者采购人委托评标委员会按照招标文件规定的方式确定一个参加评标的投标人，招标文件未规定的采取随机抽取方式确定，其他投标无效。

使用综合评分法的采购项目，提供相同品牌产品且通过资格审查、符合性审查的不同投标人参加同一合同项下投标的，按一家投标人计算，评审后得分最高的同品牌投标人获得中标人推荐资格；评审得分相同的，由采购人或者采购人委托评标委员会按照招标文件规定的方式确定一个投标人获得中标人推荐资格，招标文件未规定的采取随机抽取方式确定，其他同品牌投标人不作为中标候选人。

非单一产品采购项目，采购人应当根据采购项目技术构成、产品价格比重等合理确定核心产品，并在招标文件中载明。多家投标人提供的核心产品品牌相同的，按前两款规定处理。

第三十二条　投标人应当按照招标文件的要求编制投标文件。投标文件应当对招标文件提出的要求和条件作出明确响应。

第三十三条　投标人应当在招标文件要求提交投标文件的截止时间前，将投标文件密封送达投标地点。采购人或者采购代理机构收到投标文件后，应当如实记载投标文件的送达时间和密封情况，签收保存，并向投标人出具签收回执。任何单位和个人不得在开标前开启投标文件。

逾期送达或者未按照招标文件要求密封的投标文件，采购人、采购代理机构应当拒收。

第三十四条　投标人在投标截止时间前，可以对所递交的投标文件进行补充、修改或者撤回，并书面通知采购人或者采购代理机构。补充、修改的内容应当按照招标文件要求签署、盖章、密封后，作为投标文件的组成部分。

第三十五条　投标人根据招标文件的规定和采购项目的实际情况，拟在中标后将中标项目的非主体、非关键性工作分包的，应当在投标文件中载明分包承担主体，分包承担主体应当具备相应资质条件且不得再次分包。

第三十六条　投标人应当遵循公平竞争的原则，不得恶意串通，不得妨碍其他投标人的竞争行为，不得损害采购人或者其他投标人的合法权益。

在评标过程中发现投标人有上述情形的，评标委员会应当认定其投标无效，并书面报告本级财政部门。

第三十七条 有下列情形之一的，视为投标人串通投标，其投标无效：

（一）不同投标人的投标文件由同一单位或者个人编制；

（二）不同投标人委托同一单位或者个人办理投标事宜；

（三）不同投标人的投标文件载明的项目管理成员或者联系人员为同一人；

（四）不同投标人的投标文件异常一致或者投标报价呈规律性差异；

（五）不同投标人的投标文件相互混装；

（六）不同投标人的投标保证金从同一单位或者个人的账户转出。

第三十八条 投标人在投标截止时间前撤回已提交的投标文件的，采购人或者采购代理机构应当自收到投标人书面撤回通知之日起 5 个工作日内，退还已收取的投标保证金，但因投标人自身原因导致无法及时退还的除外。

采购人或者采购代理机构应当自中标通知书发出之日起 5 个工作日内退还未中标人的投标保证金，自采购合同签订之日起 5 个工作日内退还中标人的投标保证金或者转为中标人的履约保证金。

采购人或者采购代理机构逾期退还投标保证金的，除应当退还投标保证金本金外，还应当按中国人民银行同期贷款基准利率上浮 20%后的利率支付超期资金占用费，但因投标人自身原因导致无法及时退还的除外。

第四章 开标、评标

第三十九条 开标应当在招标文件确定的提交投标文件截止时间的同一时间进行。开标地点应当为招标文件中预先确定的地点。

采购人或者采购代理机构应当对开标、评标现场活动进行全程录音录像。录音录像应当清晰可辨，音像资料作为采购文件一并存档。

第四十条 开标由采购人或者采购代理机构主持，邀请投标人参加。评标委员会成员不得参加开标活动。

第四十一条 开标时，应当由投标人或者其推选的代表检查投标文件的密封情况；经确认无误后，由采购人或者采购代理机构工作人员当众拆封，宣布投标人名称、投标价格和招标文件规定的需要宣布的其他内容。

投标人不足3家的，不得开标。

第四十二条　开标过程应当由采购人或者采购代理机构负责记录，由参加开标的各投标人代表和相关工作人员签字确认后随采购文件一并存档。

投标人代表对开标过程和开标记录有疑义，以及认为采购人、采购代理机构相关工作人员有需要回避的情形的，应当场提出询问或者回避申请。采购人、采购代理机构对投标人代表提出的询问或者回避申请应当及时处理。

投标人未参加开标的，视同认可开标结果。

第四十三条　公开招标数额标准以上的采购项目，投标截止后投标人不足3家或者通过资格审查或符合性审查的投标人不足3家的，除采购任务取消情形外，按照以下方式处理：

（一）招标文件存在不合理条款或者招标程序不符合规定的，采购人、采购代理机构改正后依法重新招标；

（二）招标文件没有不合理条款、招标程序符合规定，需要采用其他采购方式采购的，采购人应当依法报财政部门批准。

第四十四条　公开招标采购项目开标结束后，采购人或者采购代理机构应当依法对投标人的资格进行审查。

合格投标人不足3家的，不得评标。

第四十五条　采购人或者采购代理机构负责组织评标工作，并履行下列职责：

（一）核对评审专家身份和采购人代表授权函，对评审专家在政府采购活动中的职责履行情况予以记录，并及时将有关违法违规行为向财政部门报告；

（二）宣布评标纪律；

（三）公布投标人名单，告知评审专家应当回避的情形；

（四）组织评标委员会推选评标组长，采购人代表不得担任组长；

（五）在评标期间采取必要的通讯管理措施，保证评标活动不受外界干扰；

（六）根据评标委员会的要求介绍政府采购相关政策法规、招标文件；

（七）维护评标秩序，监督评标委员会依照招标文件规定的评标程序、方法和标准进行独立评审，及时制止和纠正采购人代表、评审专家的倾向性言论或者违法违规行为；

（八）核对评标结果，有本办法第六十四条规定情形的，要求评标委员会复核或者书面说明理由，评标委员会拒绝的，应予记录并向本级财政部门报告；

（九）评审工作完成后，按照规定向评审专家支付劳务报酬和异地评审差旅费，不得向评审专家以外的其他人员支付评审劳务报酬；

（十）处理与评标有关的其他事项。

采购人可以在评标前说明项目背景和采购需求，说明内容不得含有歧视性、倾向性意见，不得超出招标文件所述范围。说明应当提交书面材料，并随采购文件一并存档。

第四十六条 评标委员会负责具体评标事务，并独立履行下列职责：

（一）审查、评价投标文件是否符合招标文件的商务、技术等实质性要求；

（二）要求投标人对投标文件有关事项作出澄清或者说明；

（三）对投标文件进行比较和评价；

（四）确定中标候选人名单，以及根据采购人委托直接确定中标人；

（五）向采购人、采购代理机构或者有关部门报告评标中发现的违法行为。

第四十七条 评标委员会由采购人代表和评审专家组成，成员人数应当为 5 人以上单数，其中评审专家不得少于成员总数的三分之二。

采购项目符合下列情形之一的，评标委员会成员人数应当为 7 人以上单数：

（一）采购预算金额在 1000 万元以上；

（二）技术复杂；

（三）社会影响较大。

评审专家对本单位的采购项目只能作为采购人代表参与评标，本办法第四十八条第二款规定情形除外。采购代理机构工作人员不得参加由本机构代理的政府采购项目的评标。

评标委员会成员名单在评标结果公告前应当保密。

第四十八条 采购人或者采购代理机构应当从省级以上财政部门设立的政府采购评审专家库中，通过随机方式抽取评审专家。

对技术复杂、专业性强的采购项目，通过随机方式难以确定合适评审专家的，经主管预算单位同意，采购人可以自行选定相应专业领域的评审专家。

第四十九条 评标中因评标委员会成员缺席、回避或者健康等特殊原因导致评标委员会组成不符合本办法规定的，采购人或者采购代理机构应当依法补足后继续评标。被更换的评标委员会成员所作出的评标意见无效。

无法及时补足评标委员会成员的，采购人或者采购代理机构应当停止评标活动，封存所有投标文件和开标、评标资料，依法重新组建评标委员会进行评标。原评标委员会所作出的评标意见无效。

采购人或者采购代理机构应当将变更、重新组建评标委员会的情况予以记录，并随采购文件一并存档。

第五十条 评标委员会应当对符合资格的投标人的投标文件进行符合性审查，以确定其是否满足招标文件的实质性要求。

第五十一条 对于投标文件中含义不明确、同类问题表述不一致或者有明显文字和计算错误的内容，评标委员会应当以书面形式要求投标人作出必要的澄清、说明或者补正。

投标人的澄清、说明或者补正应当采用书面形式，并加盖公章，或者由法定代表人或其授权的代表签字。投标人的澄清、说明或者补正不得超出投标文件的范围或者改变投标文件的实质性内容。

第五十二条 评标委员会应当按照招标文件中规定的评标方法和标准，对符合性审查合格的投标文件进行商务和技术评估，综合比较与评价。

第五十三条 评标方法分为最低评标价法和综合评分法。

第五十四条 最低评标价法，是指投标文件满足招标文件全部实质性要求，且投标报价最低的投标人为中标候选人的评标方法。

技术、服务等标准统一的货物服务项目，应当采用最低评标价法。

采用最低评标价法评标时，除了算术修正和落实政府采购政策需进行的价格扣除外，不能对投标人的投标价格进行任何调整。

第五十五条 综合评分法，是指投标文件满足招标文件全部实质性要求，且按照评审因素的量化指标评审得分最高的投标人为中标候选人的评标方法。

评审因素的设定应当与投标人所提供货物服务的质量相关，包括投标报价、技术或者服务水平、履约能力、售后服务等。资格条件不得作为评审因素。评审因素应当在招标文件中规定。

评审因素应当细化和量化，且与相应的商务条件和采购需求对应。商务条件和采购需求指标有区间规定的，评审因素应当量化到相应区间，并设置各区间对应的不同分值。

评标时，评标委员会各成员应当独立对每个投标人的投标文件进行评价，并汇总每个投标人的得分。

货物项目的价格分值占总分值的比重不得低于30%；服务项目的价格分值占总分值的比重不得低于10%。执行国家统一定价标准和采用固定价格采购的项目，其价格不列为评审因素。

价格分应当采用低价优先法计算，即满足招标文件要求且投标价格最低的投标报价为评标基准价，其价格分为满分。其他投标人的价格分统一按照下列公式计算：

投标报价得分 =（评标基准价 / 投标报价）× 100

评标总得分 = F1 × A1 ＋ F2 × A2 ＋……＋ Fn × An

F1、F2……Fn 分别为各项评审因素的得分；

A1、A2、……An 分别为各项评审因素所占的权重（A1 ＋ A2 ＋……＋ An=1）。

评标过程中，不得去掉报价中的最高报价和最低报价。

因落实政府采购政策进行价格调整的，以调整后的价格计算评标基准价和投标报价。

第五十六条 采用最低评标价法的，评标结果按投标报价由低到高顺序排列。投标报价相同的并列。投标文件满足招标文件全部实质性要求且投标报价最低的投标人为排名第一的中标候选人。

第五十七条　采用综合评分法的，评标结果按评审后得分由高到低顺序排列。得分相同的，按投标报价由低到高顺序排列。得分且投标报价相同的并列。投标文件满足招标文件全部实质性要求，且按照评审因素的量化指标评审得分最高的投标人为排名第一的中标候选人。

第五十八条　评标委员会根据全体评标成员签字的原始评标记录和评标结果编写评标报告。评标报告应当包括以下内容：

（一）招标公告刊登的媒体名称、开标日期和地点；

（二）投标人名单和评标委员会成员名单；

（三）评标方法和标准；

（四）开标记录和评标情况及说明，包括无效投标人名单及原因；

（五）评标结果，确定的中标候选人名单或者经采购人委托直接确定的中标人；

（六）其他需要说明的情况，包括评标过程中投标人根据评标委员会要求进行的澄清、说明或者补正，评标委员会成员的更换等。

第五十九条　投标文件报价出现前后不一致的，除招标文件另有规定外，按照下列规定修正：

（一）投标文件中开标一览表（报价表）内容与投标文件中相应内容不一致的，以开标一览表（报价表）为准；

（二）大写金额和小写金额不一致的，以大写金额为准；

（三）单价金额小数点或者百分比有明显错位的，以开标一览表的总价为准，并修改单价；

（四）总价金额与按单价汇总金额不一致的，以单价金额计算结果为准。

同时出现两种以上不一致的，按照前款规定的顺序修正。修正后的报价按照本办法第五十一条第二款的规定经投标人确认后产生约束力，投标人不确认的，其投标无效。

第六十条　评标委员会认为投标人的报价明显低于其他通过符合性审查投标人的报价，有可能影响产品质量或者不能诚信履约的，应当要求其在评标现场合理的时间内提供书面说明，必要时提交相关证明材料；投标人不能证明其报价合理性的，评标委员会应当将其作为无效投标处理。

第六十一条 评标委员会成员对需要共同认定的事项存在争议的，应当按照少数服从多数的原则作出结论。持不同意见的评标委员会成员应当在评标报告上签署不同意见及理由，否则视为同意评标报告。

第六十二条 评标委员会及其成员不得有下列行为：

（一）确定参与评标至评标结束前私自接触投标人；

（二）接受投标人提出的与投标文件不一致的澄清或者说明，本办法第五十一条规定的情形除外；

（三）违反评标纪律发表倾向性意见或者征询采购人的倾向性意见；

（四）对需要专业判断的主观评审因素协商评分；

（五）在评标过程中擅离职守，影响评标程序正常进行的；

（六）记录、复制或者带走任何评标资料；

（七）其他不遵守评标纪律的行为。

评标委员会成员有前款第一至五项行为之一的，其评审意见无效，并不得获取评审劳务报酬和报销异地评审差旅费。

第六十三条 投标人存在下列情况之一的，投标无效：

（一）未按照招标文件的规定提交投标保证金的；

（二）投标文件未按招标文件要求签署、盖章的；

（三）不具备招标文件中规定的资格要求的；

（四）报价超过招标文件中规定的预算金额或者最高限价的；

（五）投标文件含有采购人不能接受的附加条件的；

（六）法律、法规和招标文件规定的其他无效情形。

第六十四条 评标结果汇总完成后，除下列情形外，任何人不得修改评标结果：

（一）分值汇总计算错误的；

（二）分项评分超出评分标准范围的；

（三）评标委员会成员对客观评审因素评分不一致的；

（四）经评标委员会认定评分畸高、畸低的。

评标报告签署前，经复核发现存在以上情形之一的，评标委员会应当当场修改评标结果，并在评标报告中记载；评标报告签署后，采购人或者采购代理机构发现存在以上情形之一的，应当组织原评标委员会进行重新评审，重新评审改变评标结果的，书面报告本级财政部门。

投标人对本条第一款情形提出质疑的，采购人或者采购代理机构可以组织原评标委员会进行重新评审，重新评审改变评标结果的，应当书面报告本级财政部门。

第六十五条 评标委员会发现招标文件存在歧义、重大缺陷导致评标工作无法进行，或者招标文件内容违反国家有关强制性规定的，应当停止评标工作，与采购人或者采购代理机构沟通并作书面记录。采购人或者采购代理机构确认后，应当修改招标文件，重新组织采购活动。

第六十六条 采购人、采购代理机构应当采取必要措施，保证评标在严格保密的情况下进行。除采购人代表、评标现场组织人员外，采购人的其他工作人员以及与评标工作无关的人员不得进入评标现场。

有关人员对评标情况以及在评标过程中获悉的国家秘密、商业秘密负有保密责任。

第六十七条 评标委员会或者其成员存在下列情形导致评标结果无效的，采购人、采购代理机构可以重新组建评标委员会进行评标，并书面报告本级财政部门，但采购合同已经履行的除外：

（一）评标委员会组成不符合本办法规定的；

（二）有本办法第六十二条第一至五项情形的；

（三）评标委员会及其成员独立评标受到非法干预的；

（四）有政府采购法实施条例第七十五条规定的违法行为的。

有违法违规行为的原评标委员会成员不得参加重新组建的评标委员会。

第五章　中标和合同

第六十八条 采购代理机构应当在评标结束后 2 个工作日内将评标报告送采购人。

采购人应当自收到评标报告之日起 5 个工作日内，在评标报告确定的中标候选人名单中按顺序确定中标人。中标候选人并列的，由采购人或者采购人委托评标委员会按照招标文件规定的方式确定中标人；招标文件未规定的，采取随机抽取的方式确定。

采购人自行组织招标的，应当在评标结束后 5 个工作日内确定中标人。

采购人在收到评标报告 5 个工作日内未按评标报告推荐的中标候选人顺序确定中标人，又不能说明合法理由的，视同按评标报告推荐的顺序确定排名第一的中标候选人为中标人。

第六十九条 采购人或者采购代理机构应当自中标人确定之日起 2 个工作日内，在省级以上财政部门指定的媒体上公告中标结果，招标文件应当随中标结果同时公告。

中标结果公告内容应当包括采购人及其委托的采购代理机构的名称、地址、联系方式，项目名称和项目编号，中标人名称、地址和中标金额，主要中标标的的名称、规格型号、数量、单价、服务要求，中标公告期限以及评审专家名单。

中标公告期限为 1 个工作日。

邀请招标采购人采用书面推荐方式产生符合资格条件的潜在投标人的，还应当将所有被推荐供应商名单和推荐理由随中标结果同时公告。

在公告中标结果的同时，采购人或者采购代理机构应当向中标人发出中标通知书；对未通过资格审查的投标人，应当告知其未通过的原因；采用综合评分法评审的，还应当告知未中标人本人的评审得分与排序。

第七十条 中标通知书发出后，采购人不得违法改变中标结果，中标人无正当理由不得放弃中标。

第七十一条 采购人应当自中标通知书发出之日起 30 日内，按照招标文件和中标人投标文件的规定，与中标人签订书面合同。所签订的合同不得对招标文件确定的事项和中标人投标文件作实质性修改。

采购人不得向中标人提出任何不合理的要求作为签订合同的条件。

第七十二条 政府采购合同应当包括采购人与中标人的名称和住所、标的、数量、质量、价款或者报酬、履行期限及地点和方式、验收要求、违约责任、解决争议的方法等内容。

第七十三条 采购人与中标人应当根据合同的约定依法履行合同义务。

政府采购合同的履行、违约责任和解决争议的方法等适用《中华人民共和国合同法》。

第七十四条　采购人应当及时对采购项目进行验收。采购人可以邀请参加本项目的其他投标人或者第三方机构参与验收。参与验收的投标人或者第三方机构的意见作为验收书的参考资料一并存档。

第七十五条　采购人应当加强对中标人的履约管理，并按照采购合同约定，及时向中标人支付采购资金。对于中标人违反采购合同约定的行为，采购人应当及时处理，依法追究其违约责任。

第七十六条　采购人、采购代理机构应当建立真实完整的招标采购档案，妥善保存每项采购活动的采购文件。

第六章　法律责任

第七十七条　采购人有下列情形之一的，由财政部门责令限期改正；情节严重的，给予警告，对直接负责的主管人员和其他直接责任人员由其行政主管部门或者有关机关依法给予处分，并予以通报；涉嫌犯罪的，移送司法机关处理：

（一）未按照本办法的规定编制采购需求的；

（二）违反本办法第六条第二款规定的；

（三）未在规定时间内确定中标人的；

（四）向中标人提出不合理要求作为签订合同条件的。

第七十八条　采购人、采购代理机构有下列情形之一的，由财政部门责令限期改正，情节严重的，给予警告，对直接负责的主管人员和其他直接责任人员，由其行政主管部门或者有关机关给予处分，并予通报；采购代理机构有违法所得的，没收违法所得，并可以处以不超过违法所得 3 倍、最高不超过 3 万元的罚款，没有违法所得的，可以处以 1 万元以下的罚款：

（一）违反本办法第八条第二款规定的；

（二）设定最低限价的；

（三）未按照规定进行资格预审或者资格审查的；

（四）违反本办法规定确定招标文件售价的；

（五）未按规定对开标、评标活动进行全程录音录像的；

（六）擅自终止招标活动的；

（七）未按照规定进行开标和组织评标的；

（八）未按照规定退还投标保证金的；

（九）违反本办法规定进行重新评审或者重新组建评标委员会进行评标的；

（十）开标前泄露已获取招标文件的潜在投标人的名称、数量或者其他可能影响公平竞争的有关招标投标情况的；

（十一）未妥善保存采购文件的；

（十二）其他违反本办法规定的情形。

第七十九条 有本办法第七十七条、第七十八条规定的违法行为之一，经改正后仍然影响或者可能影响中标结果的，依照政府采购法实施条例第七十一条规定处理。

第八十条 政府采购当事人违反本办法规定，给他人造成损失的，依法承担民事责任。

第八十一条 评标委员会成员有本办法第六十二条所列行为之一的，由财政部门责令限期改正；情节严重的，给予警告，并对其不良行为予以记录。

第八十二条 财政部门应当依法履行政府采购监督管理职责。财政部门及其工作人员在履行监督管理职责中存在懒政怠政、滥用职权、玩忽职守、徇私舞弊等违法违纪行为的，依照政府采购法、《中华人民共和国公务员法》、《中华人民共和国行政监察法》、政府采购法实施条例等国家有关规定追究相应责任；涉嫌犯罪的，移送司法机关处理。

第七章　附　　则

第八十三条 政府采购货物服务电子招标投标、政府采购货物中的进口机电产品招标投标有关特殊事宜，由财政部另行规定。

第八十四条 本办法所称主管预算单位是指负有编制部门预算职责，向本级财政部门申报预算的国家机关、事业单位和团体组织。

第八十五条 本办法规定按日计算期间的，开始当天不计入，从次日开始计算。期限的最后一日是国家法定节假日的，顺延到节假日后的次日为期限的最后一日。

第八十六条　本办法所称的“以上”、“以下”、“内”、“以内”，包括本数；所称的“不足”，不包括本数。

第八十七条　各省、自治区、直辖市财政部门可以根据本办法制定具体实施办法。

第八十八条　本办法自 2017 年 10 月 1 日起施行。财政部 2004 年 8 月 11 日发布的《政府采购货物和服务招标投标管理办法》（财政部令第 18 号）同时废止。

5. 国务院关于《必须招标的工程项目规定》的批复

国函〔2018〕56号

国家发展改革委：

国务院批准《必须招标的工程项目规定》（以下简称《规定》），由你委公布，公布时注明“经国务院批准”。《规定》的施行日期由你委根据实际情况确定。《规定》施行之日，2000年4月4日国务院批准、2000年5月1日原国家发展计划委员会发布的《工程建设项目招标范围和规模标准规定》同时废止。

国务院

2018年3月8日

6.《必须招标的工程项目规定》

中华人民共和国国家发展和改革委员会令第 16 号

第一条　为了确定必须进行招标的工程项目，规范招标投标活动，提高工作效率、降低企业成本、预防腐败，根据《中华人民共和国招标投标法》第三条的规定，制定本规定。

第二条　全部或者部分使用国有资金投资或者国家融资的项目包括：

（一）使用预算资金 200 万元人民币以上，并且该资金占投资额 10% 以上的项目；

（二）使用国有企业事业单位资金，并且该资金占控股或者主导地位的项目。

第三条　使用国际组织或者外国政府贷款、援助资金的项目包括：

（一）使用世界银行、亚洲开发银行等国际组织贷款、援助资金的项目；

（二）使用外国政府及其机构贷款、援助资金的项目。

第四条　不属于本规定第二条、第三条规定情形的大型基础设施、公用事业等关系社会公共利益、公众安全的项目，必须招标的具体范围由国务院发展改革部门会同国务院有关部门按照确有必要、严格限定的原则制订，报国务院批准。

第五条　本规定第二条至第四条规定范围内的项目，其勘察、设计、施工、监理以及与工程建设有关的重要设备、材料等的采购达到下列标准之一的，必须招标：

（一）施工单项合同估算价在 400 万元人民币以上；

（二）重要设备、材料等货物的采购，单项合同估算价在 200 万元人民币以上；

（三）勘察、设计、监理等服务的采购，单项合同估算价在 100 万元人民币以上。

同一项目中可以合并进行的勘察、设计、施工、监理以及与工程建设有关的重要设备、材料等的采购，合同估算价合计达到前款规定标准的，必须招标。

第六条 本规定自 2018 年 6 月 1 日起施行。

7. 国家发展改革委关于印发《必须招标的基础设施和公用事业项目范围规定》的通知

发改法规规〔2018〕843 号

各省、自治区、直辖市人民政府，国务院各部委、各直属机构：

《必须招标的基础设施和公用事业项目范围规定》已经国务院批准，现印发你们，请按照执行。

国家发展改革委

2018 年 6 月 6 日

第一条 为明确必须招标的大型基础设施和公用事业项目范围，依据《中华人民共和国招标投标法》和《必须招标的工程项目规定》，制定本规定。

第二条 不属于《必须招标的工程项目规定》第二条、第三条规定情形的大型基础设施、公用事业等关系社会公共利益、公众安全的项目，必须招标的具体范围包括：

（一）煤炭、石油、天然气、电力、新能源等能源基础设施项目；

（二）铁路、公路、管道、水运，以及公共航空和 A1 级通用机场等交通运输基础设施项目；

（三）电信枢纽、通信信息网络等通信基础设施项目；

（四）防洪、灌溉、排涝、引（供）水等水利基础设施项目；

（五）城市轨道交通等城建项目。

第三条 本规定自 2018 年 6 月 6 日起施行。

后记

POSTSCRIPT

从更为广义的概念上来看，PPP 只是企业采购基础设施项目的模式和类型之一，比如英国法就视 PPP 为一种公共采购方式，从而区别于一般的私人项目采购。除了 PPP 模式外，实践中常用的 DBO、EPC、EP/DB、DBB 等仍然都是基础设施项目采购的方式，因此大可不必言必谈 PPP。而招投标则是具体实现基础设施项目采购目标的操作方式之一。招投标是 PPP 和基础设施项目采购中的重要环节，在整个 PPP 和基础设施项目的投融资、采购、建设以及运营等过程中起着承上启下的作用，其本身所涉及的法律、管理、经济等方面的综合因素不仅对整个招投标采购活动有着直接的关系，而且还会给项目的风险防控、实施效果带来重大的影响。

在国内基础设施建设持续高速发展的情况下，理论界和实务界对 PPP 和基础设施项目招投标采购的关注度也在不断提升。特别是 2017 年和 2018 年，随着各地、各类型项目的陆续落地和实施，项目招投标采购领域相关法律的滞后性、冲突不断显露，随之而来的改革呼声也日益高涨。而立法机关和政府主管部门也通过立法在逐步落实相应的改革举措。

但是，就项目采购本身而言，由于其更多的侧重程序方面的规制和问题，因而极容易在 PPP 和基础设施等项目中被忽视，加上实践中普遍存在的重实体、轻程序的观念，由此造成后续项目具体实施的不合法、不合规以及被动的情形也不鲜见，并最终造成项目资金拨付的困难，甚至导致工程的中断，进而引发项目参与方之间的纠纷和争议。由此可见，提前做好项目采购环节的规划和设计，从程序上保证项目采购的合法性和合规性也是 PPP 和基础设施项目成功的条件之一。这在笔者过往参与的相关项目或者处理过的法律问题和争议中都有所体现。

同样，对于招投标采购的刻板的或者错误的认识和理解，以及利用招投标规则中的不足规避法律、施加不公平条款、恶性竞争或者相互串通、不正当地排斥潜在投标人等行为也屡禁不止。这些也都给行业的有序发展、公平的市场、项目的正常实施带来负面的影响。

借用一句法谚："正义不仅应得到实现，而且要以人们看得见的方式加以实现（Justice must not only be done, but must be seen to be done）。"实践中，PPP和基础设施项目整个招投标采购程序是否合法、合规也能从另一方面体现公平、正义的价值理念，并且能为项目参与各方所真实地感受和体验。对于使用国有资金的项目，保障采购程序的公开、透明、合法也是政府以及工作人员依法行政、遵纪守法的重要体现。

有鉴于此，笔者结合现有法律规定和实务经验对PPP和基础设施项目采购运作进行总结、综合分析和思考写就本书。本书也是笔者关于基础设施领域相关法律实务的系列独著作品之一，希望此书能对读者的实务操作有所帮助。笔者在此还要特别感谢笔者的妻子对本书布局和内容方面所提供的非常有价值的建议，本书的写作和出版离不开妻子的理解和支持，这也是笔者能够顺利完成此书的动力源泉和坚强后盾。

最后，笔者想说的是，与大多数的交易类项目、争议类项目不同，PPP和基础设施项目采购所涉及的大多是纷繁和琐碎的问题，是日常中点点滴滴的工作。然而，正如古人所云"不积跬步，无以至千里；不积小流，无以成江海"，抛开其他因素的影响，这些日常中活生生的实践与法律规则的结合和碰撞才能迸发出法律的生命力，激发法律思考，也让律师这一职业更具魅力。

林立

图书在版编目（CIP）数据

基础设施项目采购及招投标实务指引 / 林立著. —北京：中国法制出版社，2019.5

ISBN 978-7-5216-0202-9

Ⅰ. ①基… Ⅱ. ①林… Ⅲ. ①政府投资—合作—社会资本—应用—基础设施—基本建设项目—采购管理—中国 ②政府投资—合作—社会资本—应用—基础设施—基本建设项目—招标—中国 ③政府投资—合作—社会资本—应用—基础设施—基本建设项目—投标—中国 Ⅳ. ①F832.48 ②F299.24

中国版本图书馆CIP数据核字（2019）第076217号

策划编辑/责任编辑：马金凤　　封面设计：李宁

基础设施项目采购及招投标实务指引

JICHU SHESHI XIANGMU CAIGOU JI ZHAOTOUBIAO SHIWU ZHIYIN

著者 / 林立

经销 / 新华书店

印刷 / 三河市国英印务有限公司

开本 / 710毫米×1000毫米　16开　　印张 / 31　字数 / 328千

版次 / 2019年5月第1版　　2019年5月第1次印刷

中国法制出版社出版

书号ISBN 978-7-5216-0202-9　　定价：98.00元

北京西单横二条2号　邮政编码100031　　传真：010-66031119

网址：http://www.zgfzs.com　　**编辑部电话：010-66070041**

市场营销部电话：010-66033393　　**邮购部电话：010-66033288**

（如有印装质量问题，请与本社印务部联系调换。电话：010-66032926）